상담심리학의 기초

이장호 · 정남운 · 조성호 공저

Fundamentals of Counseling Psychology

학지사

증보판 머리말

1999년에 『상담심리학의 기초』를 발간한 이후로 많은 분에게 따뜻한 격려와 유익한 충고를 들었다. 초판이 나온 지 벌써 6년이 지났다. 필자들은 독자의 지적을 수용하여 개정판을 낼 필요성을 느꼈다. 때마침 초판을 발간한 출판사와는 더 이상 함께 일하기 어려운 사정이 생겼다. 그래서 학지사로 옮기게 되면서 이번 기회에 증보판을 내기로 하였다.

증보판에서는 책의 기본 골격을 유지하되, 각 장의 내용을 보완하고 중복된 부분은 삭제하기로 하였다. 초판과 마찬가지로 이 증보판도 상담을 처음 공부하는 대학생이나 일반인이 상담심리학 전반에 대해 '감'을 잡을 수 있도록 돕는 것이 기본 목표다. 새로운 내용이 첨가되어 전체적으로 분량이 약간 늘어났으나 한 학기 동안 공부하기에 적당한 분량을 유지하려고 노력하였다.

상담을 한다는 것은 학문을 하거나 전문적 기술을 제공하는 것만은 아니다. 자신과 내담자에 대한, 사람과 세상살이에 대한 기본적인 마음가짐을 표현하는 일이라고 할 수 있다. 사람을 소중히 여기는 마음, 내담자를 진심으로 대하고 그에게 많은 가능성이 있음을 믿는 바로 그 마음이 상담자의 가장 기본적인 태도일 것이다. 그러므로 독자 여러분이 이 책을 통해, 암기해야 할 지식의 덩어리보다는 상담자의 태도와 마음을 읽을 수 있기를 바란다.

짧은 기간 동안 이 책이 제 모양을 갖출 수 있도록 애써 주신 학지사의 담당자들께 진심으로 감사드린다.

2005년 7월

필자 일동

초판 머리말

　우리나라에서 상담에 대한 논의가 시작된 것은 해방과 더불어 구미의 교육사상이 도입되면서부터다. 1958년 최초로 교도교사 강습이 시작되었고, 1962년에는 서울대학교와 이화여자대학교에 학생생활연구소가 창립되었다. 그리고 이어 주요 대학의 교양과목으로 상담심리학 강좌가 개설되었다. 1970년대에는 상담자의 전문적 자질을 높여야 한다는 목소리가 높아지면서 상담전공의 대학원 과정이 개설되었고, 한국심리학회 안에 임상심리분과회가 창립되어 전문가 자격증 제도가 실시되었다. 또 1987년에 상담 및 심리치료학회가 임상심리분과회에서 분리 · 독립한 이후로는 상담을 전공하거나 상담활동에 종사하는 사람들의 숫자도 급격히 증가하였다. 최근에는 상담 자원봉사에 대한 개념이 확산되면서 일반인들도 상담자 교육을 받고 싶어 하는 경우가 많이 생겼고, 이에 발맞추어 여러 대학과 상담기관에서 일반인들을 위한 상담 강좌를 많이 개설하고 있다.

　이 책은 상담을 처음 공부하는 대학생이나 일반인들이 상담 전반에 대해 '감'을 잡을 수 있도록 도와주기 위해 서술되었다. 우리나라에 상담심리학 대학 교재가 몇 권 있기는 하지만 상담과 관련된 여러 내용을 많이 담으려고 하다 보니 지나치게 방대하고 복잡하게 되었다는 느낌을 지울 수 없다. 그래서 이 책은 상담의 기초를 공부하는 사람들이 꼭 알아야 하는 핵심적인 부분만 담으려고 노력하였다.

　이 책의 구성을 살펴보자. 1장은 상담의 기본 개념을 독자들에게 소개하고 있으며, 2장에서 4장까지는 상담의 주요 이론인 정신분석, 인간중심적 접근, 인지행동적 접근의 기초를 설명하고 있다. 5장에서 7장까지는 상담의 실제와 관련된 부분으로, 상담의 기본 방법, 상담과정, 문제별 상담방법이 서술되어 있다. 마지막으로 8장과 9장은 최근 많이 주목받고 있는 단기상담 및 집단상담의 원리와 방법을 소개하고 있다.

이 책을 성실하게 공부한 독자들은 상담심리학이 무엇인지 꽤 많이 알게 될 것이다. 그러나 그것은 기본적인 틀과 뼈대에 불과하다. 그 위에 살을 붙이고 멋있게 다듬는 작업이 남아 있다. 한 단계 더 수준 높은, 각론에 해당하는 좋은 책들을 많이 읽고 열심히 공부하는 것이 필요하다는 말이다. 그리고 그렇게 공부한 것이 살아 움직이는 진정한 상담이 될 수 있도록 하기 위해서는 선배 상담자들의 도움을 받으면서 실제 상담을 많이 해 봐야 된다. 상담에 입문하는 여러 독자가 끝까지 정진하여 잘 갖춰진 한 사람의 상담자로 성장할 수 있기를 간절히 바란다.

이 책에는 부족한 점들이 많이 있다. 필수적인 것만 담자는 집필 취지와 시간적 제약, 그리고 필자들의 한계 때문이다. 앞으로 개정할 때는 독자들의 조언과 질책을 반영하여 좀 더 좋은 상담 입문서가 될 수 있도록 노력하겠다.

서울대학교 상담 및 임상심리학 교실의 대학원생들이 자료수집과 교정에 많은 도움을 주었다. 진심으로 감사드린다.

1999년 7월

필자 일동

차 례

네 번째 마당 **단기 및 집단상담 · 281**

첫 번째 마당
상담의 세계, 누가-무엇을-어떻게

제1장

상담이란 무엇인가

상담이란 무엇인지를 상담자, 내담자 그리고 상담이 진행되는 방식의 세 가지 측면에서 설명한다. 상담자와 관련해서는 상담자가 갖춰야 할 전문적 자질과 인간적 자질에 대해 소개한다. 내담자와 관련해서는 내담자의 심리적 문제와 상담의 대상 장면을 여러 유형으로 구분해 봄으로써 어떤 문제를 가진 사람들이 어떤 장면에서 상담자의 도움을 구하게 되는지를 알아본다. 그리고 상담의 진행방식과 관련해서는 상담이 이루어지는 형식적 측면들에 대해 알아본다. 마지막으로 전문적 상담과 일반적 상담이 어떤 점에서 차이가 있는지를 살펴봄으로써 전문적 상담의 구성 요소를 최종적으로 점검한다.

상담이란 무엇인가? 이 질문은 언뜻 보기에 매우 단순한 것 같지만 막상 상담에 대해 간결하고도 명확한 정의를 내리기란 그리 쉽지 않다. 그 한 가지 이유는 상담이 다루는 문제가 바로 인간의 문제이기 때문이다. 따라서 상담에 대한 정의는 궁극적으로 인간과 삶의 문제의 본질을 나름대로 설명할 수 있어야 한다.

인간 존재의 본질에 관한 문제는 철학을 비롯한 여러 학문이 오랫동안 씨름해 왔던 문제다. 하지만 그동안 수많은 견해와 주장이 있었을 뿐 한마디로 '인간이란, 그리고 삶이란 이런 것이다!'라고 할 만한 것은 없었다. 다만 학문의 발전을 통해 우리는 인간에 대한 하나의 보편적이고 통일된 이해를 가지기보다는 오히려 인간을 바라보는 관점이 얼마나 다양해질 수 있는가를 이해할 수 있게 되었을 뿐이다. 인간에 대한 통일된 관점을 가지기 어렵다는 것이 모두가 동의할 수 있는 상담에 대한 정의를 내리기 어렵게 만드는 주된 이유 중의 하나다.

'상담은 이런 것이다!'라고 명확하게 말하기 어려운 또 다른 이유가 있다. 그것은 인간의 심리적 변화가 달성되는 방법의 다양성과 관련된다. 흔히, 상담은 어려움을 겪고 있는 사람의 문제를 해결해 주는 전문적 절차로 이해된다. 또한 전문적인 상담자란 체계적인 훈련을 통해 상담방법을 연마하여 내담자가 겪고 있는 어려움을 잘 해결해 주는 사람을 일컫는다. 그러나 인간의 행동적·심리적 변화가 상담이 아닌 다른 절차에 의해서도 해결할 수 있다는 데 문제의 복잡성이 있다. 즉, 상담 이외의 다른 방법을 통해서도 상담이 추구하는 심리적 변화가 이루어질 수 있다는 것이다.

사실 사람들이 일상생활에서 여러 가지 어려운 심리적인 곤경에 처했을 때 그들에게 도움의 손길을 내밀고 '치유'해 준 사람들은 체계적인 상담교육을 받은 전문가들이 아닌 경우가 많다. 또한 그들이 제공한 도움의 내용 역시 전문적인 상담기법들로 구성된 것이 아닌 경우가 대부분이다. 그런데도 사람들은 이러한 '주위 사람들'의 도움으로 삶의 곤경에서 벗어날 수 있게 되고, 자신과 세상에 대한 더 나은 이해와 통찰을 얻는다. 그렇다면 무엇이 상담이고, 무엇이 상담이 아닌가?

다음 보기에 제시된 예를 한번 생각해 보자. 이는 유명한 심리치료자이자 저술가인 콜시니(R. Corsini) 박사가 자신이 직접 경험한 것을 부분적으로 발췌한 내용이다. 이 예에서 수감자는 어떤 변화를 경험하였는가? 그러한 변화를 가능하게 한 것은 무엇이었는가? 그리고 이 경우는 상담인가 아닌가? 만일, 상담과 상담이 아닌 것을 명확히 구분할 수 없다면 이 질문에 대한 대답을 확실히 할 수 없으므로 상담을 제대로 정의할 수 없게 된다.

사실 이 예는 상담에 대한 기존의 그 어떠한 공식적 정의에도 들어맞지 않는다. 즉, 수감자가 겪은 극적인 행동변화는 'IQ가 높다.'는 콜시니 박사의 말에 대한 수감자 자신의 창의적 해석—다행스럽게도 수감자의 해석은 자기를 극적으로 변화시키는 방향으로 작용하였다—으로 인한 것이었다. 그러나 콜시니 박사는 상담 이론을 도입하지도 않았고, 수감자를 변화시키려는 그 어떠한 의도도 갖고 있지 않았다. 이러한 점

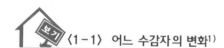

〈1-1〉 어느 수감자의 변화[1]

약 40여 년 전 뉴욕의 한 교도소에서 심리학자로 근무할 때, 나는 지금까지 내가 한 것 중 가장 성공적이고 격조 높은 것으로 믿는 상담에 참여한 적이 있다. 어느 날 나를 만나기로 약속한 사람이 내 사무실에 찾아왔다. 그는 30대 초반으로 꽤 매력적인 남자였다. 그는 내가 권한 의자에 앉았고, 나는 그가 무엇을 원하는지 알아내려고 기다리고 있었다. 그때의 대화는 대략 다음과 같다.

수감자: 저는 목요일에 가석방됩니다.
콜시니: 그래요?

1) R. Corsini & D. Webbing, *Current Psychotherapies* (6th Ed., F.E.: Peacock Publishers, Inc., 2000), pp. 4-6.

수감자: 선생님께서 제게 해 주신 일에 대해 감사드리지 않고서는 이곳을
　　　　떠나고 싶지 않았습니다.

콜시니: 그게 뭐지요?

수감자: 2년 전 즈음에 제가 선생님 사무실을 찾았을 때, 저는 마치 날아갈
　　　　듯했습니다. 교도소 마당에 나섰을 때는 모든 것이 달라 보였어요.
　　　　심지어는 공기도 다르게 느껴졌지요. 마치 새 사람이 된 것 같았습
　　　　니다. 저는 늘 어울리던 집단에 가는 대신에―그들은 도둑놈들이에
　　　　요―정직한 Johns(모범 재소자들을 일컫는 감옥의 은어)에게 갔지
　　　　요. 그 전에 부엌에서 하던 시시한 일을 그만두고 기계공장으로 옮
　　　　겨 기술을 배우게 되었어요. 교도소에 있는 고등학교 과정에 들어
　　　　가서 이제 졸업장도 받았습니다.……부모님과 가족에게 다시 편지
　　　　를 쓰게 되었고, 가족들이 면회를 왔지요.……이제 저에게는 희망
　　　　이 있어요. 저는 이제 제가 누구인지, 무엇을 하는 사람인지 알고 있
　　　　어요. 저는 제 자신이 성공적인 인생을 살게 될 것으로 믿어요. 저는
　　　　대학에 가려고 합니다. 선생님이 저를 자유롭게 해 주셨어요.……
　　　　제 인생을 바꾸어 주신 데 대하여 감사드립니다.

　나는 아무리 생각해 보아도 그와 이야기를 나눈 적이 없었기 때문에 놀라면
서 이 이야기를 듣고 있었다. 면담 서류철을 찾아보았더니 약 2년 전에 그에게
IQ검사를 했던 기록 밖에 없었다.

　"그게 정말 나였습니까?" 결국 나는 이렇게 물었다.

　"당신이 말한 것은 몇 년이 걸려야 이루어지는 일종의 성격과 행동의 변화
인데, 나는 확실히 그런 종류의 일을 한 적이 없습니다."

　"선생님이 틀림없어요." 그는 확신에 차서 대답했다.

　"그리고 저는 제 인생을 바꾸어 놓은 선생님의 말씀을 결코 잊지 않을 것입
니다."

　"그게 뭐였지요?" 나는 의아해 하며 물었다.

　"선생님은 제 IQ가 높다고 말씀하셨어요." 그가 대답했다.

에서 비록 수감자가 경험한 변화는 상담이 지향하는 것이기는 해도 그 변화는 공식적인 상담 절차에 의해 유도되지는 않았다.

상담이란 무엇인가? 이 질문에 답을 내리기 어려운 이유가 또 있다. 그것은 상담에 종사하고 있는 전문가들 사이에서도 상담의 본질에 대한 생각에 서로 차이가 있다는 점이다. 현재 존재하는 상담이나 심리치료 이론들은 약 250여 개에 이르는 것으로 파악된다. 각각의 이론들은 인간에 대한 기본적인 관점, 심리적 문제의 발생과정, 심리적 문제의 해결방법, 상담자와 내담자의 역할과 기능 등에서 상이한 견해를 지닌다. 전문적 상담자들은 각자 자신의 취향과 믿음에 따라 특정한 한두 가지 상담 이론에 근거하여 상담을 진행한다.[2] 따라서 각자가 행하는 상담은 이론적인 면에서 서로 차이가 있는 것이다. 그뿐 아니라, 같은 이론적 접근을 취하는 상담자들 사이에서도 상담을 진행하는 구체적인 절차와 방법은 서로 차이가 있게 마련이다. 즉, 각자의 상담 경험이나 훈련 배경에 따라 이론을 상담 실제에 적용하는 방식이 크게 달라지게 된다. 게다가 같은 상담자라 하더라도 상담이 진행되는 상황이나 대상, 해결되어야 할 문제의 유형이나 성질 등에 따라 실제 상담과정은 천차만별의 양상으로 전개될 수 있다. 결국, 각각의 개별적인 상담은 적용되는 상담 이론에 따라, 상담을 행하는 상담자의 개인적 경험과 취향에 따라, 그리고 각 상담 사례가 지니는 개별적 특성에 따라 이루 형언할 수 없는 다양한 모습을 지니게 된다. 따라서 이러한 다양성을 포괄하면서 상담에 대해 간결하고도 명확하게 정의를 내리기는 실로 어려울 수밖에 없다.

그렇다면 상담에 대해 일목요연한 정의를 내리는 것은 불가능한가? 꼭 그렇지만은 않다. 인간과 삶의 문제의 본질에 대한 보편타당한 이해

---

2) 어떤 상담자들은 여러 가지 상담 이론의 주요 특징들을 나름대로 취합하여 상담에 적용하기도 하는데, 이와 같은 상담 접근을 절충주의적 접근이라 한다. 최근에는 단일한 상담 이론에 근거하기보다는 절충주의적 입장에서 상담을 진행하는 상담자들이 늘어나는 추세다.

를 전제하지 않고서도 상담을 정의하는 것은 가능하다. 또한 인간의 심리적 변화를 이루는 방법들이 아주 다양하다는 점을 감안하더라도 상담에 대한 정의는 가능하다. 그리고 현존하는 상담 이론이 아무리 많더라도 상담을 정의할 수 있다. 그 방법은 대부분의 상담에서 공통적으로 존재하는 구조의 측면에 의거해서 상담을 정의하는 것이다. 여기에서 구조는 상담 상황이 어떤 요소로 구성되는가 하는 점을 나타낸다.

상담의 주요 구성 요소로 다음과 같은 세 가지를 들 수 있다.

첫째, 도움을 받는 사람
둘째, 도움을 주는 사람
셋째, 도움을 받는 사람과 주는 사람 간의 관계

이때 도움을 구하는 사람을 내담자라 하고, 도움을 주는 사람을 상담자라 하며, 이 두 사람 간의 관계를 상담관계라 한다. 이러한 세 가지 구성 요소는 거의 대부분의 상담에서 관찰할 수 있다. 즉, 상담 이론이나 상담 대상 또는 상담 상황의 차이에도 불구하고 이 세 가지 요소는 거의 모든 상담에 공통적으로 존재한다.[3]

다음 부분에서는 이와 같은 상담의 세 가지 구성 요소를 살펴볼 것이다. 어떤 자격을 갖춘 사람이 상담을 하는지, 상담을 받는 사람들은 누구인지, 그리고 상담자와 내담자가 어떠한 형식의 관계를 맺음으로써 상담이 이루어지는지를 각기 상세히 살펴보겠다. 그런 다음 전문적 상담과 일반적 상담이 어떤 점에서 차이가 나는지를 알아볼 것이다. 이를 통해 독자들은 '상담이란 무엇인가?'라는 질문에 나름대로 답을 얻을 수 있을 것이다.

---

3) 그러나 가장 훌륭한 상담이자 가장 특이한 상담 중의 하나로 일컬어지고 있는 프로이트의 자기분석에서는 상담자와 내담자가 동일하다. 따라서 이러한 세 가지 구성 요소를 확인하는 데 어려움이 있다(〈보기 1-2〉 참조).

〈1-2〉 가장 특이한 상담-프로이트(S. Freud)의 자기분석

정신분석학의 창시자인 프로이트는 자기분석으로도 유명하다. 대개 상담은 내담자와 상담자, 그리고 이 둘 간의 관계로 구성된다. 하지만 프로이트는 스스로가 내담자인 동시에 상담자가 되어 자신의 문제를 스스로 분석하는 특이한 상담방법을 개발하여 실행하였다.

1856년에 태어난 프로이트는 성장과정에서 우울, 불안, 공포증 등과 같은 소위 신경증이라 불리는 심리적 문제들로 심한 정신적 고통을 받았다. 그러던 중 그는 1897년부터 스스로에 대한 분석작업에 돌입하였으며, 이러한 작업은 1939년 그가 사망할 때까지 평생 지속되었다.

프로이트의 자기분석은 크게 두 가지 목적을 지닌다. 우선, 자신을 괴롭히고 있는 심리적 문제를 해결하는 것이 그 하나다. 이를 위해 프로이트는 자신의 심리적 문제와 관련된 과거의 경험과 생각들을 자유롭게 떠올리고—이를 자유연상이라 한다—꿈을 분석하는 등 여러 가지 정신분석 기법들을 스스로에게 적용해 나갔다.

또한 자기분석은 내담자를 더 잘 이해하기 위한 목적으로도 사용되었다. 프로이트는 사람은 모두 어느 정도의 심리적 문제를 가지고 있다고 믿었다. 즉, 내담자나 상담자 모두 정도의 차이는 있을지언정 심리적 갈등으로 인해 고통받고 있다는 점에서는 다르지 않다는 것이다. 상담자가 자신의 문제에 '얽매여' 있는 한 내담자를 올바로 이해할 수 없으므로 상담자의 자기분석은 자신의 문제가 내담자를 이해하는 데 방해가 되지 않도록 하는 데 매우 중요한 역할을 하게 된다. 이와 관련하여 프로이트는 다음과 같이 말했다.

"우리들은 결과적으로 정신분석가가 환자에 대한 관찰을 하는 동안 자기분석의 활동을 시작하고 그것을 계속 유지해 나갈 것을 요구한다. 이러한 종류의 자기분석에서 어떠한 성과도 내지 못하는 분석가라면 분석을 통해 환자를 치료할 수 있다는 그 어떤 생각도 즉시 포기해야 할 것이다."[4]

프로이트는 이러한 자기분석을 평생 지속하였다. 하지만 이 과정에서 그는 자기를 스스로 분석한다는 것이 얼마나 어려운 일인지도 깨닫게 되었다. 자신을 스스로 분석하는 데서 오는 여러 제한점으로 인해 요즘의 상담자들은 자기분석 대신 흔히 교육분석이라는 절차를 더 활용하는 추세다. 즉, 상담자가 자신의 문제를 해결하여 인간적 성장을 이루고, 이를 통해 내담자를 보다 더 잘 이해하고 변화시킬 수 있는 심리적 역량을 키우기 위해 스스로가 내담자가 되어 다른 선배 상담자에게 정식으로 상담을 받는 것이다. 어떤 상담자들은 이러한 교육분석을 필수적으로 거쳐야 한다고 믿는 반면, 다른 상담자들은 꼭 그럴 필요는 없다는 입장을 취한다.

교육분석
상담자가 자신의 심리적 문제해결과 인간적 성장을 이루기 위해 다른 상담자에게서 상담을 받는 경우를 말함

1. 누가 상담을 하는가

상담이 무엇인지를 이해하는 한 가지 방법은 상담을 행하는 사람들이 어떤 사람들인지를 알아보는 것이다. 즉, 우리가 어떤 사람들에게 상담자란 명칭을 부여하는지를 확인할 수 있다면 상담이 어떤 것인지를 어느 정도 이해할 수 있다. 이제 상담자들이 어떤 특징들을 가지고 있는지를 살펴보기로 하자. 먼저, 전문적 상담자와 상담자 역할을 하는 사람을 구분해 보겠다.

사람들은 일상생활에서 여러 가지 일로 심리적 혼란과 스트레스를 경험한다. 이에 대처하기 위해 사람들은 운동·등산을 하거나, 술을 마시거나, 휴식을 취하거나, 명상에 잠기는 등 여러 활동을 한다. 어떤 사람은 주위 사람과의 대화를 통해 스트레스를 해소하기도 하는데, 이때 대화 상대자는 대개 다른 사람의 말을 잘 들어 주거나 심정을 잘 헤아

---

4) S. Freud, The Future Prospects of Psychoanalytic Therapy(1910, p. 145). In J. Strachey (Ed. and Trans.), *The Standard Edition of the Complete Psychological Works of Sigmund Freud* (Vol. 11). London: Hogarth Press.

려 주는 사람, 혹은 풍부한 인생 경험의 소유자일 가능성이 높다. 이 밖에도 도움을 요청하는 사람이 처한 문제에 대해 나름대로 전문적인 지식과 구체적인 생각을 가진 사람이 대화 상대자가 되기도 한다. 이런 사람은 모두 상담자 역할을 하는 사람이라고 부를 수 있다.

　만일, 도움을 구하는 사람이 운이 좋다면 그는 이러한 상대와의 대화를 통해 나름대로 문제해결의 실마리를 찾을 수 있을 것이다. 즉, 대화 상대의 이해, 격려, 충고 등을 통해 자신이 처한 어려움을 이겨 나갈 길을 찾을 수 있게 된다. 그러나 도움을 구하는 사람이 운이 좋지 않다면 어떤가? 예를 들어, 상대가 순 엉터리거나 자기 생각만을 일방적으로 주입하려 한다면 결과는 어떻게 될 것인가? 이 경우 상대와의 대화를 통해 아무것도 얻지 못하거나 심지어는 더 혼란스러워질 수도 있다.

　그렇다면 당신이 곤경에 처해 있을 때 주위의 대화 상대에게서 실질적인 도움을 얻을 확률은 '평균적으로' 얼마나 된다고 생각하는가? 만일, 그 확률이 50%를 넘는다면 당신은 그것을 시도해 볼 것인가? 반대로 50% 이하라면 어떻게 할 것인가? 한 가지 분명한 것은 그 확률을 높게 지각할수록 당신이 실제로 도움을 구하려 시도할 가능성은 더 커진다.

　전문 상담자와 상담자 역할을 하는 보통 사람들 간의 차이가 바로 여기에 있다. 우리가 흔히 전문 상담자라고 부르는 사람들은 다른 사람이 겪는 심리적 고통이나 문제를 해결해 줄 수 있는 잠재적 능력을 더 많이 갖추고 있다. 즉, 그들에게 도움을 요청할 경우 실질적인 도움을 받을 확률은 더 커진다.[5] 반면에 주위의 보통 사람들에게 도움을 요청할 경우에는 그 확률이 훨씬 더 낮은 수준에 머물 것이다. 요컨대, 상담자 역할을 하는 사람들은 그렇지 않은 보통 사람들에 비해 높은 도움 제공의 확률을 지닌 사람들이고, 전문적 상담자들은 그런 상담자 역할을 하

---

[5] 물론 전문 상담자라고 해서 언제나 모든 문제를 다 해결할 수 있는 것은 아니다. 즉, 그들도 어떤 경우에는 실패하기도 한다. 단지 여기에서 말하고자 하는 것은 문제해결의 '평균적 확률'이다.

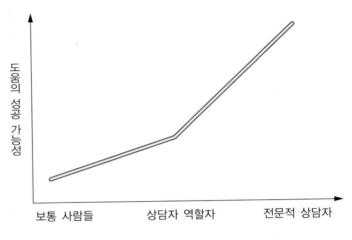

[**그림 1-1**] 도움의 전문성과 성공 가능성

는 사람들에 비해 도움 제공에 성공할 확률이 훨씬 더 높다고 할 수 있다([그림 1-1] 참조).

이런 점을 염두에 두고 다음에는 우리가 흔히 전문 상담자라고 부르는 사람들에 대해 살펴보기로 하겠다. 즉, 어떤 자질을 어느 정도 갖추어야 다른 사람의 문제를 해결하고, 성장을 촉진할 수 있는 전문 상담자의 역할을 할 수 있는지를 알아보겠다. 훌륭한 상담자가 갖추어야 할 자질에는 여러 가지가 있을 수 있겠으나 전문적 자질과 인간적 자질이 중요한 것으로 언급된다.

1) 상담자의 전문적 자질

상담은 일반적인 대화와는 달리 어떤 뚜렷한 목표를 지닌다. 상담의 주요 목표는 일차적으로 내담자가 호소하는 심리적 불편이나 증상을 경감시켜 주는 것이다. 이러한 일차적 목표는 '증상완화 또는 문제해결적 목표'라고 할 수 있다. 그런데 대개 상담은 이러한 일차적 목표의 달성에 그치지 않고 보다 더 궁극적인 차원의 도움을 주기도 한다. 그것은 내담자가 내면적인 자유를 회복하고, 자신이 가지고 있는 수많은 가능성과 잠재력을 발휘할 수 있도록 성격을 재구조화하여 인간적 발달과 인격적 성숙을 이루도록 하는 것이다. 이것은 상담의 이차적 목표로 '성장촉진적 목표'라고 할 수 있다.

상담자가 상담목표를 충실히 달성하기 위해서는 그것에 필요한 전문적 지식과 경험을 미리 갖추

상담은 일반적인 대화와는 달리 어떤 뚜렷한 목표를 지닌다. 따라서 그에 따른 전문적 자질이 요구된다.

는 것이 바람직하다. 즉, 문제해결적 목표와 관련하여 사람들이 왜 심리적 문제를 경험하는지, 그리고 그러한 문제를 효율적으로 해결하는 방법과 절차는 무엇인지에 관한 지식과 경험을 충분히 갖추어야 한다. 또한 성장촉진적 목표와 관련해서는 개개인에게 어떤 잠재력과 가능성이 있는지, 타고난 가능성과 잠재력을 충분히 알지 못하거나 발휘하지 못하는 이유가 무엇인지 이해해야 한다. 그리고 각자가 자기 속에 가지고 있는 가능성과 잠재력을 충분히 드러내기 위해서는 자기와 세상을 경험하는 방식이 어떻게 달라져야 할 것인지 등에 대한 철저하고도 깊이 있는 이해가 있어야 한다.

상담자의 전문적 자질이란 이러한 지식, 경험 그리고 이해를 제대로 갖추는 것을 뜻한다. 이러한 자질을 갖추지 않은 사람이 행하는 상담은 전문상담이 아니다. 즉, 그 상담은 우호적·지지적인 대화는 될 수 있을지언정 문제를 해결하고 성장을 촉진하는 전문적 의미의 상담은 아니다. 상담자의 전문적 자질에는 크게 다음과 같은 세 가지가 중요하다.

첫째, 상담 이론에 관한 이해
둘째, 상담을 효율적으로 진행하는 방법과 절차에 관한 이해

셋째, 이 두 가지를 바탕으로 실제 상담을 하면서 고려해야 할 여러 가지 사항을 일일이 검토하는 실습 훈련 경험

(1) 상담 이론에 관한 이해

상담 이론의 역할과 기능   상담 이론은 비행할 때의 나침반과 같은 역할을 한다고 볼 수 있다. 상담 이론을 통해 우리는 현재 내담자가 처한 심리적 좌표를 제대로 읽어 낼 수 있고, 상담이 앞으로 나아가야 할 방향을 가늠할 수 있다. 나침반 없이 비행항로를 제대로 잡을 수 없듯이 상담 이론 없이는 내담자가 호소하는 문제를 제대로 이해할 수 없으며, 제대로 치료할 수도 없다. 체계적이고 효율적인 상담 진행은 상담자가 상담 이론에 대해 깊고 해박한 지식을 갖출 때에 가능하다.

만일, 상담자가 상담 이론과 방법에 대해 제대로 이해하지 못한 채 상담을 진행한다면 어떤 결과를 초래할까? 그것은 사이비 의사가 환자의 증상을 제멋대로 진단하여 엉터리 처방을 내리는 것과 다를 바 없다. 여기에서 진단이란 문제를 제대로 파악하는 것이고, 처방이란 문제를 해결하는 구체적인 방법들을 실제로 적용하는 것이다. 우선, 사이비 의사는 질병의 종류나 특징에 대해 제대로 공부한 경험이 없기 때문에 환자가 호소하는 증상에 대해 정확한 진단을 내릴 수 없다. 설령 우연하게 정확한 진단을 내렸다 하더라도 그 질병을 해소하는 방법, 즉 정확한 처방을 내리지는 못할 것이다. 상담도 마찬가지다. 상담 이론에 대한 지식과 이해가 없는 상담자는 선무당이 사람 잡는 식의 엉터리 상담을 하고 말 것이다.

상담 이론의 주요 내용   상담 이론이란 무엇이고 어떤 내용을 담고 있는가? 일반적으로 이론은 주어진 현상을 기술하고 그 현상이 발생하는 이유를 설명하며, 나아가 그 현상이 발생했을 때 앞으로 어떤 일이 일어날지 예측하고 통제하는 것을 목적으로 한다. 상담 이론도 마찬가

지다. 이 역시 인간의 부적응 혹은 이상행동을 체계적으로 기술하고, 그 발생 이유나 과정을 설명하며, 이를 토대로 앞으로 일어날 일들을 예측하여 궁극적으로는 그러한 행동을 변화시키려는 목적을 가진다. 이러한 목적을 달성하기 위해 상담 이론은 일반적으로 다음의 세 가지 내용들을 담고 있다.

첫째, 상담 이론은 인간에 대한 기본적 관점에 관한 내용을 포함한다. 즉, 인간을 어떻게 볼 것인지에 대한 내용이다. 이상행동의 원인에 대한 설명이나 구체적인 치료방법은 인간을 어떤 식으로 바라보는지에 따라 달라지므로 상담 이론에서 이러한 인간에 대한 기본 관점은 매우 중요하다. 예를 들어, 어떤 상담자가 '인간의 행동은 환경 조건에 따라 결정된다.'고 믿는다면(환경적 결정론), 그는 내담자의 문제행동에 대해 그가 처한 외적인 환경 조건을 변화시킴으로써 문제를 해결하려 할 것이다. 이와는 달리 상담자가 '인간은 자신도 의식하지 못하는 무의식적 요소에 지배받는다.'고 믿는다면(무의식적 결정론), 내담자가 호소하는 문제를 해결하기 위해 내담자 자신도 알지 못하는 무의식적 요소를 떠올리고, 그것을 해결하는 데 초점을 맞출 것이다. 또 상담자는 '인간의 감정이나 행동은 무엇을 어떻게 생각하는지에 따라 달라진다.'고 믿을 수도 있는데(인지적 결정론), 이때 상담자는 내담자가 호소하는 행동이나 감정상의 문제와 불편을 해소하기 위해 생각의 내용과 방식을 변화시키는 데 주력할 것이다.

둘째, 상담 이론은 이상행동 또는 정신병리의 발달과정에 대한 내용을 포함한다. 각각의 상담 이론은 사람들이 겪는 심리적 문제들이 어떤 원인에 의해, 어떠한 과정을 거쳐 발생하는지에 관한 내용을 담고 있다. 심리적 장애의 발생 원인과 발달과정에 대한 이해와 지식을 갖춘 상담자는 심리적 장애를 해소할 수 있는 정확한 방법을 자신 있게 찾아낼 수 있다. 반면에 무엇이 문제이고, 그 문제가 어떠한 과정을 거쳐 현재에 이르게 되었는지를 모른다면 그 문제를 해결하는 방법을 찾아내기란 무척 어려워질 것이다. 예를 들어, 우울증의 경우를 한번 생각해 보자. 어떤 이론(벡의 인지치료 이론)에서는 자기와 세상 그리고 미래에 대한 비관적인 생각 때문에 우울증이 발생한다고 본다. 즉, 어떤 사람이 자기를 무가치하거나 열등한 존재로 생각하고 일상적인 생활 경험들을 부정적으로 해석하며, 앞날에 아무런 희망도 없다는 절망적인 생각을 계속하게 되면 결국 우울해질 수밖에 없다는 것이다. 상담자가 이러한 이론을 미리 알고 있다면 내담자가 지금 왜 우울한지 보다 잘 이해하고 공감할 수 있게 된다. 또한 내담자의 자기와 세상 그리고 미래에 대한 부정적인 생각들을, 적응에 도움이 되는 보다 현실적인 생각들로 바꾸는 데 상담의 초점을 맞출 수 있을 것이다. 그러나 상담자가 우울증에 대한 아무런 이론적 지식을 가지고 있지 않다면 내담자의 우울증을 전혀 이해하지 못하거나 상담의 초점을 벗어나게 되고 말 것이다.

셋째, 상담 이론은 변화를 일으키는 구체적 방법에 관한 내용을 포함한다. 즉, 내담자가 호소하는 심리적 증상이나 부적응 행동을 완화 또는 경감시키는 데 필요한 여러 가지 상담기법과 전반적인 상담 진행 전략, 내담자와 신뢰 있는 상담관계를 맺는 방법, 상담에서 부딪치는 여러 가지 난관을 극복하는 방법들이 담겨 있다. 예를 들어, 우울증의 인지치료 이론에서는 내담자의 부정적 생각들을 어떻게 확인하는지, 그것을 변화시키기 위해 어떤 기법을 적용해야 하는지, 상담자와 내담자의 관계는 어떻게 형성해야 하는지 등에 대한 구체적인 지침들을 제공한다.

(2) 상담방법에 대한 이해

비행기가 목적지에 제대로 도착하기 위해서
는 무엇이 필요할까? 우선은 비행항로를 잘 잡
아야 할 것이다. 즉, 비행기가 목표 지점을 향해
가도록 방향을 제대로 잡아야 한다. 앞서 언급
했듯이 상담 이론이 바로 이런 역할을 한다고
볼 수 있다. 그러나 항로를 제대로 설정했다고
해서 일이 모두 저절로 해결되지는 않는다. 성
공적인 비행을 위해서는 항로 설정 외에도 비행
기 조종사가 고려해야 할 사항들이 참으로 많기
때문이다. 몇 가지 예를 들자면, 고도는 어떻게

비행과 마찬가지로 상담이 정확한
목표 지점에 도달하기 위해서는 상담자의
숙련된 지식과 경험이 필수적이다.

잡고 속도는 어느 정도로 유지해야 할지, 기류를 어떻게 타야 할지 등
을 계속해서 변하는 비행 상황에 따라 잘 결정해야 한다. 이를 위해 각
종 계기판에 나타난 수치들을 잘 해석하여 필요한 비행 조작을 행해야
한다. 또한 조종사는 비행 중에 겪게 되는 각종 돌발 사태에 적절히 대
처할 수 있어야 한다. 즉, 조종사가 비행의 구체적 방법들을 잘 알고 행
할 수 있어야 원활한 비행이 가능하다.

상담도 마찬가지다. 앞서 언급했다시피 상담은 어떤 뚜렷한 목표를
지닌다. 즉, 비행이나 항해처럼 도달해야 할 분명한 목표 지점이 있다.
'모로 가도 서울만 가면 된다.'는 속담이 있지만 상담에서는 어떤 길
을 택하느냐에 따라 그 결과가 크게 달라진다. 길을 잘못 택할 경우 전
혀 엉뚱한 곳에 도달할 수 있을 뿐 아니라 내담자는 상담자의 시행착
오를 인내심 있게 기다려 줄 만큼 한가롭지도 않다. 상담 이론은 상담
이 나아가야 할 전반적인 방향을 설정해 주는 역할을 함으로써 상담
이 제대로 된 길을 가도록 유도해 준다. 그러나 그 길을 가는 실제적
인 방법, 즉 구체적인 상담의 진행방법은 상담자가 이에 대해 얼마나
숙련된 지식과 경험을 가지고 있느냐에 전적으로 달려 있다고 해도

과언이 아니다.

전문적 상담자는 효율적인 상담방법들을 잘 숙지함으로써 내담자에게 바람직한 변화가 일어나도록 잘 짜여진 상담을 진행해 나갈 수 있다. 반면에 비전문적 혹은 초보 상담자는 전혀 엉뚱하거나 비효율적인 상담방법을 사용함으로써 그 바람직한 변화를 이루는 데 실패할 공산이 크다. 이제 전문적 상담자가 익혀야 할 상담방법에는 어떤 것들이 있는지 알아보기로 하자.

상담의 진행과정　우리가 흔히 접하는 소설, 영화, 드라마 등의 이야기들은 모두 기승전결(起承轉結)이라는 일련의 흐름을 가진다. 즉, 일정한 도입부를 거쳐 주제가 전개되고 그것이 다시 여러 번의 반전을 거치면서 마지막으로 결말에 이르게 된다. 상담 역시 마찬가지로 비록 한두 번의 짧은 만남으로 소기의 성과를 달성하기도 하지만, 대개는 여러 차례 지속적인 만남을 필요로 한다. 이러한 여러 번의 되풀이되는 만남의 과정에서 상담은 시작되고 전개되며, 반전을 거듭하다가 결국 종결에 이르게 되는 것이다. 학자들은 이를 상담의 단계 또는 과정이라 부른다.

상담의 단계를 나누는 방식은 학자들에 따라 다소 차이가 있다. 하지만 상담의 단계를 초기, 중기, 종결단계로 나누는 것이 가장 일반적이다. 각 상담의 단계마다 상담자가 보다 주력해야 할 일들이 있으며, 이를 제대로 잘 진행해 나갈 때 상담은 순조롭고도 효율적인 항해를 할 수 있을 것이다. 간략하게나마 각 상담의 단계마다 주력해야 할 일들을 소개하면 다음과 같다(구체적인 내용은 제6장 상담의 진행과정을 참조).

상담의 단계
상담이 진행되는 단계로 흔히 초기, 중기, 종결의 세 단계로 나누어짐

① 초기단계

상담의 초기단계란 상담자와 내담자 간의 첫 만남이 이루어지는 순간에서 시작하여 이후의 몇 번의 만남을 말한다. 초기단계에서 상담자가 해야 할 일들은 여러 가지가 있겠지만, 여기에서는 크게 세 가지를 강조하고자 한다.

첫째, 상담자는 내담자의 문제가 무엇인지, 그것이 어떠한 배경에서 문제가 되었는지를 이해해야 한다. 즉, 내담자가 호소하는 여러 가지 어려움에 대한 체계적 이해와 평가가 필요하다.

둘째, 내담자와 신뢰할 수 있고 안정된 상담관계를 형성하는 것이 필요하다. 우리는 보통 다른 사람을 믿을 수 있을 때 자신의 개인적인 고충을 솔직히 털어놓을 수 있다. 상담에서는 더욱더 그러하다. 따라서 상담이 제대로 진행되기 위해서는 상담자와 내담자 간에 서로 존중하고 신뢰하고 이해하는 관계가 형성되어야 한다. 이러한 관계를 기반으로 내담자는 자신에 관한 이야기를 마음껏 할 수 있으며, 상담자는 이를 바탕으로 구체적인 상담전략들을 마련하여 실행에 옮길 수 있다.

셋째, 상담에 대한 안내가 필요하다. 대개 내담자들은 상담이 어떻게 진행되는지, 상담에서 어떤 도움을 받을 수 있고 그것을 위해 자신은 무엇을 어떻게 해야 하는지 잘 알지 못한다. 아니면 상담에 대해 전혀 그릇된 생각을 가지고 상담에 임할 수도 있다. 따라서 상담자는 내담자에게 상담에 임하는 바람직한 태도는 무엇인지, 상담을 얼마나 자주 하고 오래 할 것인지 등에 관해 자세한 안내를 할 필요가 있다.

② 중기단계

중기단계에서는 내담자를 변화시키기 위한 구체적인 시도들이 행해진다. 즉, 초기단계에서 드러난 내담자의 문제들에 대한 본격적인 해결이 이 단계에서 시도된다. 이런 점에서 중기단계를 작업 또는 문제해결 단계라 부르기도 한다. 구체적인 문제해결 방법은 내담자가 가진 심리적 문제의 성질이나 유형에 따라 크게 달라진다. 따라서 상담자는 내담자가 호소하는 문제를 해결하는 데 적절한 상담방법들을 동원해야 한다.

때때로 내담자들은 상담자가 제시하는 문제해결 방법을 잘 따르지 않기도 하는데, 이때 상담은 큰 어려움에 부딪히게 된다. 이러한 어려움이 생기는 이유로는 여러 가지가 있다. 예를 들어, 상담자가 내담자를 존중하지 않거나 잘 이해하지 못해서 그럴 수도 있고, 상담자가 상담방법을 잘못 적용하거나 내담자가 미처 준비가 안 된 상태에서 너무 권위적이거나 일방적으로 상담을 진행해서 그럴 수도 있다. 구체적인 이유는 상황에 따라 달라지는데, 그러한 어려움이 일어났을 때 상담자는 그 이유를 정확히 이해하고 적절한 대책을 세워야 한다. 그러므로 상담에서 부딪힐 수 있는 갖가지 난관들을 극복해 나가는 방법들에 대해서도 잘 알고 있어야 한다.

③ 종결단계

성공적인 중기단계를 통해 내담자들은 애초에 상담을 통해 도움을 받고자 했던 문제들의 해결과정을 경험하게 되며, 자기에 대해 보다 깊고 폭넓은 이해를 하게 된다. 그러나 그렇게 되었다고 해서 상담이 곧바로 끝나는 것은 아니다. 일단 해결되었던 문제라 하더라도 생활 속에서 또다시 문제가 되기도 하고, 새로운 문제에 부딪혀 혼란을 경험하기도 한다. 또한 상담을 통해 얻게 된 자기와 타인들에 대한 이해가 흔들리기도 한다.

따라서 상담자는 내담자들이 삶의 현장으로 돌아간 후 여러 가지 문제가 재경험될 때 적절하게 대처해 나갈 수 있도록 미리 준비해 주어야 한다. 이는 바이러스에 대한 저항력 또는 면역력을 키우기 위해 미리 예방주사를 놓는 것과 비슷하다. 이때 상담자는 내담자가 그러한 면역력을 가질 수 있도록 해 주는 구체적인 방법들을 잘 알고 있어야 한다. 이것이 제대로 이뤄질 때에야 비로소 상담이 종결된다.

상담 면접의 진행방법   보통 상담자와 내담자 간의 한 번의 만남을 면접회기라 하는데, 이를 줄여서 그냥 면접 또는 회기라고 하기도 한다. 최근에는 상담 면접을 진행하는 방식이 아주 다양해지고 있다. 놀이치료, 음악치료, 무용치료, 미술치료, 심리극 등이 몇 가지 예들이다. 이는 각기 놀이, 음악, 무용, 미술, 연극 등을 내담자 문제를 해결하기 위한 주요 방법으로 활용한다. 이 같은 새로운 상담방법들의 등장으로 인해 그 비중이 다소 낮아지긴 했어도 여전히 중요한 것은 내담자와 상담자 간의 대화를 통한 문제의 해결이다. 이런 점에서 상담을 '대화치료(talking therapy)' 라 부르기도 한다.

대화치료
주로 상담자와 내담자 간의 언어적인 대화와 의사소통을 통해 이루어지는 상담

상담은 진행 흐름상 초기, 중기, 종결의 세 단계로 구성된다고 이미 언급하였다. 그런데 각각의 상담 단계들은 일련의 면접들로 구성된다. 즉, 각각의 상담 면접들이 모여서 상담 단계를 구성하고, 이러한 상담 단계들이 모여서 전체적인 상담을 이룬다. 이때 성공적인 상담을 위해 각 상담 단계의 진행 전략을 짜는 것도 중요하지만, 그에 못지않게 개별적인 면접에서 상담을 어떻게 진행해 나갈지도 매우 중요하다.

전문적 상담자가 되려면 상담 면접의 구체적 진행방법에 대한 이해를 갖추어야 한다. 즉, 내담자와 직접 얼굴을 맞대고 앉았을 때 대화를 어떤 식으로 진행해야 보다 중요하고 의미 있는 정보를 이끌어 낼 수 있는지, 내담자가 문제를 해결하고 자기에 대해 보다 나은 이해와 통찰을 얻도록 하기 위해서는 대화를 어떻게 구성해야 하는지 등에 대한 숙련된 지식과 경험을 갖추어야 한다. 이런 지식과 경험이 제대로 갖추어지지 않으면 상담 면접은 비효율적으로 진행되기 쉽다. 장시간에 걸쳐 여러 차례 만나 대화를 나누었어도 실질적인 진전이 없다면 상담 면접의 진행방식이 잘못되었기 때문일 것이다.

상담은 주로 내담자와 상담자 간의 대화를 통해 진행된다.

문제 유형별 상담방법   상담의 목적이 내담자가 가진 문제를 해결하는 데 있으므로 내담자 문제에 대한 해결과정은 상

담의 핵심이 된다. 상담에서 일차적으로 다루어야 할 주요 문제는 내담자가 호소하는 문제 증상들이다. 그런데 두통을 치료하는 데 먹는 약과 소화불량을 해소하는 데 먹는 약이 다르듯이 상담에서 행해지는 문제해결의 구체적 방법은 내담자가 호소하는 문제 증상의 종류나 성질에 따라 달라지게 된다. 즉, 모든 유형의 문제 증상에 대해 동일하게 적용되는 하나의 상담방법이 있는 것은 아니다.

각각의 문제 증상들에 알맞은 상담방법을 적용하는 것은 상담에서 매우 중요하다. 상담이 실패로 끝났다면 그 원인 중 상당 부분은 내담자가 호소하는 문제 증상과 맞지 않는 잘못된 상담방법을 택하여 사용하거나, 설령 적절한 상담방법이었더라도 그것을 적용하는 방식에 무리가 있어서 그런 경우가 많다. 따라서 성공적인 상담을 위해서는 우선 상담자가 문제해결 방법들을 다양하게 갖추고 있어야 한다. 그리고 이를 토대로 내담자의 문제가 어떤 성질을 지니는지를 세밀하게 평가하여 그 문제의 해결에 알맞은 방법을 선택하여 적용해야 한다.

(3) 상담 실습경험과 훈련

상담에 있어서 머리로 아는 것과 실제로 행하는 것 사이의 괴리는 매우 클 수 있다. 의과대학을 최우등으로 졸업했다고 해서 곧바로 실력 있는 의사로 활동할 수 있는 것이 아니듯이 상담에 대한 해박한 지식을 갖추었다고 해서 결코 상담을 잘 할 수 있는 것은 아니다. 훌륭한 상담자가 되기 위해서는 상담에 대한 지식 이외에 더 필요한 것이 있는데, 상담 실습경험과 훈련이 바로 그것이다. 이는 의과대학을 다니면서 습득한 의학 지식을 인턴 및 레지던트 수련과정을 거치면서 임상경험을 쌓아가는 것과 같다.

전문적 상담자로 활동하기 위해서는 폭넓고 다양한 실습경험과 훈련과정을 거쳐야 한다. 상담자들은 대개 자신이 행한 상담 사례를 자격을 갖춘 선배 상담자에게 일일이 점검받는 과정을 통해 상담에 대한 실전

감각을 익혀 나간다. 그 과정에서 무엇이 잘 되었고, 무엇이 잘못 되었
는지를 낱낱이 파악하여 잘못된 점들을 하나씩 고쳐 나가는 것이다. 그
러나 시중에서 활동하는 상담자들 중에는 이러한 실습 및 훈련과정을
충분히 거치지 않거나, 아예 그럴 필요조차 없다고 생각하는 사람도 간
혹 있다. 이는 매우 위험한 생각이다. 상담의 실패는 단순한 실패가 아
니라 내담자에게 또 다른 심각한 정신적 상처와 좌절을 주는 매우 아픈
경험을 낳을 수도 있기 때문에 상담자는 상담이 성공적으로 진행될 수
있도록 최선을 다할 책임이 있다.

  그런데 문제는 스스로 행한 상담에서 무엇이 잘 되었고 잘못 되었는
지를 상담자 자신이 제대로 평가하기란 대단히 힘들다는 데 있다. 필자
의 경우, 상담자로서 첫 상담을 종결하고 나서 스스로 대단히 흡족하게
생각한 적이 있다. 그런데 나중에 선배 상담자의 지도·감독을 받는 과
정에서 어처구니없는 실수를 너무나 많이 저질렀다는 것을 뒤늦게 깨
닫게 되었다. 만일, 그러한 훈련과정을 거치지 않았더라면, 문제투성이
의 상담방법을 마구잡이식으로 적용하는 형편없는 상담자가 되었을지
도 모를 일이다. 따라서 다른 사람을 돕는 직종으로서 상담의 진가를
충분히 발휘하기 위해서라도 풍부한 실습 및 훈련지도 경험을 거쳐야
할 것이다.

> **상담자의 훈련지도**
> 상담자가 자신이 행한 상담
> 사례를 선배 상담자에게 지
> 도받는 훈련과정으로 슈퍼
> 비전(supervision)이라고
> 도 함

2) 상담자의 인간적 자질

  지금까지 훌륭한 상담자가 되기 위해 갖추어야 할 전문적 자질에 대
해 살펴보았다. 상담 이론과 방법, 그리고 실습경험을 충분히 갖춘 사
람은 전문적 자질을 갖춘 상담자라 할 수 있다. 그러나 전문적 자질을
갖추었다고 하여 저절로 훌륭한 상담자가 되는 것은 아니다. 훌륭한 상
담자가 되기 위해서는 또 하나의 자질, 즉 인간적 자질 역시 갖추어야
한다. 이제부터 인간적 자질이 상담자에게 왜 필요한지 알아보고, 상담
자가 갖추어야 할 인간적 자질의 내용에는 어떤 것들이 있는지 살펴보

기로 한다.

(1) 인간적 자질의 필요성

이 글을 읽는 독자들은 아마 '든 사람'과 '된 사람'에 대해 한두 번쯤은 들어 봤을 것이다. 든 사람은 어떤 분야에 대해 전문적 지식을 갖추고 있는 사람을 말하고, 된 사람은 인격적 소양이 훌륭한 사람을 말한다. 우리는 많이 아는 사람이라고 해서 반드시 훌륭한 인격을 갖춘 사람은 아니라는 점을 이미 잘 알고 있다. '아는 것은 참 많은데 사람이 틀렸다.' 혹은 '사람은 참 좋은데 머리에 든 것은 별로 없다.'는 식의 이야기들이 이를 잘 나타내 준다. 그런데 상담자에게는 전문적 자질과 인간적 자질이 동시에 필요하다. 즉, 상담자는 든 사람인 동시에 된 사람이기도 해야 한다. 그 이유를 구체적으로 살펴보면 다음과 같다.

문제인가, 인간인가 상담에 종사하는 사람들이 흔히 범하기 쉬운 한 가지 중요한 그릇된 생각이 있다. 그것은 내담자가 겪는 심리적 고통과 그 고통을 겪는 내담자라는 인간을 별개로 생각하는 것이다. 이러한 생각을 가진 상담자들은 흔히 스스로를 문제해결 전문가라 자칭하면서 적절한 상담기법들을 잘 적용하기만 하면 문제를 깨끗이 해결할 수 있다고 믿는다. 이는 크게 잘못된 생각처럼 보이지 않을 수도 있다. 왜냐하면 상담자로서 문제해결 방법을 다양하게 구비하여 그것을 적절히 활용하는 것은 성공적인 상담을 위해서는 반드시 필요하기 때문이다. 하지만 상담방법이나 기법만으로는 문제의 해결을 기대하기 어렵다. 예를 들어, 고장난 시계를 고치는 사람에게 필요한 것은 시계 수리에 관한 전문적 지식(즉, 문제해결 방법 또는 기법)뿐이다. 그 사람이 사악한 사람이든 온화한 성품의 소유자이든 그것은 그다지 중요하지 않다. 시계에 대한 해박한 지식과 기술만 가지고 있으면 고장난 시계를 충분히 수리할 수 있기 때문이다. 즉, 시계 수리에 있어서 훌륭한 인격은 필수적인 것이 아니다. 그러나 고장난 것이 물건이 아니고 사람 자체라면 이야기는 크게 달라진다. 상담의 경우, 문제를 겪고 있는 것은 다름아닌 내담자라는 인간이다. 즉, 문제와 사람이 애초부터 분리되어 있지 않다는 것이다. 따라서 내담자에게 어떤 인간적 영향을 미치지 않고 그가 겪는 문제만 따로 떼내어 해결하려는 것은 오히려 문제해결을 어렵게 만든다.

내담자를 이해하지 않고서는 그가 겪는 문제의 의미와 성질을 제대로 이해하기 어려우며, 내담자 자신의 문제해결 의지와 노력을 이끌어 내지 못하면 문제해결 자체가 어렵게 된다. 더구나 인격이 의심스럽거나 신뢰할 수 없는 사람에게는 내담자가 아예 상담을 받으려 들지 않을 지도 모르는 일이다. 따라서 상담자는 내담자에게 인간적 신뢰감을 주고, 내담자를 이해하고 존중하고 배려하는 인간적 태도를 끊임없이 발휘해야 한다. 이러한 태도는 상담자가 어느 정도 성숙한 개인으로서 인간적 자질을 갖추지 않으면 발휘되기 힘들다. 상담자가 훌륭한 인간적 자질을 갖추어야 하는 이유가 바로 여기에 있다.

치료적 도구로서의 상담자　앞서 내담자가 겪는 심리적 고통과 그 고통을 겪는 내담자라는 인간을 분리해서 생각하는 것은 크게 잘못된 것이라고 지적하였다. 이와 유사한 잘못된 생각이 하나 더 있다. 그것은 인간으로서의 상담자와 전문가로서의 상담자를 분리해서 생각하는 것이다. 상담자는 단순한 기법가나 기능인이 되어서는 안 된다. 이는 의사가 단순한 의료 기술자가 되어서는 안 되고, 성직자가 단순한 종교문제 전문가가 되어서는 안 되는 것과 동일한 이치다.

상담자는 자신을 이해할 수 있는 만큼 내담자를 이해할 수 있고, 자신의 문제를 해결할 수 있는 만큼 내담자 문제를 해결할 수 있으며, 자신이 성장할 수 있는 만큼 내담자를 성장시킬 수 있다. 상담자 자신이 인간으로서 겪을 수 있는 여러 가지 문제에 대해 어느 정도 자유롭지 못하는 한 내담자를 객관적으로 이해하는 데에는 한계가 있다. 또한 상담자 자신이 자신의 콤플렉스를 슬기롭게 극복하지 못하는 한 내담자를 돕는 데 한계를 지닐 수밖에 없다. 따라서 내담자에 대한 이해와 그가 가진 문제의 해결, 내담자의 인간적 성장의 촉진 등은 상담자가 가진 전문적 지식이나 기법의 범위를 넘어서서 상담자 자신의 인간 됨됨이와 삶에 대한 태도, 끊임없이 자기를 향상시키려는 노력에 바탕을 두고 있다. 이런 의미에서 인간으로서의 상담자는 그가 가진 전문적 지식 및 경험과 더불어 상담에서 가장 중요한 치료적 도구들 중 하나인 셈이다.

다음 예를 통해 독자들은 이를 보다 잘 이해할 수 있을 것이다. 필자는 초보 상담자 시절에 내담자의 문제를 보다 명확히, 보다 객관적으로 이해해야 된다는 명분에 집착한 나머지 심리평가에 지나치게 의존한 적이 있다. 물론 지금도 필요한 경우 상담에서 여러 가지 심리평가를 활용하고 있지만, 초보 상담자 시절에는 그 정도가 지나친 경우가 많았다. 여러 가지 심리검사를 통해 내담자를 보다 잘 이해할 수 있게 된다면 그것 자체가 크게 잘못된 일은 아니다. 문제는 상담자로서 내담자에 대해 본인 스스로가 가지고 있는 예민한 감각과 지각력—편견을 배제한 채 내담자가 체험하는 모든 것을 온전히 체험할 수 있는 능력—을 불신하거나 과소평가하였다는 데 있다.

상담자로서 내담자를 있는 그대로 느끼고 체험할 수 있다는 사실을 믿지 못했기 때문에, 온갖 주관적인 생각들로 내담자와 상담자 사이에 불투명한 간극들을 스스로 만들어 내담자를 있는 그대로 볼 수가 없었기 때문에, 그리고 온갖 불안과 두려움들로 인해 스스로를 보호해 줄 두꺼운 방어의 외투를 벗어던질 수 없었기 때문에 심리검사와 같은 외적 장치의 도움 없이는 내담자를 이해할 수 없다고 여겼다. 그러나 돌이켜 보면 상담자의 온전한 마음만큼 더 예민하고 민감한 심리검사 도구가 세상 어디에 있을까 싶다. 상담자가 자신의 주관적 편견과 왜곡에서 어느 정도 자유로울 수만 있다면, 자신이 가진 심리적 문제들로 인해 마음의 평화가 깨지지 않을 수만 있다면, 상담자의 마음은 내담자를 이해하고 평가하는 가장 훌륭한 검사도구가 될 것이다. 상담자 자신과 상담자가 가지고 있는 마음 그 자체는 가장 훌륭한 치료적 매개체임에 틀림없다.

본보기로서의 상담자   아이들은 어른을 모방한다. 어린아이들은 부모의 말씨나 행동거지, 사고방식 등을 관찰하고 본받으며 성장한다. 또한 청소년들은 인기 있는 연예인이나 스포츠 스타들을 흠모하며, 그들의 일거수일투족을 따라한다. 이런 의미에서 아이들에게 있어서 부모, 사춘기 청소년들에게 있어서 대중적인 스타는 모두 본보기인 셈이다. 그러면 상담에서는 어떠한가?

상담에서 내담자는 어느 정도 상담자에게 의존하게 된다. 물론 이는 추후의 심리적 독립을 전제로 한 일시적이고 잠정적인 의존이다. 이러한 관계 속에서 내담자는 상담자에게 도움을 구한다. 이때 내담자가 받아들이는 것은 상담자가 제공하는 문제해결 방법이나 절차에 그치지 않는다. 내담자들은 상담자가 어떤 삶의 가치관을 지니고 있는지, 어떠한 태도나 생각으로 살아가는지, 얼마나 경험에 개방되어 있고 진솔한지 등을 관찰하고 마음에 새기게 된다. 비록 내담자가 상담자를 의식적으로 본받으려 하지 않아도 내담자는 부지불식간에 상담자에게 다양한 인간적 영향을 받게 된다. 이렇게 볼 때 상담자는 자신이 내담자에게 하나의 본보기 역할을 할 수 있음을 충분히 인식해야 한다. 또한 본보기로서 자신의 모습을 끊임없이 점검해야 하며, 나아가 성장시키려는 노력도 게을리해서는 안 된다.

(2) 인간적 자질의 내용들

이제 상담자가 갖추어야 할 인간적 자질의 구체적 내용들에 대해 살펴보기로 한다. 한 가지 먼저 밝히자면 다음에 제시되는 것들이 전부가 아니라는 점이다. 여기에 제시되지 않은 자질들도 많이 있을 수 있다.

또한 각자의 입장에 따라 다른 견해를 가지는 것 역시 충분히 가능하다. 따라서 상담자가 갖추어야 할 인간적 자질들에 대해 각자 나름대로 생각해 보는 것이 가장 중요하다. 여기에 제시된 것은 하나의 검토 자료로서만 의미가 있을 뿐이다.

자기에 대한 이해와 수용　상담자는 자신이 어떤 사람인지를 잘 알고 있어야 한다. 즉, 자신이 어떤 인생을 살아 왔으며, 그것이 현재의 모습에 어떤 영향을 미쳤고, 미래에는 어떤 모습으로 살아갈 것인지를 알고 있어야 한다. 이를 위해 자신을 인식하고 이해하려는 노력을 게을리해서는 안 된다. 또한 그 과정에서 알게 된 자신의 모습에 대해 있는 그대로 받아들여야 한다. 장점은 장점대로, 단점은 단점대로 솔직히 인정할 수 있어야 한다. 즉, 불필요한 자기부정이나 왜곡 없이 있는 그대로의 자신의 모습을 존중하고, 그 속에서 의미와 희망을 발견할 수 있어야 한다.

타인에 대한 열린 마음　상담자는 타인에 대해 진정한 관심을 가져야 한다. 즉, 타인과 불필요하게 경쟁하려 하지 않고, 그들의 삶과 행동을 인정하고 존중하려는 자세를 지녀야 한다. 또한 타인과의 관계에서 자신을 숨기거나 왜곡하거나 과장하지 않고, 있는 그대로 자신의 모습을 드러내는 진솔함을 지녀야 한다. 타인의 불행과 아픔을 깊이 공감하고 그들을 배려하려는 인간적 태도 역시 지녀야 한다. 그리고 타인과의 관계 속에서 불화와 갈등을 경험하더라도 그것을 슬기롭게 극복하여 화합을 이루려는 노력을 게을리해서는 안 된다.

삶에 대한 진지함과 용기　상담자는 삶을 살아감에 있어서 진실하고 성실하고 정직해야 한다. 가면, 방어, 헛된 역할, 허울 속에 숨지 않고 생각하고 느끼는 대로, 즉 있는 그대로의 인간으로 살아가야 한다. 자신은 이미 형성된 그 무엇이 아니라 끊임없이 성장하고 형성되는 과정

중에 있음을 이해할 수 있어야 한다. 따라서 실수나 실패에서 교훈과 지혜를, 절망에서 희망을, 그리고 고통과 좌절에서 진정한 용기를 발휘해야 한다. 또한 어느 순간이라도 자신의 삶을 자신이 선택하여 살아가려는 의지와 노력을 기울일 수 있어야 한다.

2. 누가 상담을 받는가

이제까지 상담이 무엇인지를 이해하는 한 가지 방법으로 상담을 행하는 사람들이 어떤 사람들인지를 알아보았다. 즉, 어떤 사람들에게 상담자란 명칭을 부여할 수 있는지에 대해 살펴보았다. 이제는 어떤 사람들이 상담을 받는지를 살펴봄으로써 상담이 무엇인지를 이해해 보기로 한다.

1) 심리적 문제의 유형

사람은 살면서 누구나 스트레스를 경험한다. 정도의 차이는 있을지라도 스트레스를 전혀 느끼지 않고 살아가는 사람은 아무도 없다. 예를 들어, 어떤 학자들은 '스트레스에서 완전히 해방되는 길은 죽음뿐'이라고 말하기도 한다. 그만큼 스트레스는 살아가는 과정에서 필연적으로 마주하게 되는 삶의 일부분이다.

사람들이 겪는 문제들 중 상당 부분은 상담을 통하지 않고서도 해결된다. 가령, 실연의 아픔은 시간이 지나면서 저절로 약해지고, 시험에 낙방한 큰 충격은 피나는 노력으로 극복될 수 있다. 하지만 어떤 경우에는 혼자 힘으로는 해결하기 어려워 전문가의 도움을 요청할 수밖에 없는 문제들을 경험할 수도 있다. 이러한 문제들이 바로 상담의 대상이 된다. 즉, 상담은 사람들이 심리적 문제를 인식하고, 그러한 문제에 대해 상담 전문가의 도움을 요청할 때 시작되는 것이다([그림 1-2]

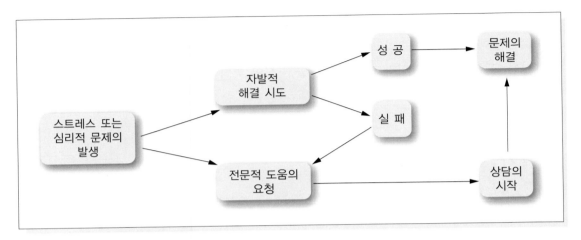

[그림 1-2] 상담에 이르기까지 과정

참조).[6]

　상담의 대상이 되는 삶의 문제들은 여러 가지로 분류할 수 있다. 어떤 문제들은 일시적인 반면, 어떤 문제들은 장기간에 걸쳐 문제가 지속되거나 심지어는 악화되기도 한다. 어떤 문제들은 상황적 요소 때문에 생겨나는 반면, 어떤 문제들은 사람 내부의 이유, 즉 성격적인 근원을 가지기도 한다. 그리고 어떤 문제들은 불편하기는 해도 일상생활에 적응해 나가는 데 큰 어려움을 주지 않는 반면, 어떤 문제들은 독립적으로 생활해 나가는 것 자체를 심각하게 위협하기도 한다.

　다음에 제시하는 구분은 독자들의 이해를 돕기 위한 것일 뿐 심리적 장애에 대한 공식적인 분류방법을 따른 것은 아니다. 공식적인 정신장애 분류방식에는 크게 두 가지가 있는데, 하나는 미국정신의학회(APA)가 편찬한 『정신장애진단 및 통계편람(Diagnostic and Statistical Manual of Mental Disorders: DSM)』이고, 다른 하나는 세계보건기구(WHO)에서

---

6) 상담이 항상 문제를 경험하는 사람의 자발적 요청으로 시작되는 것은 아니다. 경우에 따라 본인은 필요성을 느끼지 못하지만 주변 인물들의 요청으로 상담이 시작되는 경우도 있다. 이렇게 시작되는 상담을 '비자발적 상담'이라고 부른다.

편찬한 『국제질병분류체계(International Classification of Disease: ICD)』
다. 이러한 두 가지 분류체계에는 다양한 정신장애들의 세부적 특징들
이 상세히 수록되어 있다. 이에 대한 소개는 이 책의 범위를 벗어나므
로 여기에서는 다루지 않기로 하겠다.

(1) 시간의 경과에 따른 분류

사람들이 겪는 문제는 시간적 경과에 따라 일시적 문제와 지속적 문
제로 분류할 수 있다. 이 둘을 구분하는 데 있어서 객관적인 시간적 준
거가 확실히 서 있는 것은 아니다. 그 대신 사람들이 겪는 심리적 문제
가 개인적 또는 사회적 적응과 일의 성취에 방해가 되는 정도가 시간적
으로 얼마나 긴지 짧은지에 관한 주관적 판단이 중요하다. 가령, 1~2개
월 이내에 문제에서 벗어나 정상적인 생활 적응 기능을 수행할 수 있다
면 일시적인 것으로 보고, 3개월 이상 문제가 계속되면 지속적 문제로
볼 수 있다. 또 경우에 따라 몇 년 이상 지속될 수도 있는데, 이러한 문
제는 만성적인 성질을 지니는 것으로 볼 수 있다.

한 가지 주의할 것은 일시적인 문제라 해서 그 문제를 겪는 사람에게
별다른 불편이 없다거나 심각하지 않은 것은 아니라는 점이다. 반대로
지속적이거나 만성적인 문제라 해서 반드시 일시적인 문제보다 더 심
각한 것은 아니다. 즉, 일시적, 지속적, 만성적의 구분은 단지 심리적 문
제의 시간적 경과에 따른 구분일 뿐이지 문제 자체의 심각성 정도와는
관련이 없다.

또 하나 주의할 것은 일시적인 문제라 하더라도 일정한 시간 간격을
두고 되풀이해서 경험되는 경향이 있다면 그것은 더 이상 일시적 문제
로 간주될 수 없다는 점이다. 따라서 지금 현재는 일시적인 문제가 될
뿐이지만 그것이 나중에 또 문제가 될 수도 있고, 역으로 오래전에 경
험했던 일시적인 문제가 현재 다시 문제가 될 가능성도 충분히 있는 것
이다. 따라서 상담자의 입장에서는 내담자가 겪는 문제가 내담자의 전

체 인생에서 어떤 의미를 지니는지를 판단해야 한다. 즉, 그것이 단순히 일과성으로 그칠 문제인지, 아니면 예전에 문제가 된 적이 있거나 나중에 다시 문제가 될 가능성이 있는지를 주의 깊게 평가해야 한다. 왜냐하면 그러한 평가 결과에 따라 상담 접근은 크게 달라질 수 있기 때문이다.

(2) 발생 원인의 소재에 따른 분류

발생 원인의 소재란 문제의 원인이 개인 내부에 있는지(성격적 문제), 외부에 있는지(상황적 문제)를 말하는 것이다. 만일, 어떤 사람이 다니던 회사에서 갑자기 해고를 당하게 되어 실의와 좌절에 빠지게 되었다면 그것은 상황적인 문제다. 그렇지 않고 길거리에서 우연히 마주친 동창생이 보낸 미소를 보고 자기를 비웃는다고 생각하여 분노를 표현하게 되면 그것은 성격적인 문제다.

원칙적으로 상황적인 문제는 상황적 원인이 해소되어야 문제가 해결되며, 성격적인 문제는 성격상의 왜곡이 바로 잡혀야 문제가 해결될 수 있다. 그런데 사람들이 경험하는 심리적 문제들은 상황과 성격상의 문제 둘 중의 하나로 명확히 구분할 수 없는 경우가 많다. 즉, 심리적 문제는 상황적 요소와 성격적 요소가 결합된 경우가 많다. 이를 두고 학자들은 '상황적 요소와 성격적 요소가 상호 작용한다.'고 말한다.

(3) 심각성 정도에 따른 분류

비록 공식적인 정신장애 분류방식을 따른 것은 아니지만, 전문가들은 심리적 문제를 크게 신경증과 정신증으로 구분한다. 이렇게 볼 때 사람들은 크게 세 가지 부류로 나눌 수 있다.

첫째, 아무런 심리적 문제도 겪지 않는 사람, 즉 정상인

둘째, 신경증적 문제를 겪는 사람

셋째, 정신증적 문제를 가진 사람

여기에서도 한 가지 주의할 것이 있는데, 그것은 이러한 구분이 명확한 것이 아니라는 점이다. 다시 말해서 이 세 가지 부류 간의 경계는 뚜렷하지 않다. 그리고 설령 현재는 정상이라도 예전에 또는 앞으로 신경증적 문제나 정신증적 문제를 경험했고, 할 수도 있으며, 그 역도 또한 가능하다.

정상적 상태　　정상인들은 일상적인 생활을 방해할 정도의 커다란 심리적 문제나 적응 기능상의 어려움을 겪지 않기 때문에 대부분 상담자의 도움을 필요로 하지 않는다. 쉽게 말해서 큰 문제 없이 잘 살고 있는 사람들인 셈이다. 하지만 때로는 그들도 상담자를 찾을 수 있다. 예를 들어, 남한테 말 못할 고민거리가 생겼다든지, 자신의 성격과 사고방식 또는 행동패턴을 개선해 보고 싶다든지, 특정한 능력을 개발하고 싶다든지 하는 것들이 있을 수 있다. 이 경우 상담은 문제해결적이라기보다는 성장촉진적인 것이 되기 쉽다. 이에 비해 전문적 상담의 주요 대상은 신경증적 문제를 가진 사람들 대부분과 정신증적 장애를 가진 사람들 중 일부다.

신경증적 상태　　신경증적 상태는 현실 인식과 생활 적응에 극심한 결함을 가지지는 않지만 주로 정서적 또는 행동적 측면에서, 그리고 주변 사람들과 인간관계를 맺고 유지해 나가는 과정에서 상당한 정도의 불편과 고통을 느끼는 경우를 말한다. 예를 들어, 정서적인 측면에서 감정의 변화가 심하고 부정적 감정(예: 우울, 불안, 공포 등)을 계속해서 경험하거나, 행동적인 측면에서 주어진 상황에 부적절한 행동을 되풀이하거나, 동기적인 측면에서 의기소침, 의욕상실, 무기력 등이 지속된다. 또한 사고의 내용이나 방식의 측면에서 상황에 적응해 나가는 데 도움이 안 되는 생각들을 자주 하게 되거나, 인간관계 측면에서 주변

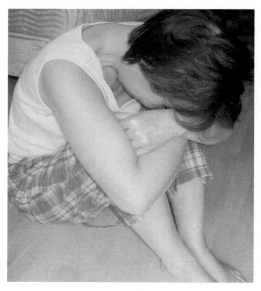

상담 장면에서 가장 흔히 접할 수 있는 사람들은
신경증적 문제를 겪는 사람들이다. 방 안에서 혼자
울고 있는 이 중년 여성은 상담자의 도움이 필요하다.

사람들과 마찰과 갈등을 지속적으로 경험한다. 이러한 것들이 신경증적 문제에 해당한다. 특히, 이러한 문제들이 단순한 상황적인 원인뿐만 아니라 개인의 내적인 성격적 원인까지도 포함하고, 일시적이 아닌 장기간에 걸쳐 문제가 반복되어 경험될 때 신경증적 문제로 분류될 수 있다.

신경증적 문제를 겪는 사람들은 우리 주위에서 많이 찾아볼 수 있다. 이들은 자신이 겪는 불행과 고통을 스스로 인식할 수 있으므로 상담자의 도움을 자발적으로 구하는 경우가 많다. 일반적인 상담 장면에서 마주하게 되는 내담자들을 주로 신경증적 문제를 가진 사람들로 보면 된다. 대체로 이들은 상담자의 도움을 통해 자신의 심리적 문제를 해결할 수 있는 기본적인 심리적 능력을 가지고 있기 때문에 상담을 통해 성공적인 문제해결에 이르는 경우가 많다. 이들에 대한 상담 접근은 문제해결적 상담에 그치는 경우도 있고, 더 나아가 사고방식 및 성격 구조상의 변화는 물론 인간적인 성숙까지 이루는 경우도 있다.

정신증적 상태   정신증적 문제는 현실의 인식과 기본적인 생활 적응 자체가 심각하게 손상된 경우를 지칭한다. 흔히 정신병이라고 부르는 것들이 여기에 속한다. 정신증적 장애의 주요 특징을 몇 가지 예로 들면 다음과 같다.

우선, 현실 인식 능력에 있어서의 손상이다. 현실에 대한 지각이 심하게 왜곡되어 나무를 귀신이라고 하고, 비행기를 우주선이라 하기도 한다. 상황에 전혀 맞지 않는 정서를 경험하거나 표현하는 것도 정신증의 주요 특징이다. 친한 친구의 부음을 받고도 박장대소하는 경우가 그 예다. 행동적인 측면에서도 아주 기이한 행동을 되풀이하는 경우가 많다. 그러나 정신증의 가장 뚜렷한 특징은 사고방식과 내용의 기이성에서 찾을 수 있다. 사고의 흐름 간에 논리적 연결 없이 비약이 심하거나 상식이나 일반적인 상황과는 전혀 맞지 않는 기이한 생각을 하는 경우다.

신경증적 문제를 겪는 사람들은 내담자로 불리는 반면, 정신증적 문제를 가진 사람들은 환자로 불리는 경우가 많다. 이들은 현실에 대한 올바른 인식이 결여되어 있으므로 자신에게 문제가 있다는 것 자체를 제대로 알지 못한다. 따라서 자발적으로 전문가의 도움을 구하는 경우는 드물고, 가족이나 주위 사람들의 요청으로 병원에 입원하거나 통원 치료하는 경우가 일반적이다. 이들은 대

정신증적 상태는 현실과 공상 간의 경계가 와해된 상태로 기본적인 생활 적응 자체가 매우 힘들다.

부분 의학적 치료를 받게 되지만, 정신적 기능이 비교적 온전하다면 의학적 치료와 병행하여 상담을 받기도 한다. 특히, 근래에 이르러서는 정신증 환자들을 치료하는 상담 이론이나 기법이 발달되어 일부 정신증은 상담을 통해서도 상당한 치료 성과를 거두기도 한다.

2) 상담의 대상 장면

상담의 대상이 되는 문제 장면을 살펴봄으로써 주로 어떤 영역에서 상담자의 전문적 도움이 필요한지를 이해할 수 있다. 일반적으로는 문제를 겪는 사람이 개별적으로 전문 상담자를 찾아와 상담을 받는 경우가 가장 흔하다. 그렇다고 해서 모든 상담자가 내담자가 찾아오기를 마냥 기다리고 있는 것은 아니다. 어떤 상담자들은 문제가 발생할 소지가 많거나 이미 문제가 발생한 문제 장면에 직접 개입하여 내담자를 상담하는 경우도 있다. 가장 대표적인 예로 가족상담, 학교상담 그리고 기

업체 또는 산업상담을 들 수 있다.

(1) 가족상담

가족상담은 가족 구성원 전체를 대상으로 상담을 행하는 경우를 말한다. 이렇게 하는 이유는 가족 전체가 심각한 갈등에 휩싸여 있어서 전문가의 도움을 받지 않고서는 가족 구성원 스스로가 문제를 해결할 수 없기 때문이다. 또한 어느 특정 구성원만이 심리적 문제를 겪고 있더라도 그 원인이 다른 가족 구성원과 밀접한 관련이 있거나, 그렇지 않더라도 그 특정 구성원의 심리적 문제의 해결을 위해 다른 가족 구성원의 적극적 도움이 필요하기 때문이기도 하다. 가족 전체를 상담하는 경우 상담자가 해당 가정을 직접 방문하여 상담을 진행할 수도 있고, 가족 구성원을 일부 또는 개별적으로 상담실로 오게 하여 가족상담을 진행할 수도 있다.

(2) 학교상담

학교상담은 초등·중등·고등학교 및 대학교에 재학 중인 학생들을 대상으로 상담활동을 하는 경우를 말한다. 각급 학교에 재학 중인 학생들은 학교생활을 해 나가는 과정에서 여러 가지 문제를 경험한다. 학교 장면에서 특유한 가장 중요한 문제로는 다음과 같은 세 가지를 들 수 있다.

학교상담에서는 학교 장면에서 학생들이 호소하는 학업문제, 친구문제, 기타 심리적 문제들을 주로 다룬다.

하나는 학업문제다. 학업을 수행해 나가는 과정에서 생기는 학습부진 문제, 비효율적 학습방법의 문제, 주의집중 곤란 문제, 장래 진로문제 등이 상담의 주요 대상이 된다. 다른 하나는 학교생활을 해 나갈 때 생기는 여러 가지 인간관계 문제다. 친구나 선후배와의 갈등, 교사 또는 교수와의 갈등 등이 여기에 포함된다. 마지막으로 초등학교부터 대학교에 이르기까지 독립된 성인으로 발달해 나가는 과정에서 생기는 여러 가지 심리 발달상의 문제 역시 학교상담의 대상이 된다. 학교상담은 전문 상담자가 아예 해당 학교에 상주하면서 학생들을 상담하거나 정기적으로 방문하여 상담에 응하는 형식으로 상담이 진행된다.

(3) 기업체 또는 산업상담

기업체 또는 산업상담은 상담이 행해지는 장면이 기업체나 산업체에서 이뤄지는 경우를 말한다. 사람들은 직장에서 업무를 수행해 나가는 과정에서 갖가지 스트레스를 경험한다. 이러한 스트레스는 개인적인 차원에서는 직장 적응을 힘들게 하고, 기업 또는 산업체 차원에서는 전반적인 업무 효율성과 조직 응집력을 떨어뜨리는 결과를 가져온다. 최근에는 이러한 문제점을 해결하기 위해 전문 상담자를 기업체에 상주시키면서 조직 구성원의 상담 요구에 응하게 하는 기업들이 늘어나고 있다. 이때 상담의 대상이 되는 주요 문제들은 직장 적응문제, 동료나 상사 또는 부하직원 간의 인간적 갈등문제, 경력개발 문제, 비효율적 의사소통의 문제, 개인적 또는 가정적 문제 등이 있다.

3. 상담은 어떻게 이루어지는가

상담은 상담자와 내담자가 관계를 맺음으로써 성립되는데, 이를 상담관계라 한다. 상담관계에는 질적인 측면과 형식적 측면이 있다. 질적인 측면은 상담관계가 질적으로 어떠한 특성을 지니는지에 관한 것이고, 형식적 측면은 상담자와 내담자가 관계를 맺는 방식에 관한 것이다. 다음 부분에서는 상담관계의 질적 측면에 대해서는 간략하게만 언급하

상담관계

상담자와 내담자가 맺는 인간적인 관계로 상담관계가 올바르게 형성되지 않으면 상담의 효율적 진행은 불가능해진다.

고, 상담이 이루어지는 형식적 측면에 대해 보다 중점적으로 살펴보고자 한다.

질적인 측면과 관련하여 어떤 상담관계는 우호적이고 상호 신뢰하며, 존중적이고 이해적인 성질을 지닌다. 반면에 어떤 상담관계는 비우호적이고 논쟁적이며, 상호 냉담하고 비배려적인 특성을 지닌다. 전자는 긍정적인 내담자 변화를 촉진한다는 의미에서 촉진적 또는 치료적 상담관계라 한다. 반면에 후자의 특성을 지니는 상담관계는 비촉진적 또는 비치료적 상담관계라 한다. 상담관계의 이러한 질적인 측면은 상담성과와 직결되는 매우 중요한 문제다. 이에 대해서는 나중에 다른 장에서 보다 자세히 다루기로 하겠다.

상담자와 내담자가 관계를 맺는 형식에는 크게 두 가지가 있다.

첫째, 직접적으로 얼굴을 맞대어 관계를 맺어 나가는 것
둘째, 전화, 컴퓨터통신망, 편지, 방송·신문·잡지와 같은 언론매체 등의 수단을 통해 간접적으로 관계를 맺어 나가는 것

이 중 전자를 대면상담이라 하고, 후자를 관여되는 매체의 종류에 따라 전화상담, 인터넷상담, 서신상담, 언론매체상담이라 한다.

(1) 대면상담

대면상담은 상담자와 내담자가 직접 만나서 하는 상담을 말한다. 대부분 내담자가 상담자를 방문하며, 경우에 따라서는 내담자가 있는 곳으로 상담자가 방문하여 상담을 진행하기도 한다. 대면상담은 여러 유형의 상담 중에서 가장 일반적이고 전통적인 상담 진행방식이다. 대면상담은 상담자가 내담자를 직접 만나서 관찰할 수 있기 때문에 내담자가 스스로 보고하는 내용 이외에도 여러 가지 중요한 정보들을 상담에 활용할 수 있는 이점을 지닌다. 예를 들어, 어떤 내담자는 '아무렇지도 않다.'고 말하면서 얼굴은 붉어지고 눈물을 글썽이는 경우가 있다. 이

때 언어적 정보와 비언어적 정보 간의 이러한
불일치는 얼굴을 직접 맞대지 않고서는 확인할
수 없는 것이다.

대면상담은 가장 전형적으로 상담자와 내담
자 간의 대화를 통해 이루어진다. 상담자는 대
화를 통해 내담자를 이해하며, 대화를 통해 내
담자를 변화시킨다. 즉, 대화는 내담자를 이해
하는 핵심적인 수단이자 문제를 해결하고 성장
을 촉진하는 가장 유력한 상담도구인 셈이다.

대면상담은 가장 일반적이고 전통적인
상담 진행방식이다.

대화 이외의 다른 수단을 통해 상담을 진행하는 경우도 있다. 앞서
언급한 것처럼 놀이치료, 음악치료, 무용치료, 미술치료, 심리극 등은
각기 놀이, 음악, 무용, 미술, 연극 등을 내담자 문제를 해결하기 위한
주요 방법으로 활용한다. 그렇다고 해도 여전히 중요한 것은 상담자와
내담자 간의 대화이므로 상담자가 대화를 어떤 식으로 구성하는지가
상담의 성패를 좌우한다고 할 수 있다.

(2) 전화상담

전화상담은 상담자와 내담자가 전화를 이용하여 대화를 나누면서 상
담을 진행하는 것이다. 우리나라에서는 각 상담기관마다 이러한 전화
상담 시설을 갖춰 놓고 활발하게 활동을 벌이고 있다. 전화상담의 최대
이점은 익명성의 보장이다. 물론 대면상담에서도 내담자의 개인적 신
상에 관한 정보는 철저히 비밀에 부쳐지기는 하지만, 어떤 내담자들은
자신의 신분을 전혀 노출하지 않으면서도 도움을 필요로 할 수도 있다.
이러한 경우에 전화상담은 매우 적절하다고 볼 수 있다.

전화상담의 또 다른 이점으로 이용의 편리성을 들 수 있다. 전화상담
은 언제 어디서나 가능하다. 즉, 필요할 때면 상담자를 직접 찾아가지
않고서도 상담이 가능하다. 따라서 응급상황에 있는 내담자들에게 전

전화상담은 이용의 편리성뿐만 아니라 내담자 자신의 신분을 전혀 노출하지 않고도 도움을 받을 수 있다는 이점을 지닌다.

화상담은 특히 도움이 된다. 예를 들어, 자살을 시도하기 직전 누군가와 이야기를 나누고 싶어 전화상담을 신청한 경우, 상담자가 적절히 대처하기만 한다면 한 사람의 소중한 생명을 건질 수도 있는 것이다.

그러나 전화상담에는 단점도 많다. 우선 상담 관계의 불안정성을 들 수 있다. 상담을 하는 도중 내담자가 일방적으로 전화를 끊어 버린다면 상담자는 도리 없이 다시 전화가 걸려 오기만을 기다릴 수밖에 없다. 또한 전화상담은 일회적 상담에 그치는 경우가 대부분이어서 지속적인 상담을 통한 문제해결을 기할 수 없다. 내담자에게서 얻게 되는 정보가 제한되어 있다는 점도 전화상담의 제한점이다. 즉, 내담자에 관한 정보를 전화를 통해서만 얻게 되므로 내담자를 충실히 이해하는 데 제한이 따른다.

이 같은 장점과 단점을 감안한다면, 전화상담은 남한테 쉽게 털어놓지 못할 지극히 사적인 비밀을 가진 내담자, 상담자가 내담자의 문제와 관련된 정보를 제공하는 것만으로도 해결될 수 있는 구체적 문제를 가진 내담자, 정서적 지지를 통해 나아질 수 있는 그다지 심각하지 않은 문제를 가진 내담자, 그리고 응급상황에 있는 내담자들에게 특히 도움이 된다.

(3) 서신상담

서신상담은 상담자와 편지를 주고받으면서 자신의 심리적 문제에 대해 전문가의 도움을 받는 상담을 말한다. 어떤 사람들은 말보다는 글을 통해 자신을 더 잘 표현할 수 있는데, 이런 경우에 서신상담이 적절한 대안이 될 수 있다. 또한 상담자와 직접 또는 전화를 이용해 만날 수 없는 경우(예를 들어, 지리적으로 멀리 떨어져 있거나 교도소 등 특정 시설에 수용되어 있어 다른 상담방식을 이용할 수 없는 경우)에도 서신상담이 이루어질 수 있다.

(4) 사이버상담

최근 들어 컴퓨터를 사용하는 개인들이 늘어나면서 새로이 각광받기 시작한 것이 바로 사이버상담이다. 이는 전자우편(E-mail), 게시판, 문자채팅, 화상채팅 등과 같은 여러 가지 인터넷통신 수단을 이용해 심리적 문제에 대한 이해와 해결을 시도하는 것이다. 특히, 최근에는 상담자와 내담자가 실시간으로 화면과 마이크, 스피커를 통해 서로 얼굴을 마주한 채 육성으로 대화를 나누면서 상담을 진행하는 서비스가 일부 상담기관에서 시도되고 있다. 이렇게 되면 시간이나 거리에 구애받지 않고서도 대면상담이 가지는 효과를 얻을 수 있을 것이다.

4. 전문적 상담과 일반적 상담

이제까지 '상담이란 무엇인가?'라는 질문에 독자들 스스로 답을 내릴 수 있도록 상담의 여러 가지 특징에 대해 살펴보았다. 이제 정리하는 의미에서 전문적 상담과 일반적 상담의 차이점에 대해 알아보기로 한다. 이 둘 사이에는 여러 가지 차이가 있을 수 있지만 여기서는 가장 핵심적인 것들만 제시해 보겠다.

(1) 자격을 갖춘 상담자인가

먼저 상담을 해 주는 사람이 다르다. 전문적 상담의 경우 상담자는 상담 이론과 방법에 관한 체계적인 지식을 가지고 있으며, 이러한 지식을 풍부한 상담 실습과 훈련지도 과정을 거쳐 실제화한 사람들이다. 따라서 이들이 진행하는 상담은 효율적일 수 있고 성공 가능성도 높다. 반면에 일반적 상담자들은 내담자의 문제를 이해하고 해결하는 데 자신의 개인적인 경험이나 주관적인 판단에만 의존하기 때문에 상담이 비효율적으로 진행될 가능성이 매우 크다.

(2) 내담자가 호소하는 문제에 대한 체계적 평가가 있는가

상담의 주요 목표는 내담자가 호소하는 문제 증상을 해소하는 것이다. 그러나 많은 경우에 내담자의 문제 증상은 표면적일 뿐 그러한 문제를 일으키는 기저의 원인은 따로 있을 수 있다. 이때 기저의 문제를 해결하지 않는 한 표면적인 문제 증상은 해결되지 않는다. 하지만 기저의 문제를 내담자 자신은 물론이고 상담자조차도 쉽사리 파악하기 힘들다는 데 어려움이 있다. 전문적 상담자는 겉으로 드러난 증상들이 매우 복잡한 심리적 변환과정을 거쳐서 나온 결과물이라는 점을 이해하기 때문에 내담자가 호소하는 문제와 관련된 기저의 문제들을 체계적으로 평가해 나갈 수 있다. 반면에 일반적 상담자는 겉으로 드러난 문제에만 관심을 기울임으로써 문제를 제대로 이해하는 것에 실패할 가능성이 많다.

(3) 변화를 유발하기 위한 구체적인 절차와 방법이 동원되는가

앞서 상담방법에 대한 이해와 관련된 부분에서도 밝혔듯이 내담자들이 호소하는 문제는 실로 다양하다. 따라서 상담자는 이러한 다양한 문제들을 효율적으로 해결하기 위해 각 문제에 들어맞는 적절한 상담방법들을 보유하고 있어야 한다. 한두 가지 상담방법을 가지고 여러 범위에 걸친 문제들을 다 해결하려고 해서는 안 된다는 것이다. 전문적인 상담자는 내담자를 변화시키는 데 필요한 구체적인 방법들을 다양하게 보유하고 있지만 일반적 상담자는 그렇지 않다. 따라서 이들이 진행하는 상담은 효율성이나 성과 면에서 차이가 있게 된다.

(4) 상담에 규칙성이 있는가

상담의 규칙성이란 상담이 얼마나 정기적으로 여러 번에 걸쳐 행해지는지를 나타낸다. 상담에 규칙성이 필요한 이유는 심리적 문제의 해결은 단번에 되는 것이 아니고 시간을 두고 서서히 이루어지는 점진적 과정이기 때문이다. 달리 말하자면 사람이 변화하는 데에는 어느 정도 시간이 걸린다. 물론 단기간에 걸쳐 급격한 변화가 이루어지는 경우도 있을 수 있다. 그러나 그것은 흔하지 않으며, 대부분은 어느 정도의 시간과 꾸준하고 성실한 노력을 필요로 한다. 전문적 상담자는 변화가 이루어지는 과정을 잘 이해하고 있기 때문에 상담에 규칙성을 부여하려 한다. 반면에 일반적 상담자가 행하는 상담은 일회적인 경우가 많으므로 변화를 이루기에는 미흡할 수 있다.

이 장을 마치며

■ 주요 개념

자기분석 · 상담자의 전문적 자질과 인간적 자질 · 상담의 목표 ·
상담의 단계 · 상담관계 · 대화치료 · 일시적 문제 · 지속적 문제 ·
성격적 문제 · 신경증적 문제 · 정신증적 문제 · 가족상담 · 학교상담 ·
기업체 또는 산업상담 · 대면상담 · 전화상담 · 서신상담 · 사이버상담 ·
전문적 상담 · 일반적 상담

■ 더 생각해 볼 문제

◇ 인간을 변화시키는 여러 방법들 중 전문적 상담이 가지는 가치와 의
의에 대해 생각해 보자.

◇ 전문적 상담자가 지녀야 할 자질의 구체적 내용들에 대해 알아보자.

◇ 상담을 진행하는 데 왜 일정한 형식과 틀이 필요한지 알아보자.

◇ 앞으로 상담 분야가 새로 개척해야 할 영역이나 분야가 있다면 어떤
것들이 있는지 생각해 보자.

두 번째 마당

상담의 기초 이론

제2장

정신분석적 상담 이론

정신분석 이론의 기본 가정을 정신적 결정론과 무의식의 측면에서 알아본다. 또한 세 가지 성격 구조들(원초아, 자아, 초자아) 간의 갈등으로 인해 초래되는 불안에 대해 우리의 정신이 어떠한 방식으로 방어하게 되며, 그것이 심리적 증상과 어떤 관련이 있는지를 알아본다. 마지막으로 정신분석적 상담의 목표, 진행과정, 상담관계에 대해, 그리고 상담의 주요 방법들로서 자유연상, 꿈의 분석, 전이 및 저항의 해석 등에 대해 알아본다.

지그문트 프로이트의
1921년도 모습

정신분석 이론은 지그문트 프로이트(Sigmund Freud)에 의해 창시되었다. 그는 1896년에 '정신분석(psychoanalysis)'이란 용어를 처음 사용하고, 자유연상 기법을 환자의 치료에 본격적으로 도입하였는데, 학자들은 이 시기를 정신분석의 공식적인 출발점으로 삼는다. 따라서 정신분석은 이제 100년이 넘는 역사를 가진 셈이다. 이 100여 년 동안 정신분석은 인간을 이해하는 중요한 철학적 접근으로써, 그리고 인간의 심리적 문제를 이해하고 치유하는 유력한 상담의 방법으로써 확고한 위상을 굳혀 왔다. 정신분석의 등장으로 인간의 마음을 심층적으로 이해하는 것이 가능해졌다는 것이 학자들의 공통적인 견해다. 이후에 생겨난 상담 이론들 중 상당수는 정신분석에 뿌리를 둔 것으로 봐야 한다(〈보기 2-1〉 참조).

정신분석적 상담 이론은 내담자가 겪는 심리적 문제의 의미와 원인을 보다 근본적이고도 심층적으로 이해할 수 있다는 점에서 타의 추종을 불허한다. 왜냐하면 이는 심리적 문제를 이해하고 해결하는 데 있어서 출생에서 현재에 이르기까지 내담자가 걸어온 거의 모든 삶의 과정을 고려하기 때문이다. 이런 점에서 정신분석적 상담을 '뿌리치료'라 부르기도 한다. 겉으로 드러난 누렇게 뜬 잎사귀보다는 그러한 불량한 잎사귀를 만들어 낸 뿌리의 문제에 관심을 가지는 것, 즉 외현적인 심리적 문제보다는 그러한 문제를 낳은 근본적 원인을 찾아서 해소하는 것이 정신분석적 상담의 목표다.

이러한 특징 때문에 정신분석적 상담은 장기적으로 진행되는 경향이 있다. 삶의 뿌리를 찾고 그것을 치유하는 데에는 그만큼의 노력과 시간이 뒤따라야 하기 때문이다. 하지만 이러한 장기간의 투자를 통해 얻게 되는 성과는 매우 크다. 그것은 바로 삶의 방식에서의 근본적인 변화다. 자신이 어떠한 삶을 살아 왔는지, 그것이 현재의 모습에 어떤 방식으로 영향을 미치게 되었는지를 깊고도 철저하게 이해하는 것, 그리고 보다 성숙하게 살 수 있도록 자신의 성격을 근본적으로 변화시키는 것이 정신분석적 상담을 통해 얻게 되는 열매다. 이런 점에서 '인내는 쓰지만 그 열매는 달다.'는 말이 정신분석적 상담에 가장 잘 어울린다고 볼 수 있다. 상담에 관심을 가진 독자들로서는 인간의 문제를 심층적으로 이해하고 해결하려는 방법을 정신분석적 이론을 통해 잘 이해할 필요가 있다.

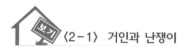 〈2-1〉 거인과 난쟁이

정신분석이 등장한 이후에 수많은 상담 이론들이 새로이 등장하였다. 새 이론의 주창자들은 저마다 정신분석은 잘못 되었고 한계가 있으며, 자신의 이론이 내담자를 치료하는 데 더 효과적이라고 주장한다. 사실, 이는 경우에 따라 맞는 말이기도 하다. 어떤 심리적 문제들에 대해서는 다른 이론들이 더 나은 효과를 내기도 한다. 하지만 어느 이론이 더 나은가를 말하기 전에 다음 예를 잘 살펴보자.

거인은 큰 사람이고, 난쟁이는 작은 사람이다. 난쟁이는 시야의 폭이 좁기 때문에 거인이 볼 수 있는 것을 보지 못한다. 하지만 거인의 어깨 위에 난쟁이가 올라선다면 사정은 달라진다. 거인의 어깨 위에 선 난쟁이는 거인보다 훨씬 더 많은 것을 보고 이해할 수 있다. 하지만 그것이 혼자 힘으로 가능한 것이었는가? 그렇지 않다. 거인의 도움이 없다면 난쟁이는 세상을 깊고 넓게 볼 수 없다.

정신분석의 의의가 여기에 있다. 정신분석은 한편으로는 오늘날에도 여전히 가장 유력한 상담 이론으로서 건재하며, 다른 한편으로는 보다 새로운 상담 이론이 등장할 수 있는 토대를 마련해 주었다. 하지만 최근의 상담 이론들 간의 경쟁에서는 이 사실이 간과되고 있는 듯하다.

1. 인간에 대한 기본 관점

1) 정신적 결정론

바람이 불면 나뭇잎이 흔들린다. 그리고 바람이 멈추면 나뭇잎의 흔들림 역시 멈춘다. 빛이 비치면 어둠이 사라지지만 빛이 사라지면 세상은 온통 칠흑 같은 어둠에 휩싸인다. 이는 초등학생 정도만 되어도 다 아는 지극히 당연한 이치다. 하지만 사람들은 이러한 이치를 너무나 당연한 것으로 받아들일 뿐 그 의미를 깊게 생각하려 하지 않는다.

하지만 프로이트는 그렇지 않았다. 프로이트는 이러한 당연한 이치에서 '원인이 멈추면 결과도 멈춘다.'[1]는 명제를 발전시켰다. 그에 따르면, 사람들의 감정과 행동은 아무런 이유 없이 나타나는 것이 아니라 어떤 원인이 작용했기 때문에 나타난 결과다. 원인이 존재하는 한 결과는 계속 유지되며, 그 원인이 사라지게 될 때에야 비로소 결과도 사라지게 된다.

이런 의미에서 볼 때, 인간의 겉으로 드러난 감정과 행동 그리고 생각들은 어떤 원인에 의해 미리 결정된 것이다. 프로이트에 따르면 아무런 원인도 가지지 않는, 즉 저절로 발생하는 현상이란 없다. 그 어떤 힘, 곧 원인이 작용했기 때문에 사람들은 기쁘고 슬프며, 괴롭고 분노하게 되는 것이다. 다른 상담 이론(예: 행동치료 이론)에서는 사람들의 희노애락(喜怒哀樂)을 결정하는 것은 사람 외부의 환경적 조건이라고 주장한다. 하지만 프로이트는 이와 정반대의 입장을 유지하였다. 사람들의 일거수일투족을 결정하는 것은 외적인 환경적 조건이 아니라 내

---

1) 라틴어로는 '*Cessante Causa Cessat Effectus*' 라고 표현한다. Breuer & Freud, Studies on Hysteria(1893~1895, p. 7). In J. Strachey (Ed. and Trans.), *The Standard Edition of the Complete Psychological Uorks of Sigmund Freud* (Vol. 2). London: Hogarth Press.

적인 그 무엇이라고 하였다. 즉, 사람들을 웃게도 하고, 울게도 만드는 것은 사람들 마음속에 존재하는 정신적 과정인 것이다. 이를 정신적 결정론(psychic determinism)이라 한다.

정신적 결정론의 관점에서 보면, 사람들이 겪는 심리적 문제는 사람 내부에 존재하는 어떤 정신적 원인이 작용한 결과다. 그 원인이 멈추지 않는 한 결과, 즉 심리적 문제는 멈추지 않는다. 그리고 그 원인이 멈출 때에야 비로소 사람들은 심리적 건강을 되찾을 수 있다. 인간에 대한 이러한 관점은 우리에게 주어진 어떤 현상을 있는 그대로 이해하는 것에서 한 걸음 더 나아가 이면의 그 무엇을 발견하려는 '분석적 태도'를 유지할 것을 요구한다. 즉, 적절하고 타당한 이해를 얻게 될 때까지 '원인이 무엇인가?' 라는 질문을 끊임없이 던지는 자세가 필요하다. 원인을 추구하는 것, 그것이 바로 정신분석이다.

> **정신적 결정론**
> 인간의 외적인 행동이나 감정 혹은 생각은 정신 내적인 원인에 의해 결정된다는 정신분석 이론의 기본 원리

> **분석적 태도**
> 내담자가 나타내는 외적인 행동의 이면에 있는 무의식적인 정신적 원인을 찾고 이해하려는 상담자의 태도

2) 무의식

사람들의 감정, 행동, 생각을 결정하는 정신적 원인의 실체는 무엇인가? 이를 제대로 이해하기 위해서는 우선 사람의 마음을 '아는 것' 과 '모르는 것' 으로 구분해 볼 필요가 있다. 이때 아는 것은 밖으로 드러난 것이고, 모르는 것은 속에 숨겨진 것이다.

우리는 '빙산의 일각(一角)에 불과하다.' 란 말을 자주 쓴다. 바다에 떠 있는 빙산은 극히 일부분만 겉으로 드러나 있다. 밖에서 보기에 그것이 전부인 것 같지만, 실제로는 빙산의 거의 대부분은 수면 밑에 가라앉아 있다. 우리의 눈에는 밖으로 드러난 것만 보이고 속에 숨겨진 것은—마치 그것이 존재하지도 않는 것처럼—보지도, 알지도 못한다. 프로이트는 인간의 마음

바다에 떠 있는 빙산은 극히 일부분만 겉으로 드러나 있다.

도 그러하다고 생각하였다.

　마음에 담겨져 있는 것들 중 사람들이 이미 알고 있는 것은 의식이라 하고, 존재하지만 자각하지 못하고 있는 것을 무의식이라 한다. 다음 예를 살펴보자. 이는 어떤 젊은이가 프로이트에게 직접 들려준 이야기다.

 사례 1

> 　수년 전 나와 아내 사이에는 오해가 많았습니다. 나는 아내가 너무 냉정하다고 느꼈습니다. 그런데 어느 날 아내가 산책에서 돌아오는 길에 내게 책을 한 권을 사다 주었습니다. 나는 그러한 배려에 고마워하면서 읽어 보겠다고 약속을 하고는 어떤 장소에 넣어 두었는데, 그 후 어디 두었는지 생각이 나지 않았습니다. 반 년이 지난 후, 따로 사시던 어머니가 아프셔서 아내가 어머니를 간호하러 갔습니다. 그때 아내의 훌륭한 심성을 알게 되었습니다. 어느 날 밤, 나는 아내의 정성에 감동하면서 아내에게 감사하는 뿌듯한 마음으로 집에 돌아왔습니다. 그리고 책상 앞으로 다가가 아무 생각 없이, 그러나 거기에 그 책이 있다는 것을 미리 알고 있기라도 한 것처럼 서랍을 열었습니다. 거기에는 그렇게 찾던 그 책이 있었습니다.

　이 예에서 아내의 냉정함에 대한 깊은 실망감으로 그녀가 사준 선물을 놓아 둔 장소를 '잊어버리게' 되었고, 지극한 병간호를 통해 아내의 훌륭한 심성을 깨닫게 된 순간 잃어버린 줄 알았던 선물(즉, 기억)을 되찾게 되었다. 무의식이란 이런 것이다. 이는 사람들이 한때는 생생히 알고 있었지만 그 어떤 사연으로 인해 망각해 버린 것들이 모두 모여 있는 기억의 저장고다. 무의식이라는 기억의 저장고에 차곡차곡 쌓여 있는 것들은 사람들의 마음이 차라리 의식하지 않는 게 더 낫다고 결정한 것들이다(물론 이러한 결정 역시 무의식적으로 이루어진다).

　의식 상태에 붙잡아 두기에 너무 위협적이거나 고통스러운 경험들은 대부분 무의식 상태로 잠복하게 된다. 지극히 무섭거나, 극도로 창피하

▌프로이트의 치료실

거나, 너무나 괴로웠던 심리적 경험들은 계속해서 기억하기보다는 차라리 잊어버리는 편이 낫다. 즉, 기억에서 '없애 버리는' 것이다. 그렇게 할 수 있는 한 사람들은 계속해서 무서워하거나 창피해 하거나 괴로워할 필요가 없다. 하지만 사람들이 없애 버리고자 했던 기억들은 결코 완전히 사라지지는 않는다. 그러한 기억들은 무의식의 저장고 속에서 사람들의 마음의 방어가 약해지기만을 기다린다.

　정신분석 이론에 따르면 인간은 무의식적인 존재다. 사람들은 자신에 대하여 극히 일부분만을 깨닫고 있을 따름이며, 깨어 있는 의식은 무의식의 지배를 받는다. 사람들이 겪는 심리적 문제는 무의식이 작용한 결과다. 무의식의 저장고에 고이 있어야 할 고통스런 기억들이 마음의 방어력이 약해진 틈을 타고 의식 상태로 올라오려 하는 과정에서 심리적 증상이 형성된다. 이런 의미에서 심리적 증상은 무의식 활동의 결과다. 정신분석은 무의식에 대한 건강한 깨달음을 추구한다. 더 이상 무의식에 지배당하지 않고 우리의 마음이 견딜 수 있는 한도 내에서 조금씩, 그러나 꾸준히 무의식에 접근해 나가는 것이 곧 정신분석이다.

2. 정신분석적 성격 이론

프로이트는 위에서 언급한 인간에 대한 두 가지 기본 관점, 즉 정신적 결정론과 무의식을 토대로 인간의 성격에 관한 이론을 발전시켜 나갔다. 이제 인간을 움직이는 정신적 힘은 무엇인지, 성격은 어떻게 구성되어 있고, 어떻게 발달하는지 등에 대해 살펴보자.

1) 정신적 힘으로서의 추동

추동(drive)이란 인간으로 하여금 어떤 행위를 하게 만드는 정신적인 힘이다. 이는 물리적 세계에 존재하는 에너지와 비슷한 개념으로 우리의 마음이 어떤 정신작용을 하게 되는 데는 이러한 정신적 힘이 존재하기 때문이다. 다음 성격의 구조 부분에서 소개될 성격 구조들이 각자 나름대로 작동하는 데에도 정신적 에너지인 추동이 반드시 필요하다. 추동은 욕구, 본능, 충동 등과 간혹 비슷한 의미로 사용되기도 하지만 반드시 같은 의미는 아니다. 그러나 여기에서는 이들을 엄격하게 구분해서 사용하지는 않겠다.

프로이트에 따르면 인간은 두 가지 기본적인 추동을 가지고 있다. 하나는 성적 추동—리비도(Libido)라고 부른다—이고, 다른 하나는 공격적 또는 파괴적 추동—타나토스(Thanatos)라고 부른다—이다. 프로이트는 인간의 모든 정신적 행위에는 언제나 이 두 가지 추동이 연관되어 있다고 보았다. 프로이트는 한편으로는 성적 쾌감을 얻고자 하고(〈보기 2-2〉 참조), 다른 한편으로는 타인을 공격하고 파괴하고자 하는 것이 인간을 움직이는 가장 중요한 원동력이라고 보았다(〈보기 2-3〉 참조). 인간의 발달은 이러한 본능적 추동을 현실에 맞게 조정해 나가는 방법을 체득하는 과정이라고 할 수 있다. 또한 심리적 증상들은 이

〈2-2〉 성적 욕구의 오해와 진실

　　성적 본능과 관련된 부분은 프로이트의 이론 중 가장 논란이 되고, 가장 많은 오해를 받은 부분이기도 하다. 프로이트가 1905년 유아 성욕에 관한 논문을 처음 발표했을 때 관련 분야의 학자들이나 일반 대중은 전혀 이해할 수 없었다. 당시 학계에서는 프로이트를 악마, 사악한 인간, 음탕한 사람 등의 원색적 용어를 사용하여 비난하고 조롱하였으며, 많은 대학과 기관들이 그의 예정된 강연을 일방적으로 취소해 버리기도 하였다. 그러나 '사람은 성적 욕구의 충족을 추구한다.'는 프로이트의 생각에서 난잡한 성적 장면만 떠올린다면, 이는 프로이트의 이론을 전적으로 잘못 이해하는 것이다. 프로이트가 말하는 성이란 단순히 섹스만을 의미하지는 않는다. 성의 진정한 의미는 '사랑'을 지향한다는 데 있다. 사랑으로 대변되는 사람들 사이의 진정한 이해, 관심, 배려, 수용 등은 사람을 심리적으로 살아 있게 만드는 정신적 생명의 젖줄과도 같다. 따라서 성은 궁극적으로 죽음으로부터 삶을 지키는 '존재의 파수꾼'인 셈이다.

 〈2-3〉 전쟁과 죽음에 관한 프로이트의 고찰

　　인류의 역사를 돌이켜 보면 어느 한순간도 전쟁이 일어나지 않았던 적은 없었던 것 같다. 종족 간, 종교 간, 국가 간 전쟁은 지금 이 순간에도 벌어지고 있다. 그 어떠한 그럴 듯한 명분을 앞세우더라도 전쟁에서는 인간에 의한 인간의 살육을 피할 수는 없다. 평시에는 국가에 의해 강력히 제재받던 살인이 전쟁시에는 오히려 권장된다. 문명사회 그 자체를 유지하기 위해 우리 스스로가 확립해 왔던 '평화와 화해'의 원칙이 전쟁에서는 철저히 무시된다. 이런 점에서 전쟁은 반문명적이다. 우리는 왜 전쟁을 피할 수 없는가? 문명인으로서 우리는 왜 반문명적 유혹에 그렇게도 쉽게 굴복하고 마는가?

　　이 점에 관해서 프로이트 역시 많은 고민을 했던 것 같다. 제1차 세계대전을 겪으면서 그는 「전쟁과 죽음에 대한 고찰」이라는 논문을 쓴 적이 있다. 여기에서 그는 도덕규범의 수호자인 체하는 국가가 전시에는 가장 저급한 도덕성을 내보이며, 개개인의 사람들도 인간 문명의 참여자로서는 도저히 생각할 수 없는 잔인성을 보인다고 지적하였다.

왜 전쟁인가? 왜 살인인가? 이 물음에 답하면서 프로이트는 인간 내부에 있는 파괴와 죽음의 본능에 관해 다음과 같이 말했다.

> "원시인의 역사는 살인으로 얼룩져 있다.……신의 아들이 원죄에서 인류를 구하기 위해 목숨을 바쳐야 했다면, 탈리온의 법칙에 따라 그 원죄도 살인이었을 게 분명하다. 다른 어떤 죄도 속죄의 방법으로 목숨을 요구할 수는 없을 것이다. ……인류 최초의 범죄는 아버지 살해, 즉 원시인 무리의 첫 조상을 죽인 행위였을 게 분명하고, ……선사시대의 원시인은 우리의 무의식 속에 변함없는 모습으로 살아남아 있다. ……우리는 무의식적 충동 속에서 날마다, 아니 매시간 우리를 방해하거나 화나게 하거나 해친 사람을 제거한다.……"[2]

문명인의 일원으로서 우리는 가정적, 사회적 교육을 통해 파괴적 본능을 포기하도록 교육받는다. 이러한 교육을 통해 가해지는 문명의 강박(强迫)은 점차 개인의 내면적 강박으로 대치되어 간다. 이런 내면화 과정을 통해 우리는 원시인에서 문명인으로 거듭나게 되는 것이다. 그러나 문명적 교육을 통한 본능의 포기는 영원하지 않다는 데 문제가 있다. 프로이트는 인간의 발달은 언제든지 퇴행할 수 있다고 말한다. 그에 따르면, 문명 교육 이전의 초기 발달단계는 언제든지 복구될 수 있다. 즉, 인간의 원초적 정신은 모든 의미에서 불멸적이며, 그것은 언제든지 재현될 수 있다. 전쟁은 우리가 나중에 얻어 입은 문명의 옷을 발가벗기고, 우리 모두의 마음속에 숨어 있는 원시인을 노출시킨다. 이런 의미에서 문명과 전쟁의 어색한 공존은 피할 수 없는 것이다. 프로이트는 우리

---

2) S. Freud, Thoughts for the Times on War and Death (1915, pp. 292-297). In J. Strachey (Ed. and Trans.), *The Standard Edition of the Complete Psychological Works of Sigmund Freud* (Vol. 14). London: Hogarth Press.

에게 다음과 같은 무거운 충고를 던진다.

> "평화를 지키고 싶으면 전쟁에 대비하라. ……삶을 유지하고 싶으면 죽음에 대비하라."(Si vis pacem, para bellum.……Si vis vitnam, para mortem).[3]

전쟁과 죽음에 관한 프로이트의 생각은 우리를 우울하게 만든다. 과연 그의 지적대로 전쟁과 죽음은 인간의 피할 수 없는 숙명인가? 우리는 언제까지나 여전히 원시인일 수밖에 없는가? 인간은 왜 그런 존재인가?

러한 본능적 욕구들을 현실에 맞게 조정해 나가는 데 있어서의 어떤 실패를 반영하는 것으로 이해할 수 있다.

일단 우리 마음속에서 어떤 추동이 발하게 되면, 연이어 긴장이라는 일종의 정신적 흥분상태가 야기된다. 이러한 긴장이나 흥분은 사람으로 하여금 어떤 정신적 혹은 외적 활동을 하도록 자극하며, 이 같은 활동은 이전에 발생했던 긴장이나 흥분을 가라앉힌다. 결과적으로 사람들은 쾌락 혹은 만족이라는 심리적 체험을 하게 된다. 이러한 일련의 연쇄과정은 추동이 발하기만 하면 자동적으로 진행되는 정신과정이다. 만일, 어떤 활동이 긴장이나 흥분을 해소하는 데 충분하거나 적절하지 않다면, 내적인 긴장은 계속 높아지게 되어 나중에는 훨씬 더 강력하거나 극단적인 활동들을 통해서야 긴장을 해소하게 된다. 그리고 이는 대개의 경우 일탈적인 것이 되기 쉽다. 프로이트의 이론을 긴장감소 이론이라고 부르는 이유는 추동의 작용으로 인해 초래된 긴장을 감소시키는 것이 정신활동의 본질적 측면이라는 점 때문이다.

---

3) 앞의 같은 책, p. 300.

2) 성격의 구성 요소

정신분석 이론에서는 인간의 성격이 원초아, 자아, 초자아의 세 부분으로 구성된다고 본다. 이러한 견해를 정신분석 이론에서는 성격의 삼원구조 이론이라고 부른다. 이 세 가지 성격 구조들은 서로 추구하는 바가 다르며, 작동 원리 또한 차이가 있다. 이러한 세 가지 성격 구조들이 어떠한 내용을 포함하고 있으며, 각각의 작동 원리가 무엇인지 살펴보자.

(1) 원초아

원초아(Id)는 인간의 모든 본능적 욕구와 추동이 자리잡고 있는 곳으로서 사람이 태어나는 순간부터 존재한다. 먹고, 마시고, 자는 등의 본능들은 모두 원초아에 속한다. 원초아에 자리잡은 본능적 욕구들은 한 가지 독특한 원리에 따라 작동한다. 그것은 바로 '쾌락의 원리'다. 본능적 욕구들이 지체 없이 그리고 직접적으로 만족될 수 있을 때 쾌감은 온다. 반면에 본능적 욕구의 만족이 지연되거나 간접적으로만 충족된다면(예: 몹시 허기진 사람이 돈이 없어 당장 밥을 사 먹지 못하거나 물로 대신 배를 채우는 경우), 더 나아가 욕구의 충족이 완전히 봉쇄된다면, 심리적으로 아주 강한 긴장이나 불쾌감을 경험하게 된다. 원초아는 이러한 긴장이나 불쾌감을 참아내지 못하며, 따라서 끊임없이 긴장과 불쾌감을 해소하려 든다(예: 유리창을 부수고 빵집에 진열된 빵을 훔쳐 먹는 경우). 본능적 욕구들을 지체 없이 직접적으로 그리고 무조건적으로 충족시키려 하는 것이 바로 쾌락의 원리다.

이런 의미에서 원초아는 맹목적이며, 사람들이 처한 현실적 상황과 어울릴 수 없는 경우가 많다. 왜냐하면 현실에서는 본능적 욕구를 있는 그대로 충족하기 곤란한 상황들이 대부분이기 때문이다. 현실의 강력한 반대와 이러한 반대를 실행하는 자아의 발달로 인해 원초아의 욕구들은 억압(방어)될 수밖에 없다. 따라서 이러한 억압된 욕구들은—비록 의식적 현실에서 실행되지는 못했지만—무의식 속에 숨겨진 채로 사람들의 삶에 영향을 미친다.

(2) 자아

자아(Ego)는 현실 세계와 접촉하는 성격의 한 부분이다. 자아의 주된 임무는 원초아에 담긴 내적인 본능적 욕구들과 외적인 현실 세계를 중재하는 일이다. 만일, 우리에게 자아가 없다면 우리들은 원초아 본능에 따라서만 움직이게 된다. 우리는 자아가 있으므로 인해 욕구의 충족을 지연하거나 다른 것으로 대치하는 것이 가능하다. 따라서 원초아 본능에 따라 움직이려는 인간을 이성을 가진 문명화된 인간으로 만드는 것이 바로 자아다.

자아는 '현실의 원리'에 따라 움직인다. 자아는 원초아의 본능적 욕구들이 현실에 잘 부합하지 않는 한, 그것의 직접적인 충족을 허락하지 않는다. 이때 자아는 현실에 맞는 보다 합리적인 방식으로 욕구를 충족할 수 있는 길을 택한다(예: 돈을 꾸어서 밥을 사 먹는 것). 그것도 가능하지 않다면 자아는 본능적 욕구들이 전혀 의식되지 못하도록 억눌러 버린다. 사람들의 마음속에서는 현실을 지향하는 자아와 쾌락을 지향하는 원초아 간에 끊임없는 경쟁과 마찰 그리고 갈등이 진행되고 있다. 이러한 힘겨루기는 사람들이 자각하지 못한 채로 무의식적으로 진행되며, 여기에서 자아가 패배하기 시작할 때 바로 심리적 증상이 형성되기 시작한다.

자아(Ego)
원초아의 본능적 욕구들과 외적인 현실 세계를 중재하는 정신의 구성 요소. 현실의 원리에 따라 작동한다.

현실의 원리
우리가 몸담고 있는 현실에 맞추어 원초아 욕구들의 충족을 지연시키거나 다른 것들로 대치시키거나, 아예 억눌러 버리는 자아의 작동 원리. 자아의 방어활동은 이러한 현실의 원리의 작동 결과다.

(3) 초자아

초자아(Superego)는 자라는 과정에서 부모의 영향을 받은 전통적인 가치관과 사회적인 규칙 그리고 도덕과 양심이 자리잡은 곳이다. 무엇이 옳고 그른지, 어떤 일을 해야 하고 어떤 일은 하지 말아야 하는지 등을 판단하는 것은 모두 초자아의 임무다. 사람들이 무언가 잘못된 행동을

초자아(Superego)
부모의 영향을 받은 도덕 기준과 가치관 등이 자리잡은 성격의 구성 요소. 완벽과 완전 또는 이상을 지향한다.

했을 때 수치와 죄책감을 느끼는 것도 모두 초자아의 활동 결과다.

원초아가 쾌락을 지향한다면 초자아는 완전과 완벽을 지향한다. 또한 자아가 현실을 추구한다면 초자아는 이상을 추구한다. 따라서 초자아는 도덕이나 가치에 위배되는 원초아의 충동들을 견제하며, 자아의 현실적 목표들을 도덕적이며 이상적인 목표로 유도하려 한다. 만일, 사람들에게 초자아가 없다면 세상은 파렴치한 범죄꾼들로 들끓을 것이다. 반대로 초자아가 너무 강하게 되면 사람들의 행동은 위축되고 활기가 없어진다.

3) 성격의 발달과정

성격의 발달과정에 관한 프로이트의 이론을 심리성적 발달 이론이라고 부른다. 이 이론은 성적 욕구가 우리 신체의 어느 부위에 집중되는지에 초점을 맞춰 성격의 발달과정을 설명하고 있다. 프로이트는 각 연령대에 따라 성적 에너지가 집중되는 신체 부위가 다르다는 점에 주목하여 성격의 발달을 다섯 단계로 나누어 설명하였다. 이 단계들 중 처음 세 단계 시기에 어떤 경험을 하느냐에 따라 이후의 성격 발달은 큰 영향을 받게 된다. 정신분석 이론에서 한 인간의 현재 모습을 이해하는데 과거의 삶, 특히 초기 발달과정을 중요시 하는 이유가 바로 여기에 있다.

심리성적 성격 발달과 관련해서는 고착과 퇴행이라는 두 가지 용어를 이해할 필요가 있다. 고착이란 특정 발달단계에서 성적 욕구가 과대 충족되거나 역으로 과소 충족될 때 그 단계의 잔존물들이 정신적 에너지의 상당 부분을 점유하게 되어 일종의 발달 정지가 일어나는 현상을 말한다. 퇴행이란 말 그대로 이전의 발달단계로 후퇴하는 현상인데, 대개 퇴행의 종착지는 이전에 고착이 형성되었던 발달단계다.

(1) 구강기

생후 12~18개월에 이르기까지 성적 에너지가 주로 유아의 구강 부위 (예: 입술, 혀, 후두 등)에 집중되는 시기를 구강기라 한다. 이 시기의 유아들은 구강 부위를 통한 활동, 즉 빨거나 핥거나 마시거나 물거나 하는 등의 행위를 통해 쾌감을 경험한다. 구강 부위를 통한 성적 욕구의 충족이 심하게 좌절되거나 반대로 지나치게 충족되게 되면 구강기에 고착된 성격이 형성되는데, 이를 구강적 성격이라 부른다. 구강적 성격은 과도한 의존성, 지나친 낙관주의/비관주의, 탐욕 등의 특징을 지닌다.

(2) 항문기

구강기 이후 만 3세 전후의 기간을 항문기라 부르는데, 이 시기는 성적 욕구가 주로 항문 부위에 집중된다. 유아들은 항문이나 대변을 만지거나, 냄새를 맡거나, 변을 참거나 배설하는 등의 행위를 통해 쾌감을 경험한다. 이 시기의 가장 큰 특징은 변훈련이 행해진다는 것이다. 변훈련을 통해 유아들은 언제 어떤 상황에서 어떤 행동은 해도 되는지, 어떤 행동은 하면 안 되는지에 관해 부모가 제시하는 규칙을 학습한다. 이를 통해 세상을 살아 나가는 데 옳고 그른 것, 바람직하고 바람직하지 않은 것이 무엇인지를 하나씩 알게 된다. 이런 점에서 이 시기는 유아가 도덕적 규범을 확립해 나가는 데 있어서 출발점이 된다. 그러나 이 시기의 도덕성은 외부에서 제시되는 규칙을 수동적으로 따르는 것일 뿐 유아가 능동적으로 도적적 판단을 하거나 도덕규범을 내면화하지는 못한다.

변훈련이 지나치게 엄격하면 유아는 규칙과 규범에 지나치게 얽매이게 되어 독립성과 자율성은 크게 상처를 받게 된다. 이 경우 질서 제일주의, 지나친 인색함, 옹고집 등 배변을 참음으로써 주변을 어지럽히지 않으려는 유아의 노력을 반영하는 성격 특성을 발달시키게 된다. 일반

적으로 강박적인 성격이 이와 관련된 것으로 알려져 있다. 반대로 변훈
련이 지나치게 허술하게 진행되면 규칙이나 규범을 개의치 않는 등의
안하무인격인 특징을 발달시키게 된다.

(3) 남근기

남근기는 항문기 이후 만 5세 전후의 시기로서 주로 아동의 성적 관
심이 성기 부위에 집중된다. 이 시기의 가장 큰 특징으로 아동이 부모
와 형성하게 되는 오이디푸스 삼각관계(oedipal triangle)를 들 수 있다.
아동은 이성의 부모에 대해서는 연애적 감정과 행동을 동성의 부모에
대해서는 적대적 감정과 행동을 나타내게 된다. 이성 부모와는 성적 결
합을 원하고 동성 부모는 죽거나 없어져 주기를 소망하는 것이 그 예
다. 이러한 감정과 행동이 도가 지나치게 되면 아동은 부모에게서 이러
한 감정과 행동이 지니는 부적절성에 대해 강력한 제재를 받는다. 이러
한 제재는 남아의 경우 거세 위협을 통해 전달되는데, 이러한 위협은
남아에게 인내할 수 없는 공포감―거세 불안 혹은 거세 공포―을 불러
일으키는 것으로 알려져 있다.

거세 위협에 직면한 남아는 자신보다 우월한 위치에 있는 동성 부모
의 특징을 본받음으로써 한편으로는 부모의 사랑과 승인을 계속 유지
하고, 다른 한편으로는 열등한 자신을 보상하려 한다. 이러한 동일시
과정을 통해 아동은 부모의 가치, 규범, 도덕 등을 내면화하게 되는데,
이는 아동의 초자아 발달에 결정적으로 중요한 것이다. 남근기에 나타
나는 이러한 과정들을 오이디푸스 콤플렉스(oedipus complex)―여아
의 경우는 엘렉트라 콤플렉스(electra complex)―라 일컫는다. 이를 통
해 아동들은 자신의 본능적 욕구를 아무런 거리낌 없이 현실 속에서 표
출하고 실현하려 할 때 현실에서 어떤 제재를 받게 되는지를 경험하게
된다. 그리고 그러한 본능적 욕구를 포기 또는 억제할 때 비로소 주변
인물들과 공존할 수 있고, 현실적 또는 문명적 인간으로 온전히 살아갈

수 있다는 귀중한 교훈을 체험하게 된다.

(4) 잠복기

이 시기는 남근기 이후 11~13세 전후의 시기로서 말 그대로 성적 욕구가 집중되는 특정한 신체 부위가 존재하지 않는다. 이 시기는 아동의 성적 활동이 비활성화되어 잠복되며, 성적 욕구는 사회적으로 용납되는 방식으로 전치되어 나타난다. 대부분의 사회에서 이 시기는 아동에게 문화적, 사회적 지식과 가치를 교육하는 시기와 맞물려 있으며, 이 과정에서 아동의 자아는 한층 더 분화하고 발달하게 된다. 이를 통해 아동은 내적인 본능적 욕구를 외적인 현실에 맞춰 조율하는 방법, 예컨대 본능적 욕구를 억압하거나, 본능적 욕구의 충족을 지연하거나, 사회적으로 용인할 수 있는 다른 방식으로 전치하는 것 등을 하나씩 체득해 나간다.

(5) 성기기

이 시기는 심리성적 발달의 마지막 단계로서 남근기와 마찬가지로 성적 관심은 성기에 집중되지만 그 의미는 크게 다르다. 사춘기를 겪으면서 청소년들은 성적 극치감을 느낄 수 있는 신체적 능력을 완전히 발달시키게 된다. 그리고 성적 만족의 추구는 더 이상 자기 내부에서만 이루어지지 않고 타인, 즉 이성을 통해 이루어지게 된다. 부모 이외의 이성에 대해 매력을 느끼며, 입맞춤, 포옹 등의 성적 행위를 통해 성기기 이전부터 있었던 성적 욕구와 충동들을 비교적 사회화된 형태로 만족시킨다. 이런 점에서 이 시기는 남근기 때의 성적 욕구의 자기만족 방식—이를 자가성애(autoerotism)라 하는데, 성기에 대한 스스로의 자극을 통해 흥분과 만족을 얻는 것이 한 예다—에서 벗어나 타인과의 관계 속에서 성적 만족을 추구하는 방향으로 발달해 나간다는 점에서 남근기와 다르다. 이를 통해 타인과 진실한 친밀감과 사랑을 경험할 수 있는 열린 존재로 성장해 나갈 수 있다.

3. 심리적 문제의 발생과정

1) 정신적 갈등과 방어

(1) 정신적 갈등

앞서 살펴본 대로 세 가지 성격 구조들은 서로 담고 있는 내용과 추구하는 점이 다르다. 비유를 들자면 서로 개성이 다르고 취향도 다른 세 가족이 한 지붕 아래 같이 사는 셈이다. 자연히 이들 간에는 마찰과 갈등이 일어나게 마련이다. 원초아는 본능적 욕구를 직접적으로 충족시키려 하고, 자아는 현실에 비추어 이를 저지하려 한다. 초자아는 원초아와 자아가 이상과 도덕에 위배되는 행위를 하는지 항상 감시한다. 이러한 갈등이 심리적 문제의 근원이 된다. 즉, 자아와 원초아 그리고

이 그림은 세 가지 성격 구조들 간의 갈등을 상징적으로 드러내 주고 있다.

초자아 간에 서로 조화를 이루지 못하는 점이 심리적 증상 형성의 출발점이 된다.

이때 중요한 것은 자아의 역할이다. 성격 구조들 간의 갈등을 중재하고 조정하는 역할을 수행할 수 있는 것은 자아뿐이다. 자아가 이런 역할을 제대로 할 수 있다면 아무런 문제도 생기지 않는다. 그러나 자아의 힘이 약해진다면 사람들은 심리적 문제를 경험하게 되는데, 이제 이에 대해 알아보기로 한다.

(2) 자아의 방어과정

자아는 정신적 갈등에 대처하기 위하여 방어기제를 사용한다. 방어기제란 원초아의 요구와 초자아의 명령을 나름대로 다루기 위해 사용되는 수단인 셈이다. 방어의 목적은 무의식적 욕구나 추동들이 의식적 현실 속에 분출하지 못하도록 제어하는 것이다. 자아가 이런 역할을 제대로 수행하지 못하는 한 인간은 현실에 적응할 수 없다. 왜냐하면 원초아 본능들이 현실을 전혀 고려하지 않고 행동으로 옮겨지기 때문이다. 생각해 보라. 사람들이 아무런 제재나 여과 없이 본능적 충동들을 마구 분출한다면 세상은 어떻게 돌아가겠는가! 따라서 자아는 이 같은 상태를 방지하기 위하여 원초아 본능들을 나름대로 현실에 맞게 수정하거나, 충족을 지연하거나, 다른 것으로 대치하는 방법 등을 사용한다. 자아가 사용하는 여러 가지 방어의 방법, 즉 방어기제들을 몇 가지 소개하면 다음과 같다.

> **방어기제**
> 자아가 무의식적 충동을 방어하고 조절하기 위해 사용하는 구체적인 정신적 대처 방법들

- **억압**: 의식하기에는 너무나 충격적이고 고통스러운 경험들을 아예 무의식 속으로 억누르는 것이 억압이다. 억압의 극단적인 예로 고통스런 경험과 관련된 특정한 시기의 기억들을 아예 마음에서 지우는 기억상실증을 들 수 있다.
- **부인**: 부인은 고통을 주는 사실이나 경험을 있는 그대로 인정하지

않고 부정하는 것이다. 사랑하는 사람의 죽음이나 배신을 인정하려 들지 않고 사실이 아닌 것으로 여기는 것이 그 예다.

- **투사**: 자신의 심리적 속성이 마치 타인에게 있는 것처럼 생각하고 행동하는 것이 투사다. 자기가 화난 것은 생각하지 못하고 상대방이 자기에게 화를 냈다고 생각하는 것이 그 예다.

- **치환**: 치환 혹은 전치는 전혀 다른 대상에게 자신의 욕구를 발산하는 것이다. 자식이 없는 사람이 강아지를 끔찍하게 귀여워하는 것이 그 예다. '동대문에서 뺨 맞고 서대문에서 화풀이 하는' 것도 치환의 예로 볼 수 있다.

- **반동 형성**: '미운 자식에게 떡 하나 더 준다.'는 우리 속담처럼 무의식적 소망과는 반대되는 방향으로 행동하는 것이 반동 형성이다. 실제로 자기를 학대하는 대상인데도 그 대상을 좋아하는 것처럼 보이는 행동이 그 예다.

- **취소**: 취소는 허용될 수 없는 상상이나 행동을 반증하거나 물리는 것을 말한다. 어린아이가 동생이 밉고 화가 나서 동생을 때리고 난 후 이러한 행동이 가져올 부정적 결과를 두려워한 나머지 금방 때렸던 동생에게 입맞춤을 하는 것이 그 예다. 어린아이는 두 번째 행동을 통해 첫 번째 행동을 취소하는 것이다.

2) 심리적 증상의 의미

이와 같은 방어기제를 사용해서도 정신적 갈등을 제대로 다루지 못할 때 자아는 최후의 방어수단을 동원하게 된다. 그것은 바로 심리적 증상을 형성하는 것이다. 독자들은 심리적 증상의 형성이 어떻게 방어로 기능할 수 있는지 의아해할 수도 있다. 만일, 큰 잘못으로 부모에게 야단을 맞아야 하는 아이의 입장에서 그 상황을 모면할 수 있는 길은 무엇인가? 한 가지 방법은 아파 버리는 것이다. 아무리 큰 잘못을 했더라도 아픈 아이에게 심한 야단을 칠 수는 없는 노릇이다. 따라서 아이에게 있어서 신체적인 증상을 형성하는 것은 야단이라는 고통스런 상황에서 자신을 보호하는 좋은 수단이 된다.

심리적 증상도 마찬가지다. 원초아적 충동이 그대로 실현되었을 때 예상되는 위험에 비하면 심리적으로 아파 버리는 것이 차라리 낫다. 예를 들어, 부모에 대한 적개심으로 가득 차 있는 사람이 부모에게 그러한 적개심을 아무런 여과 없이 마음껏 발산한다면 어떤 결과가 초래될 것인가? 그렇게 된다면 그는 그것을 견딜 수 있을 것인가? 그것은 너무 위험하다. 따라서 자아는 여러 가지 방어기제를 동원하여 적개심에 대한 적절한 방어를 시도한다. 하지만 그것도 실패했을 경우—따라서 적개심이 곧장 행동으로 분출하려 하는 경우—자아는 방어의 최후 수단으로 심리적 증상을 형성해 버리는 것이다. 왜냐하면 심리적 증상은—그것 자체가 사람들에게 크나큰 고통을 주기는 하지만—원초적 충동이 현실화되었을 때 겪게 될 고통에 비하면 차라리 낫기 때문이다. 예를 하나 더 살펴보겠다.

 사례 2[4]

한 젊은 청년은 집을 나올 때마다 전열기구의 플러그를 제대로 뺐는지를 늘 되풀이하여 확인해야만 했다. 이런 강박적 행동은 집에 아무도 없을 때 누전이 되어 불이 날지도 모른다는 불안에서 온 것이다. 이 남성에 대한 분석 결과, 이러한 강박행동과 연관된 원래의 정신적 갈등은 남근기 때의 오이디푸스 갈등으로 드러났다. 그는 오이디푸스 삼각관계에서 아버지의 자리를 차지하려는 무의식적 소망을 가진 것이다. 그는 무의식적 공상 속에서 이러한 소망을 다음과 같은 방식으로 성취하고 있었다.

4) 이근후·박영숙 역, 정신분석학(서울: 하나의학사, 1987). 원저: C. Brenner, *An Elementary Textbook of Psychoanalysis* (2nd Ed., 1973), International Universities Press), p. 181에서 부분적으로 인용.

'만일 집이 불에 탄다면 아버지는 집을 잃은 데 대한 상처로 술을 마시게 될 것이다. 그러면 술주정뱅이가 되어 버린 아버지를 대신하여 내가 집안의 가장 역할을 맡게 될 것이다.'

이 남성의 의식에서 체험되는 것은 집이 불에 탄다는 공상인데, 이는 아버지를 밀어내고 그 자리를 차지하려는 무의식적 소망의 파생물이다. 반면에 그의 강박행동은 그러한 무의식적 소망이 가져다주는 불안과 죄의식에서 스스로를 보호하기 위한 일종의 취소행동이다. 즉, 그런 '불온한 소망'을 가졌음을 취소하고자 한 것이다.

이 예에서 현실 속에서 실현되려는 무의식적 소망과 이를 제지하려는 자아의 방어 노력 간의 힘겨운 줄다리기와 심리적 증상의 형성과정을 잘 엿볼 수 있다. 아마 사례 속의 젊은 청년은 예전에는 아버지의 자리를 차지하려는 무의식적 소망을 잘 방어할 수 있었을 것이다. 그러기에 특별한 심리적 증상을 경험하지 않아도 되었을 것이다. 그러나 어떠한 이유에 의해 이러한 무의식적 소망을 방어하는 자아의 방어능력에 문제가 생겼고, 이 방어의 균열을 틈타 잠재되어 있던 무의식적 소망이 의식 속으로 한층 더 분출되게 된 것이다. 이를 끝까지 방치할 경우 무의식적 소망은 현실이 되어 버려 젊은 청년은—부왕(父王)인 라이오스를 죽이고 왕위에 등극하여 자신의 어머니 이오카스테를 아내로 맞은 오이디푸스 왕자가 그랬던 것처럼—극심한 죄책감으로 고통을 받다가 비극적인 취후를 맞이할 것이라는 강한 불안을 갖게 된다. 따라서 청년은 무의식적 소망의 현실화 혹은 그러한 소망 자체의 의식을 취소하기 위해 전열기구의 플러그를 강박적으로 점검하는 심리적 증상을 형성하게 된 것이다.

이상의 분석을 통해 심리적 증상은 의식으로 분출되려는 무의식적

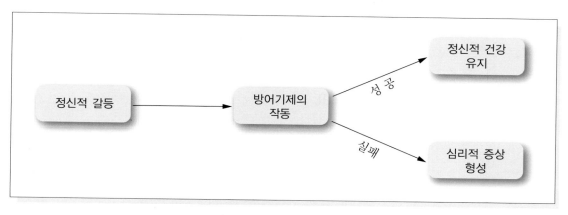

[그림 2-1] 정신분석 이론에 따른 심리적 증상의 형성과정

소망과 이를 저지하려는 자아의 최후의 방어 노력 간의 타협이 형성된 결과임을 알 수 있다. 젊은 청년은 심리적 증상의 형성과 그로 인한 고통의 체험이라는 값비싼 대가를 지불함으로써 무의식적 소망의 현실 속에서 실현—집을 불타게 함으로써 아버지의 자리를 물려받게 되는 것—을 방어할 수 있었다. 그리고 무의식적 소망은 심리적 증상 속에 자신의 그림자를 드리우는 성과를 얻었다. 즉, 자아의 입장에서는 그러한 소망의 전면적 분출을 막을 수 있었고, 무의식적 소망의 입장에서는 자신의 존재를 어느 정도 드러낸 셈이다. 서로에게 완벽하거나 충분하지는 않지만, 심리적 증상이라는 타협이 형성됨으로써 이 두 정신적 힘 간에 새로운 균형이 생겨나게 된 것이다.

증상 형성
무의식적 충동에 대한 자아의 방어가 효율적이지 못할 때 무의식적 충동에 대처하기 위해 심리적 증상을 형성하는 것

4. 정신분석적 상담의 과정과 방법

1) 상담의 목표

정신분석적 상담의 목표는 자아의 기능을 강화하여 심리적 증상과 관련된 정신적 갈등을 해소하는 데 있다. 즉, 강화된 자아의 힘으로 증상과 관련된 정신적인 원인을 해결함으로써 심리적 문제를 해소하는 것이다. 겉으로 드러난 문제만 해결하는 것이 아니라 원인으로 작용하는 무의식적 갈등에 대한 해결을 시도한다는 점에서 정신분석은 일종의 '뿌리치료' 다. 이를 달리 이야기하면 의식의 범위를 확대하는 것이다. 자신도 모르는 채 자신의 감정, 행동, 생각 등에 영향을 미치는 무의식적 요소를 의식의 영역 밖으로 이끌어 냄으로써 더 이상 무의식이 왜곡된 방식으로 현실에 영향을 미치지 못하도록 한다.

뿌리치료
겉으로 드러난 심리적 증상 자체를 완화하는 대신 그러한 증상의 뿌리에 해당하는 무의식적 충동이나 갈등을 해결하는 심층적인 심리치료

정신분석의 목표는 단지 원인을 멈추게 함으로써 결과를 멈추는 것 (즉, 원인이 되는 무의식적 갈등을 해소함으로써 심리적 증상을 치유하는 것) 에 그치지 않는다. 정신분석에서 무의식을 의식화하는 작업은 어둠에 빛을 비추는 것에 비유된다. 자신에 대한 무지에서 벗어나 철저히 이해하는 것, 자신을 맹목적이고 비이성적인 본능적 충동에 휘말리도록 내버려 두지 않고 이성의 힘으로 다스리는 것, 바로 그것이 정신분석적 상담이 지향하는 궁극적 목표다.

2) 상담의 진행과정

정신분석적 상담에서 상담자는 내담자에게 과거의 경험과 그때 그때의 감정을 거리낌 없이 자유롭게 털어 놓도록 격려한다. 아무리 사소하더라도 내담자의 마음속에 떠오르는 것은 무엇이든지 말하도록 하

는 것이 중요하다. 이렇게 하는 것을 자유연상이라 한다. 이 과정에서 상담자는 내담자의 증상과 관련된다고 여겨지는 무의식적 자료들을 하나씩 이끌어 내어 그 의미를 해석하게 된다. 이러한 해석을 통해 내담자는 이제까지는 몰랐던 무의식의 내용들을 이해하게 되며, 이렇게 얻은 통찰은 증상을 극복하는 원동력으로 작용한다.

내담자가 무의식에 대한 완전한 통찰을 이루기까지의 과정은 오랜 시간을 필요로 한다. 이러한 목표를 달성하기까지 몇 년이나 걸리는 것이 보통이다. 따라서 정신분석적 상담은 다른 형태의 상담에 비해 장기화되는 경향이 있다. 또한 그 진행과정은 그리 순탄하지만은 않다. 상담의 과정에서 상담을 방해하는 수많은 걸림돌들, 즉 저항이 발생하기도 한다. 그러한 난관을 잘 극복하지 않으면 상담은 성공하기 어렵다.

3) 상담자와 내담자와의 관계

정신분석에서 상담자와 내담자와의 관계는 '전이(transference)'라는 개념으로 설명된다. 전이란 내담자가 과거의 중요한 인물들에게 느꼈던 감정이나 생각을 상담자에게 투영하는 현상이다. 상담이 진행됨에 따라 내담자의 어린 시절의 경험과 갈등들은 무의식 속에서 의식의 표면으로 떠오르기 시작한다. 따라서 내담자는 신뢰와 불신, 독립과 의존, 사랑과 증오 등 여러 가지 상반되는 감정에 대한 과거의 갈등들을 회상하게 된다. 그리고 그때의 감정들을 상담자를 대상으로 해서 재체험하게 되는데 이때 전이가 발생한다. 예를 들어, 어렸을 때 엄격하고 권위적인 아버지, 혹은 매정했던 어머니에게 맺혔던 감정이 상담자에게 옮겨져 내담자의 눈에는 상담자도 똑같은 인물로 여겨진다.

이러한 전이현상은 내담자의 무의식이 의식의 표면으로 올라오고 있음을 나타내는 매우 중요한 현상이다. 현재의 인물(즉, 상담자)을 자신에게 중요했던 과거의 인물과 심리적으로 혼동하는 것은 그만큼 과거의 인물에 대한 미해결된 갈등이 내담자에게 중요하게 남아 있다는 것

전이
내담자가 과거의 중요한 인물들에게 느꼈던 감정이나 생각을 상담자에게 투영하는 현상

을 의미한다. 이러한 혼동의 이유를 하나씩 탐색해 나감으로써 무의식 속에 잠재된 과거의 인물들에 대한 갈등을 의식이 작용하는 현재의 관점에서 해결할 수 있는 것이다. 따라서 전이현상의 발생과 해소는 정신분석적 상담에서 핵심이 된다.

4) 상담의 주요 방법

(1) 자유연상

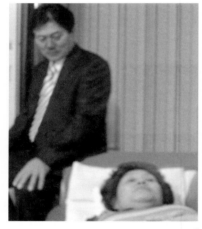

정신분석 치료 장면

자유연상은 어떤 대상과 관련하여 마음에 떠오르는 생각, 감정, 기억들을 아무런 수정도 가하지 않고 이야기하도록 하는 것이다. 이는 정신분석적 상담기법 중에서도 핵심적이다. 자유연상을 하는 동안 내담자는 보통 긴 안락의자에 눕고, 상담자는 그 옆이나 뒤에 앉아 내담자의 주의를 분산시켜 생각과 감정이 자유롭게 떠오르는 것을 방해하지 않도록 한다. 자유연상을 하는 과정에서 증상과 관련된 과거의 경험이나 기억들이 차츰 드러나게 되며, 상담자는 이를 통해 내담자의 증상이 무의식적으로 어떤 의미를 지니는지를 이해하게 된다.

(2) 꿈의 분석

내담자의 무의식에 관한 자료는 자유연상 외에 꿈을 통해서도 얻을 수 있다. 잠을 자는 동안에는 무의식에 대한 자아의 방어가 약해지므로 억압된 욕구와 본능적 충동들이 의식의 표면으로 쉽게 떠오르게 된다. 따라서 내담자가 꾼 꿈은 깨어 있을 때보다 훨씬 더 많은 무의식적 자료를 포함한다. 이러한 꿈의 의미를 분석하고 해석함으로써 상담자는 내담자에게 무엇이 문제인지를 이해할 수 있다.

(3) 해석

해석은 상담자가 꿈, 자유연상, 저항, 전이 등의 의미를 내담자에게 지적하고 설명하고 가르치는 것이다. 이러한 상담자의 해석을 통해 내담자는 이전에는 몰랐던 무의식적 내용들을 차츰 의식적으로 이해하고 받아들이게 된다. 해석과 관련하여 한 가지 주의할 점은 아무 때나 해석하려 해서는 안 된다는 것이다. 아무리 타당한 해석이라도 내담자가 그것을 받아들일 수 있는 마음의 준비가 되어 있지 못하다면 소용이 없다. 따라서 상담자는 내담자의 무의식에 대한 해석을 하기 전에 우선 내담자가 그것을 받아들일 수 있는 상태에 와 있는지를 먼저 점검해야 한다. 해석의 주요 대상은 자유연상 자료, 꿈, 전이 및 저항현상 등이다.

전이의 해석   앞서 설명한 것처럼 내담자는 상담자와의 관계에서 무의식 속에 묻어 두었던 생각이나 감정들을 드러낸다. 즉, 내담자는 전이라는 치료적 관계를 통해 무의식을 드러낸다. 따라서 상담자는 내담자가 상담자에게 보이는 태도나 행동을 그냥 지나쳐 버려서는 안 된다. 내담자가 상담자를 어떻게 대하는지, 상담자에 관해 어떠한 생각을 품고 있는지를 주의 깊게 관찰하여 그것이 가진 의미를 이해하고 분석해야 한다.

상담자에 대한 내담자의 전이현상에는 두 가지 왜곡 혹은 착각이 담겨 있다. 하나는 시점의 왜곡이고, 다른 하나는 대상의 왜곡이다. 시점의 왜곡이란 내담자가 상담자에게 경험하고 있는 감정은 사실은 현재의 감정 그 자체가 아니라 과거에 경험했던 감정의 재현이라는 것이다. 내담자는 현 시점에 그 감정을 느끼지만 실제로 그 감정은 과거의 것인 셈이다. 따라서 내담자는 현재에 살지만 실은 과거에 살고 있다. 대상의 왜곡이란 상담자에 대한 내담자의 감정은 실제로 상담자를 향한 것이 아니라는 것이다. 비록 상담자에 대해 감정을 경험하고 있기는 해도 그 감정은 실은 다른 인물, 즉 내담자의 삶 속에서 중요한 의미를 차지했던 인물을 향한 감정이다. 이런 점에서 내담자는 현실 속에서는 상담자를 만나고 있지만 무의식적으로는 다른 사람을 만나고 있는 셈이다. 결국, 전이는 '그때 그 사람'에게서 경험되었던 감정이 '지금 이 사람'에게 재연되는 것을 뜻한다.

전이의 해석은 전이현상에 담겨져 있는 이러한 두 가지 왜곡 혹은 착각을 내담자에게 알려 주고 이해시키는 것을 말한다. 이러한 왜곡들 자체가 내담자의 무의식을 그대로 담고 있으므로 전이의 해석은 내담자가 무의식에 대한 이해를 넓혀 나가도록 하는 데 큰 도움이 된다. 아울러 내담자가 더 이상 과거에 살지 않고 현재에 살도록 하며, 현실 속에서 만나는 사람 자체에 대해 진실한 감정을 느끼고 소유할 수 있도록 하는 데 도움이 된다. 결국, 상담자의 전이 해석을 통해 그리고 전이의 포기를 통해, 내담자는 현재에서 현실적 인물들과 더불어 살 수 있게 된다.

전이의 해석에 있어서 상담자는 한 가지 큰 착각에 빠질 수도 있다. 그것은 상담자에 대한 내담자의 감정이나 태도를 무조건 전이라고 생각해 버리는 것이다. 만일, 상담자가 내담자를 실제로 매정하게 대했다면 내담자가 상담자를 매정한 사람이라고 느끼는 것은 당연하다. 내담자의 이러한 느낌은 현실적인 것이지 그것 자체가 전이는 아니다. 그러나 만일, 상담자의 실제 행동과는 상관없이 내담자가 상담자를 매정하다거나 권위적이라고 느낀다면, 이는 내담자가 자신의 과거 경험을 상담자와 잘못 연관시키는 전이일 수 있다. 따라서 상담자는 우선 내담자의 태도나 행동이 전이를 반영하는지 아닌지를 잘 판단해야 한다. 그것이 만일, 전이라면 상담자는 그것이 지니는 의미를 내담자가 이해할 수 있도록 해석하게 된다.

저항
내담자가 상담에 협조하지 않는 모든 행위. 저항은 대개 무의식적 원인에 의해 발생하기 때문에 상담자가 적절히 활용할 경우 내담자를 이해하는 데 큰 도움이 된다.

저항의 해석   저항이란 내담자가 상담에 협조하지 않는 모든 행위를 말한다. 예를 들어, 정해진 시간에 상담에 참석하지 않거나, 상담과정에서 아무런 의미도 없는 말만 되풀이하거나, 중요한 내용은 빠뜨리고 사소한 이야기만 하는 등의 행위다. 정신분석에서는 이러한 저항이 큰 의미를 지닌다고 본다. 저항하는 데에는 그럴 만한 이유가 있다고 보기 때문이다.

　가기 싫은 곳을 가야 할 때 사람들은 온갖 핑계를 다 대서 끝까지 가지 않으려 한다. 무언가를 알게 되었을 때 고통이 온다는 것을 미리 예상할 수 있는 사람은 차라리 모르는 채로 지내려 한다. 알아봤자 좋을 게 없는 것이다. 정신분석에서 내담자가 바로 그러하다. 무의식의 저장고에 숨겨진 내용들을 인식하는 것은 내담자에게 고통스런 일이다. 생각해 보라. 자신에게 여러 가지 원초적인 충동과 욕구들, 다른 사람에 대한 원망과 적개심, 무력감과 소외 등이 있다는 것을 아무런 부담 없이 흔쾌히 인정할 수 있는 사람이 얼마나 있겠는가!

　사람들은 대개 고통스러운 것을 피하려 한다. 저항은 고통스런 무의식적 자료가 의식의 표면으로 올라오려는 것을 나타낸다. 상담에 대한 협조는 고통스러운 무의식에 직면하려 함을 의미하는 반면, 비협조는 그것에 직면하지 않으려는 내담자의 태도를 반영한다. 따라서 상담자는 내담자가 보이는 저항의 의미를 이해하고, 이를 내담자에게 적절히 해석해 줌으로써 상담에 대한 내담자의 협조를 이끌어 낼 수 있어야 한다. 그렇게 되지 않으면 상담은 한 발짝도 진전할 수 없다.

이 장을 마치며

■ 주요 개념

뿌리치료 · 정신적 결정론 · 분석적 태도 · 의식 · 무의식 · 추동 ·
긴장감소 이론 · 성격의 구조 · 원초아 · 자아 · 초자아 · 쾌락의 원리 ·
현실의 원리 · 심리성적 발달이론 · 고착 · 퇴행 · 구강기 · 항문기 ·
남근기 · 오이디푸스 콤플렉스 · 잠복기 · 성기기 · 정신적 갈등 ·
방어기제 · 억압 · 부인 · 투사 · 치환 · 반동형성 · 취소 · 타협형성 ·
통찰 · 전이 · 자유연상 · 꿈의 분석 · 해석 · 저항

■ 더 생각해 볼 문제

◇ 정신분석을 '뿌리치료'라고 하는 이유에 대해 생각해 보자.

◇ 성격의 세 가지 구조 간의 갈등이 어떤 결과를 빚어 내는지 그 과정에
대해 생각해 보자.

◇ 심리적 증상이 형성되는 과정을 정신분석적 관점에서 설명해 보자.

◇ 정신분석에서 무의식에 접근하는 방법들의 구체적 내용들에 대해
알아보자.

◇ 정신분석적 관점에서는 인간의 성숙을 어떻게 규정하는지 알아보자.

제3장

인간중심적 상담 이론

인간중심적 상담의 인간에 대한 기본 관점을 알아본다. 또한 심리적 문제가 발생하는 과정을 긍정적 존중에의 욕구와 가치 조건의 내면화 과정, 그리고 그로 인해 초래되는 자기와 경험 간의 불일치의 측면에서 살펴본다. 마지막으로 인간중심적 상담의 주요 목표, 진행 과정 등에 대해 알아보고, 특히 긍정적 성격 변화의 필요충분조건으로 강조되는 상담자의 세 가지 태도에 대해 알아본다.

말년의 칼 로저스의 모습 ▌

인간중심적 상담 이론은 1940년대에 칼 로저스(Carl Rogers)에 의해 창시된 상담 이론이다. 이 이론의 애초의 명칭은 비지시적 상담이었는데, 이론이 발전하는 과정에서 1970년대까지는 '내담자 중심적 상담'으로 불렸고, 그 후에는 '인간중심적 상담'으로 명칭이 바뀌었다. 인간중심적 상담 이론은 구체적인 문제해결 기법보다는 내담자에 대한 상담자의 태도를 더 중요시한다. 왜냐하면 이는 나름대로 독특한 인간관에 기초하고 있기 때문이다.

인간중심적 이론에서 인간은 정신분석 이론에서 그려지는 것처럼 자신도 모르는 무의식에 의해 지배받는 그런 인간이 아니다. 대신에 인간은 자기를 실현할 수 있는 기본적 동기와 능력을 '이미' 가지고 있는 것으로 가정된다. 다만 살아가는 과정에서 그러한 능력이 가려졌을 뿐이라는 것이다. 또한 인간은 과거에 얽매인 존재가 아니라 현재를 살고 미래를 추구하는 존재다. 즉, 과거의 경험을 통해 이미 형성되었다기보다는 자신의 가능성과 잠재력을 발견하고 실현할 수 있는, 따라서 그 무엇이든 될 수 있는 형성과정 중에 있는 존재다.

인간의 잠재능력과 가능성에 대한 이 같은 믿음은 인간중심적 상담 이론의 핵심을 이룬다. 이러한 믿음이 상담에서 내담자를 향해 발휘될 때 '내담자 중심적 상담'이 되며, 한 걸음 더 나아가 인간 전반에 대한 믿음으로 확대될 때 '인간중심적 삶의 철학'이 되는 것이다. 인간에 대한 이러한 믿음은 상담 이론을 불문하고 모든 상담자가 지녀야 할 기본적인 믿음이다. 따라서 이 이론은 단순히 여러 개의 상담 이론 중의 하나가 아니라 모든 상담에서 상담자가 지녀야 할 기본적인 태도를 제공한다. 이런 의미에서 상담에 관심을 가진 독자들은 인간중심적 상담 이론의 기본 철학을 보다 철저히 이해하는 것이 필요하다.

1. 인간에 대한 기본 관점

1) 실현 경향성

로저스에 따르면 인간은 자신의 잠재력을 실현하려는 경향성을 가지고 있다. 이는 인간이 태어날 때부터 타고나는 것으로 간주된다. 즉, 모든 사람은 이미 태어나는 순간부터 자신이 되고자 하는 그 무엇도 될수 있는 가능성과 잠재력을 가지고 있다. 어떤 사람이 현재 시점에서 좌절을 겪고 있다 하더라도, 그것은 가능성이나 잠재력이 부족해서 그렇게 된 것이 아니다. 차라리 그것은 그가 자신의 가능성을 발견하지 못하여 제대로 실현하지 못했기 때문이다.

실현 경향성을 심리적 문제에 적용하면, 인간은 본래부터 부적응 상태를 극복하고 정신적 건강상태를 되찾을 수 있는 능력을 갖고 있다고 해석된다. 따라서 인간중심적 상담에서 상담자는 전문적인 기법을 동원해서 내담자의 문제를 해결해 주는 것이 아니라 내담자 스스로가 자신의 문제를 해결해 나가도록 촉진해 주는 역할을 한다. 왜냐하면 문제

실현 경향성
자신의 잠재력과 가능성을 실현하려는 유기체의 타고난 경향성

칼 로저스의
집단상담 장면

해결 능력은 이미 내담자 내부에 있기 때문이다.

2) 여기와 지금

사람의 행동을 결정하는 것은 무엇인가? 정신분석에서는 과거의 경험이 현재의 행동을 결정한다고 하지만 인간중심 이론에서는 그렇게 간주하지 않는다. 로저스에 따르면, 지금 그리고 여기에서 사람이 어떻게 생각하고 느끼느냐가 행동을 결정하는 유일한 요소다. 과거는 과거일 뿐 현재와는 다르다. 이때 중요한 것은 사람이 항상 같으리란 법은 없다는 점이다. 바로 어제까지 세상에 관한 온갖 비관적인 생각으로 가득 차 있었다 하더라도 오늘은 세상이 희망차게 보일 수 있다. 어제는 어제고, 오늘은 오늘이다. 오늘의 나, 즉 현재의 나를 결정짓는 것은 어제 가졌던 비관적인 생각들이 아니라 바로 지금의 현상적 장(phenomenal field)에서 가지고 있는 나와 세상에 대한 희망이다.

현상적 장
여기와 지금에서 전개되는 유기체의 모든 경험 내용들

인간중심 이론에서 존재의 의미는 '거기와 그때(there-and-then)'에 있는 것이 아니라 '여기와 지금(here-and-now)'에 있다. 현재의 자기 속에서 참된 가치와 의미를 발견하는 것이 중요하지 과거는 별로 상관이 없다는 것이다. 다만, 여기와 지금에서 사람들이 발견하는 의미가 그가 원래부터 가지고 태어난 실현 경향성과 부합하는 것일 때에 발전과 성장이 가능하다. 반대로 그 의미가 실현 경향성과 일치하지 않을 때에는 발전은 고사하고 심리적 문제가 발생하게 된다.

2. 심리적 문제의 발생과정

사람들은 수많은 가능성과 잠재력을 타고났으면서도 왜 그것을 실현하지 못하고 심리적 문제를 경험하게 되는가? 그것은 사람들이 살아가는 동안 자신의 경험을 있는 그대로 받아들이지 못하고 왜곡하거나 부정하기 때문이다. 이제 이에 대해서 알아보기로 하자.

1) 긍정적 존중에의 욕구와 자기

사람들은 세상에 태어나 성장해 가는 과정에서 '나는 어떤 사람인가?'에 관한 물음을 가지게 된다. 그리고 나름대로 그에 대한 답을 찾아 나간다. 이러한 물음에 대해 내린 답이 그 사람의 자기개념이 된다. 자기개념은 어느 날 갑자기 생기는 것이 아니라 세상을 경험해 나가는 과정에서 서서히 점차적으로 확립되어 나간다. 그런데 사람들에게는 '나는 괜찮은 사람'이라는 생각을 유지하려는 경향성이 있다. 즉, 자기에 관해 긍정적인 생각을 하려는 욕구가 있다.

> **자기개념**
> 한 개인의 스스로에 대한 모든 생각과 태도들의 집합체

자신을 긍정적인 존재로 여기기 위해서는 다른 사람에게서 긍정적으로 존중을 받는 것이 필요하다. 달리 말하자면 다른 사람의 인정을 받는 것이다. 다른 사람들은 자신을 형편없는 사람으로 여기는데, 유독 자기만 스스로를 괜찮은 사람이라고 여긴다면 그것은 억지에 불과하다. 결국 자기개념을 형성하는 데 중요한 것은 자신을 대하는 다른 사람들의 태도인 셈이다. 다른 사람들이 자신을 긍정적으로 대하면 자기개념은 긍정적일 수 있다. 반면에 다른 사람들에게 계속 부정적인 평가를 받게 되면 자기개념은 부정적인 쪽으로 형성된다.

2) 가치의 조건

어린아이의 경우를 한번 생각해 보자. 어린아이들은 사리를 제대로 판별할 수 없기 때문에 그냥 자신의 욕구에 따라 행동한다. 만지고 싶은 것을 만지고, 하고 싶은 것을 하고자 한다. 그런데 만일, 어린아이들이 하는 행동이 바람직하지 않거나 위험한 것일 때 어른들은 어떻게 하는가? 당연히 하지 못하게 할 것이다. 이때가 문제다. 아이와 어른 간에 일종의 '입장의 차이'가 생기는 셈인데, 이때는 대개 어른의 입장이 관

철된다. 이렇게 결말이 나는 것은 어른들이 단순히 더 고집스럽다거나 힘이 세기 때문은 아니다. 보다 더 근본적인 이유는 자라나는 아이들에게는 어른들의—거부와 벌 대신에—사랑과 칭찬을 받는 것이 매우 중요하기 때문이다.

어른들의 애정을 얻으려는 아이들의 욕구는 매우 강하다. 어쩌면 어른들의 애정 없이는 살 수조차 없을지도 모른다. 따라서 아이들의 행동과 사고방식은 어른들의 애정과 칭찬을 더 받는 쪽으로 발전하게 된다. 그렇게 해야 어른들에게서 긍정적인 존중을 받을 수 있고, 자신을 가치 있는 존재로 여길 수 있기 때문이다. 반면에 아이들이 원래 하고자 했던 것들은 어른들의 반대와 금지에 부딪혀 실현되지 못한다. 결국 아이들은 어른들의 가치에 들어맞는 방식으로 행동하고 생각해야 존중받을 수 있다는 것을 경험을 통해 학습하게 된다. 따라서 점차 어른들에 의해 '주입된' 가치체계를 내면화하게 된다.

가치의 조건
한 개인의 가치를 판단하는 외적인 조건들. 흔히 부모를 포함한 중요한 타인들에 의해 부여된 가치 기준일 경우가 많다.

가치의 조건(conditions of worth)이란 가치가 있고 없음을 규정짓는 외적인 조건들을 말한다. 외적으로 규정된 조건들에 들어맞을 때 가치가 있으며, 반대로 부합하지 않으면 가치가 없다. 앞에서 살펴보았듯이 아이들이 스스로에 대한 가치(즉, 자기개념)를 발달시켜 나가는 과정에서 결정적으로 중요한 것은 바로 어른들에 의해 부여된 가치의 조건들이다. 아이들은 자신도 의식하지 못한 사이에 이러한 가치 조건들에 길들여지는 것이다.

한편으로 아이들의 이러한 성장과정은 어쩌면 바람직한 사회화과정으로 여겨질 수도 있다. 왜냐하면 아이들은 이러한 과정을 통해 어른들의 가치체계와 행동규범들을 내면화하여 사회의 건전한 일원으로 성장할 수 있기 때문이다. 그러나 이러한 발달과정은 심각할 수 있는 커다란 부작용도 낳을 수 있다. 그것은 바로 '자기'와 '경험'의 불일치다.

3) 자기와 경험의 불일치

앞에서 사람들은 성장과정에서 어른들의 가치 조건에 부합하는 방향으로 자기를 형성해 나간다고 하였다. 여기에서 관건이 되는 것은 그러한 가치 조건들이 사람들이 원래 가지고 태어난 가능성과 잠재력을 실현하는 데 어떤 방식으로 작용하는가의 문제다. 다행스럽게도 가치 조건과 실현 경향성이 잘 조화를 이룬다면, 아이들에게 이보다 더 좋은 성장 토양은 없을 것이다.

아이들은 성장을 촉진하는 분위기 속에서 마음껏 자신의 가능성과 잠재력을 발견하고 실현해 나갈 수 있다.

이 경우 아이들은 성장을 촉진하는 분위기 속에서 마음껏 자신의 가능성과 잠재력을 발견하고 실현해 나갈 수 있게 된다. 어떤 외적으로 주입된 가치 조건에 따라 무엇이 되는지 안 되는지를 결정하는 것이 아니라 순전히 자신이 어떤 사람이 되고 싶은지에 따라 자기를 발견하고 만들어 나가면 되는 것이다. 어른들은 아이들이 스스로 선택한 길을 잘 갈 수 있도록 필요할 때 도와주면 된다. 그러한 자유를 부여해 주는 것, 허용하고 존중해 주는 것, 그리고 이해하고 격려해 주는 것이 아이들의 잠재력을 실현하는 데 밑거름이 된다.

이와는 반대로 아이들이 진정 하고 싶은 것과 일치하지 않는 방향으로 외적인 가치 조건들이 작용한다면 어떻게 될까? 한 가지 예로 아들이 법대에 진학하길 원하는 부모의 경우를 살펴보자. 판·검사의 꿈을 이루지 못한 아버지의 입장에서는 아들이 자신의 한을 풀어 주길 바라므로 아들이 어렸을 때부터 '너는 법대에 가야 한다.'고 끊임없이 가르쳐 왔다. 즉, 아버지의 가치 조건을 아들에게 부여한 것이다. 아들의 입장에서는 '나는 커서 판·검사가 될래요.'라고 말할 때마다 아버지가 크게 기뻐한다는 것을 이미 경험을 통해 알고 있다. 반대로 그림 그리기에 재미를 느끼고 미술학원에 보내 달라고 하면 아버지가 매우 실망

한다는 것도 알고 있다. 이러한 학습을 통해 아들은 그림 그리기를 포기하고 열심히 공부하여 법대에 진학한다.

정작 문제는 그 다음부터다. 아들은 부모의 기대에 거스르지 않기 위해서, 부모의 인정과 애정을 받을 수 있는 착한 아들이 되기 위해서 살아왔지만 왠지 행복하지 않다. 육법전서는 보기만 해도 머리가 지끈거린다. 공부에 집중은 되지 않고 공상만 하게 된다. 그림 그리기 동아리에 들려고 해 봤지만 왠지 그래서는 안 될 것 같은 느낌이 든다. 실망하는 아버지의 모습이 떠오르기 때문이다. 이런 생활이 하루이틀 반복되면서 삶의 의욕은 차츰 사라지고 허탈과 우울, 좌절이 쌓여 간다. 결국 아버지가 원하는 판·검사는커녕 학교 적응 자체마저 힘들게 된다.

대개의 경우 사람들의 자기개념은 부모들이 부여한 가치 조건의 영향을 크게 받는다. 즉, 자라는 아이들에게 부모의 가치 조건을 부여하게 되면 아이들은 그러한 가치 조건에 맞는 자기개념을 발달시킨다. 그러나 앞의 예에서 볼 수 있듯이 외적으로 부여된 가치 조건에 따라 살아가게 되면 자기개념과 경험 간에 불일치가 생기기 쉽다. '여기와 지금'에서 경험되는 것들(예: 그림 그리기에 대한 흥미)은 자기개념(예: 판·검사가 되어 부모를 기쁘게 해 주는 데서 자신의 의미를 찾으려고 하는 것)과 불일치되므로 결국 부정된다. 이러한 불일치가 많을수록 '여기와 지금'에서 부정되는 경험들이 많아지게 되어, 이 과정이 되풀이될수록 잠재력을 실현할 수 없음은 물론이고 심리적 문제와 부적응이 커지게 된다.

4) 심리적 증상의 의미

로저스에 따르면 사람들의 심리적 문제는 스스로 타고난 가능성과 잠재력을 발견하지 못하고 외적으로 부여된 가치 조건들에 맞춰 살려고 할 때 생겨난다. 즉, 외적으로 부여된 가치 조건에 따라 형성된 자기개념이 여기와 지금에서의 경험을 부정하고 왜곡하게 되면 심리적 문

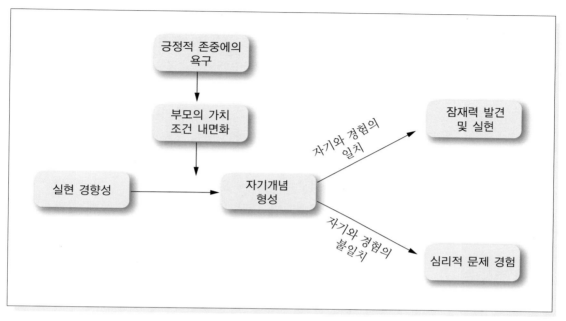

[그림 3-1] 인간중심적 이론에 따른 심리적 증상의 형성과정

제가 발생한다. 다시 말해서 외적으로 부여된 가치 조건에 따라 형성된 자기개념이 자신의 긍정적이고 창조적인 성장의 힘을 위축시키거나 약화시킴으로써 심리적 문제가 발생하게 된다. 이렇게 되면 물론 내재적 가능성은 실현될 수 없다([그림 3–1] 참조).

3. 인간중심적 상담의 과정과 방법

1) 상담의 목표

인간중심적 상담의 목표는 내담자가 자기를 실현하도록 돕는 데 있다. 이러한 점에서 인간중심적 상담은—다른 상담 이론들이 내담자가 호소하는 심리적 문제를 해결하는 데 초점을 맞추는 것과는 달리—내담자, 곧 인간 자체에 초점을 맞춘다. 달리 말하자면, 단순히 내담자의 문제를 해결하는 데 그치지 않고 내담자가 현재 직면하고 있는 문제들과 앞으로의 문제들을 극복할 수 있도록 그들의 성장과정을 촉진하는 것이다. 이러한 목표의 기저에는 성장을 촉진하는 적절한 양육환경을 만들어 주기만 하면 스스로 문제를 해결할 수 있는 능력이 발휘된다는 내담자에 대한 신뢰와 믿음이 깔려 있다. 다시 말해서 내담자들이 자신의 경험을 부정하거나 왜곡하지 않고 있는 그대로 수용할 수 있게 되면 심리적 문제는 저절로 해결될 수 있다.

이를 위해서는 무엇보다 내담자가 사회화 과정을 통해 발달시킨 가면을 벗어 던지도록 도와야 한다. 성장과정에서 가치 조건에 물들여져 위축되고 왜곡된 자기개념을 보다 확장시키고 융통성 있게 변화시켜야 한다는 것이다. 이렇게 될 때 내담자는 현실의 장에서 하게 되는 모든 경험들을 위협이나 불안감 없이 자신의 것으로 받아들일 수 있다. 바로 여기와 지금에서 진행되는 모든 내적인 경험들을 왜곡 없이 수용할 수 있을 때, 비로소 내담자는 이제까지는 보지 못했던 자신의 참 모습을 발견할 수 있게 된다.

외적으로 규정된 채로만 살아가게 된다면 진실한 자기를 발견할 수 없다. 내담자가 자기의 진실한 모습을 발견하고 거기에서 참다운 의미를 발견할 수 있기 위해서는 자신에게 부여된 가치 조건들에서 벗어나야 한다. 그러나 이러한 가치 조건들은 오래 전부터 수많은 습관화 과정을 거쳤기 때문에 혼자 힘으로 벗어 던지기에는 힘들 수도 있다. 바로 이 시점에서 상담자의 '촉진'이 필요하다.

상담자는 아무런 가치 조건도 부여하지 않고 내담자를 있는 그대로 존중하고 수용함으로써 내담자에게 부여된 가치 조건들을 해제해 나간다. 그 어떠한 예외도 없이 상담자가 이러한 태도를 일관되게 유지해 나갈 때 내담자는 비로소 참다운 자기를 발견하고 거기에 의미를 부여할 수 있는 것이다.

2) 상담의 진행과정

인간중심적 상담은 상담의 처음이나 끝을 가릴 것 없이 시종일관 내담자의 경험을 강조한다. 왜냐하면 내담자 내면에서 진행되는 경험 속에 문제해결을 위한 답이 있다고 보기 때문이다. 성장을 위한 열쇠 또한 내담자의 경험 속에 있다. 내담자가 자신의 내면적 경험을 보다 명확히 지각하고 그것들을 부정하거나 왜곡하지 않고 있는 그대로 수용할 때, 심리적 문제의 해결은 물론이고 건설적인 성격 변화, 즉 인간적 성장까지 가능하다.

내담자가 경험에 대해 좀 더 개방적이 되기 위해서는 상담자의 역할이 중요하다. 상담자는 내담자가 자신의 내면에서 진행되는 경험과 접촉할 수 있도록 돕는 데 상담의 초점을 맞춰야 한다. 이를 위해 상담자는 내담자의 현재의 의식 내면에서 진행되고 있는 감정을 반영해 주는 것이 중요하다. 여기에서 반영이란 내담자의 마음에서 일어나는 갖가지 감정들을—내담자는 이를 명확히 자각하지 못하는 경우가 대부분이다—거울에 비추듯이 내담자에게 그대로 보여 주는 것이다. 이때 내담자는 자신의 감정을 상담자라는 거울을 통해 인식하고 자각하게 된다.

내담자는 이제까지 자신의 자기개념과 불일치하는 내적인 감정들을 명료하게 깨닫지 못하고 부인하거나 왜곡해 왔기 때문에, 이렇게 자신의 감정을 명료하게 인식하는 것은 문제해결과 인간적 성장을 위한 첫걸음이 된다. 그러나 내담자가 자신의 감정을 인식할 수 있게 되더라도 그것으로 상담이 끝나는 것은 아니다. 내담자로서는 자신의 감정을 인식하는 것은 물론, 더 나아가 그것을 부정하거나 왜곡하지 않고 자신의 것으로 받아들이는 것이 필요하다.

대개 내담자들이 어떤 감정을 받아들이지 못하는 것은 자라나는 과정에서 부여된 가치 조건들에 강하게 구속되어 있기 때문이다. 즉, 내담자가 어떤 감정이나 생각들을 부인하거나 왜곡하는 것은 그것이 가치 조건에 들어맞지 않기 때문이며, 그것을 인정하고 받아들일 경우 위

감정의 반영
상담자가 내담자의 내면 감정을 거울처럼 드러내어 보여 주는 것

협을 느끼기 때문이다. 자신이 가치 있는 존재가 되기 위해서는 부모들이 제공한 가치 조건들에 부합되는 방식으로 살아야 한다. 그렇지 못하면 무가치한 존재라는 잘못된 믿음이 자신의 경험을 있는 그대로 수용하지 못하게 만드는 것이다.

상담자로서는 이러한 가치 조건들을 상담에서 해제해 주어야 한다. 내담자의 내면 경험을 비판하거나 잘못을 지적하는 것이 아니라 전적으로 내담자의 입장에서 이해하고 공감해 주어야 한다. 그리고 내담자의 내면 경험을 어떤 특정한 가치 조건에 입각해서 판단하는 것이 아니라 무조건적으로 수용하고 존중해 주어야 한다. 그것이 가치 조건의 해제에 핵심적 역할을 한다. 상담자의 이러한 조력에 힘입어 내담자는 자신을 의미 있게 만드는 것은 바로 자기 자신이며 외적인 가치 조건들이 아니라는 것을 깨달아 나가게 된다. 이에 따라 이제까지 부정되었던 자신의 경험들이 전혀 새로운 의미로 다가오며, 거기에 중요성을 부여하게 된다. 그 결과 내담자는 어떠한 외적인 구속도 받지 않고 자신이 스스로에게 부여하는 의미에 따라 자기를 형성할 수 있는 참된 성장의 길로 나아가게 된다.

3) 상담자와 내담자와의 관계

앞서 상담자가 내담자에게 성장을 촉진하는 양육 조건을 제공하면 내담자는 이제까지 자신을 구속했던 가치 조건들에서 벗어나 자신의 경험에 새로운 의미를 부여해 나간다고 설명했다. 이러한 점에서 상담자가 제공하는 양육 조건은 인간중심적 상담의 핵심이라 할 수 있으며, 그것은 내담자를 대하는 상담자의 태도인 상담관계를 통해 발현된다. 다시 말해서 상담자가 어떠한 태도로 내담자와 관계를 맺어 나가느냐 하는 것이 내담자가 문제를 해결하고 심리적 성장을 이루는 데 핵심적 관건이 된다.

로저스는 긍정적 성격 변화를 이루는 필요충분조건으로 다음과 같이 상담자의 세 가지 태도를 강조하였다. 진솔성, 무조건적 긍정적 존중, 그리고 공감적 이해가 바로 그것이다. 여기에서 필요충분조건이란 어떤 결과가 일어나기 위해서 반드시 필요한 조건들로, 충족이 된다면 기대하는 결과는 충분히 그리고 반드시 일어난다는 것을 의미한다. 따라서 로저스는 내담자의 심리적 문제의 해결과 인간적 성장을 위해서는 상담자의 이러한 세 가지 태도가 필요하며, 상담자가 내담자와의 관계에서 이러한 세 가지 태도를 일관적으로 유지해 나간다면 내담자의 긍정적인 성격 변화는 반드시 일어난다고 본다. 이제 이 세 가지 태도들에 대해 알아보기로 하자.

(1) 진솔성

진솔성 혹은 일치성이란 상담자가 내담자를 대할 때에 가식이나 왜곡, 겉치레가 없는 것을 말한다. 즉, 진실하고 솔직하다는 뜻이다. 진솔성에는 다음의 두 가지 측면이 있다.

> **진솔성**
> 상담자가 내담자와의 관계에서 감지되는 바를 왜곡하거나 부정하지 않고 있는 그대로 경험하는 것

첫째, 내담자를 대함에 있어 상담자가 무엇을 경험하는가다. 이것은 여러 가지일 수 있다. 예를 들어, 매력, 관심, 짜증, 귀찮음, 애처로움, 흥분, 지루함 등이 있다. 내용이 어떻든 간에 상담자는 내담자를 대하면서 드는 생각이나 느낌에 솔직하고 충실해야 한다. 그것을 더하거나 빼지 않고 있는 그대로 느끼고 경험하는 것이 중요하다.

둘째, 내담자에게 무엇을 표현하는가다. 이는 내담자와의 관계에서 느낀 것을 표현하는 문제다. 이때 내담자에 대해 느낀 것을 진솔하게 그대로 표현하는 것을 포함한다. 그 예로 내담자에 대해 느낀 것 중 긍정적인 내용만 표현하고 부정적인 내용은 숨겨 버리는 것은 진솔한 태도가 아니다.

독자들은 내담자에게 어떻게 부정적인 것까지 표현하는가라고 의아

진솔한 대화는 모든 상담의 기본이다. ▮

해 할 수도 있다. 물론 부정적 감정의 표현이 내담자의 문제해결과 성장은커녕 내담자와의 관계를 단절시키고 아픔과 상처만 가중시키는 것으로 작용해서는 곤란하다. 그렇다고 해서 긍정적인 내용만 표현한다면 그것 또한 진솔한 태도가 아니다. 진솔성의 양면성이 바로 여기에 있다. 진솔성의 의미를 올바르게 이해하지 못하면 진솔성은 자칫 상담관계를 위태롭게 하는 결과를 낳을 수도 있다.

진솔성의 중요성은 자기와 경험 간의 불일치를 줄여 나가는 데 밑거름이 된다는 점에 있다. 앞서 설명한 대로 심리적 문제의 발생과 인간적 성장의 지연에는 모두 자기개념과 들어맞지 않는 감정이나 경험을 있는 그대로 수용하지 않고 부인하거나 왜곡하는 심리적 과정이 개입되어 있다. 즉, 경험과의 진솔한 접촉이 차단되어 있다. 따라서 상담자가 내담자를 진실하고 솔직하게 대하는 태도를 일관되게 유지하게 되면 내담자도 그것을 거울삼아 자신의 경험에 대해서도 진솔하게 접촉해 나갈 수 있게 된다. 따라서 상담자의 진솔성은 내담자의 진솔성을 촉진하기 위한 기폭제 역할을 한다는 의미가 있다. 즉, 내담자 자신의 경험에의 개방과 접촉을 촉진하는 것으로 작용한다.

내담자에 대한 상담자의 부정적 감정의 표현이 내담자의 성장에 기여하지 못한다면 의미가 없다. 상담자 자신의 경험이 왜곡되어 있거나 자신의 심리적 문제가 미해결된 상태에서 부정적인 감정들을 '충동적'으로 마구 쏟아낸다면 그것은 상담자의 미숙함을 드러내는 것에 불과하다. 결국, 상담자의 진솔성은 어느 정도 상담자의 인격적 성숙을 전제로 한다. 상담자 자신이 왜곡되고 비뚤어진 인격적 미성숙 상태에서 자유로워지면 내담자에 대해 무엇을 느끼고 무엇을 표현하든 그것은 모두 내담자의 진실한 경험에의 접촉을 촉진할 수 있게 된다. 반대로 그렇지 못하면 상담자의 긍정적 진솔성—긍정적인 내용만 관계에서 표현하는 것—은 겉치레에 불과하고, 부정적 진솔성—부정적 내용을 관계에서 표현하는 것—은 내담자에게 상처만 줄 뿐이다.

(2) 무조건적 긍정적 존중

사람들은 누구나 다 자신을 긍정적인 존재로 여기고 싶어 한다. 자신을 좋은 사람, 괜찮은 사람, 멋있는 사람으로 여기고 싶어 하지 나쁜 사람, 형편없는 사람, 멋없는 사람으로 여기고 싶어 하는 사람은 없을 것이다. 이에 대한 인간의 욕구는 매우 강하다. 그런데 자신을 긍정적인 존재로 여기려면 다른 사람에게 긍정적인 인정과 사랑, 수용, 존중을 받는 것이 필요하다는 데서 문제가 복잡해진다.

다른 사람들에게는 형편없는 사람 취급을 받는 데도 스스로만 자신을 좋은 사람이라고 여기는 것은 일종의 망상에 불과하다. 따라서 사람들은 자라나는 과정에서 어른들이 부여한 가치 조건에 자신을 짜맞추어 나갈 수밖에 없다. 이런 의미에서 가치 조건은 사람들의 심리적 생존을 위해 불가피한 측면도 있다. 그런데 문제는 이 가치 조건들이 경험에의 개방적 접촉과 진실한 자기의 발견 그리고 건전한 성장과 발달을 저해하는 쪽으로 작용하기 쉽다는 것이다. 사람들은 대개 다른 사람에게서 인정이나 수용을 받기 위해 자신을 억제하거나 왜곡한다. 왜냐하면 자신을 있는 그대로 느끼고 표현한다면 기존의 가치 조건들에 위배되기 쉬워, 다른 사람들(예를 들어, 부모를 비롯한 중요한 타인들)에게 거부와 불인정을 받게 되기 때문이다.

상담자는 내담자가 심리적 생존을 위해 따를 수밖에 없었던—그러나 자기를 성장시키는 데 걸림돌로 작용했던—가치 조건들에서 벗어날 수 있도록 도와야 한다. 가치 조건의 해제에 핵심적인 것은 무조건적 긍정적 존중이다. 여기에서 긍정적 존중이란 내담자를 한 인간으로서 긍정적인 존재로 대한다는 것을 의미한다. 또한 무조건적이란 말은 내담자를 긍정적인 존재로 존중하되, 그것에 아무런 전제나 조건도 달

무조건적 긍정적 존중
상담자가 내담자를 그 어떠한 가치 기준도 적용하지 않은 채 있는 그대로 수용하고 존중해 주는 것

지 않는다는 것을 말한다. 따라서 무조건적 긍정적 존중이란 '나는 당신이 ~할 때에만 괜찮은 사람으로 인정하겠다.'가 아니라 '나는 당신의 모습을 있는 그대로 존중하겠다.'는 태도와 같다. 즉, 내담자를 상담자의 가치 조건에 비추어 판단하거나 평가하지 않고, 그가 무엇을 말하고 느끼든 어떠한 행동을 하든 간에 내담자라는 인간은 가치 있고 존중받을 만하다는 태도를 일관되게 유지해야 한다.

내담자를 무조건적으로 존중한다고 해서 내담자가 하는 일거수일투족에 대해 상담자가 동의하거나 승인해야 한다는 것은 아니다. 예를 들어, 누가 봐도 바람직하지 못한 행동을 내담자가 하고 있다면, 상담자는 그 행동을 승인하거나 옹호하지 않아도 된다. 여기에서 중요한 것은 행동, 감정 그리고 생각 그 자체가 아니라, 그런 행동을 하고 그런 감정을 느끼고 그런 생각을 하는 내담자의 인간으로서 가치다.

'행동은 미워하되 그 행동을 하는 인간은 미워하지 마라.'는 격언처럼 인간중심적 상담 이론에서 강조하는 무조건적 긍정적 존중이란 내담자라는 인간에 대한 끊임없는 관심, 조건을 달지 않는 긍정적 수용을 뜻한다. 상담자가 이런 태도를 일관되게 유지할 때 내담자 역시 기존의 가치 조건에서 벗어나게 되며, 자신을 있는 그대로 느끼고 표현할 수 있는 자유로운 존재가 된다. 이렇게 되면 심리적 문제의 해결은 물론이고 이제까지 숨겨지고 왜곡되어 왔던 가능성과 잠재력이 발현되어 내담자는 그야말로 참된 성장과 성숙의 길로 접어들게 된다.

(3) 공감적 이해

공감적 이해가 인간중심적 상담에서 차지하는 비중은 아무리 강조해도 지나치지 않다. 따라서 여기에서는 공감이 왜 중요한지, 상담에서 공감적 이해의 의미는 무엇인지, 공감과정은 무엇을 포함하는지, 공감의 치료적 효과는 무엇인지 등에 대해 보다 자세하게 살펴보고자 한다.

인간 존재와 공감　　로저스는 공감적 이해를 왜 그토록 강조했는가? 인간에게 공감이 어떤 의미를 지니는지, 왜 공감이 필요한지를 설명하기 위해서는 공감이 결여된 상황을 먼저 떠올릴 필요가 있다. 고립, 소외, 고독, 외로움……. 이는 실존주의 서적에서만 등장하는 용어들이 아니다. 사람들이 일상생활에서 너무나도 빈번히 경험하는 것들로서 모두 공감의 결핍으로 초래되는 심리적 결과들이다. 혼자라는 느낌, 고독과 외로움, 고립과 소외에서 벗어나기 위해 필요한 것은 바로 공감이다.

왜 공감인가? 이에 대한 또 하나의 답은 공감의 결핍은 무한정의 경쟁을 초래한다는 것이다. 사회적 동물로서 인간에게는 두 가지 기본 과제가 있다. 하나는 개인의 이익을 최대화하는 것이고, 다른 하나는 그가 속한 집단의 이익을 최대화하는 것이다. 이 두 가지 이익이 상호 보완적이라면 별 문제가 없겠지만, 상황이 꼭 그렇지만은 않다. 사람들은 상대방과의 협동이 더 많은 이익을 낳는다는 것이 분명할지라도 기꺼이 경쟁을 선택한다. 이런 '비합리적' 경쟁은 기본적으로 상대에 대한 불신에서 비롯되며, 이러한 불신은 바로 공감 결여의 결과다. 공감의 결여 혹은 실패로 사람들은 서로 피말리는 경쟁을 하고, 이에 따라 사회적 삶과 생존 자체가 위협받는 역설이 초래되는 것이다.

공감의 결핍은 경쟁을 넘어 무자비한 공격을 낳기도 한다. 과연 수많은 강력 범죄꾼들에게 피해자에 대한 그 어떠한 공감이 있었을까? 또한 자백을 받기 위해 혹은 거짓 진술을 받기 위해 피의자들을 무덤덤하고 냉담한 표정으로 고문하였던 우리나라 현대사에서도 빈번히 등장했던 그 '고문관'들의 마음속에 상대방에 대한 연민이 조금이나마 있었을까? 아마 그렇지 않을 것이다. 먹잇감을 쫓는 사냥꾼에게 공감은 존재하지 않는다. 공감과 공격은 서로 양립할 수 없기 때문에 공감의 결여는 필연적으로 다양한 형태의 공격을 낳게 마련이다.

공감은 애착과도 밀접한 관계가 있다. 인간 발달에 있어 애착의 중요성은 익히 잘 알려져 있다. 공감은 애착의 결과이기도 하고 애착 형성의 선행 조건이기도 하다. 다친 아이를 품에 안은 채 애절한 고통에 눈물짖는 부모의 마음에는 애착된 아이에 대한 무한한 애정이 깔려 있다. 애착하므로 고귀하고, 고귀하므로 상대방의 고통에 마음 아파하고, 기쁨에 희열을 느끼는 것이다. 이러한 고통과 희열은 애착이 형성된 상대방에 대한 공감 없이는 불가능하다. 역으로 공감은 애착 형성을 촉진하기도 한다. 상대방에 잘 조율되어 있다는 것, 즉 상대방이 무엇을 느끼는지를 알고 이해하며 감정을 공유하는 것은 결코 끊어지지 않을 서로 간의 유대인 애착을 낳는 전제이기도 하다.

타인에 대한 공감, 특히 고통받는 사람들에 대한 공감은 이타행동을 촉발하는 경향이 있다. 불우한 이웃을 도와주는 시민의 행위에는 높은 수준의 윤리의식만 있는 것이 아니다. 거기에는 불우한 이웃의 불행한 삶에 대한 공감이 있다. 공감이 있기에 사람들의 마음이 움직이며, 그 결과로 고통받는 사람들에 대한 이타행동이 나오는 것이다. 로저스에 따르면, 공감적 존재방식이 가장 우선적인 상황들은 타인이 상처 입고 혼란에 빠져 있을 때, 곤경에 처하고 불안하고 소외되어 있을 때, 겁에 질렸을 때, 자기 가치를 의심할 때, 정체감이 불확실할 때 등이다. 이런 상황들에서 필요한 것은 바로 공감이다. 공감적 이해는 희망과 치유를 제공한다. 깊은 공감이라는 것은 곧 한 개인이 다른 사람에게 줄 수 있는 가장 고귀한 선물인 것이다.

공감은 인간의 사회적 삶과 생존의 기초다. 공감은 동떨어진 개인과 개인을 연결하는 소통의 가교다. 이러한 가교가 형성되지 못하거나 손상될 때 우리는 갖가지 부정적인 심리적 결과들을 경험한다. 인간과 인간 소통의 가교로서 공감이 있기에 사람들은 타인과 애착하고 사랑하고, 협력하고 공존하는 것이다. 또한 공감은 인간의 물리적, 신체적 생존의 기초이기도 하

진정한 공감은 사람들의 마음과 마음을
이어주는 소통의 가교다.

다. 반드시 도덕심 때문만이 아니라 위험에 빠진 타인들의 고통과 공포
를 공감할 수 있기에 사람들은 그들을 위해 기꺼이 위험을 무릅쓴다.
이런 의미에서 공감은 인간의 삶을 보장하는 사회적 진화와 생물학적
진화의 필연적 귀결일지도 모른다. 장구한 인간 진화의 역사를 통해
아마도 인간에게는 공감에의 요구(need for empathy)를 발달시킬 필요
가 있었는지도 모른다. 공감을 필요로 하는 존재, 공감을 주고받아야
하는 존재, 그것이 인간이기에 로저스는 공감을 그렇게도 강조하였던
것이다.

공감적 이해의 상담적 의미　　진솔성과 무조건적 긍정적 존중이 내담
자를 대할 때 상담자가 유지해야 할 기본적 자세나 태도와 관련된다면,
공감적 이해는 그것들을 실제로 구현하는 것과 관련된다. 즉, 인간중심
적 상담자는 진솔성과 무조건적 긍정적 존중의 태도를 유지하되, 거기
에만 머물지 않고 공감적 이해를 통해 내담자와 소통한다는 것이다. 이
런 의미에서 공감적 이해는 인간중심적 상담의 꽃이라고 해도 과언이
아니다.

> **공감적 이해**
> 내담자의 내면세계에서 진행되는 심층적인 경험 내용을 상담자가 정확히 이해하고 의사소통하는 것

공감적 이해는 여기와 지금에서 나타나는 내담자의 감정과 경험을
상담자가 민감하고 정확하게 이해하는 것을 뜻한다. 즉, 현재 내담자의
내면적 감정을 그것이 마치 상담자 자신의 감정인 것처럼 느낀다. 몸은
둘이지만 느끼는 감정은 하나인 것과 같다. 비록, 자신의 감정이지만
그 의미가 제대로 이해되지 않았던 내담자의 감정은 상담자의 공감적
이해를 통해 비로소 진정한 의미가 드러나게 된다. 이런 점에서 공감적
이해는 내담자가 자신에 대한 진정한 경험과 접촉을 확대시켜 나가도
록 해 준다. 이제까지 부정되고 왜곡되어 왔던 자신의 모습을 있는 그
대로 보고 느끼고 수용하도록 하는 데 큰 도움이 되는 것이다.

공감적 이해를 잘하기 위해서는 상담자가 내담자의 입장에 서 보는
것이 중요하다. 내담자의 입장에 서 보지 않으면 그가 무엇을 느끼고
생각하는지 이해할 수 없다. 설령, 이해한다 하더라도 그것은 내담자라

는 인간과 유리되어 먼 발치에서 하게 되는 지적인 이해에 불과하다. 그것도 아니라면 내담자에 대한 상담자의 사적인 의견에 불과하다. 따라서 상담자에게는 심정적, 인간적으로 자신과 내담자를 동일한 입장에 설 수 있도록 하는 풍부한 정서적 상상력이 필요하다. 그러한 상상력을 동원해서 내담자의 마음 세계를 있는 그대로 관찰하고 경험하는 것이 공감적 이해의 첫걸음인 셈이다.

이 과정에서 상담자 자신의 감정이나 생각들이 개입되면 공감적 이해가 힘들어진다. 마치 내담자의 마음의 물컵에 상담자의 감정의 물감을 풀어 버림으로써 내담자의 주관적 세계를 상담자의 감정으로 오염시키는 것과 같다. 그것은 공감적 이해라기보다는 상담자의 일방적인 의견 전달에 불과하다. 역으로 내담자의 주관적 경험 세계에 동참한다고 해서 상담자로서의 주체성이나 본연의 자세를 잊어버리는 것 역시 공감적 이해와는 거리가 멀다. 그렇게 되면 내담자와 같은 감정을 느낄 수 있을지 몰라도 내담자의 변화를 촉진할 수는 없다.

상담자는 자신의 처지와 입장을 그대로 유지한 채 내담자의 입장이 되어 거기에서 보고 느낀 것의 의미를 내담자에게 전달해 주어야 한다. 이런 의미에서 상담자의 공감적 이해는 내담자의 주관적 감정 세계를 경험하되 자신의 사사로운 의견이나 감정을 덧붙이지 않으며, 내담자의 감정에 동참하되 거기에 함몰되지 않는 것을 의미한다. 달리 말하자면, 공감은 내담자와는 별개의 존재인 상담자가 자신의 본연의 정체는 그대로 유지한 채 마치 자신이 내담자인 것처럼—이를 공감의 'as if' 적 속성이라 한다—내담자의 내면 경험을 대리 체험하는 것을 의미한다. 거기에서 한 걸음 더 나아가 공감적 이해는 내담자가 자신의 경험에 대한 접촉과 이해를 넓혀 나감으로써 진정한 자기를 있는 그대로 발견할 수 있도록 성장지향적 방향성을 유지해야 한다. 이러한 공감적 이해를 통해 내담자는 자유로운 자기탐색과 이해 그리고 자기수용과 성장의 길로 나아갈 수 있게 된다.

공감적 이해, 진솔성 그리고 무조건적 긍정적 존중의 관계 공감적 이해와 진솔성은 아주 깊은 연관이 있다. 진솔성은 일치성 혹은 투명성이라고도 부르는데, 내담자와의 관계에서 상담자의 투명성은 내담자와의 인간 대 인간으로서의 대면에 매우 중요하다. 인간중심 상담자는 상담자 자신이 마치 내담자인 것처럼 세상을 비판단적으로 지각하기에 충분할 만큼 투명해야 한다. 상담자가 내담자와의 관계에서 더 일치하고 더 투명할수록 공감적 이해의 수준은 더 높아진다.

공감적 이해는 내담자에 대한 상담자의 무조건적 긍정적 존중과도 밀접히 연관되어 있다. 실제로 공감적 이해는 내담자의 참조의 틀을 무조건적으로 수용한다는 것을 의미한다. 그러나 여기에서 한 가지 주의할 점은 'as if'라는 입장을 잃지 않는 것이다. 상담자의 공감적 수용과 무조건적 수용은 본질적으로 동일한 경험이다. 내담자가 변화하기 위해 필요한 것은 무조건적 긍정적 존중의 경험이며, 이는 공감에 의해 전달되고 성취된다.

수용적 태도와 공감적 태도가 조화될 때 내담자에게는 다음과 같은 변화과정이 일어나게 된다.

첫째, 공감적 분위기가 연출하는 비평가적, 수용적 속성을 통해 내담자는 자신에 대해 자부심을 느끼고 스스로를 돌보게 된다.

둘째, 이해심 많은 상담자의 경청을 통해 내담자는 자신의 내적 경험에 대해 좀 더 정확하게 주목할 수 있게 된다.

셋째, 자신에 대한 증진된 이해와 자부심을 통해 내담자는 자기개념과 현상적 경험이 일치되어 간다. 따라서 자신을 향한 태도에 있어서 점점 더 수용적이 되어 자신을 돌보게 되며, 더 이해심 있고, 더 진실하고 일관적인 존재를 형성하게 된다.

인간중심 상담에서 공감적 이해는 내담자에 대한 무조건적 긍정적 수용의 현시물이자 그것을 전달하는 도구로 기능한다. 이러한 공감이 내담자에게 미치는 영향은 두 갈래다.

첫째, 공감은 내담자의 소외를 녹인다.

둘째, 공감은 있는 그대로의 자신을 받아들여 그것에 가치를 부여하고 스스로를 돌보도록 돕는다.

결국, 공감에 대해 로저스가 부여했던 비판단적, 수용적 속성은 내담자의 경험의 모든 측면을 온정적으로 수용하는 것이 주된 특징인 무조건적 긍정적 존중과 사실상 동일하다고 볼 수 있다.

공감적 이해의 과정　공감적 이해는 하나의 정지된 상태가 아니라 일련의 과정이나 흐름으로 이해하는 것이 바람직하다. 로저스에 따르면 내담자에 대한 공감은 다음과 같은 몇 가지 국면을 지니는 일련의 과정이다.

첫째, 공감은 내담자의 사적인 지각 세계로 들어가서 그 안에 철저히 머무는 것을 의미한다.

둘째, 공감은 내담자가 무엇을 경험하든 내담자의 마음속에 시시각각 변화하며 흘러가는 감지된 의미(felt meaning)들에 매순간 민감해지는 것을 포함한다.

셋째, 공감은 그 어떠한 판단 없이 내담자의 삶을 일시적으로 사는 것을 의미한다. 이를 통해 내담자가 스스로는 좀처럼 자각하지 못하는 의미들을 감지하게 되는 것이다. 그러나 완전히 무의식적인 감정들은 파헤치기 어려운데, 그렇게 하면 내담자에게서 너무 많은 위협이 초래되기 때문이다.

넷째, 공감은 내담자의 세계에 대해 느끼는 것, 즉 내담자가 두려워하는 요소를 두렵지 않은 새로운 눈으로 바라볼 때 느껴지는 것을 전달하는 것을 포함한다.

다섯째, 공감은 공감과정을 통해 느끼는 것이 얼마나 정확한지를 계속해서 점검하고, 그에 대해 내담자가 나타내는 반응을 통해 인도되어 가는 것을 의미한다.

이처럼 공감은 더 이상 하나의 고정되거나 정지된 상태이거나 하나의 단일한 에피소드가 아니다. 공감은 '내담자의 지각 세계로 들어가서 머물기 → 매순간 감지된 의미들에 민감해지기 → 비판단적이면서 일시적으로 체험하기 → 체험된 느낌을 전달하기 → 그 정확성을 점검하기' 등의 일련의 과정이다.

공감적 이해의 치료적 효과　　로저스는 상담자의 공감적 이해가 내담자에게 어떠한 영향을 미치는지, 상담에서 어떤 효과가 있는지를 다음과 같이 열거하였다.

첫째, 공감적 이해는 내담자의 소외와 외로움을 해소한다. 상담자에게 충분한 공감적 이해를 받은 내담자는 다음과 같이 말할 것이다.

> 나는 부분적으로는 내 자신에게도 가려지고 숨겨진 것들, 이상해서 다른 사람과는 결코 이야기 할 수 없었고 내 자신에게도 분명치 않았던 감정들을 이야기해 왔어요. 그러나 다른 사람이 내 자신보다 더 분명하게 이해를 해 줬어요. 다른 누군가가 내가 말하는 것을 안다는 것은 내가 이상하거나 소외되거나 동떨어지지 않았다는 것을 의미해요. 나는 다른 사람과 접촉하고 있고, 나아가 관계를 맺고 있어요. 나는 더 이상 소외된 존재가 아니에요.

둘째, 공감적 이해는 내담자에게 자신의 있는 모습 그대로가 가치 있다는 느낌을 가지도록 한다. 공감적 이해가 던져 주는 메시지를 내담자는 다음과 같이 받아들일 것이다.

> 상담자는 나를 신뢰하고, 내가 가치 있다고 생각한다. 어쩌면 내가 가치 있는 존재인지도 모르겠다. 어쩌면 나는 내 자신에 대해 가치를 부여하고 내 자신을 돌볼 수 있게 될지도 모르겠다.

결국, 상담자의 공감적 이해를 통해 경험하게 되는 것은 내담자의 자신에 대한 높은 존중과 사랑이다.

셋째, 공감적 이해는 수용적이고 비판단적이기 때문에 내담자 스스로가 자신에 대해 부여해 왔던 여러 가지 제한과 한계들에서 자유로울 수 있는 기회를 제공한다. 더 이상 자신을 평가하고 판단하지 않게 됨으로써 내담자의 자기수용의 가능성은 점점 더 높아지게 되는 것이다.

넷째, 공감적 이해를 통해 내담자는 개성과 정체감을 갖게 된다. 일반적으로 사람들의 정체감은 자신을 아는 다른 사람이 있을 때 생겨나게 된다. 즉, 자기 자신을 타인에게 확증받는 것이 정체감 형성의 핵심 요소다. 상담자의 공감적 이해는 내담자가 정체성을 지닌 하나의 개별적이고 가치 있는 인간으로 존재하고 있다는 확증을 제공해 준다.

다섯째, 공감적 이해는 내담자 스스로에게 알려져 있지 않았던 새로운 자료들을 드러내 준다. 내담자가 자기에 관한 새로운 측면들을 지각하게 되는 것은 자기개념 변화의 첫 단계가 된다. 이해받는 분위기 속에서 이러한 새로운 요소는 기꺼이 소유될 수 있고, 변화되는 자기개념 속에 기꺼이 동화될 수 있다. 일단 자기개념이 변화하기 시작하면, 새로이 지각된 자기에 부합되는 방식으로 행동변화가 뒤따르게 된다.

4) 상담의 주요 방법

인간중심적 상담에서는 특별한 상담기법을 따로 열거하거나 강조하지 않는다. 그러나 내담자의 문제를 해결하고 성격을 변화시키기 위해서는 앞에서 설명한 대로 내담자와의 관계에서 상담자가 유지해야 할 세 가지 태도들이 핵심적이라고 본다. 따라서 인간중심적 관점에서 보면 내담자를 변화시키는 것은 특수한 상담기법이 아닌 셈이다. '기법이 아닌 태도', '문제가 아닌 인간'에 대한 강조가 인간중심적 상담의 핵심을 이룬다. 세 가지 상담자의 태도 외에 굳이 인간중심적 상담에서 사용하는 상담기법들을 들자면 경청, 반영, 명료화 등이 있다. 이러한 기법들에 대한 자세한 소개는 지면 관계상 생략하기로 하고, 이에 관심이 있는 독자들은 다른 전문 서적들을 참고하기 바란다.

이 장을 마치며

■ 주요 개념

실현 경향성 · 여기와 지금 · 현상적 장 · 긍정적 존중에의 욕구 · 자기 개념 · 가치의 조건 · 자기와 경험의 불일치 · 가치의 조건의 해제 · 촉진적 상담관계 · 진솔성 · 무조건적 긍정적 존중 · 공감적 이해

■ 더 생각해 볼 문제

◇ 칼 로저스의 삶과 그의 이론이 어떤 연관성이 있는지에 대해 알아보자.

◇ 인간중심적 상담에서 성공적인 성격 변화의 필요충분조건은 무엇이며, 그것들을 강조하는 이유는 무엇인지 알아보자.

◇ 인간중심적 상담 이론의 관점에서 인간의 성숙을 어떻게 규정하는지 알아보자.

◇ 각박한 현대사회에서 인간중심적 삶의 철학이 지니는 의의에 대해 생각해 보자.

제4장

인지행동적 상담 이론

인간의 세 가지 측면인 사고, 정서, 행동의 관계에 대해 인지행동적 상담 이론이 어떤 입장을 취하는지를 알아본다. 또한 인지행동적 상담 이론의 종류를 크게 세 가지 유형으로 구분해 보고, 각각의 특징을 알아본다. 대표적인 인지행동적 상담 이론으로서 앨버트 엘리스의 합리적 정서치료와 아론 벡의 인지치료를 소개하고, 각 이론의 이론적 근거와 상담방법과 진행과정에 대해 알아본다.

인지행동적 상담 이론은 1960년대 초에 등장한 비교적 젊은 상담 접근이다. 하지만 이 접근은 짧은 역사에도 불구하고 지금은 상담의 주요 접근으로서 확고한 위상을 정립했다고 볼 수 있다. 인지행동적 접근은 하나의 단일한 이론이라기보다는 인간에 대한 기본 관점과 심리적 문제의 발생 및 치유과정에 대한 주요 원리들을 공유하는 여러 개별적 이론들의 집합체라고 보는 것이 더 적절하다. 인지행동적 접근의 등장에 공헌한 몇몇 이론가들(예: 엘리스와 벡)은 실제로는 정신분석적 상담 이론을 공부한 사람들이었다. 이들은 상담과정에서 기존의 정신분석적 이론이 몇 가지 중요한 측면들에서 한계를 지니고 있다고 생각하게 되었고, 그것을 극복하고자 새로운 이론 체계를 정립해 나가게 되었다.

앞서 소개한 두 이론과 이 접근은 여러 측면에서 비교할 수 있는데, 그중 몇 가지만 소개하면 다음과 같다.

우선, 정신분석적 상담이 주로 장기상담인 반면, 이 접근은 대체로 단기로 진행되는 경향이 있다. 즉, 상담의 진행 기간이 짧다. 물론 이는 각 상담 이론이 지향하는 목표가 다르기 때문이라고 볼 수 있다. 상담이 지향하는 목표가 다른 관계로 그것의 성취에 도달하는 기간 또한 다른 것이 당연하겠지만, 현대 상담이 주로 단기화되는 경향이 있음을 감안한다면 인지행동적 상담 접근은 나름대로 충분한 경쟁력을 지니고 있는 셈이다.

또한 인간중심적 상담 이론이 문제보다는 내담자라는 인간에 초점을 맞추는 반면, 이 접근은 주로 문제 그 자체의 해결을 중요시한다. 그렇다고 인지행동적 상담에서 내담자의 인간적 성장과 발달, 성격의 기본적 변화가 전혀 고려되지 않는 것은 아니다. 다만, 우선순위가 다르다는 것이다. 인지행동적 상담에서는 내담자가 직접적으로 호소하는 심리적 문제의 해결이 우선적인 관심사다. 성격 변화와 인간적 성숙은 심리적 문제가 해결된 다음에 고려되는 좀 더 궁극적인 차원의 상담목표인 것이다. 이러한 특성에 비추어 인지행동적 접근은 심리적 문제의 해결에 필요한 아주 다양하고 구체적인 상담기법들을 잘 구비하고 있는 특징을 지닌다.

인지행동적 상담의 구체적 기법들을 여기에서 일일이 소개하기는 힘들다. 구체적 기법들은 다른 전문 서적을 참고하는 편이 더 나을 것이다. 하지만 상담에 관심을 가진 독자들 입장에서는 여기에 소개되는 인지행동적 상담의 주요 원리들만이라도 충분히 숙지함으로써 비교적 최신의 상담 접근에 친숙해질 필요가 있다. 왜냐하면 문제해결 중심으로 단기간에 진행되는 인지행동적 상담이 현재는 물론 앞으로는 더욱더 각광을 받을 것으로 여겨지기 때문이다.

1. 인간에 대한 기본 관점

인간에게는 여러 측면이 있다. 사람들은 감정을 느끼기도 하고, 생각을 하기도 하고, 행동을 하기도 한다. 감정과 생각과 행동이 한 인간 내부에서 모두 일어나기는 하지만, 무엇이 더 중요한가에 대해서는 각자 입장이 다를 수 있다. 예를 들어, 어떤 사람들은 감정이 제일 중요하다고 여길 것이고, 어떤 사람들은 행동이 제일 중요하다고 여길 수 있다. 그러나 인지행동적 접근에서는 인간의 여러 측면 중 인지, 즉 사고 또는 생각이 가장 우선적이며, 제일 중요하다는 입장을 견지한다. 감정이나 행동도 물론 중요하지만, 그것들은 모두 사람들이 어떻게 생각하느냐에 따라 영향을 받는다고 한다. 이러한 입장을 인지의 우선성 또는 인지적 결정론이라 부른다.

좀 더 쉽게 이해하기 위해 실직을 경험한 두 사람을 비교해 보자. 한 사람은 실직으로 인해 좌절하고 낙담해 있다. 이제는 모든 것이 끝나 버렸다는 절망감에 휩싸여 있으며, 직장을 구하려는 어떤 시도도 하지 않은 채 자포자기 상태에서 벗어나지 못한다. 반면에 다른 한 사람은 실직을 당한 직후에는 좌절과 낙담이 컸지만 곧바로 다른 직장을 찾아

> **인지적 결정론**
> 감정이나 행동은 사람들이 생각하는 방식이나 내용에 따라 결정된다고 보는 입장으로 인지 우선성의 원리로 부르기도 한다.

보려고 열심히 시도를 하고, 동시에 새로운 기술을 익히기 위해 학원에
도 다닌다. 상황이 힘든 것은 사실이지만 그래도 굴하지 않고 재기해
보려고 부단히 노력한다.

실직이라는 동일한 스트레스에 대한 이 두 사람의 대처가 왜 이리도
판이하게 차이가 나는가? 왜 전자는 절망상태에서 벗어나지 못하는 반
면, 후자는 희망을 잃지 않고 재기를 위한 노력에 꿋꿋이 힘쓰는가? 그
것은 바로 두 사람의 생각에 차이가 있기 때문이다. 전자는 실직이라는
스트레스 사건을 극복 불가능한 파국적 사건으로 생각했기 때문에 절
망할 수밖에 없었고, 후자는 대처 가능한 부정적 사건 중의 하나 정도
로만 생각했기 때문에 적응적인 대처 노력을 포기하지 않았다. 이를 통
해 '모든 것은 생각하기에 달렸다.'는 우리나라 속담을 떠올릴 수 있다.
이는 사람들이 어떻게 생각하느냐에 따라 이어지는 감정이나 행동이
달라질 수 있다는 의미로 인지의 우선성을 잘 대변해 준다.

인지행동적 접근에서는 사람들의 감정과 행동은 모두 인지에서 나온
다는 입장을 취한다. 즉, 사람들은 특정한 생각(예: 나는 무가치하다는 생
각)을 하기 때문에 특정한 감정(예: 우울감)과 행동(예: 자포자기 행동)이
나오게 된다. 이러한 입장을 따른다면 부적응을 겪는 사람들을 변화시
키기 위한 가장 효율적인 방법은 그 사람의 생각을 변화시키는 것이다.
그렇게 함으로써 잘못된 행동과 감정은 저절로 변화될 것이다. 결국,
인지행동적 상담 접근은 인간의 주된 특성을 인지에서 찾으려 하며, 인
지를 변화시킴으로써 다른 모든 것을 변화시킬 수 있다고 믿는다.

2. 인지행동적 상담 이론의 종류

앞서 인지행동적 접근은 여러 개별적 이론이 함께 묶여진 이론의 집
합체로 이해하는 것이 적절하다고 설명하였다. 실제로 어떤 이론가에
따르면 현재 인지행동적 접근에는 약 12가지의 개별적 이론들이 포함

되어 있다(〈표 4-1〉 참조).[1] 이러한 개별적 이론들은 인지가 제일 중요
하며, 인지를 변화시킴으로써 내담자의 심리적 문제를 변화시킬 수 있
다는 인지행동적 접근의 기본 가정은 공유하지만, 문제를 해결하는 데

〈표 4-1〉 인지행동적 이론들의 종류

등장 시기	이론 명칭	창시자	강조점
1962	합리적 정서치료 (Rational-Emotive Therapy)	Ellis	인지적 재구성
1963	인지치료 (Cognitive Therapy)	Beck	인지적 재구성
1971	자기교습 훈련 (Self-Instructional Training)	Meichenbaum	인지적 재구성
1971	불안관리 훈련 (Anxiety-Management Training)	Suinn & Richardson	대처기술 훈련
1971	문제해결치료 (Problem-Solving Therapy)	D'Zurilla & Goldfried	문제해결
1971	문제해결치료 (Problem-Solving Therapy)	Spivack & Shure	문제해결
1973	스트레스 면역 훈련 (Stress Inoculation Training)	Meichenbaum	대처기술 훈련
1974	체계적 합리적 재구성 (Rational Systematic Restructuring)	Goldfried	대처기술 훈련
1974	개인 과학 (Personal Science)	Mahoney	문제해결
1975	합리적 행동치료 (Rational Behavior Therapy)	Maultsby	인지적 재구성
1977	자기통제치료 (Self-Control Therapy)	Rehm	문제해결
1983	구조적 심리치료 (Structural Psychotherapy)	Guidano & Liotti	인지적 재구성

1) K. S. Dobson (Ed.), *Handbook of Cognitive-Behavioral Therapies* (N.Y.: The Guilford Press, 1988), p. 12에서 인용.

동원되는 구체적인 방법이나 절차 면에서는 조금씩 차이가 있다.

개별적인 인지행동적 상담 이론들은 강조점에 따라 다음과 같이 크게 세 가지 부류로 나눌 수 있다.

첫째, 인지적 재구성에 초점을 둔 이론들이다. 이 부류에 포함되는 이론들은 인지의 중요성에 대한 가정을 가장 충실히 따른다. 인지적 재구성이란 사람들의 생각 내용과 방식을 재구성, 즉 변화시킨다는 것을 뜻한다. 인지적 재구성을 강조하는 이론들은 우울이나 불안과 같은 사람들의 정서적 문제는 생각의 내용이나 방식이 잘못 되어서 초래된 것이라고 믿는다. 따라서 인지를 재구성함으로써 정서적 문제를 해결하려 한다.

인지적 재구성
내담자의 생각의 틀이나 내용을 변화시키려는 인지행동 상담 이론의 한 유형

둘째, 대처기술의 직접적인 교육과 훈련을 강조하는 이론들이다. 이 이론들은 사람들이 부적응을 겪는 이유는 상황에 부적절한 방식으로 반응하기 때문이라고 본다. 따라서 상황에 적절한 대처행동을 가르치고 훈련시킴으로써 부적응을 해소하려는 것이 이 접근의 핵심이다. 예를 들어, 사람들이 많이 모인 곳에 가면 불안해져서 그런 상황을 피하려는 내담자에게는 불안을 효율적으로 관리함으로써 올바른 대처행동을 할 수 있는 구체적 기술들을 직접적으로 가르치고 훈련시키고자 한다.

대처기술 훈련
내담자에게 문제 장면에 대한 구체적인 대처기술을 집중적으로 훈련시킴으로써 상황에 대한 더 나은 대처를 가능하게 하는 인지행동 상담 이론의 한 유형

셋째, 흔히 문제해결 접근이라 불리는 이론들이다. 이 이론들은 내담자들이 겪는 부적응을 해소하기 위해 인지적 재구성과 대처기술 훈련을 복합적으로 사용한다. 따라서 한편으로는 문제 장면에서 보다 적절한 행동을 할 수 있도록 구체적인 대처행동을 훈련시키는 과정을 거치며, 다른 한편으로는 문제를 스스로 해결할 수 있도록 인지의 내용과 방식을 변화시키는 과정을 포함한다.

문제해결 접근
내담자가 당면한 문제를 해결하기 위해 인지적 재구성과 대처기술 훈련을 복합적으로 적용하는 인지행동 상담 이론의 한 유형

강조점에 따라 조금씩 차이가 있기는 하지만 전체적으로 인지행동적 상담 이론들은 내담자의 인지를 재구성하는 방법과 구체적인 대처행동들을 훈련시키는 방법을 동시에 사용한다고 볼 수 있다. 즉, 인지적 재

구성을 주로 한다고 해서 대처행동의 훈련을 전혀 하지 않는 것은 아니고, 그 역도 마찬가지다. 다음 부분에서는 인지행동적 상담 이론의 대표 주자라 할 수 있는 엘리스(A. Ellis)의 합리적 정서치료와 벡(A. Beck)의 인지치료를 중점적으로 살펴볼 것이다.

3. 앨버트 엘리스의 합리적 정서치료

합리적 정서치료는 인지행동적 상담 이론들 중 가장 먼저 출현한 것인 동시에 가장 널리 알려져 있기도 하다. 이 이론을 창시한 엘리스는 원래 정신분석적 훈련을 받았다. 하지만 그는 실제로 상담과정에서 정신분석적 상담이 효율성 면에서 문제가 있음을 발견하게 되었고, 그에 대한 대안으로 합리적 정서치료를 발전시켜 나갔다. 합리적 정서치료는 심리적 문제가 발생하는 이유와 과정을 나름대로 독특하고 이해하기 쉬운 방식으로 설명한다. 따라서 이는 이론적으로 매우 간결하며 복잡하지 않다는 특징을 지닌다. 이제 이 이론의 주요 근거는 무엇이며, 실제로 어떤 과정을 거쳐 상담이 진행되는지를 살펴보기로 하자.

합리적 정서치료의 창시자인
앨버트 엘리스

1) 이론적 근거

(1) 비합리적 신념과 심리적 문제

엘리스에 따르면 사람들이 정서적 문제를 겪는 이유는 구체적인 사건들 때문이 아니라 그 사건을 지각하고 받아들이는 방식이 잘못되었기 때문이다. 즉, 어떤 사건을 자신이 이미 가지고 있는 기존의 생각들에 비추어 비합리적으로 해석하기 때문에 그 결과로 정서적 문제를 경험하게 된다. 예를 들어, 맞선을 보러 나갔다가 상대방에게 보기 좋게 딱지를 맞고 기분이 몹시 상해 있는 한 여성의 경우를 생각해 보자. 이 여성은 왜 기분이 상했다고 생각하는가? 아마도 '딱지를 맞았기 때문'이라는 설명이 가장 일반적일 것이다. 즉, 상대방에게 거부를 당했기 때문에 기분이 언짢아진 것이다. 하지만 엘리스는 이러한 설명이 옳지 않다는 입장을 취한다.

엘리스의 합리적 정서치료는 정서적 문제(예: 우울, 불안, 공포 등)를 유발하는 것은 생활사건 그 자체가 아니라 그 사건에 대한 왜곡된 생각 때문이라는 가정에서 출발한다. 그리고 이러한 왜곡되고 잘못된 생각의 뿌리에는 비합리적인 신념들이 깔려 있다고 본다. 이에 따르면 앞에서 예로 든 여성의 기분이 상한 이유는 딱지를 맞은 사건 그 자체가 아닌 '나는 남성에게 딱지를 맞아서는 안 돼!' 라는 생각에 있다. 이러한 생각은 스스로에게 다짐하는 일종의 자기말(self-talk)로써, 살아가면서 겪게 되는 여러 가지 스트레스에 대처하기 위해 스스로 발전시켜 온 것이다. 엘리스에 따르면, 어떤 사건을 해석하는 방식이 비합리적일 경우에 정서적 문제는 불가피하다. 즉, 사람들이 겪는 심리적 문제의 기저에는 합리적이지 못한 생각들이 깔려 있다고 한다.

(2) 합리적 신념과 비합리적 신념의 구분

비합리적 신념
특정한 사건 혹은 경험에 대한 내담자의 잘못된 생각이나 태도. 흔히 융통성이 없거나 현실성이 없는 신념일 경우가 많다.

어떤 생각이 합리적인지 아니면 비합리적인지는 어떻게 구분하는가? 이 둘의 구분에 있어서 한 가지 유의해야 할 점은 사고의 합리성이나 비합리성을 구분하는 절대적이거나 선험적인 준거가 존재하지는 않는다는 것이다. 합리적 사고는 도덕적으로 바람직한 사고, 규범적으로 온당한 사고, 논리적으로 흠결이 없는 사고와 동일한 의미가 아니다. 비합리적 사고 역시 도덕적으로 불건전하거나, 규범에서 일탈되거나, 비논리적인 사고와 동일하게 취급되어서는 안 된다. 일반적으로 합리적 사고와 비합리적 사고의 구분에는 다음과 같은 세 가지 기준이 적용된다.

첫째, 융통성이다. '모든', '항상', '반드시', '꼭', '결코', '당연히', '……이어야만' 등과 같은 단어가 들어가는 생각들은 융통성이 없으므로 비합리적이다. 예를 들어, '나는 모든 사람에게 반드시 인정을 받아야만 한다.'는 생각은 비합리적이다. 이러한 생각은 어떠한 예외도 인정하지 않는 융통성이 결여된 것이기 때문이다. '예외 없는 규칙은 없다.'는 말이 있듯이 살다 보면 뜻대로 되지 않는 경험을 하기가 부지기수다. 이러한 예외적 경험들을 자신의 생각과 기대에 부합하지 않는다고 받아들이지 않게 되면 정서적 혼란은 피할 수 없게 된다.

둘째, 현실성이다. 사람들이 가진 어떤 생각들은 현실적으로 실현하는 것이 불가능하다. 사람들은 흔히 '인간적으로 가치 있는 사람이 되려면 매사에 유능하고 완벽해야 한다.'는 생각을 한다. 사람들이 매사에 유능하고 완벽할 수만 있다면 얼마나 좋겠는가! 그런데 문제는 그것이 현실적으로 불가능하다는 데 있다. 세상에 완벽한 사람이란 없다. 완벽이라는 것은 사람들의 이상일 뿐 현실은 아니다. 사람들은 이상을 추구할 수는 있어도 실현할 수는 없다. 사람들 개개인의 인간적인 가치는 현실 속에서 달성 가능한 목표를 향해 꾸준하고 성실한 노력을 기울이는 데서 찾을 수 있는 것이지 완전과 완벽에서 찾을 수 있는 것이 아니다. 따라서 현실적이지 못한 생각들은 가져 봐야 심리적 좌절과 고통만 초래할 뿐 정신적 건강에는 별 도움이 되지 않는다. 이런 의미에서 현실성이 없는 생각들은 비합리적이다.

셋째, 기능적 유용성이다. 이 기준은 사람들이 가진 생각이 현실을 행복하게 사는 데 얼마나 도움이 되는지와 관련된다. 아무리 그럴 듯하고 바람직한 생각이라도 행복보다는 불행을, 기쁨보다는 슬픔을, 희망보다는 절망을, 성공보다는 좌절을 불러일으키는 것이라면 합리적이지 않다. 중국의 개방경제 정책의 설계자였던 덩샤오핑(鄧小平)은 "검은 고양이든 흰 고양이든 간에 고양이는 쥐만 잘 잡으면 된다.”는 ‘흑묘백묘론(黑猫白猫論)’으로 유명하다. 이는 국민이 잘 살도록 하는 데 도움이 되는 것이 중요하지 이념 혹은 사상에 따라 자본주의 경제체제가 옳으니 공산주의 경제체제가 옳으니 하는 것은 중요하지 않다는 실용주의적 노선을 담고 있다. 사람들의 생각 혹은 사고도 마찬가지다. 한 개인이 가진 생각이 그의 삶을 유쾌한 것으로 만드는 데 도움이 된다면 합리적이다. 그러나 반대의 경우라면 비합리적인 것이다.

(3) 비합리적 신념들의 예

엘리스는 사람들이 흔히 가지기 쉬운 비합리적 신념들을 제시한 바 있다. 이 중 특히 주목해야 할 몇 가지를 살펴보자.

• 우리는 주위의 모든 사람들에게 항상 사랑과 인정을 받아야만 한다: 이것은 우리가 아무리 노력해도 이룰 수 없는 비합리적 생각이다. 사람들에게 사랑과 인정을 받는 것이 좋기는 하지만, 모든 일에 대해 모든 사람들에게 항상 그럴 수는 없다.

사진 속의 이 여성은 앞으로도 계속
이런 사랑과 인정을 받을 수 있을 것인가?

• 우리는 모든 면에서 반드시 유능하고 성공해야만 한다: 이 역시 현실 속에서 이룰 수 없는 불가능한 생각이다. 만일, 이런 생각 속에 살아가게 된다면 사람들은 끊임없이 걱정하고 불안에 떨 수밖에 없다. 합리적인 사람이라면 결과에만 집착하기보다는 활동 그 자체를 즐기고, 완전하게 되기보다는 배우려고 노력하는 데서 즐거움을 얻을 것이다.

- **나쁜 사람들은 반드시 준엄한 벌을 받아야만 한다**: 나쁘거나 사악한 사람이 벌을 받는 것은 너무나 당연하다고 생각하는 사람들이 의외로 많다. 그러나 무엇이 좋고 나쁜지에 관해 판단할 기준이 분명치 않다는 점이 문제다. 또한 사람들은 누구든지 잘못이나 실수를 범할 수 있는데, 그럴 때마다 가혹한 처벌을 받아야만 한다면 그것에서 교훈을 얻기보다는 더 나쁜 행동이 나오기 쉽다.
- **일이 내가 바라는 대로 되지 않으면 파멸뿐이다**: 사람들은 살아가면서 실패할 수 있다. 그러한 실패로 인해 일시적으로 좌절할 수는 있지만, 오랜 기간 좌절감에 빠져 헤어 나오지 못한다면 그것은 합리적이지 않다. 합리적인 사람이라면 실패상황을 과장하지 않고 가능한 한 개선하려 할 것이고, 그것이 불가능할 경우에는 있는 그대로 받아들일 것이다.
- **사람들의 행복과 불행은 외부 환경에 의해 결정되며, 사람들은 그것을 통제할 수 없다**: 외부의 상황적, 환경적 조건들이 사람들의 행복과 불행에 어느 정도 영향을 주는 것은 사실이겠지만, 중요한 것은 그러한 조건들을 받아들이는 자세나 태도다. 사람들의 노력에 따라 환경 자체도 충분히 변화 가능하며, 환경의 변화가 어렵다 하더라도 환경에 대한 자신의 반응은 충분히 변화시킬 수 있다.
- **잘 살기 위해서는 의존할 만한 강한 누군가가 반드시 필요하다**: 사람들이 살아가면서 혼자 힘만으로는 살 수 없지만 그렇다고 자신을 도와줄 강한 사람이 반드시 있어야 되는 것도 아니다. 열심히 노력하여 독립적으로 살아가되 필요할 때 다른 사람의 도움을 구할 수 있으면 된다.
- **현재의 행동과 운명은 과거에 의해 결정되며, 우리는 과거에서 벗어날 수 없다**: 과거의 중요성을 굳이 깎아내릴 필요는 없지만, 그렇다고 해서 거기에 목맬 필요도 없다. 합리적인 사람이라면 과거의 경험이 현재에 미치는 영향을 이해하되, 현재의 자신을 변화시키는 데 좀 더 노력할 것이다.

(4) 비합리적 신념의 교정과 정서적 건강

정서적 문제에서 벗어나기 위해서는 어떻게 해야 하는가? 이에 대한 엘리스의 답은 비합리적 신념들을 합리적인 신념들로 대체해야 한다는 것이다. 예를 들어, 앞서 언급한 맞선에서 딱지 맞은 여성이 '나는 이 남성에게 거절을 당하지 않았으면 좋겠다.'는 생각을 했다면, 실제로는 거절을 당했더라도 그에 따라 초래되는 정서적 혼란은 상당 부분 해소될 수 있었을 것이다. 즉, 일시적으로는 기분이 나빠질 수는 있어도 심리적인 문제로까지는 발전하지 않는다는 것이다. 왜냐하면 '……했으면 좋겠다.'는 생각은 일종의 선호(preference)와 소망(wish)으로, 그것이 충족되지 않는다 하더라도 큰 문제는 없기 때문이다. 반대로 '……해야만 한다.'라는 생각이 충족되지 않았을 때는 충격이 매우 클 수 있다.

요컨대, 현실적으로 달성하기 불가능한 당위적 생각들을 많이 가질수록 정서적 문제를 더 많이 더 심각하게 경험하게 된다. 반대로 현실적으로 달성 가능한 융통성 있는 선호, 소망 그리고 기대 등을 가지고 있으면 정서적 문제에서 상당 부분 자유로워질 수 있다. 결국, 사람들을 심리적으로 괴롭게 만드는 것은 사건 자체가 아니라 그들이 가진 생각인 것이다. 정서적 문제에 기저하는 비합리적 생각들을 확인하고, 그것들을 합리적인 생각들로 대체해 나가는 과정이 바로 합리적 정서치료의 핵심이다. 이제 그 구체적인 과정에 대해 알아보기로 하자.

2) 상담의 방법과 진행과정

합리적 정서치료 이론에 따라 상담을 진행하는 방법과 과정은 'ABCDE 모형'으로 설명된다. 여기에서 A는 내담자가 노출되었던 문제 장면이나 선행사건(Antecedents), B는 문제 장면에 대한 내담자의 신념(Beliefs), C는 선행사건 A 때문에 생겨났다고 내담자가 보고하는 정서

적 또는 행동적 결과(Consequences), D는 비합리적 신념에 대한 상담
자의 적극적인 논박(Disputes) 그리고 E는 비합리적 신념을 논박 또는
직면한 결과(Effects)다.

이 모형에서 핵심이 되는 것은 두 가지다. 하나는 A–B–C 간의 관계
다. 내담자가 겪는 심리적 문제(C)는 선행사건(A) 때문이 아니라, 그 사
건에 대해 내담자가 가지는 신념체계(B) 때문이라는 것이다. 다른 하나
는 D–E 간의 관계다. 상담의 과정에서 상담자는 내담자의 비합리적
신념(irrational Beliefs, irB로 표시)의 부당성을 적극적으로 논박(D)하여
그것을 합리적인 신념(rational Beliefs, rB로 표시)으로 변환함으로써 정
서적 건강을 되찾게 하는 효과(E)를 얻는다는 것이다. 이를 그림으로
제시하면 [그림 4–1]과 같다.

이와 같은 ABCDE 모형에 근거하여 실제로 상담을 진행하는 절차를
정리하여 제시하면 다음과 같다.

첫째, 합리적 정서치료의 기본 철학 및 논리를 내담자가 믿도록 설명
하고 설득한다.

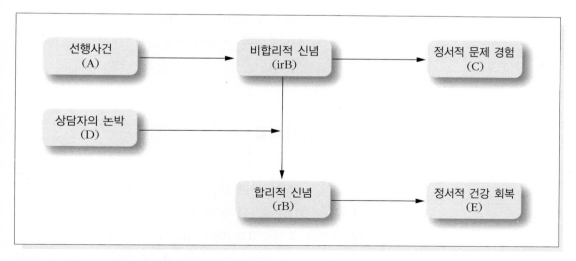

[그림 4-1] 합리적 정서치료의 진행과정

둘째, 상담 면접과정에서 내담자의 자기보고 및 상담자의 관찰을 통
　　해 내담자의 비합리적 신념을 발견하고 규명한다.

셋째, 내담자의 비합리적 신념에 대해 상담자가 직접적으로 논박하고
　　합리적 신념의 예를 제시하거나 시범을 보인다.

넷째, 비합리적 신념을 합리적 신념으로 대치하기 위한 인지적 연습
　　을 반복한다.

다섯째, 합리적 행동 반응을 개발, 촉진하기 위한 행동 연습을 시행한다.

이와 같은 절차를 통해 상담을 진행할 때 한 가지 주의해야 할 것이
있다. 상담자의 논박이 내담자의 인격을 모독하여 내담자가 상담 자체
에 부정적인 느낌을 가지게 되는 경우다. 엄밀히 말해서 상담자의 논박
대상은 내담자 개인이 아니고 내담자가 가진 비합리적 신념이다. 따라
서 상담자는 내담자가 가진 비합리적 신념에 대해서 통렬한 논박을 가
할 수는 있어도 내담자 개인에 대해서는 고귀한 인격체로서 존중하는
태도를 유지해야 한다.

비합리적 신념을 논박하는 구체적인 방법에는 여러 가지가 있다. 지
적이나 설득, 비합리적 생각에 대한 과잉 강조, 극적 부정 등의 정서 유
발 기법들과 문제 장면에서의 역할연습, 과제물 주기, 행동변화에 대한
강화 등의 행동적 기법들이 있다. 이러한 기법들에 대해서는 보다 전문
적인 서적들을 참고하기 바란다.

4. 아론 벡의 인지치료

벡의 인지치료는 합리적 정서치료와 더불어 인지행동적 상담 이론들
중 가장 널리 알려지고 보편화된 상담 이론이다. 엘리스와 마찬가지로
원래 정신분석적으로 훈련받았던 벡은 특히 우울증 치료에 관심이 있
었다. 하지만 그는 기존의 정신분석 이론이 우울증을 치료하는 데 한계

가 있음을 발견하고 나름대로 대안적인 이론 체계를 구축해 나갔는데, 그 결과가 현재의 인지치료 이론이다.

▌인지치료의 창시자인 아론 벡

인지치료라는 용어는 크게 두 가지 의미로 사용된다. 하나는 인지를 변화시킴으로써 심리적 문제를 해결하려는 상담 접근들을 포괄하여 지칭하는 것이고, 다른 하나는 벡에 의해 개발된 우울증에 대한 인지치료를 나타내는 것이다. 원래 인지치료 이론은 우울증을 치료하는 이론으로 출발하였으나 점차 불안과 공포증 등을 포함한 정서적 문제 전반, 그리고 사람들의 성격적 문제를 치료하는 이론으로까지 확장되었다. 현재 이 이론은 완성된 상태라기보다는 적용범위가 날로 확대되어가고 있는 발전과정 중에 있다. 따라서 장차 정신분석 이론에 못지않은 포괄성과 체계성을 지닐 것으로 기대되는 유망한 이론이다. 이제 이 이론이 심리적 문제를 어떻게 설명하며, 어떤 치료방법들을 사용하는지를 살펴보기로 하자.

1) 이론적 근거

벡의 인지치료 이론에서 가장 핵심이 되는 개념을 세 가지만 열거하자면, 자동적 사고, 역기능적 인지 도식, 인지적 오류를 들 수 있다. 이 개념들을 잘 이해하면 심리적 문제가 어떠한 과정을 거쳐 발생하는지에 대한 인지치료 이론의 내용을 이해할 수 있다([그림 4-2] 참조).

(1) 자동적 사고

이제 오랫동안 사랑하던 여성과 헤어져 깊은 상실감에 젖어 있는 한 젊은이가 있다고 해 보자. 그는 지금 슬픔과 무기력, 그리고 절망감에

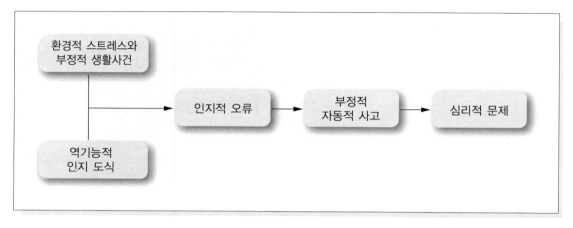

[그림 4-2] 인지치료 이론에 따른 심리적 문제의 발생과정

휩싸여 있다. 식욕이 없고 잠도 잘 자지 못하며, 사람들을 만나는 것조차 꺼려해 하루 종일 방 안에서만 지낸다. 사실 이 같은 증상들은 전형적인 우울 증상들이다. 그렇다면 이 청년에게 우울 증상을 경험하도록 만든 것은 무엇인가? 사랑하던 여성과의 이별인가? 한편으로는 그렇기도 하고, 다른 한편으로는 그렇지 않기도 하다.

실의에 빠져 있는 이 남성은
지금 무슨 생각들을 하고 있을까?

만일, 이별 경험이 없었더라면, 즉 사랑하는 여성과 행복한 관계를 계속 유지할 수 있었다면 청년은 우울증을 경험하지 않았을 것이므로 이별 경험은 우울증의 한 가지 원인이 된다. 그러나 이별이 우울증의 모든 것을 설명해 주지는 않는다. 이별 사건에 우리는 한 가지를 더 덧붙여야 한다. 바로 사랑하는 여성이 헤어지자는 말을 했을 때 청년의 머릿속에 어떤 생각들이 떠올랐는지가 또 다른 고려사항이다.

만일, 머릿속에 '그래 잘 가 버려라.'라는 생각이 떠올랐다면 그는 우울은커녕 쾌재를 불렀을지도 모른다. 그러나 반대로 '당신이 없는 나는 인생의 의미를 찾을 수 없다.'는 생각이 들었다면 곧 우울증으로 이어졌을 것이다. 그의 우울 증상을 제대로 설명하기 위해서는 이별 사건 자체와 그것이 그에게 어떤 생각을 떠올리게 했는지를 함께 고려하지 않으면 안 된다. 사람들은 대개 어떤 사건에 접하게 되면 자동적으로 어떤 생각들을 떠올리게 되는데, 이를 자동적 사고(automatic thoughts)라 한다. 이 예에서 청년이 경험한 우울 증상은 이별 사건에서 직접적으로 유발된 것이라기보다는 그의 머릿속에 어떤 생각들을 자동적으로 불러일으키는 과정을 거쳐 발생한 것이라고 보는 게 옳다.

이를 좀 더 확대해 보면, 사람들이 경험하는 여러 가지 환경적 자극과 심리적 문제 사이에는 자동적 사고라는 인지적 요소가 개입되어 있는 것으로 정리된다. 여기에서 문제가 되는 것은 환경적 자극에서 어떤 내용의 자동적 사고가 떠오르는가다. 만일, 그것이 부정적인 내용이라면 심리적 문제는 피할 수 없다. 하지만 동일 사건에 대해서 긍정적이거나(예: '나는 아픈 만큼 더 성숙할 수 있어.'), 최소한 중립적인(예: '그녀는 나와 인연이 아닌가 봐.') 내용의 생각을 떠올리게 된다면 심리적 혼란과 문제는 경험되지 않는다.

벡의 인지치료 이론에 따르면, 사람들이 경험하는 심리적 문제는 스트레스 사건을 경험했을 때 자동적으로 떠올리는 부정적인 내용의 생각들로 인해 발생하는 것이다. 전형적으로 우울 증상을 경험하는 사람들의 자동적 사고는 크게 다음과 같은 세 가지 내용으로 구성되어 있는데, 이를 인지삼제(cognitive triad)라 한다.

첫째, 자기에 대한 비관적 생각(예: '나는 무가치한 사람이다.')
둘째, 앞날에 대한 염세주의적 생각(예: '나의 앞날은 희망이 없다.')
셋째, 세상에 대한 부정적 생각(예: '세상은 살기 매우 힘든 곳이다.')

이러한 생각들을 가지고 있는 사람이 그러한 생각들을 불러일으키는 생활사건을 경험했을 때 우울증이라는 심리적 문제가 경험되는 것이다.

이러한 생각들에 '자동적'이라는 명칭이 붙게 된 데에는 나름대로 이유가 있다. 가장 중요한 이유는 이러한 생각들이 자신도 모르게 떠오

> **자동적 사고**
> 어떤 사건에 당면하여 자동적으로 떠오르는 생각. 이러한 자동적 사고가 부정적인 내용일 경우 심리적 문제로 이어진다.

> **인지삼제**
> 자기와 세상 그리고 미래에 대한 한 개인의 부정적인 생각과 태도. 우울의 원인이 된다.

르게 된다는 것이다. 즉, 자신의 의지와는 상관없이 부지불식간에 이런 생각들은 떠오르게 된다. 따라서 심리적 문제를 경험하는 당사자의 입장에서는 이러한 생각을 했다는 것조차 자각할 수 없는 경우가 대부분이다. 그럼에도 불구하고 이러한 생각들은 존재하며, 바로 이러한 부정적인 내용의 자동적 사고들이 심리적 문제와 직접적인 관련이 있다.

(2) 역기능적 인지도식

그렇다면 자동적 사고는 어떻게 생겨나는 것인가? 이를 설명하기 위해서는 먼저 인지도식이 무엇인지를 알아야 한다. 사람들은 살아가면서 자기 나름대로 자기와 세상을 이해하는 틀을 발달시킨다. 세상은 어떤 곳인지, 자기는 어떤 사람인지, 인생이 어떤 의미가 있는지, 다른 사람들과 어떤 관계를 유지해야 하는지 등에 관한 지식들을 차곡차곡 쌓아 가게 된다. 이러한 지식들이 아주 어린 시절부터 시작해서 삶을 사는 과정에서 하나의 체계화된 지식 덩어리를 이루게 될 때, 이를 인지도식이라 부른다. 오랜 시간을 투자해서 컴퓨터의 작동 원리에 대한 지식들을 체계화하였을 때 그것을 컴퓨터에 관한 인지도식이라 부를 수 있듯이, 세상을 살아가는 과정에서 삶에 관한 이해의 틀을 형성한 것이 바로 삶의 인지도식인 것이다.

그런데 사람들에 따라 인지도식의 내용은 달라질 수 있다. 왜냐하면 그들이 살아온 삶의 과정과 그 속에서 경험한 내용들이 다르기 때문이다. 이렇게 볼 때 어떤 개인이 가진 인지도식은 그가 살아온 삶을 응축해서 보여 준다고 할 수 있다. 즉, 한 개인의 삶은 바로 인지도식 속에 반영되어 있다. 여기서 문제는 그 개인의 인지도식의 내용이 부정적인 성질의 것일 경우다. 이러한 인지도식을 역기능적 인지도식이라 부르는데, 이는 심리적 문제를 초래하는 근원적 역할을 한다. 즉, 살아오는 과정에서 부정적인 내용들로 인지도식을 구성한다면 심리적 문제에 매우 취약하게 되기 쉽다.

역기능적 인지도식
현실 적응에 도움이 되지 않는 내담자의 기본적인 생각의 틀과 그 내용을 일컫는 용어

심리적 문제를 초래하기 쉬운 몇 가지 역기능적 인지도식의 내용들을 예로 들면 다음과 같다.

- 사람은 멋지게 생기고 똑똑하고 돈이 많지 않으면 행복해지기 어렵다.
- 다른 사람의 사랑 없이 나는 행복해질 수 없다.
- 다른 사람에게 도움을 요청하는 것은 나약함의 표시다.
- 절반의 실패는 전부 실패한 거나 다름없다.
- 인정을 받으려면 항상 일을 잘 해야만 한다.
- 한 인간으로서의 나의 가치는 나에 대한 다른 사람의 평가에 달려 있다.
- 사람들이 언제 나에게 등을 돌릴지 모르기 때문에 믿을 수 없다.

이처럼 부정적인 내용의 자동적 사고를 활성화하는 것은 바로 이러한 역기능적 인지도식의 내용들이다. 즉, 역기능적 인지도식을 가지고 있는 사람이 일상생활에서 스트레스 사건을 경험하게 될 때 부정적인 내용의 자동적 사고를 자신도 모르게 떠올리게 되며, 그 결과로 심리적 문제가 발생하게 된다.

(3) 인지적 오류

역기능적 인지도식은 자동적 사고를 발생시키는 역할만 하지는 않는다. 그것은 인지적 오류를 발생시키기도 한다. 여기에서 인지적 오류 (cognitive errors)란 현실을 제대로 지각하지 못하거나 사실이나 그 의미를 왜곡하여 받아들이는 것을 뜻하는 용어다. 좀 더 이해를 쉽게 하기 위하여 한 가지 예를 들어 보기로 하자.

인지적 오류
어떤 경험이나 사건을 해석하고 받아들이는 과정에서 생기는 추론 혹은 판단의 오류

어떤 사람이 길을 가다가 갑자기 '쾅' 하는 소리를 들었다고 하자. 그런데 그 소리에 대해 '누군가가 나를 향해 총을 쐈다.'고 생각해 버린다면 그것은 지나친 생각이다. 그 사람이 테러의 대상이 되는 요주의

인물이 아닌 이상 다른 누군가가 그를 향해 총을 쏜다는 것은 신빙성이 별로 없는 비현실적인 생각이다. 대신 '뭔가 큰 물건이 땅에 떨어졌구나.'라고 생각했다면 다른 사람들도 쉽게 수긍할 수 있을 것이다. 왜냐하면 그것은 현실적으로 발생할 확률이 높기 때문이다.

어떤 사람들은 현실과 그 현실에 대한 자신의 지각(또는 생각)을 동일하게 취급하는 경향이 있다. 즉, 사실과 사실에 대한 자신의 주관적 해석을 혼동하는 경우가 있다. 예를 들어, 길을 가다가 마주 오는 사람과 우연히 어깨가 부딪혔을 때 '저 사람이 아예 나를 넘어뜨리려고 작정했구나.'라고 생각해 버리면 사실 자체와 사실에 대한 해석이 뒤죽박죽된 경우로 볼 수 있다. '상대방이 나에게 해를 입히려 했다.'는 것은 어디까지나 사건에 대한 자신의 주관적 해석일 뿐 사실 자체는 아니다. 사실이 무엇인지는 확인해 보기 전까지는 모른다. 현명한 사람이라면 상대방에게 버럭 화를 내기 전에 상대방이 어깨를 부딪히게 된 다른 타당한 이유들(예: 길이 너무 좁아 상대방과 어깨가 닿지 않고는 길을 빠져 나갈 수 없는 경우)이 있는지를 먼저 살펴볼 것이다. 즉, 주관적인 판단을 보류한 채 먼저 사실을 객관적으로 확인하고 검증하는 절차를 거친다는 것이다.

어떤 사건에 접해서 그 사건의 실제적 의미를 확인하지도 않고 성급하게 어떤 결론에 도달하게 되면 현실과 동떨어진 결론을 내릴 가능성이 매우 크다. 왜냐하면 사건을 접했을 때 드는 생각은 사실로 확인되기 전까지는 어디까지나 잠정적인 추측일 뿐이지 사실 그 자체는 아니기 때문이다. 벡의 인지치료 이론에서는 개인의 임의적인 추측을 사실 또는 현실과 혼동하는 것은 일종의 오류 또는 잘못이며, 사람들이 이러한 오류를 많이 범할수록 심리적 문제를 겪게 될 가능성이 더 커진다고 본다.

그렇다면 사람들이 인지적 오류를 범하는 이유는 무엇인가? 그리고 인지적 오류는 역기능적 인지도식과 어떤 관련이 있는가? 우리나라 속담에 'X 눈에는 X밖에 안 보인다.'는 말이 있다. 굶주린 사람의 눈에는 먹을 것밖에 안 보이고, 목마른 사람의 눈에는 모든 게 마실 것으로만 보일 것이다. 조금 시각을 달리해서, 어떤 사람이 어릴 때부터 다른 사람들에게 거부당한 경험이 여러 번 있어서 그로 인해 마음의 상처를 갖게 되었다고 생각해 보자. 아마도 그 사람의 마음은 지금 교제하고 있는 이성이 자신을 거부하지나 않을까 하는 노심초사의 심정일 것이다. 그래서 상대방의 일거수일투족을 예의주시하면서 '거부의 단서'를 찾는 데 온갖 신경을 쏟을 것이다. 이런 상황에서 상대방이 실제로는 차가 막혀서 약속 시간에 늦게 도착했는데도 '아 저 사람이 드디어 나에게 싫증이 났구나.'라고 결론을 내리는 것은 쓰라린 거부의 경험들로 점철된 과거 경험을 가진 당사자로서는 어쩌면 피할 수 없는 것인지도 모른다.

이 예에서 '상대방에게 거부당했다.'는 결론이 나오게 된 이유는 무엇인가? 쉽게 추측할 수 있듯이 그것은 과거의 경험들을 통해 차곡차곡 쌓아 온 인지도식 때문이다. 거부의 경험을 갖고 있는 사람은 넓게는 인간관계 전반에, 좁게는 친밀한 인간관계에 대해 거부와 관련된 인지도식을 가지고 있다. 즉, '사람들은 언젠가는 나를 버릴 것이다.', '사람들은 믿을 수 없다.' 등과 같은 내용의 인지도식을 가지고 있다. 이러한 인지도식을 밑바탕에 깔고 있는 사람들은 한편으로는 일상생활에서 경험하는 여러 사건의 의미를 왜곡해서 지각하게 될 가능성이 높고, 다른 한편으로는 어떤 사건에 접했을 때 부정적인 내용의 자동적 사고들을 떠올리게 될 가능성이 매우 크다. 그 결과는 두말 할 필요 없이 심리적 문제의 경험이다.

인지적 오류에는 여러 종류가 있다. 이 중 대표적인 몇 가지만 소개하면 다음과 같다.

흑백논리   사건의 의미를 이분법적인 범주의 둘 중 하나로 해석하는 오류다. 어떤 일의 성과를 성공이냐 실패냐의 이분법으로만 나누어 평가하거나, 타인이 나를 사랑하느냐 미워하느냐의 둘 중 하나로만 생각할 뿐 중립지대를 인정하지 않는 경우가 해당된다.

과잉 일반화 한두 번의 사건에 근거하여 일반적인 결론을 내리고 무관한 상황에도 그 결론을 적용하는 오류다. 한두 번의 실연으로 '항상', '누구에게나' 실연당할 것이라고 생각하는 경우가 해당된다.

선택적 추상화 상황이나 사건의 주된 내용은 무시하고 특정한 일부 정보에만 주의를 기울여 전체의 의미를 해석하는 오류다. 발표를 할 때 많은 사람이 긍정적인 반응을 보였는데도 한두 명의 부정적 반응에만 선택적으로 주의를 기울여 실패했다고 단정하는 경우가 해당된다.

의미 확대 및 의미 축소 사건의 중요성이나 의미를 지나치게 과장하거나 축소하는 오류다. 한번 낙제점수를 받은 것을 가지고 '내 인생은 이제 끝이다.'라고 생각하거나 과수석을 차지하고도 '어쩌다가 운이 좋아서 그렇게 됐겠지.'라고 생각하는 경우가 해당된다.

임의적 추론 어떤 결론을 내리기에 충분한 근거가 없는 데도 최종적인 결론을 성급히 내려 버리는 오류다. 여자 친구가 여러 가지 바쁜 상황으로 인해 연락을 자주 못하자 '이제 그녀가 나를 멀리 한다.'고 결론을 내리고 이별을 준비하는 경우가 해당된다.

2) 상담의 진행과정

벡의 인지치료에서 상담자는 크게 다음과 같은 세 가지 과제를 달성해야 한다.

첫째, 내담자의 부정적인 자동적 사고를 찾아내어 이를 보다 적절한 적응적인 사고로 대치한다.
둘째, 내담자의 사고과정에서의 오류, 즉 인지적 오류를 찾아내어 수정한다.

셋째, 부정적인 자동적 사고와 인지적 오류의 기저를 이루는 근원적
인 역기능적 인지도식을 찾아내어 그 내용을 보다 융통성 있고
현실적인 것으로 바꾼다.

이 세 가지 과제를 충실히 달성할 수 있기 위해서는 상담이 중구난방
식으로 진행되어서는 곤란하고 체계적인 절차를 밟아야 한다. 이러한
절차를 정리하여 제시하면 다음과 같다.

첫째, 내담자가 호소하는 심리적 문제를 구체화하여 내담자와 상의하
여 상담목표로 정한다.
둘째, 심리적 문제에 인지적 요인이 관련되어 있음을 내담자가 납득
할 수 있도록 인지치료의 기본 원리를 설득력 있게 설명한다.
셋째, 내담자의 현재 삶에서 심리적 문제를 불러일으키는 환경적 자
극과 자동적 사고를 내담자와 함께 탐색하고 조사한다.
넷째, 환경적 자극에 대한 내담자의 해석 내용, 즉 자동적 사고의 현
실적 타당성을 따져 본다.
다섯째, 환경적 자극에 대한 보다 객관적이고 타당한 대안적 해석을
탐색해 보고 이를 기존의 부정적인 자동적 사고와 대치한다.
여섯째, 환경적 자극을 왜곡되게 지각하도록 만드는 보다 근원적인
역기능적 인지도식의 내용들을 탐색하여 확인한다.
일곱째, 역기능적 인지도식의 내용을 현실성, 합리성, 유용성 측면에
서 검토한다.
여덟째, 더욱 현실적이고 합리적인 대안적 인지를 탐색하여 내면화할
수 있도록 유도한다.

이와 같은 절차에 따라 상담을 진행할 때 상담자가 가장 중요하게
고려할 것은 현실과 현실에 대한 내담자의 주관적 해석을 철저히 분리
하는 일이다. 현실에 비추어 객관적으로 검증되지 않은 개인의 주관적
해석은 결코 사실과 같을 수 없다. 그러나 앞서 살펴보았듯이 내담자

들은 이를 혼동하게 되므로 심리적 문제를 경험한다. 따라서 상담자로서는 과학자가 객관적으로 수집된 자료를 통해 어떤 과학적 가설의 옳고 그름을 판가름해 내듯이 내담자가 가진 자기와 주변 인물, 그리고 세상에 대한 여러 가지 생각들의 타당성을 객관적 사실에 비추어 얼마나 타당한지 끊임없이 검토해야 한다.

그리고 이러한 검토과정에 내담자의 적극적인 참여를 유도하는 것이 필수적이다. 벡의 인지치료 이론에서는 이와 같은 과정을 거쳐 내담자가 보다 현실에 부합하고, 사실에 근접한 방식으로 사고하게 될 때 심리적 건강이 회복될 수 있다고 믿는다.

3) 상담의 주요 기법

벡의 인지치료에서 사용하는 기법은 매우 다양하다. 그 이유는 인지치료가 내담자의 구체적인 호소 증상을 해결하는 데 중점을 두며, 각각의 증상을 해결하는 데 도움이 되는 기법들을 폭넓게 구비하고 있기 때문이다. 여기에서는 이런 기법들 중 특히 중요한 몇 가지만을 소개하고자 한다.

(1) 문제 축약 기법

문제 축약 기법
내담자가 다양한 문제 증상을 호소할 때 문제 증상을 중요한 몇 가지로 묶어 다루는 방법

이 기법은 내담자가 아주 다양한 문제 증상들을 호소했을 때, 이러한 증상들을 일일이 다루기보다는 몇 가지 중요한 것들로 묶어서 다루는 방법이다. 이렇게 하는 이유는 내담자가 제기하는 각각의 증상들을 하나씩 해결해 나가는 데에 많은 시간과 노력이 필요하고, 비효율적일 수 있기 때문이다. 유사한 성질을 지니는 문제들을 확인하여 그것들을 몇 가지 주요 문제로 압축하게 되면 훨씬 더 효율적으로 상담을 진행할 수 있다. 문제를 축약하는 데에는 다음과 같은 몇 가지 방법이 있다.

첫째, 여러 가지 증상에 기저하는 공통 요소를 찾는다. 예를 들어, 내담자가 엘리베이터 타기, 터널 지나기, 빨리 걷거나 뛰기, 강한 바람 등에 대해 공포를 가지고 있다면, 이들 증상의 공통적인 요소는 '희박한 공기로 인한 호흡 곤란'일 수 있다. 이때 상담자는 개별적인 문제 증상들을 일일이 다루기보다는 질식에 대한 공포를 해소하는 데 상담의 초점을 맞출 수 있다.

둘째, 문제 증상들의 발달 연쇄에서 초기에 발생한 문제 증상들에 초점을 맞춘다. 즉, 내담자의 문제 증상들을 발생 시기별로 정리한 다음 초기에 발생했던 증상들을 먼저 다루는 것이다. 왜냐하면 먼저 발생한 문제들로 인해 이후의 증상들이 초래되었을 가능성이 크기 때문이다. 예를 들어, 주의집중이 안 되어 공부를 할 수 없고, 그로 인해 시험 성적이 낮아지고, 열등감 때문에 친구관계도 소원해지고, 그 결과로 심한 외로움과 우울감을 겪는 내담자를 생각해 보자. 이 경우에 증상의 시간적, 인과적 연쇄에서 외로움이나 우울감의 원인으로 작용했던 주의집중 문제를 먼저 다루게 되면, 결과적으로 발생했던 증상들은 그것 자체를 별도로 다루지 않아도 상당 부분 해소될 수 있다.

(2) 빈 틈 메우기 기법

이 기법은 사람들이 경험하는 스트레스 사건과 그 결과 경험하는 정서적 혼란 사이의 빈 틈을 확인하여 채우는 방법을 말한다. 이렇게 하는 이유는 그 빈 틈에는 내담자 자신은 자각하지 못하겠지만 스트레스 사건에 접했을 때 떠올랐던 부정적인 자동적 사고가 게재되어 있기 때문이다. 예를 들어, 내담자가 사람들을 만날 때마다 주체할 수 없이 화가 나는 정서적 경험을 했다면, 상담자는 '사람들을 만났을 때 어떤 생각이 스쳐지나갔습니까?', '그때 머리에 떠오른 생각들은 무엇이죠?'

빈 틈 메우기 기법
사람들이 경험하는 스트레스 사건과 그 결과 경험하는 정서적 혼란 사이의 빈 틈을 채우는 방법

등과 같은 질문을 던짐으로써 내담자의 자동적 사고를 확인할 수 있게 된다. 이런 방식으로 '사람들이 나를 무시한다.', '사람들이 나를 차별 대우한다.' 등과 같은 부정적인 자동적 사고를 확인할 수 있게 되고, 이를 통해 그 자동적 사고가 해당 상황에서 현실적으로 적절한 것인지, 다른 대안적 사고를 할 수는 없는지 등을 검토해 나갈 수 있게 된다.

(3) 칸 기법

칸 기법
여러 개의 칸으로 나누어서 스트레스 사건, 정서적 경험, 자동적 사고, 대안적인 사고, 정서적 변화 등을 기록하는 방법

이 기법은 빈 틈 메우기 기법을 좀 더 확장한 방법으로 빈 종이를 여러 개의 칸으로 나누고, 제일 왼쪽 첫 번째 칸에는 문제를 경험했던 상황이나 구체적인 스트레스 사건을 적고, 세 번째 칸에는 그 상황이나 사건을 경험하고 나서 일어났던 정서적 결과를 적는다. 그런 다음 이 둘 사이의 두 번째 칸에는 문제상황이나 스트레스 사건과 정서적 결과 간의 빈 틈, 즉 자동적 사고를 확인하여 적는다. 이렇게 세 칸만 사용하는 경우를 세 칸 기법이라고 한다.

여기에서 더 나아가 네 칸 또는 다섯 칸 기법도 가능하다. 세 번째 칸 옆에 한 칸을 더 마련해서 네 번째 칸에는 문제상황에서 떠올랐던 부정적인 자동적 사고 외에 내담자가 가질 수 있는 다른 긍정적이거나 중립적인 사고를 확인하여 적을 수 있다. 다섯 번째 칸에는 그런 식으로 생각을 바꿀 경우 동일한 상황에서 정서적 결과가 어떻게 달라질 수 있는지를 확인하여 적을 수 있다. 이런 식으로 칸 기법을 활용하면 인지치료에서 성취하고자 하는 사고의 전환과 그에 따른 정서적 체험의 교정을 매우 효과적으로 달성할 수 있다.

이 장을 마치며

■ 주요 개념

인지의 우선성 · 인지적 결정론 · 인지적 재구성 · 대처기술 훈련 ·
문제해결 접근 · 합리적 정서치료 · 비합리적 신념 · ABCDE 모형 ·
신념의 융통성과 현실성 · 신념의 기능적 유용성 · 인지치료 ·
자동적 사고 · 인지삼제 · 역기능적 인지도식 · 인지적 오류 · 흑백 논리 ·
과잉 일반화 · 선택적 추상화 · 의미 확대 · 의미 축소 · 임의적 추론 ·
문제 축약 기법 · 빈 틈 메우기 기법 · 칸 기법

■ 더 생각해 볼 문제

◇ 인간의 사고, 정서, 행동 간의 상호 관계에 관해 인지행동적 접근이
　취하는 입장의 타당성에 대해 생각해 보자.

◇ 인지행동적 상담이 정신분석적 상담에 비해 더 단기적으로 진행되
　는 이유들을 상담의 목표 면에서 논의해 보자.

◇ 인지행동적 상담 이론에서 구체적으로 사용되는 상담기법들에는 어
　떤 것들이 있는지 알아보자.

◇ 인지행동적 상담 이론의 관점에서 인간의 성숙을 어떻게 규정하는지
　알아보자.

상담의 방법과 진행과정

제5장

상담의 기본 방법

이 장에서는 상담 면접의 일반적인 기법과 기본적인 상담자 반응을 살펴볼 것이다. 먼저, 상담에 임하는 상담자의 태도와 상담에서의 책임 그리고 상담 면접의 원리를 살펴보고, 상담 면접의 기본 방법들을 상담자 반응의 예를 들어 가며 알아본다. 질문을 하는 방법과 침묵을 처리하는 방법도 간략하게 살펴보겠다. 여기서 제시하는 상담의 기법은 특정한 이론에 매이지 않은 것이다. 상담은 '인간과 문제를 동시에 다양하게 접근하는 방식'이 되어야 한다. 상담자는 구체적인 상담자 반응과 기법을 통해 내담자에게 '접근'하게 되는데, 이 장에 소개하는 상담의 방법은 상담자들이 숙지하고 있어야 할 가장 기본적인 것들이다.

1. 상담자의 태도와 책임

상담에 관해 책이나 강의를 통해 배우는 것과 상담의 실제는 상당한 차이가 있게 마련이다. 특히, 상담을 처음 하는 사람은 과거에 상담에 대해 가졌던 생각이나 지식이 상담 현장에서는 거의 응용되지 않는다는 것을 느끼고 여러 가지 실제 문제에 부딪히면서 좌절감과 무력감을 경험하기 쉽다. 이것은 상담자로서 경험과 지식이 아직 부족하기 때문이지만, 한편으로는 상담에 임하는 태도와 동기가 비현실적이기 때문이기도 하다.

일단 전문가로서 상담자의 역할을 하게 되면 문제를 가진 다른 사람을 도와준다는 사실에 기쁨과 보람을 느낄 수 있을지 모른다. 그러나 진정한 기쁨과 보람을 느끼기 위해서는 아직 여러 가지 수련과 준비과정이 필요하다. 상담 관련 연수회나 강의에서 흔히 듣는 말이지만, 상담에 관한 책을 읽거나 연수회를 통해 상담에 대해 더 알고 나면 상담이 처음 생각보다는 훨씬 더 어렵다는 것을 느낀다고 한다. 즉, 도움을 줄 수 있는 대화나 충고를 하는 것이 인간관계의 경험을 조금 쌓았거나 약간의 지식만 있다면 가능할 줄 알았는데 실제로는 그렇지 않다는 것이다. 여기서는 상담 면접의 구체적인 방법을 공부하기 전에, 상담자가 상담에 임할 때의 바람직한 태도와 기본적인 책임감에 대해 먼저 살펴보려고 한다.

1) 상담자의 태도

상담자 태도
상담자는 경험, 학습, 교육상담, 슈퍼비전 등을 통하여 자신의 욕구와 동기를 파악하고 내담자와의 대화에 임해야 한다.

상담을 하는 사람들은 다른 사람의 복지와 행복을 위하고 문제를 해결해 주고 싶어 하는 동기가 일반적으로 강한 편이다. 그래서 다른 사람을 도와주게 되면 상당한 기쁨과 보람을 느끼리라고 미리 기대하는 경우가 많은데, 이러한 기대가 항상 충족되는 것은 아니다. 어떤 사람들은 남의 이야기를 잘 듣고 남의 마음을 잘 알아차리는 이가 상담도 잘할 것이라 생각하기도 한다. 또 어떤 사람들은 자신의 정서적 문제를 해결하려는 노력의 일환으로 상담자가 되기를 지망하는 경우도 있다.

　이와 같이 상담을 하기 전에 갖는 태도나 타인에게 받는 평가가 상담을 하는 데 반드시 도움이 된다는 보장은 없다. 남에게 도움을 주고자 하거나 좋은 평가를 받고자 하는 욕구, 남에게 영향을 끼치고 지배하고자 하는 욕구가 너무 강하면 내담자의 마음을 이해하거나 적절한 반응을 보일 수 없다. 예를 들어, 너무 열심히 남을 돕고자 하면 내담자 스스로 자신의 문제를 탐색하고 결정하는 기회를 막아 버림으로써 내담자의 의존심을 강화하는 오류를 범할 수 있다. 또한 내담자가 긍정적인 방향으로 빨리 변하지 않으면 지나치게 실망하고 그 좌절감을 자신이나 내담자에게 돌리기가 쉽다. 반면에 어떤 이유로 내담자가 큰 도움을 받은 것처럼 말하거나 행동하면 자신의 상담가적 자질에 지나친 자만심을 가질 수도 있어 앞으로의 전문적인 발전에 큰 장애가 될 수 있다.

　자신이 과거에 경험한 사실이나 지식을 토대로 해서 내담자의 감정과 문제를 알고 있다고 미리 짐작하는 경우도 많은데, 이러한 짐작은 대부분 들어맞지 않는다고 보는 것이 안전하다. 그렇지 않다면 내담자의 고유한 갈등이나 당면 문제의 다양한 측면을 이해하지 못한 채 자신의 경험이나 지식을 토대로 쉽게 판단해 버리고 성급하게 조언을 하게 되기 때문이다. 내담자의 어떤 행동이나 특징을 상담자 자신의 일상적인 경험이나 판단에 비추어 너무 중요하게 생각하거나 반대로 대수롭지 않게 여기면 내담자를 정확하게 이해하지 못하게 되어 결과적으로 내담자를 도와주지 못하게 된다.

　상담이란 일상생활에서 이루어지는 대화나 우정어린 면담 같은, 인간관계에서의 여러 상황을 부분적으로 포함할 수 있다. 그래서 친구와 주고받는 대화와 상담이 별 차이가 없을 것으로 생각하는 사람들도 있다. 그러나 상담에서는 친구관계와 달리 친숙하지 못한 상태에서 면접이 시작된다. 또한 어느 한쪽이 다른 쪽을 도와주는 전문적이고 특수한 관계 위에서 대화가 이루어진다. 따라서 친구 사이에서는 상대방의 문제에 대해 농담을 해도 별 상관이 없지만, 상담에서는 그러한 농담조차 심각한 부정적인 영향을 미칠 수 있다.

충고

충고는 대개 내담자에게 적합하지 않은 방향 제시로 받아들여지기 쉽다.

그리고 친구 사이에서는 흔히 있을 수 있는 충고도 상담관계에서는 내담자가 받아들이지 않고 저항하는 경우가 많다. 충고하는 것을 자기를 이해하기보다는 무언가 방향 제시, 그것도 자신에게 적합하지 않은 방향 제시라고 생각할 수 있기 때문이다. 게다가 아무리 적절한 충고라 해도 상담 목적에 꼭 부합된다고는 볼 수 없다. 이와 같이 상담에 임할 때 자기 나름대로의 경험이나 지식만을 바탕으로 내담자에게 반응해서는 안 된다. 또한 친구 사이처럼 스스럼없는 이야기가 내담자에게 반드시 좋은 영향을 미치지는 않는다는 것을 기억해야 한다.

면접에 임하는 상담자는 상당한 긴장과 불안을 갖게 된다. 이 긴장과 불안은 대부분 내담자에게 어떻게 반응해야 하고 내담자의 문제를 어떻게 해결해 나가야 하는지 막연하기 때문에 생긴다. 예를 들어, 내담자가 자신의 진로에 대해 여러 가지 고민과 갈등을 호소해 왔을 때 필요하다고 생각되는 조언과 정보를 제공해 주었으나 내담자가 여전히 고민스러운 표정을 보이는 경우가 있다. 이때 상담자는 달리 적절한 말을 할 수도 없는 상황에서 마음속으로 긴장과 불안을 느끼게 된다. 이와 같은 면접상황은 상담을 처음 하는 사람들이 흔히 경험하게 된다. 내담자의 문제가 무엇이든 그의 이야기를 다 듣고 필요한 대답과 반응을 보여 주었는데 상대방이 아무런 반응 없이 여전히 난색을 지을 때, 상담자는 자신을 무능하게 여기거나 내담자 측에서 자신을 무능하게 여기지 않을까 하는 두려움을 느끼게 된다. 사실 면접기술이 아직 부족하고 내담자의 문제를 정확하게 평가하기 어려운 것은 상담의 초심자로서 극히 당연한 일이다. 그러나 상담자로서 충분한 역할을 못 해내고 있다는 불안감과 내담자의 문제를 아직 분명하게 파악하지 못했다는 모호한 감정 때문에 흔히 자신의 입장에 대해 초조감과 자책감을 갖게 된다.

　이러한 긴장의 순간에 상담 초심자들은 흔히 의젓한 상담자 역할을 하려고 애쓰거나 불필요할 정도로 인간적인 모습을 보이려고 애쓰는 두 가지 양상을 보인다. 이것은 내담자가 혹시 자신을 무능하다고 보지 않을까 하는 공포감과 상담자로서 뭔가 확실한 태도를 보여야 한다는 잘못된 인식에서 출발한 것이다. 그러나 상담자라고 해서 모든 상황에서 반드시 완전한 능력을 보일 수는 없을 뿐더러 내담자에게 어떻게 보여야 한다는 일반적인 법칙이나 모형은 더더욱 없다. 그런데도 처음 상담을 시작하는 사람들은 내담자가 던지는 모든 질문에 다 대답하지 않거나 대답하지 못해도 괜찮다는 사실을 잘 이해하지 못한다. 내담자의 요구나 기대에 대해 즉각적이고 원하는 대로 반응하지 않아도 된다는 사실을 받아들이기 어려워한다. 바꿔 말하면, 내담자가 제시한 문제에 대해 상담자가 어느 정도 생각할 여유를 가지는 것은 당연하며, 경우에 따라서는 상담의 효과를 위해서 답변을 일부러 늦출 수도 있다. 예컨대, 지나치게 의존적인 내담자나 혹은 해결 불가능한 문제를 제기하면서 타인에게 무력감을 불러일으키는 내담자에게는 원하는 답 대신 내담자의 그러한 행동 자체와 그에 대한 상담자의 느낌을 나누는 것이 훨씬 유익하다. 만성적인 부적응적 대인관계 패턴을 가진 내담자에게 상담자가 무력감, 죄책감, 분노, 두려움 등을 느끼는 것은 아주 흔하고 자연스러운 일이며, 이 모든 상담자의 느낌은 내담자를 깊이 이해하고 공감하기 위한 아주 소중한 단서가 된다.

　상대방에게 나쁜 인상을 주지 않을까 하는 두려움과 관련된 것으로 내담자들을 혹시 놓치지 않을까 하는 불안감이 있다. 그래서 상담을 만족스럽게 진행하기도 전에 내담자가 도중하차, 즉 조기 종결하였다는 사실에 대해 큰 실망감과 좌절감을 느낄 수도 있다. 그러나 내담자가 상담을 종결하는 이유에는 상담자와 관련된 변인 이외에도 여러 가지가 있을 수 있다. 유료 상담인 경우 경제적인 문제로 더 지속하기 어려워지거나, 이사를 가거나, 시간상 어려움이 생기는 경우도 많다. 또 어느 정도 효과를 보았으므로 앞으로는 혼자 힘으로 문제를 해결해 보겠다는 결심에서 나타나지 않을 수도 있다. 물론 이 모든 경우에도 합의하에 끝내도록 사전에 내담자를 충분히 교육할 필요는 있다.

또한, 상담의 효과가 빨리 나타나지 않는다고 불안해하는 상담자도 많다. 그러나 상담의 효과는 그렇게 간단하고 분명하게 나타나는 것이 아니다. 매주 한 시간씩 6개월을 상담한 경우라 할지라도 물리적인 시간으로만 따지면 약 하루 정도의 시간이 흘렀을 뿐이다. 상담을 무계획적으로 하거나 무한정해도 괜찮다는 것은 물론 아니지만, 지나치게 높고 비현실적인 기준으로 자신을 몰아붙이는 것은 분명 상담자와 내담자 모두에게 유익하지 않다. 반면에 상담의 진전이 없는 이유를 내담자에게 전가하여 '내담자의 정신병리가 너무 깊다.' 거나 '내담자가 성의가 없다.' 는 식으로 투사하는 것도 큰 문제가 된다. 그러므로 상담자는 선임 상담자를 통해 상담의 슈퍼비전(즉, 실습지도, 사례지도)을 체계적으로 받는 것이 꼭 필요하다.

이상에서 상담을 처음 시작하는 초심 상담자들이 갖기 쉬운 동기, 기대, 태도, 불안감 등을 간략하게 살펴보았다. 앞의 문제들은 상담을 진행하는 동안 자주 부딪히게 되는데. 이는 경험과 학습을 통해, 교육상담과 슈퍼비전을 통해 정리하고 해결해야 할 것이다.

슈퍼비전
상담의 초심자가 상담 전문가에게 내담자 이해, 접근 방법, 대안적 반응 등을 지도받는 과정. 실습지도, 사례지도라고도 한다.

2) 상담자의 책임

(1) 전문적인 책임

상담에서는 이론이나 기법도 물론 중요하지만 윤리적인 문제를 결코 소홀히 해서는 안 된다. 왜냐하면 내담자와 접촉하는 순간부터 상담자는 내담자를 어떻게 대하고 내담자의 복지를 위해 어떤 행동을 취해야 하는가 하는 윤리적인 문제가 대두되기 때문이다. 예컨대, 첫 면접에서는 내담자가 말하는 내용이나 사적인 정보를 어떻게 지켜 줄 것인가를 충분히 검토해야 한다. 내담자의 사적 정보와 경험 내용에 대해 비밀을

상담자의 책임
비밀보장과 같은 윤리적인 책임, 내담자를 위한 노력의 책임, 소속 기관에 대한 책임 등이 있다.

보장하는 것은 상담자의 윤리적인 책임 가운데 매우 중요하다. 그 밖에 내담자에 대해 어떤 행동을 해야 하고 해서는 안 되는지, 소속한 기관에 대한 책임, 상담 노력에 대한 가치 판단 등 많은 문제들이 있다. 상담자는 상담심리사 윤리강령을 숙지하고 이를 상담 현장에서 실천하도록 노력하여야 한다.

전문적인 책임에 대해 강조할 사항으로는, 우선 상담을 처음 시작하거나 경험이 없는 상담자들은 자신의 상담기법에 한계가 있고 완전하지 못하다는 사실을 바로 인식해야 한다. 상담 경험이 풍부한 상담자라 할지라도 자신의 한계를 항상 인식하고 겸손한 태도를 가져야 하는데, 상담의 초심자라면 더욱더 그래야만 한다. 충분하지 못한 기법이나 경험은 실제 상담 경험을 통하거나 지도 전문가와 선임 상담자의 자문과 조언을 통하여 차츰 보완할 수 있다. 상담자가 되려는 사람들은 전공 분야의 공부를 체계적으로 마치고 공인된 자격을 얻기까지, 또한 그 후로도 상당 기간 선임 전문가에게 슈퍼비전을 받을 책임이 있다. 이는 상담자 자신을 보호할 뿐만 아니라 내담자의 복지를 지켜 주기 위해서도 반드시 필요하다.

그 밖에 상담에 관한 충분한 기록을 만들어 두는 것도 상담자의 전문적인 책임에 포함되는 일이다. 면담 후 기록을 남겨 두지 않으면 상담을 효과적으로 진행하는 데 큰 지장이 생긴다. 또한 슈퍼비전을 받을 때도 자료가 매우 부실해진다. 내담자를 불가피하게 다른 상담자에게 의뢰해야 하는 경우나, 아주 드물지만 법적인 문제가 생기는 경우에 대비해서라도 체계적이고 성실한 기록은 반드시 필요하다.

> **상담심리사 윤리강령**
> 내담자의 복지와 안녕을 위하여 상담자가 취해야 하는 태도를 정해 놓은 규범

(2) 비밀의 보장

내담자가 구체적으로 말을 하든 안 하든 자신이 이야기하는 내용이 어느 정도로 비밀이 보장되는가에 대해 관심을 갖는 것은 당연하다. 그러므로 상담자는 내담자가 비록 묻지 않더라도 면접 중에 이야기되

> **비밀의 보장**
> 상담자는 내담자의 양해나 승인 없이는 면담 중에 알게 된 내용을 공개하지 않아야 하며, 이를 내담자에게 설명해 주어야 한다.

는 내용은 철저히 비밀이 보장된다는 것을 먼저 설명하고 확인해 두어
야 할 필요가 있다. 내담자는 자신의 인격에 손상이 되는 내용, 사적인
이야기와 가족 이야기 혹은 자신이 저지른 행동 등에 관한 이야기를
하고 싶어도 비밀의 보장에 대한 확신이 없기 때문에 주저하는 경우가
많다. 비밀보장의 책임은 내담자의 양해나 승인 없이는 면담 중에 알
게 된 내용을 공개하지 않는다는 것을 의미한다. 비밀보장에 있어서
'어떠한 경우에 어느 정도로 또는 어떠한 형식으로 비밀보장이 이루어
져야 하는가' 는 내담자 문제의 내용에 따라 상세히 결정되어야 한다.
일반적인 원칙으로는 특별한 경우를 제외하고는 내담자의 부모, 배우
자, 동료 등 그 누구에게도 면접의 내용을 공개하지 않는다. 그렇다면
공개할 수 있는 특별한 경우란 어떤 경우인가? 예컨대, 아동학대의 사
례를 보면 상담 중에 교환된 내용은 누설하지 않는 것이 원칙이다. 그
러나 아동의 복지를 위해, 아동 스스로는 해결해 나갈 능력이 없다고
판단되었을 때, 그리고 아동의 부모가 상담자의 조언이나 설득에 응하
지 않을 때에는 사법당국이나 관련 기관에 통보할 수 있다. 또한 내담
자가 자신에게 해를 끼칠 때, 자살이나 방화 또는 살인과 같이 타인에
게 해를 끼칠 수 있는 행동이 임박했다고 판단될 때에는 먼저 내담자
에게 이러한 사실을 관련 기관이나 가정에 연락하지 않을 수 없다는

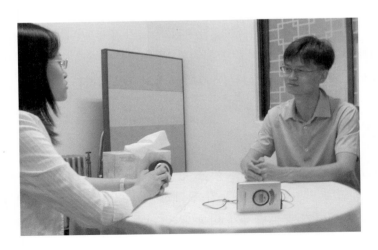

상담의 과정에서 모든 면접을
녹음하는 것은 바람직하다.
그러나 내담자에게 반드시
양해를 구해야 한다.

이야기를 먼저 한 후에 당국이나 가정에 알려야 한다.

초심자들 중에는 내담자의 양해를 구하지 않고 면접 내용을 녹음하는 경우가 간혹 있다. 이렇게 상담자가 내담자의 양해를 얻지 않고 녹음을 하는 행위는 상담자로서 전문적인 윤리를 지키지 않는 것이 된다. 내담자가 원하지 않을 경우에는 훈련이나 연구 목적상 아무리 필요하다고 해도 녹음을 하지 말아야 한다.

상담을 공부하는 과정에서는 특별한 경우를 제외하고는 모든 면접을 녹음해 두는 것이 바람직하다. 그것을 다시 들어보고 상담의 내용을 반성적으로 확인하거나 사례지도를 받는 것이 필요하기 때문이다. 그러나 상담 시작부터 무조건 녹음하기보다는 첫 면접에서 녹음해야 하는 이유와 녹음테이프가 어느 정도 보관이 철저하게 이루어지는지, 그리고 원한다면 내담자가 그것을 가져갈 수도 있고 지워 버릴 수도 있다는 사실 등을 먼저 설명해 주는 것이 필요하다. 처음부터 꼭 필요한 경우가 아니라면 두 번째나 세 번째 면접에서 다시 이야기를 꺼내 내담자가 쉽게 양해해 줄 수 있도록 시간적 여유를 주는 것이 좋다. 여하튼 녹음하는 취지와 녹음한다는 사실에 대해 내담자가 어떻게 느끼고 받아들이는지 충분히 의견을 교환하는 것이 중요하다.

2. 상담 면접의 원리

상담이 일상적인 면담이나 대화와 다르다고 한다면 그것은 상담 면접이 전문성을 띤 어떤 원리들을 갖추고 있기 때문일 것이다. 여기서 '원리'란 복잡한 전문용어가 나열되는 상담 이론들을 말하는 것이 아니다. 수십 가지 상담 이론들이 각기 다른 관점의 개념을 우리에게 가르쳐 주고 있지만, 이는 상담 면접을 진행하는 데 직접적인 도움을 주지 못하는 경우가 많다. 물론, 상담을 전공하고 깊게 공부하기 위해서는 자신의 성격과 인간관에 부합되는 한두 가지 주요 이론적 접근에 숙달

상담면접의 원리
상담이 전문적이고 내담자에게 도움을 주는 작업이 되기 위하여 상담자가 알고 취해야 하는 원칙을 말한다.

상담자는 자신의 성격과 인간관에 부합되는
주요 이론적 접근에 숙달되어 있는 것이 좋다.

하는 것이 좋지만, 상담의 초심자로서
는 난해한 이론들을 익히는 데 너무
많은 시간을 낭비하지 않기를 권한다.
상담자는 항상 이론과 실제의 두 측면
을 함께 발전시켜 나가야 한다. 상담의
실제, 즉 상담 면접을 처음 실시하는
초심자들을 위해 여기서는 상담 면접
의 기초 원리와 구체적인 방법을 정리
해 보려고 한다.

첫 번째 면접의 원리는 내담자의 모든 행동에는 이유와 목적이 있다
는 사실에 주목해야 한다는 것이다. 인간관계의 일상적인 상황에서는
상대방의 행동에 대한 이유에 특별히 신경써야 할 경우가 많지 않다.
그러나 상담 면접에서는 내담자의 모든 행동과 반응의 목적과 의미를
가능한 한 정확하게 이해하는 것이 필요하다. 왜냐하면 면접에서의 내
담자의 행동 하나하나가 내담자의 문제를 이해하고 해결하는 데 필요
한 자료이기 때문이다. 또한 상담자는 대개 1주일에 1회나 2회의 면접
을 통해서만 내담자와 접촉할 수 있으므로 한두 시간의 제한된 면접
장면 외에는 내담자를 이해할 기회가 없기 때문이기도 하다.

그러므로 상담자는 면접 중에 보이는 내담자의 행동에 주목하고 그
이유와 의미를 생각해야 한다. 가령, 면접 중에 내담자가 긴장된 자세를
취한다든가, 갑자기 말을 많이 하거나 침묵을 지킨다든가, 얼굴을 붉히
거나 주저하는 태도를 보이거나, 면접 약속을 지키지 않거나 일찍 일어
나고 싶어 하는 등의 모든 행동이 내담자를 이해하고 도와주는 데 있어
서 필요한 자료다. 초심자들은 내담자가 처음 '제시한 문제'만을 가지
고 이야기하거나 듣고자 한다. 그러나 내담자의 이러한 면접 중의 행동
에 관해 언급하고, 그 의미를 같이 생각해 보는 것이 내담자의 심리적 좌
표와 대인관계의 특징을 이해하는 길이 되며, 그 결과 내담자의 문제를
보다 정확하게 파악할 수 있게 된다. 다음 사례는 필자의 상담 사례다.

사례 1

내담자 1: (침묵을 지키며 상담자를 쳐다보고 있다.)

상담자 1: 지금 가만히 나를 쳐다보고 있는데, 무슨 생각으로 있는지 말해 보겠나?

내담자 2: 특별한 생각이 있었던 것은 아닙니다.

상담자 2: 특별한 생각이 아니더라도, 그저 떠올랐거나 잠시 스쳐간 생각이라도 말해 주면 내가 자네를 이해하는 데 더 도움이 되니까.

내담자 3: (주저하면서) 선생님! 기성세대는 왜 그렇게 권위적이죠? ……대화가 통하지 않는단 말이에요.

상담자 3: 나이 많은 이들은 대화가 통하지 않고 이해를 받기 힘들기 때문에 실망이 큰 것으로 들리는데……. '기성세대'라면 나도 그중 한 사람이고 자네에겐 지도교수, 부모님 그리고 그 밖에 주위에 기성세대가 많은데, 특히 누구와 안 통하는지 구체적으로 이야기해 볼 수 있나?

내담자 4: 사실은 아버지와 문제가 있어요.

상담자 4: 그럼 '집중력 부족'에 관해서는 다음에 다시 이야기하기로 하고, 아버님과의 대화가 어떻게 안 되는지 먼저 의논하기로 할까?

내담자 5: (상기된 표정으로) 그러죠!

이상의 면접 사례에서 상담자 1과 2의 반응은 내담자의 면접 중 관찰되는 행동을 언급하고 그 의미를 추적하였다. 그 다음 과정에서 밝혀지듯이 내담자가 처음에 제시한 문제('집중력 부족')만을 말하게 하였다면 이 면접은 실패하였을 가능성이 높다.

두 번째 면접의 원리는 내담자의 반응 중 즉각적으로 관찰되는 것뿐만 아니라 관찰될 수 없고 지연되는 것에 주목하여 가능한 한 정확히 예측하는 것이다. 먼저, 내담자의 반응은 면접에서 '관찰될 수 있는 것'과 '관찰될 수 없는 것' 그리고 '즉각적으로 나타나는 것'과 '지연되어 나타나는 것'으로 구별하여 생각하는 것이 중요하다. 다시 말해서 면접 중에 보이는 내담자의 반응은 이 네 가지 유형의 배합으로 집약된다고 볼 수 있다. 즉, 즉각적으로 관찰될 수 있는 반응, 즉각적이면서 관찰될 수 없는 반응, 지연된 것이면서 관찰될 수 있는 반응, 그리고 지연된 것이면서 관찰될 수 없는 반응이다. 가령, 상담자가 내담자에게 "네가 같은 과 친구들을 피하는 이유가 낯선 사람을 무서워하기 때문일지 모르지."라고 말했다고 하자. 이에 대해 내담자가 보일 수 있는 네 가지 반응은 다음과 같다.

사례 2

반응 1: 선생님 말씀이 맞아요. 전 그런 생각을 미처 해 보지 못했어요.
        (즉각적인, 관찰 가능한 반응)
반응 2: (내담자 마음속으로) 이 상담자는 나를 정말 잘 이해하는구나.
        (즉각적이나, 관찰 불능인 반응)
반응 3: (내담자가 상담자의 말을 집에 가서 계속 생각하기를) 선생님 말씀이 맞을 것 같아. 내가 그 애들을 두려워한 것은 사실이니까.
        (지연된, 관찰 불능인 반응)
반응 4: (내담자가 다음 면접 시간에) 집에 가서 생각해 보니까 선생님 말씀이 정곡을 찌른 것 같아요. 전 우리 반 애들을 두려워하고 있었거든요.
        (지연된, 관찰 가능한 반응)

상담 면접의 성패는 이렇게 여러 가지로 분류되는 내담자의 반응을 정확히 이해하고 예측할 수 있는 능력에 영향을 많이 받는다. 상담자가 말한 것에 대한 내담자의 반응은 뒤늦게 나타나거나 당장은 알 수 없는 '지연된, 관찰 불가능한 반응'이 많다. 그래서 초심자들이 이런 반응을 정확히 이해하기는 어려운 것이 사실이다. 그러나 내담자가 당장 반응을 보이지 않는다고 해서 효과나 의미가 없는 것이 아니라는 점을 명심해야 한다. 즉, 즉각적인 반응이 없으면 지연된 반응이 있을 수 있고, 뒤늦은 반응도 쉽게 드러나지 않을 수 있다. 그러므로 내담자가 즉각적인 반응이 없거나 다음 면접에도 반응이 없을 경우에는 상담자가 "지난 주에 내가 이야기한 것에 대해 어떻게 생각하는지 알고 싶다."라고 먼저 말해 주는 것이 필요하다. 다시 말해서 상담자의 이야기가 내담자에게 어떤 영향을 미치고 있는가를 확인해 보는 것이 바람직하다. 이렇게 내담자의 반응을 가능한 한 정확히 이해하고 예측하면 할수록 상담은 보다 효과적으로 진행될 수 있다. 상담자의 자질 요건의 하나로 흔히 말하는 감수성이라는 것도 '한 행동이 다른 사람의 행동에 미치는 영향을 정확히 감지하는 능력'으로 해석할 수 있을 것이다.

세 번째 면접의 원리는 상담의 최종 목표와 중간 목표를 구별하여 먼저 중간 목표를 달성하도록 노력해야 한다는 것이다. 상담의 최종 목표는 내담자가 제시하는 여러 가지 '문제'와 직접 관련되고, 상담자와 합의된 '문제해결의 내용 및 수준'에 따라 다를 수밖에 없다. 우선, 내담자가 제시하는 문제만 하더라도 긴장된 환경에서의 해방, 분명한 방향의 설정, 열등감의 해소, 뜻이 맞는 친구관계의 형성, 입학 및 진학 준비의 지침, 만족스런 직장의 획득 등 여러 가지 형태로 나타난다. 이렇게 내담자가 제시하는 여러 가지 문제(또는 상담에서 기대하는 목표)를 상담자의 관점에서 다시 표현한다면 결국 내담자의 행동변화, 정신건강, 생활 과제의 해결 및 의사결정 등의 목표로 집약된다. 어떻게 표현되든 간에 이는 상담자와 내담자가 합의하여 노력하게 되는 상담의 최종 목표 또는 상담의 결과가 될 것이다. 초심자들은 흔히 이러한 상담의 최종 목표를 처음부터 달성하려고 애쓰는 데서 좌절감을 많이 겪거나 무리하게 노력하는 경향이 있다. 즉, 내담자가 제시한 문제만을 이야기하거나 곧장 해결책을 발견하여 제시하고 싶어 하지만 뜻대로 되지 않음을 경험한다. 이것은 상담의 최종 목표를 효과적으로 달성하는 데 필요한 과정, 즉 '보다 즉각적인 중간 목표의 달성'을 거치지 않았

상담의 최종 목표

내담자 문제에 따라 상담자와 내담자가 합의한 상담의 최종 목표는 다양하며, 이는 상담의 중간 목표를 거쳐 달성된다.

기 때문이라고 할 수 있다.

그러면 상담의 중간 목표는 무엇인가? 상담의 중간 목표는 내담자 문제의 성질, 내담자의 적응 수준이나 상담자의 전문적 판단에 따라 그 내용이 달라질 수밖에 없다. 그러나 모든 전문적 상담관계에서 공통적이며 기본적으로 거쳐야 할 중간과정이 있다. 이 중간과정은 바로 상담자와 내담자 간의 '개방적인 신뢰관계'와 '내담자의 자각 및 자율성의 회복'이다. 상담자와 내담자 간에 서로 믿고 개방적으로 이야기하지 않는 한 어떤 상담 면접도 성공적일 수 없다. 그리고 내담자의 자기이해와 자율적인 행동이 따르지 않는 한 어떤 상담문제도 근본적인 해결을 바랄 수 없다. 전자는 상담 면접의 촉진 조건이며, 후자는 내담자 문제해결의 기본 과제라고 말할 수 있다. 이 촉진 조건과 기본 과제 사이에는 서로 밀접한 관계가 있다. 즉, 상담자와 내담자가 서로 믿는 가운데 솔직한 대화를 나누면 내담자의 현실적인 자기이해 및 자기수용이 촉진되며, 자기의 감정, 생각 및 행동 조건에 대한 의존과 원망 없이 보다 자주적으로 생각하고 행동할 수 있게 된다.

'개방적 신뢰관계'와 '자각 및 자율성의 회복'은 이렇게 모든 상담 면접의 기본이며, 어떤 상담과정에서도 공통적으로 달성되어야 할 중간 목표라고 볼 수 있다. 그리고 내담자의 자기이해, 자기수용 및 자주성의 회복은 개방적 신뢰관계에서의 '인격적인 대화' 속에서 촉진되므로 이와 같은 면접 분위기의 조성이 결국 모든 상담 면접의 기본 조건이라고 말할 수 있다. 이 기본 촉진 조건은 상담자와 내담자 간의 관계에 관한 것이기 때문에 상담의 '촉진적 관계'라고 부르기도 한다.

상담의 중간 목표

상담자와 내담자 간의 개방적인 신뢰관계와 내담자의 자각 및 자율성의 회복이라는 상담의 중간 목표를 통해서 상담의 최종 목표가 달성된다.

3. 상담 면접의 기본 방법

1) 면접의 시작

상담자가 내담자를 만날 때의 첫 과제는 신뢰감을 형성하는 일이다. 처음에는 기법의 적용보다는 수용적이고 온화한 태도로 내담자에게 깊은 관심을 나타내는 것이 무엇보다 중요하다. 물론, 이러한 상담자의 태도와 관심이 있어야만 내담자가 상담자를 믿고 편안한 상태에서 이야기를 할 수 있게 된다. 이제 상담의 시작단계에 관련된 여러 가지 요소들을 검토해 본다.

(1) 화제의 유도

상담은 대개 개인적으로 불안을 수반하는 문제를 다루므로 처음부터 내담자가 자기의 문제를 충분하게 표현하기는 매우 어렵다. 특히, 확실한 신뢰감이 아직 생기지 않은 상담자 앞에서는 더욱 그렇다. 그래서 상담자는 이러한 상황에 있는 내담자를 적당히 편안하게 해 줌으로써 상담실에 들어오면서 느낄 수 있는 긴장감을 풀어 주는 것이 필요하다. 가령, 내담자가 벽에 걸려 있는 그림을 쳐다보고 있다면 그것에 대해 먼저 이야기하는 것이 불안을 해소해 주는 좋은 방법이 될 수 있다. 그러나 이런 식으로 상담자가 먼저 화제를 꺼내더라도 '상담자란 길을 터 주는 사람에 불과하고, 결국 길을 걸어가야 할 사람은 내담자 자신'임을 말해 주는 것이 필요하다. 그리고 이러한 가벼운 이야기가 너무 길어지지 않도록 주의해야 한다.

"나는 0시 0분까지 아무개 씨를 만날 수 있습니다."라고 온화하게 말해 주는 것은 바람직하다. 이렇게 말해 주면 내담자는 그 시간 안에는 간섭 없이 상담자와 마음 놓고 이야기할 수 있겠다는 생각을 갖게 된다. 또한 "아무 이야기라도 좋으니 말하고 싶은 대로 이야기를 시작해 보세요. ……(침묵의 경우)…… 가령, 여기에 오게 된 동기랄까."라고 상담자가 서두를 꺼내 주는 것도 좋다. 그러나 결국 이러한 첫말은 상담자의 기호나 말씨에 따라 다를 수밖에 없다.

(2) 물리적 배치

좋은 상담관계의 결정 요인 중의 하나는 상담실의 물리적인 조건이라고 할 수 있다. 책상을 사이에 두고 상담을 하면 대화의 장벽을 형성할 위험이 있으며, 상담자와 내담자가 아주 가까이서 얼굴을 맞대고 앉는다면 내담자들을 불안하게 만들 수 있다. 그래서 상담자로서는 가장 효과적으로 이야기할 수 있는 의자의 배치에 대해 연구해 볼 필요가 있다.

물리적 배치 중에서 빠뜨려서는 안 될 또 다른 측면들이 있다. 가령, 내담자가 햇빛이나 전등불이 마주 보이는 곳에 앉도록 해서는 안 된다. 내담자가 창을 향해 앉아야 할 필요가 있다면 블라인드나 커튼을 내려야 한다. 또한 내담자가 앉는 의자는 가능한 한 편안한 의자를 내어 주는 것이 상담의 효과를 증진하는 데 도움이 된다. 상담자가 편한 의자를 차지하고 내담자에게는 딱딱한 의자라도 괜찮다는 사고방식은 상담에 장애가 된다.

상담실은 내담자가 효과적으로 이야기를 할 수 있도록 조건이 갖추어져야 한다.

(3) 상담에 임하는 태도의 확인

상담자는 다른 사람을 도울 수 있는 특별한 능력이 있다는 인상을 내담자에게 주기 쉬운데, 이것은 효과적인 상담에 방해가 되는 요인이 된다. 다시 말해서 상담은 자연스러운 대화관계를 통해서 이루어지며, 일상적인 대화와 다른 점은 문제의 해결과 발달 촉진적인 전문성을 띤다는 것이다. 그래서 상담에 대한 내담자의 기대나 생각을 물어보고 필요에 따라서는 상담이 신비할 것이 하나도 없고 주로 자기 감정과 생각의 탐색이나 정리, 혹은 자기 문제에 직면하는 과정임을 알기 쉽게 설명해 줄 필요가 있다.

(4) 비밀보장의 확인

앞서 언급한 것처럼 비밀보장은 상담이라는 상황을 안전한 환경으로 만드는 데 매우 중요한 역할을 한다. 상담자는 개인적인 정보와 상담의 내용이 비밀에 붙여진다는 사실을 처음부터 분명하게 말해 주는 것이 좋다.

2) 구조화

다음 장에서 다시 설명하겠지만, 구조화란 상담과정의 본질, 제한 조건 및 방향에 대하여 상담자가 내담자와 함께 정의를 내리는 과정이다. 다시 말하면, 내담자에게 상담과정의 바람직한 체계와 방향을 알려 주는 것이다. 이러한 구조화를 통해 내담자는 상담관계가 합리적인 계획을 가지고 있다는 점을 느끼게 된다. 이러한 의미에서 상담이 하나의 여행이라면 구조화는 그 여행의 방향을 알리는 노선 표시라고 비유할 수 있다. 내담자는 자기가 지금 어디에 있는지, 상담자가 어떤 사람인지, 그리고 자기가 왜 현재와 같은 방식으로 이야기를 하고 있는지 분

구조화
상담과정의 진행방식, 목표, 책임과 한계 등을 논의하고 합의하는 절차

명히 이해할 필요가 있다. 이러한 구조화의 일반 원칙은 다음과 같다.

첫째, 상담자와 내담자가 서로 편안히 느끼도록 구조화를 최소한으로 줄여야 한다.

둘째, 구조화는 적절한 시점에서 이루어지되 결코 내담자를 처벌하는 식이 되어서는 안 된다.

셋째, 면담시간 약속 및 내담자의 행동규범은 구체적으로 정해져야 한다.

넷째, 구조화는 강의식의 일방적인 주입이 되어서는 안 되며, 내담자에게 상담에서 무엇을 원하는지, 어떤 방향으로 나가길 바라는지, 그것을 이루려면 어떻게 해야 할지 등을 공감적으로 탐색하면서 자연스럽게 합의하는 방식으로 이루어져야 한다.

다섯째, 구조화는 첫 상담 혹은 상담 초기에 한 번만 하는 것이 아니라 상담의 전 과정에서 필요에 따라 반복해서 이루어질 수 있다.

상담관계는 개인의 자유가 보장되는 동시에 그 자유에 따르는 어느 정도의 제약을 받아들여야 한다는 점에서 하나의 축소된 사회 조건이라 할 수 있다. 특히, 정서적으로 불안한 내담자들은 면접에서 자기공개, 자기이해, 문제의 직면 등 스스로의 책임감에 앞서 심한 두려움을 갖거나 방어적으로 되기 쉽다. 이러한 내담자에게 상담자 쪽에서 적절한 구조를 제공하지 않으면, 내담자는 상담자에게 의존하게 되고 상담자가 자기 문제의 해결에 소극적이라고 느끼게 되며 때로는 적대감을 가지게 된다. 그래서 결국은 문제만 노출할 것이라는 두려움 때문에 면접을 꺼리게 되어 다음 약속을 지키지 않을 수도 있다. 그러므로 적절한 구조화는 상담이 마술적인 치료라거나, 즉각적인 도움을 주고 부드럽게만 진행되는 대화라거나, 진단과 처방을 주는 것이라는 식의 내담자의 오해를 시정해 주는 효과가 있다. 지금까지 설명한 것처럼 구조화의 기법은 그 자체가 상담의 목적이 아니라 상담의 관계를 바람직한 방향으로 안정시키는 수단으로서 존재한다는 점이 중요하다.

제도적 또는 환경적인 제약이 있을 때 구조화를 하지 않으면 내담자의 비현실적인 기대 때문에 상담의 결과나 과정이 혼란에 빠질 수 있다. 가령, 상담자가 내담자인 학생과 사제관계이거나 행정적인 관련을 맺고 있다면 이러한 통상적인 관계가 상담자로서의 관계와는 엄연히 다르다는 것을 내담자에게 인식시켜야 한다.

3) 경 청

경청이란 내담자의 말과 행동에 상담자가 선택적으로 주목하는 것을 뜻한다. 물론, 상담자는 내담자의 말과 행동 하나하나를 그냥 흘려보내서는 안 된다. 그렇다고 상담자가 내담자의 모든 말과 행동에 주목하여 반응할 수도 없다. 따라서 상담자가 경청할 때의 관건은 상대적으로 더 비중을 두어야 할 내담자의 말과 행동을 선택하여 그것에 주목하는 것이다. 즉, 선택적으로 주목함으로써 내담자가 특정 문제에 대해 탐색하도록 한다. 이때 상담자가 선택적으로 주목한 것이 내담자 진술의 흐름에 적합하다면 더욱 유익하다고 말할 수 있다.

> **경청**
> 내담자의 말과 행동에 상담자가 선택적으로 주목하는 것

내담자의 말과 행동에 대한 경청은 상담을 성공으로 이끄는 주요 요인이다. 내담자는 상담자가 경청하는 것을 좋아한다. 경청은 내담자에게 생각이나 감정을 자유롭게 표현할 수 있게 북돋아 주며, 자신의 방식으로 문제를 탐색하게 하며, 상담에 대한 책임감을 느끼게 한다. 그런데 상담자가 경청을 할 때 적극적으로 선택하여 듣는 것만이 중요한 것은 아니다. 상담자는 자신이 내담자의 말을 주목하여 듣고 있음을 전달해 줄 필요도 있다. 예컨대, 상담자는 내담자가 말할 때 진지한 관심이 있음을 나타내는 눈길을 보냄으로써 그와 함께 하고 있음을 알려야 한다. 그리고 자연스럽고 이완된 자세를 취하며, 내담자의 말을 가로막거나 내담자의 발언 중에 질문을 던지거나 새로운 문제를 제기하지 않도록 하는 것이 필요하다.

4) 반 영

반영(反映)은 내담자의 말과 행동에서 표현된 기본적인 감정 · 생각 및 태도를 상담자가 다른 참신한 말로 부언해 주는 것이다. 이것은 내담자의 자기이해를 도와줄 뿐만 아니라 내담자로 하여금 자기가 이해받고 있다는 인식을 갖게 한다. 그런데 내담자가 한 말을 그대로 다시 반복하는 식으로 반영해 주면 내담자는 자기의 말이 어딘가 잘못 되지는 않았나 하고 생각하게 되거나 상담자의 그러한 반복에 지겨움을 느끼게 되기 쉽다. 그래서 가능한 한 다른 말을 사용하면서 관심을 가지고 이해하고자 한다는 태도를 보여야 한다.

흔히 내담자의 감정은 '큰 저류가 있지만 표면에는 잔물결만이 보이는 강물'에 비유된다. 즉, 내담자의 감정은 수면상의 물결처럼 겉으로 보이는 표면 감정이 있고, 강의 저류처럼 보이지는 않으나 중심적인 내면 감정이 있다. 따라서 상담자는 잔물결 속에 감추어져 있는 내담자의 내면적 감정을 정확히 파악하여 내담자에게 전달해 주어야 한다.

(1) 반영해 주어야 할 주요 감정

상담자는 내담자의 감정을 반영해 주어 내담자의 내면적 긴장의 원인을 덜어 주어야 한다.

상담자가 반영해 주어야 할 내담자의 감정은 크게 세 가지로 나누어 볼 수 있다. 즉, 정적인 감정, 부적인 감정 그리고 정적인 감정과 부적인 감정이 동시에 병존하는 양가적 감정이다. 정적인 감정은 개성을 발휘하는 성질의 것이고, 부적인 감정은 일반적으로 개성을 구속하거나 자기파괴적인 성질의 것이다. 반면에 양가적 감정은 같은 시간, 같은 대상에 대해 둘 혹은 그 이상의 서로 상반되는 감정들이 공존하는 것이다.

상담을 하다 보면 내담자의 말이나 행동에 한 가지 감정이나 느낌이 아니라 동일한 대상에 대해 모호하고 양면적인 느낌이 깔려 있는 경우를 접할 수 있다. 상담자는 이렇게 서로 일치하지 않는 감정 혹은 불분명한 느낌의 상태를 발견하여 내담자에게 반영해 주는 것이 필요하다. 그리하여 내담자가 동일한 대상에게 갈등적인 감정과 태도가 있음을 자각하게 해 주어 내면적 긴장의 원인을 덜 수 있게 만드는 것이다.

> **양가적 감정**
> 같은 대상에 대하여 긍정적인 감정과 부정적인 감정을 동시에 느끼는 것

(2) 행동 및 태도의 반영

상담자는 내담자가 말로써 표현하는 것뿐만 아니라 자세, 몸짓, 억양, 눈빛 등으로 표현하는 것에 대해서도 반영해 줄 필요가 있다. 특히, 내담자의 언어 표현과 행동 단서에 차이가 있거나 모순이 보일 때에는 이를 반영해 주어야 한다.

(3) 반영의 문제점

상담자가 반영적 반응을 할 때 주의해야 할 것은 내담자의 말과 행동 중 어떤 것을 선택하여 그것을 어느 정도의 깊이로 반영할 것이냐의 문제다. 일반적으로 이러한 선택의 기준은 내담자가 표현한 말과 행동에 담긴 감정과 생각 중에 가장 중요하고 강한 것이 어떤 것이냐에 따른다. 이때 중요한 점은 내담자가 말로 표현한 수준 이상으로 깊이 들어가지 않는 것이다. 내담자가 분명히 표현하지 않은 것을 언급하는 것은 명료화나 해석이 되기 쉽다.

> **반영 시 문제점**
> 내담자가 말로 표현한 수준 이상으로 들어가지 않아야 하며, 반영의 시기에 유의하여야 한다.

또 주의해야 할 문제는 이러한 반영반응을 언제 하는 것이 가장 바람직한가이다. 대개 상담의 초심자들은 내담자의 말이 다 끝나기를 기다렸다가 반영을 하는 경우가 많은데 반드시 그럴 필요는 없다. 경험이 많은 상담자라면 의미 있는 느낌에 초점을 맞추기 위해 가끔 내담자의

말을 중단시킬 수도 있다. 그러나 여기에는 말을 너무 빨리 막아서 내담자의 감정 흐름을 중단시킬 위험도 있다.

5) 명료화

명료화
내담자의 말 속에 내포되어 있는 뜻을 내담자에게 요약하고 명확하게 말해 주는 것

　명료화(明瞭化)는 내담자의 말에 내포되어 있는 뜻을 내담자에게 명확하게 말해 주거나 분명하게 말해 달라고 요청하는 것이다. 명료화는 내담자가 말하고자 하는 의미를 상담자가 생각하고, 그것을 다시 내담자에게 말해 준다는 의미에서 내담자의 말을 단순히 재진술하는 것이 아니다. 다시 말해서 명료화는 내담자의 실제 반응에서 나타난 감정 또는 생각 속에 암시되었거나 내포된 의미를 내담자에게 보다 분명하게 말해 주는 것이다. 또한 상담자가 내담자의 반응을 이해할 수 없을 때는 분명하게 다시 말할 것을 요청하기도 한다. 내담자가 말하는 의미가 모호하거나 혼란스러울 때에는 '이해가 잘 안 됩니다. 당신이 말하고자 하는 바를 좀 더 분명하게 말해 주십시오.', '나는 당신이 직업에 대해서 느끼는 감정이 어떤지 정확히 모르겠습니다.', '예를 들어서 다시 말해 주시겠습니까?' 등으로 말할 수 있다.

　이때 내담자에게 언급해 주는 내용은 어디까지나 내담자의 표현 속에 포함되었다고 상담자가 판단하는 것이 된다. 즉, 명료화의 자료는 내담자 자신은 미처 충분히 자각하지 못하는 의미나 관계다. 내담자가 애매하게만 느끼던 내용이나 불충분하게 이해한 자료를 상담자가 말로 정리해 준다는 점에서 명료화는 내담자에게 자기가 이해를 받고 있으며 상담이 잘 진행되고 있다는 느낌을 갖게 해 준다. 그리고 내담자로 하여금 미처 생각하지 못했던 측면을 다시 생각하도록 해 주는 자극제가 된다. 이러한 명료화의 일반적인 지침은 다음과 같다.

　첫째, 내담자의 말이 모호하거나 잘 이해되지 않았음을 밝힌다.

　둘째, 내담자 스스로 자기의 말을 재음미하거나, 구체적인 예를 들어

명확히 해 줄 것을 요청한다.

셋째, 내담자의 진술에 대한 상담자 자신의 반응을 나타냄으로써 내담자의 반응을 분명하게 한다.

넷째, 상담자의 반응은 직면 반응과 같이 직접적이고 강렬하지 않도록 해야 한다.

6) 직 면

직면(直面)은 내담자가 모르고 있거나 인정하기를 거부하는 생각과 느낌에 대해서 주목하도록 하는 상담자의 언급(또는 지적)이다. 가령, 내담자가 모르고 있는 과거와 현재의 연관성, 행동과 감정 간의 유사점이나 차이점 등을 지적해 주고 그것에 주목하도록 한다. 그러므로 직면은 내담자가 자신의 경험의 일부로 지각하기를 두려워하거나 거부하는 어떤 측면에 주의를 돌리도록 요청하는 것이다. 직면은 내담자의 변화와 성장을 증진시킬 수도 있지만, 내담자에게 심리적인 위협과 상처를 줄 수도 있다. 그만큼 직면은 강력한 것이다. 따라서 상담자는 직면반응을 사용할 때 시의성, 즉 내담자가 그것을 받아들일 수 있는 준비가 되어 있는지를 면밀히 고려해야 한다. 또한 상담자의 직면반응은 내담자를 배려하는 상호 신뢰의 맥락에서 행해져야 하며, 결코 내담자에 대한 좌절과 분노를 표현하는 수단으로 사용되어서는 안 된다.

상담자는 다음과 같은 상황에서 내담자를 직면시킬 수 있다.

첫째, 상담자는 내담자 스스로는 깨닫지 못하고 있지만 그의 말이나 행동에서 어떤 불일치가 발견된다면 그것을 지적할 수 있다.

둘째, 상담자는 내담자에게 자신의 욕구에 의해서만 상황을 바라볼 것이 아니라 상황을 있는 그대로 볼 수 있도록 직면반응을 사용할 수 있다. 달리 말하면, 상담자는 직면반응을 통해 내담자에게 그가 경험하고 있는 상황에 대한 대안적인 참조의 틀을

> **직면**
> 내담자가 모르고 있거나 인정하기를 거부하는 생각과 느낌에 대해서 주의를 집중시키는 것

가지게 함으로써 기존 경험상의 왜곡을 해소하도록 할 수 있다. 셋째, 상담자는 내담자가 상담에서 어떤 화제를 피하거나 다른 사람의 의견이나 생각, 느낌 등을 받아들이려 하지 않을 때 이를 내담자에게 이해시키기 위하여 직면반응을 사용할 수 있다.

직면반응을 사용할 때 주의해야 할 것은 단순히 내담자의 부정적 측면에 초점을 맞추거나 내담자 자신의 한계를 깨닫도록 하는 것이 목적의 전부가 아니라는 점이다. 직면반응에는 내담자가 미처 깨닫지 못했거나 사용하지 않는 능력과 자원을 지적하여 주목하게 해 주는 것도 포함된다. 그리고 직면반응은 내담자가 상담자를 깊이 신뢰하고 있고, 상담자가 내담자의 성장과 변화를 진솔하게 배려하는 분위기에서 행해지는 것이 바람직하다.

7) 해 석

해석
내담자가 자기의 문제를 새로운 각도에서 이해하도록 그의 생활 경험과 행동의 의미를 설명해 주는 것

인간중심적 치료
로저스가 제안한 비지시적 상담으로 솔직성, 무조건적인 긍정적 관심과 수용, 정확한 공감적 이해를 강조하는 상담방법

상담에서의 해석은 내담자에게 어떤 의미를 전달하고자 하는 상담자의 시도라고 볼 수 있다. 해석은 내담자의 여러 언행 간의 관계 및 의미에 대해 가설을 제시하는 것이다. 즉, 내담자로 하여금 과거의 생각과는 다른 각도에서 자기의 행동과 내면세계를 파악하도록 하는 것이다. 해석의 의미나 범위는 전문가들에 따라 다르게 설명된다. 고전적 정신분석가들은 주로 내담자의 현재 관계와 초기 관계의 인과성에 대한 언급만을 해석으로 간주한다. 내담자가 인식하지 못하는 의미까지 설명해 준다는 면에서 해석은 가장 어려우면서 무의식에 관한 '분석적 전문성'을 요한다고 말할 수 있다. 이에 비해 '인간중심적 치료'를 하는 상담자들은 해석을 피하고 주로 감정의 명료화나 반영을 사용한다. 이들은 해석이 저항을 조장하며 상담자에게 너무 많은 치료적 책임을 갖게 한다고 주장한다. 그러나 실제로는 감정의 반영도 대부분 온화한 해석의 한 형태라고 볼 수 있으므로 그 경계는 상당히 모호하다고 할 수

있다.

감정을 반영할 때에는 항상 내담자가 제시한 자료 중에서 선택하되, 내담자가 표현한 것 중에서 가장 정서적인 색채를 띤 감정들을 반영한다. 감정 반영에서는 어느 감정이 가장 내담자에게 중요하고 의미가 있는지 판단하고, 감정의 명료화에서는 내담자가 원래 제시한 것보다 더 많은 의미를 추가하여 반응한다. 따라서 상담자가 내담자의 감정을 반영하고 명료화하는 것은 해석적인 반응과 완전히 별개의 것이 아니며, 모두가 하나의 연속체에 속한다고 보아야 할 것이다. 상담자의 반영 · 명료화 · 직면 및 해석은 각기 다르게 표현되지만, 반응 내용의 정도와 깊이의 차이가 있을 뿐이다. 구체적으로 내담자의 내면세계에 접근하는 깊이의 정도는 '반영 → 명료화 → 직면 → 해석' 의 순이라고 할 수 있다.

해석의 방법은 행동 및 성격 변화의 원리와 가정에 따라 결정되기 때문에 그 일반적 지침을 말하기는 힘들다. 따라서 사례에 따라 적절히 그리고 다양하게 활용될 수밖에 없을 것이다. 다음은 독자들의 참고를 위해서 해석의 대상, 시기, 제시 형태 및 제한점을 소개한다.

(1) 해석의 대상

초기의 면접에서는 상담에 대한 잘못된 기대와 미온적인 태도를 해석해야 할 필요가 있다. 이때의 해석은 상담과정을 밝혀 주고 내담자가 앞으로 유의하여 노력해야 할 영역을 제시해 준다. 상담이 진행됨에 따라 내담자의 방어기제들이나 문제에 대한 생각, 느낌, 행동양식 등을 해석의 대상으로 삼는다. 처음에는 내담자가 미처 자각하지 못하고 있는 것들을 설명해 주며, 상담이 더욱 진행됨에 따라 방어기제와 태도들의 어떤 측면이 효과적이고 비효과적인지를 구체적으로 해석한다.

상담의 종반기에는 내담자 자신이 스스로 해석할 수 있도록 북돋아 주기 위해 일반적인 내용을 해석하면서 해석의 횟수를 줄이는 것이 보

해석의 대상
내담자의 방어기제들, 문제에 대한 생각, 느낌, 행동양식 등이 해석의 대상이 된다.

통이다. 이와 같이 해석의 대상과 내용은 상담과정의 단계에 따라 달라진다.

(2) 해석의 시기

해석의 시기
해석의 적절한 시기는 내담자가 받아들일 준비가 되었을 때, 내담자가 거의 깨닫고도 확실하게 개념화하지 못했을 때.

해석을 하는 데에 가장 중요한 것은 시기의 문제다. 해석은 내담자가 받아들일 준비가 되어 있다고 판단될 때 조심스럽게 하는 것이 중요하다. 즉, 내담자가 거의 깨닫고는 있어도 확실하게 개념화하지 못하고 있을 때에 해석을 해 주어야 가장 효과적이다. 다시 말해서 내담자가 스스로 거의 깨달은 후에 해석을 하거나, 내담자가 스스로 해석을 내리도록 인도하는 것이 가장 현명하다. 받아들일 준비가 되어 있지 않을 때 해석하면 내담자는 심리적인 균형이 깨져 몹시 불안해진다.

대체로 상담의 초기단계에는 감정의 반영을 많이 하게 되며, 다음에는 내담자의 성격과 태도를 명료화하는 해석을 한다. 흔히 구체적인 내용의 해석과 보다 심층적인 해석은 상담관계가 형성되는 중반기까지는 보류한다. 일반적으로 내담자의 성격을 파악하지 못했을 때나 해석의 실증적 근거가 없을 때에는 해석을 하지 말아야 한다. [그림 5-1]은 지금까지 말한 해석의 기법과 상담과정 간의 관계를 표시한 것이다.

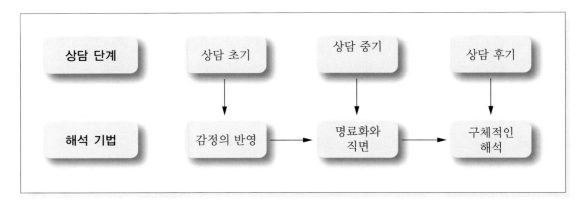

[그림 5-1] 해석의 시기

(3) 해석의 제시 형태

잠정적 표현   상담자가 판단한 내용을 단정적으로 해석해 주기보다는 암시적이거나 잠정적인 표현으로 한다. 예를 들면, "그것이 바로 당신의 문제입니다."라고 말하지 않고 "그것인 것 같은데요." 혹은 "당신은 그 점을 가장 고려해야 할 것 같습니다."라고 말한다. "~하기 때문에 당신이 그렇게 느끼는 것입니다."라고 말하기보다는 "당신이 그렇게 느끼는 이유로 ~라고 생각해 보는 것이 좋을지 모르지요."라고 말한다. 또한 내담자의 저항을 줄이기 위하여 다음과 같이 암시적으로 부드러운 표현을 쓴다.

- 아마 ~하지 않아요? ~할 것 같은데요.
- ~라고 생각하세요?
- ~인지 궁금한데요
- ~에 찬성하는지요?
- ~라고 생각하는 것이 적당할 것 같군요.

다음에 해석의 적절한 표현양식과 부적절한 양식 몇 가지를 소개한다.

〈적절한 표현양식〉
- 이 생각에 찬성하는지요?
- 이렇게 말하는 것이 옳을까요?
- 당신이 ~라고 생각하는 것 같군요.
- 또 다른 각도에서 생각해 본다면 ~.
- 당신은 이것을 ~하게 느끼시는군요.

〈부적절한 표현 양식〉

• 나는 당신이 ~해야 한다고 생각합니다.

• 당신이 꼭 해야 할 것은 ~.

• 나는 당신이 ~하기를 원합니다.

• 당신은 ~하도록 노력해야 할 거예요.

• 만약, ~하지 않는다면 당신은 후회할 겁니다.

점진적 진행   상담의 해석은 내담자의 생각보다 뒤늦어서도 안 되지만 너무 앞서도 바람직하지 못하다. 그래서 내담자가 생각하거나 느낀다고 믿는 방향으로 한 걸음 정도 앞서서 점차적으로 진행하여야 한다. 예를 들면 다음과 같다.

 사례

내담자: 아버지께 그러한 이야기를 하기가 무척 힘들어요.

상담자: 그런 말을 하면 아버지가 불쾌하게 나오실 것 같은 두려움이 있는지도 모르지요.

내담자: 그래요, 하지만 나는 아버지께 직접 말씀드릴 필요를 못 느끼겠네요.

상담자: 그건 긴장되고 용기가 필요한 일이지요. 그런데 당신은 그걸 말씀드려야겠다고 생각하고는 있군요. 그렇게 하는 것이 당신의 마음을 정리하고 아버지에게 올바른 이해를 받을 수 있는 길이라는 말이죠. 아버지께 이야기하고 나면 마음이 한결 가벼워지겠군요.

내담자: 예, 일단 말씀드리고 나면 더 이상 심각하게 고민할 것 같지 않아요.

상담자: 그런 것이 마음의 부담을 청소하는 과정이라고 할 수 있겠죠.

반복적 제시　필요하고 타당한 해석이 내담자의 저항을 받게 되면, 상담자는 적절한 때에 다른 부수적인 경험적 증거를 제시하면서 해석을 반복할 필요가 있다. 흔히 내담자들은 처음의 해석을 이해나 수용하지 못하다가 나중에 이해하는 경우가 많기 때문이다.

 사례

> 상담자: 오늘 네가 그렇게 한 것을 보면, 형이 집에 없어야 네가 마음놓고
> 　　　　지낼 수 있겠다는 느낌이 드는 모양이군.
> 내담자: 반드시 그런 것만은 아니에요. 형과 대화가 잘 되는 때도 있으니까요.
> 상담자: 너의 자존심을 건드리지 않는 화제의 경우에는 대화가 그런대로
> 　　　　괜찮게 진행되겠지. 그렇지만 역시 형이 집에 없어야 네가 열등감
> 　　　　을 덜 느끼고 마음도 편할 것이라는 말이지.

질문 형태의 제시　해석은 내담자를 관찰하여 얻은 예감이나 가설을 바탕으로 하므로 가능하면 사실적으로 표현하기보다는 질문 형태로 하며, 내담자 스스로가 해석하도록 하는 것이 바람직하다. 해석적 질문 형태는 선도적 질문, 의미 탐색적 질문, 해석적 질문, 그리고 직면적 질문의 네 가지를 포함한다. 예를 들면 다음과 같다.

 사례

> 선도적 질문: 그런 생각에 대해 조금 더 이야기해 보겠어요?
> 의미 탐색적 질문: 그것은 당신에게 어떤 의미를 주죠?
> 해석적 질문: 지금 자네가 여자들을 믿지 못하게 된 것은 어머니가 자네를
> 　　　　　　　잘 돌보지 못했기 때문이라고 생각하나요?
> 직면적 질문: 당신은 그렇게 자신을 계속 학대해도 괜찮다고 생각하나요?

감정적 몰입을 위한 해석   흔히 초심자들은 내담자의 생각이나 내면 적 동기만을 해석하려는 경향이 있다. 즉, 해석이 주로 지적인 차원에 국한되는 것으로 잘못 생각하게 된다. 그러나 유능한 상담자는 지적인 차원보다는 감정적 차원에 초점을 맞춘 해석을 더 많이 한다.

 사례

> 상담자: 당신은 그 친구들에 대해 마치 무관심한 제3자인 것처럼 이야기하는데, 그 친구들과 같이 있을 때는 어떤 걸 느끼지요?
>
> 상담자: 당신은 그 남자가 결혼한 것에 대해 이야기할 때마다 석연치 않은 표정을 보이는 것 같은데……. 당신이 아직도 그 사람이 떠난 것에 대해 상처를 받고 있다는 느낌이 드는군요. 혹시 나의 그런 느낌이 거리가 먼 건가요?

(4) 해석의 제한점

해석을 할 때 중요한 제한점은 해석이 위협을 주는 경우다. 내담자가 새로운 지각과 이해를 받아들이려 하지 않을 때에는 저항이 일어날 수 있다. 이때 해석은 내담자의 자기탐색을 감소시키는 결과를 초래할 수 있다. 또한 내담자가 자신의 문제를 지나치게 주지화(主知化)하는 경향을 초래할 수 있다. 다시 말해서 너무 지적인 측면에 치우친 해석은 내담자가 자기의 내면적 감정을 드러내지 않도록 하는 방어수단으로 이용할 수 있다. 그러나 앞서 설명한 해석의 일반적 지침을 따르고, 내담자의 수준과 문제의 특성에 대한 예민한 감각을 가진다면 이러한 제한점을 상당히 극복할 수 있을 것이다.

주지화
받아들이기 어려운 충동, 욕구, 감정을 경험하지 않기 위하여 지적으로만 문제를 정의하려는 방어기제

4. 상담자의 질문

질문은 상담에서 커다란 비중을 차지한다. 신중하고 적절하게 활용되는 질문은 상담의 훌륭한 수단이 되지만 불투명하거나 지나치게 많은 질문은 오히려 상담의 진행을 방해한다. 상담의 진행을 촉진하는 질문을 하기 위해서는 다음을 살펴봐야 한다.

첫째, 상담자 자신이 질문하고 있다는 사실을 알아야 한다.
둘째, 상담자는 자신이 질문하는 것이 과연 바람직한지 생각해 보아야 한다.
셋째, 상담자는 자신이 할 수 있는 질문이 무엇무엇이며, 그중에서 즐겨 쓰는 질문의 유형이 어떤 것인지 검토해 봐야 한다.
넷째, 다른 방법으로 질문할 수 있는지 연구해야 한다.
다섯째, 상담자는 자신의 질문이 내담자에게 어떤 의미로 받아들이는지 파악해야 한다.

바람직한 질문의 형태는 어떤 것인가? 상담자의 질문은 가능한 한 개방적이어야 한다. 다시 말해, '예', '아니요'가 아닌 자신의 느낌과 견해를 표현하도록 요청하는 질문이 더 바람직하다. 또한 질문은 단일질문이어야 하며 한꺼번에 이중 삼중으로 여러 가지를 묻는 질문이어서는 안 된다. 되도록 간결하고 명확하여 알아듣기 쉬워야 한다. 그리고 일단 질문을 한 다음에는 잠시 멈추고 기다리면서 내담자에게 귀를 기울여야 한다. 대답을 빨리 해야 한다는 심리적 압박을 받으며 하는 답변은 그렇게 중요하거나 의미 있는 답변이 되기 힘들 것이다. 그렇다면 질문은 어떤 때 필요한가?

첫째, 상담자가 내담자의 말을 들을 수 없었거나 잘못 들었거나 이해할 수 없을 때다. 이런 경우에는 상담자가 놓친 말들을 적당히 추측하여 짜맞추기보다는 다시 묻는 것이 바람직하고 솔직한 태도다. 이때 반드시 직선적으로 물어볼 필요는 없다.

- 미안합니다. 마지막 부분을 못 들었어요. 뭐라고 하셨지요?
- 그 사람에 대해 물어보신 내용을 잘 못 들었어요. 다시 이야기해 줄 수 있어요?
- 말씀 도중에 죄송합니다. 조금 전에 우리가 무슨 얘길했었죠?

이런 질문들은 상담자의 실수같이 보일 수도 있지만 결코 내담자에게 거리감을 주지는 않을 것이다. 오히려 상담자의 염려 및 관심과 함께 인간적인 실수를 내담자에게 보이게 됨으로써 내담자가 상담자에게 보다 가까워질 가능성을 높이게 된다.

둘째, 내담자가 상담자의 말을 이해했는지 알아볼 때다. 상담자는 간혹 의도하였던 것 이상의 말을 하게 될 수도, 서투르게 표현할 수도 있다. 이때 내담자가 과연 상담자의 의도를 제대로 이해하였는지 궁금하게 된다. 상담자가 몇 마디 말밖에 하지 않았을 경우에도 내담자가 바로 그 몇 마디의 뜻을 제대로 이해하였는지 확인할 필요를 느끼기도 한다. 어떤 경우든 간에 상담자는 미심쩍은 바를 그냥 넘기기보다는 확인하는 것이 바람직하다. 그러지 않는다면 불확실한 것이 점점 쌓여 결국은 그때까지 이끌어 온 상담관계마저 해치게 될 것이다. 예컨대, 다음과 같은 질문으로 확인할 수 있을 것이다.

- 내가 횡설수설하지나 않았는지 걱정되는데요. 제가 한 말을 어떻게 들으셨습니까?
- 이 부분은 제가 그다지 명확하게 이야기하지 못한 것은 아닌지요? 당

> 신은 어떤 의미로 들었습니까?
> • 나는 요 몇 분간 우리들이 서로 다른 이야기를 해 오지 않았나 하는 생각이 듭니다. 서로를 좀 더 잘 이해하기 위해 지금까지의 이야기에 대한 당신의 의견을 좀 들었으면 하는데요.

셋째, 내담자가 지금까지 표현해 온 생각이나 감정을 보다 명확하게 탐색하도록 상담자가 질문을 하는 때다. 우선, 상담자는 내담자와 같이 있고, 내담자의 말에 귀를 기울이고 있으며, 내담자를 이해하고자 애쓰고 있다는 것을 알려 주기 위해 질문이 필요하다. 또한 상담자는 약간의 실마리를 제공하면서 내담자의 자기탐색에 도움이 되도록 간단한 질문을 하기도 한다. 상담자의 의도는 내담자에 대한 자기탐색의 방향을 바꾸려는 것이 아니라 내담자가 자기탐색을 계속하도록 유도하는 것이다. 다음과 같은 질문이 그런 예에 해당된다.

> • 부인은 여러 사람이 그렇다고 말했는데, 그게 무슨 뜻인지요?
> • 가슴 속에 있는 그런 감정을 보다 상세히 이야기해 줄 수 있겠어요?
> • 김 선생이 그런 일을 싫어하는 것처럼 들리는데, 정말 그런가요?
> • 그 학생과 만나서 이야기하면서 자네가 어떻게 느꼈는지 궁금한데.
> • 김 선생이 그 직장을 그만두는 것에 대해 며칠째 생각하고 계신 건 이해가 되지만 혹시 그 직장을 그만둔 후에 무엇을 어떻게 하겠다는 생각은 해 보셨습니까?

넷째, 보다 충분히 내담자를 이해하기 위하여 상담자가 자세한 정보를 필요로 하는 때다. 상담자는 내담자의 행동이나 사고를 결정하는 기준을 이해하기 위해 내담자에게서 더 많은 정보를 얻고자 한다. 즉, 상담자가 바로 전 대화에서 내담자의 마음을 충분

히 이해하지 못하고 그 다음에도 계속 이해하기 힘든 경우에
질문을 하게 된다.

- 왜 김 선생이 직업을 바꾸게 되었는지 미처 이해를 못했습니다. 거기에 대해 좀 더 구체적으로 이야기해 줄 수 없겠습니까?
- 장호에 대한 감정이 어떠했는지 알 것 같군. 그런데 그 사람이 어떻게 해서 끼여들게 되었지?
- 그 사건이 있은 후 형이 집에 돌아왔을 때 부인이 어떻게 느꼈는지 궁금한데요…….
- 잠깐만…… 당신이 그때 교수님과 어떤 면담을 했는지 궁금합니다.

다섯째, 더 하고 싶은 말이 있는데도 말을 계속하기 어려워하는 내담자를 격려할 때. 내담자는 흔히 조그만 일로도 말이 막힐 수 있다. 이때 간단한 질문을 함으로써 내담자가 그런 상황에서 벗어나게 해 준다. 다시 말해서 적절한 시점에서 적절한 질문은 어색한 순간을 메워 주거나 불필요하게 무거운 침묵을 풀어 줄 수 있다. 예컨대, 다음과 같은 질문들이 그런 목적에서 활용될 수 있다.

- 혹시 상담시간이 거의 끝나간다는 것에 신경이 쓰이는지도 모르겠습니다만 조금 더 이야기하셔도 괜찮으니까요…….
- 아까 설명해 준 적성검사의 결과를 참고로 대학원에서의 전공 분야를 생각한다면 어떤 생각이 드세요?
- 지금까지 한 이야기 말고 다른 무슨 이야기를 하고 싶습니까?
- 말씀을 안 하시는데 무슨 생각을 하시는지 궁금하군요.

5. 상담에서의 침묵

상담과정에서 가끔 내담자가 말을 하지 않아서 침묵이 지속되는 경우가 있다. 이러한 침묵이 언제 발생했느냐와 내담자와 상담자 중 누구에 의해서 침묵이 시작되었느냐에 따라서 그 의미가 평가될 수 있다. 상담의 초기에 일어난 침묵은 대개 내담자의 당황과 저항을 의미한다. 점차 상담이 진행됨에 따라 침묵은 내담자의 여러 가지 감정과 생각을 간접적으로, 그러나 힘 있게 전달하는 의미를 띠게 된다. 이러한 침묵들을 해석하고 처리하는 것이 상담자의 역할 중 하나라고 볼 수 있다. 우선, 침묵이 부정적인지 긍정적인지를 판단할 필요가 있다. 이러한 판단을 하려면 내담자가 보이는 침묵의 의미를 생각해 보아야 한다.

> **침묵의 의미**
> 내담자의 침묵은 당황, 저항, 드러내기 어려운 감정, 생각 등을 의미하며, 상담자의 침묵은 내담자에게 스스로 문제를 숙고하고 말을 유도하도록 해 준다.

첫째, 상담관계가 제대로 이루어지기도 전에 일어난 침묵은 대개 부정적이며 두려움의 한 형태로 해석된다. 이것은 상담자가 자기를 어떻게 볼 것인가에 대한 불안 때문에 일어난다.

둘째, 내담자의 생각이 바닥났거나 다음에 무슨 말을 해야 좋을지 헤매는 경우다. 어느 정도 대화가 오고 간 후, 이제는 본격적인 상담과정으로 들어가려는 의미도 있다. 이때 상담자가 "심각한 말을 시작하는 것은 언제나 어렵지요."와 같은 말로써 침묵의 난관을 타개해 나갈 수 있다.

셋째, 상담자 개인에 대한 적대감에서 오는 저항이나 불안 때문에 생기는 침묵이다. 이것은 대개 내담자가 상담자에게 호출되어 왔거나 다른 누가 보내서 상담실에 왔을 경우에 특히 나타나게 된다. 내담자는 상담자 쪽에서 먼저 말을 꺼내기를 기다리고, 상담자의 말에 간단하게 대답하면 되는 분위기가 되기 쉽다. 이때의 침묵은 내담자가 오히려 상담자를 조종할 수 있는 좋은 수단이 된다.

넷째, 내담자가 자신의 느낌을 표현하려고 최대한 노력을 하는데도 말로 잘 표현하기 힘든 경우다. 이러한 때에는 상담자가 '말로 표현할 수 있을 때까지 기다릴 테니까, 안심하고 천천히 말하셔도 됩니다.', '당신이 말하고 싶은 것을 표현하기 힘든 것 같은데 그렇습니까?' 와 같은 말로 안심시켜 주는 것이 필요하다. 또는 '당신의 생각이 어떻게 돌아가고 있는지 약간 힌트를 준다면 내가 말로 나타내기 쉽도록 도와드리고 싶습니다.' 와 같이 적극적인 자세를 취할 수도 있다. 아니면 내담자에게 종이와 연필을 내어 줌으로써, 우선 글로써 표현하도록 도와주는 방법도 가능하다.

저항적인 침묵에서는 상담자와 내담자가 서로 빤히 쳐다보면서 마치 눈싸움을 하는 것 같은 장면이 연출될 수 있다. 이것은 상담자가 먼저 질문을 하거나 말을 꺼내야 한다는 내담자의 생각과 '어떻게 돌아가는지 기다려 보자.' 는 식의 태도 때문인 경우가 많다. 상담자가 '당신은 지금 말하고 싶지 않은 모양이군요.' 하는 식으로 경계심을 풀어 주거나, 침묵에 대해 어떻게 생각하는지 말해 보도록 청하는 것도 적절하다. 만약, 부끄러움 때문에 침묵을 지키는 내담자가 있다면 '우리가 여러 번 만나서 이야기를 해 왔는데, 당신은 어머니에 대해서는 한마디도 이야기를 하지 않은 것 같습니다.' 와 같이 필요하다고 생각되는 주제를 제공하여 침묵을 깰 수도 있다.

다섯째, 내담자가 상담자에게서 재확인을 바라거나 상담자의 해석 등을 기대하여 침묵에 들어가는 경우다. 이러한 형태의 침묵은 상담자가 쉽게 간파할 수 있고, 비교적 쉽게 적절한 반응을 해 줄 수 있다.

여섯째, 내담자가 방금 이야기했던 것에 관해서 생각을 계속하고 있는 경우다. 이런 때에는 상담자가 원칙적으로 침묵을 방해하지

상담 면접 시 내담자가
침묵하고 있을 경우
상담자는 경계심을
풀어 주어야 한다.

말아야 한다. 그래야만 내담자의 사고의 연속성을 중단하지 않
고, 이야기된 주제를 계속 진전시킬 수 있기 때문이다.

일곱째, 침묵은 내담자가 이전에 표현했던 감정상태에서 생긴 피로를
회복하고 있다는 것으로 해석되기도 한다. 상담자는 이때도 침
묵을 조용히 받아들이는 것이 바람직하다.

이렇게 침묵의 의미를 판단한 다음 상담자가 해야 할 일은 침묵을 깨
야 할지, 아니면 기다려 주어야 할지를 결정하는 것이다. 일반적으로
내담자가 침묵을 혼자 책임질 수 있다면 계속 놔 두는 것이 좋으나, 내
담자에게 그러한 준비가 되어 있지 않다고 생각된다면 상담자가 개입
하는 것이 바람직하다.

한편 상담자 쪽의 침묵은 진지한 경청과 함께 사용되면 좋은 상담기법
이 될 수 있다. 상담자가 침묵을 지키며 경청하는 것은 내담자가 스스로
숙고할 수 있는 시간을 주며, 또 내담자에게 말을 하도록 촉진하는 효
과가 있다. 다시 말해서 상담자의 침묵은 내담자에게 상담과정의 책임
을 갖도록 해 주는 가치가 있다.

로저스는 자기의 사례에 대한 논평에서 침묵의 가치를 다음과 같이
강조하였다.

사례

　　나는 지금까지 경험했던 상담 중에서 가장 이상한 상담을 막 끝냈다. J라
는 여학생은 내가 지방의 한 고등학교에서 매주 한나절씩 상담을 시작했을
때 만난 내담자들 중의 하나였다.

　　그녀는 자기의 지도교사에게, "저는 너무 수줍어서 저의 문제에 대해 이
야기하지 못할 것 같으니, 선생님께서 말씀해 주실 수 없겠습니까?" 하고
청했고, 지도교사는 나에게 그 학생에 대한 상담을 부탁해 온 사례였다. 지
도교사의 말에 따르면 J는 친구가 없어서 항상 고민하고 있다는 것이었다.
그리고 J는 항상 혼자인 것 같다고 했다. 내가 J를 처음 만났을 때 그녀는
자신의 문제에 대해서는 별로 이야기가 없었고, 주로 부모에 대한 이야기를
많이 하였다.

　　그 뒤 계속해서 네 차례 만났는데, 전체 면담 동안 그녀가 한 말은 고작
종이 한 장에 다 옮겨 적을 수 있을 정도였고, 나머지 시간은 거의 침묵으
로 채워졌다. 그 뒤 J는 모든 게 잘 되어 간다고 말하고는 거기에 관한 설
명도 하지 않았다. 그동안 지도교사는 J가 복도에서 선생님들과 마주칠 때
에도 정답게 웃으면서 인사를 나눈다고 했다. 이는 그 전에는 없었던 일이
었다. 덧붙여 그는 J를 잘 볼 수 없어서 다른 학생과의 관계는 잘 알 수 없
다고 했다.

　　J는 그 후 한 번의 면담에서 자유롭게 이야기하였다. 그러나 다음 두 달
반 동안은 예전처럼 계속 침묵을 지켰다. 그때쯤 그녀가 그 고등학교 여학
생들에 의해 '그 달의 여왕'으로 뽑혔다는 소식을 들었다. 여왕의 선출은
운동정신과 동료들의 인기를 반영하는 것이었다. 그 일이 있은 후, J에게서
"저는 선생님을 더 이상 만날 필요가 없을 것 같습니다."라는 전갈을 받았
다. 그 전갈을 받고 나는 침묵의 가치를 재인식하였고, 내담자의 능력에 대
한 나의 신념을 확고히 할 수 있었다.

이 사례에서 별로 말이 없어도 자기의 문제에 도움을 줄 수 있을 것이라고 믿는 사람과 같이 시간을 보낸다는 것 자체가 내담자의 문제해결에 실제로 많은 도움이 된다는 사실을 알 수 있다.

상담자의 침묵을 겸한 경청은 내담자가 자신의 중요한 느낌을 표현한 후에 거기에 대해 깊이 생각하고 통찰에 이를 수 있도록 시간적인 여유를 준다는 점에서 중요하다. 내담자의 문제 배경에 관해 지나치게 탐색하거나 말을 너무 많이 하도록 하면 침착한 자각이 뒤따르지 못할 위험이 있다. 그러므로 침묵하는 동안에 내담자가 자신의 느낌을 깊이 자각하고 행동의 방향을 모색하도록 상담자는 기다려 줄 필요가 있다.

경험이 없는 상담자는 1분의 침묵이 한 시간처럼 느껴질 수 있다. 그래서 상담자가 그 침묵을 참지 못하여 말을 꺼내면 내담자의 생각을 방해하는 결과를 가져올 수 있다. 또한 초보 상담자가 범하기 쉬운 한 가지 오류는 내담자가 말하려는 문장을 완성하는 것이라고 할 수 있다. 이렇게 내담자가 말하려고 하는 것을 미리 말해 버리면 상담자가 내담자에게서 대화의 주도권을 뺏는 것이 된다.

상담자의 잘 조율된 경청과 침묵은 결코 수동적인 태도라고 할 수 없으며 대화가 공백상태에 이르렀다는 것을 뜻하지도 않는다. 요컨대, 내담자가 생각하거나 말하고 싶어 할 때는 상담자가 침묵을 지켜 주고 경청의 태도를 가지되, 내담자가 무언가 반응을 기대할 때에는 적절한 말을 해 주어야 한다.

이 장을 마치며

■ 주요 개념

촉진관계 · 비밀보장 · 구조화 · 경청 · 반영 · 명료화 ·
직면 · 해석 · 질문 · 침묵

■ 더 생각해 볼 문제

◇ 상담의 기본(면접) 기법과 문제해결적 전문 방법은 서로 어떤 관계
  가 있는지 알아보자.

◇ 반영과 공감적 반응의 차이점은 무엇인지 생각해 보자.

◇ 상담 면접에 처음 임하는 내담자의 심정과 두려움, 기대에 대해 생각
  해 보자.

◇ 잠시도 침묵하지 않고 끝없이 이야기를 하는 내담자는 어떻게 대하
  는 것이 바람직하겠는지 생각해 보자.

제6장

상담의 진행과정

상담의 진행과정을 초기 · 중기 · 종결단계로 나누고, 각 단계에서 행해져야 할 주요 과제들에 대해 알아본다. 먼저, 초기단계와 관련해서는 상담의 기틀잡기과정으로서 내담자 문제의 이해, 상담목표의 설정, 상담의 진행방식에 대한 합의, 촉진적 상담관계의 형성 등을 어떻게 해 나가는지에 대해 알아본다. 중기단계와 관련해서는 과정적 목표를 설정하여 달성하는 방법, 내담자 저항이 발생할 때 극복하는 방법 등에 대해 알아본다. 마지막으로 종결단계와 관련해서는 성과 다지기과정으로서 성공적인 종결방법과 종결에 따른 후유증의 극복 방법들에 대해 알아본다.

상담은 여러 번의 면접으로 이루어진다. 한두 번의 면접으로 문제가 해결되어 상담이 끝나기도 하지만, 대개 5~6회에서 20여 회까지 이르는 것이 보통이다. 경우에 따라서는 20회를 훨씬 넘어 몇 년에 걸쳐 상담이 진행되기도 한다. 상담이 얼마나 오래 지속되는지는 내담자가 제시하는 문제의 성질, 상담자가 취하는 이론적 접근, 그리고 상담자와 내담자가 처한 구체적인 상황에 따라 달라진다.

상담은 처음부터 끝까지 항상 똑같은 방식으로 진행되는 것이 아니며, 또 그렇게 되어서도 안 된다. 상담의 진행과정이란 내담자와 처음 만났을 때부터 만남이 완전히 종료되기까지의 전체 과정을 말하는데, 상담의 초반부와 중반부, 그리고 후반부에서 행해져야 할 일들이 따로 있다. 상담의 각 부분에서 초점을 맞춰야 할 일들이 순조롭게 진행될 때 상담은 성공적으로 끝나게 된다. 반대로 각 단계별로 상담을 진행하는 전반적인 전략이 마련되어 있지 않으면 내담자와의 만남이 계속되더라도 이루어 놓은 것이 별로 없는 실속 없는 상담이 되기 쉽다. 이 장에서는 상담에서 행해야 할 주요 일들을 상담의 진행과정별로 알아보기로 한다.

1. 초기단계: 상담의 기틀 잡기

상담의 기틀 잡기
내담자에 대한 이해, 상담의 목표 및 진행방식의 합의, 상담관계의 형성 등 상담진행에 필요한 기본 구조를 세우는 상담 초기의 작업

상담의 초기단계란 상담자와 내담자 사이에 첫 만남이 이루어지는 순간부터 시작해서 이후의 몇 차례의 만남을 말한다. 초기단계의 가장 큰 목표는 상담의 기틀을 제대로 잡는 일이다. 즉, 건축물을 지을 때 기초공사를 튼튼히 하는 것과 같다. 그러나 상담 분야에 종사하고 있는 사람들 중에는 상담에서 초기단계가 얼마나 중요한지를 제대로 인식하지 못하는 이들도 더러 있다. 기초 다지기가 제대로 되지 않은 건축 공사는 결국 부실 공사로 이어지듯이 초기단계에서 상담의 기틀을 제대로 잡지 않으면 이후에 상담이 아무리 오래 진행된다 하더라도 뚜렷한

성과를 내기 어렵다. 상담의 기틀 잡기에는 다음과 같은 세 가지 내용들이 포함된다.

첫째, 내담자의 문제를 제대로 이해하는 것
둘째, 상담의 목표 및 진행방식에 대해 합의를 이루는 것
셋째, 촉진적인 상담관계를 형성하는 것

1) 내담자 문제의 이해

상담의 가장 중요한 목표는 내담자가 호소하는 문제를 해결하는 데 있다. 따라서 내담자의 문제가 무엇이고, 그것이 어떤 배경에서 발생하였는지를 확인하는 것은 상담의 필수 사항에 해당한다. 이제 상담의 초기단계에서 내담자의 문제를 이해하는 것과 관련해서 유의해야 할 몇 가지 사항들을 제시해 본다.

(1) 도움을 청하는 직접적인 이유의 확인

내담자는 각자 어떤 목적을 가지고 상담자에게 온다. 어떤 내담자는 마음에 심한 상처를 받아 다른 사람과 의논하지 않고서는 더 이상 일상생활을 해 나가기 힘들기 때문에 상담을 요청한다. 또 어떤 내담자들은 자신의 성격을 고치고 싶거나 다른 사람과의 인간관계에서 겪는 갈등을 해소하기 위해 상담자를 찾아온다. 구체적인 이유는 내담자가 처한 상황에 따라 달라지겠지만, 중요한 것은 내담자에게 있어서 무엇이 문제가 되는지를 직접 확인하는 일이다.

'상담에서 무엇을 이야기하고 싶으십니까?' 또는 '제가 어떤 점을 도와드리면 좋겠습니까?' 등과 같은 질문을 던지고 이에 대한 내담자의 대답을 경청함으로써 내담자가 도움을 청하는 직접적인 이유를 확인할 수 있다. 이때 상담자는 내담자의 대답에 조리가 있지 않다거나 초점이

많은 사람들 앞에서 발표를 할 때 실수를 할까봐 긴장되어
말을 더듬게 되면 발표 불안의 문제가 있는 것이다.

분명하지 않다고 해서 내담자를 일방적으로 다그쳐서는 안 된다. 상담자를 처음 대하는 내담자로서는 상담상황이 어색하게 여겨질 수 있고, 무슨 이야기를 어느 정도 말해야 할지 감을 잡지 못하는 경우가 많다. 따라서 상담자는 내담자가 차분하게 자신의 이야기를 해나가도록 모든 것을 내담자 위주로 배려하는 자세를 유지하면서 내담자가 경험하는 문제와 그 문제가 경험되는 구체적인 상황이나 장면을 확인해 나가야 한다.

내담자가 경험하는 문제와 관련된 상황이나 장면은 여러 가지일 수 있다. 특정한 사람(예: 권위적 인물)과 같이 있는 상황이 문제가 될 수도 있고, 특정한 장면(예: 엘리베이터와 같은 폐쇄된 공간)이 문제가 될 수도 있고, 특정한 일(예: 여러 사람 앞에서의 발표)을 수행하는 것이 문제가 될 수도 있다. 내담자의 문제를 각각의 대상이나 장면 혹은 상황별로 일일이 확인하고 그 심각성 정도를 평가함으로써 이후의 상담에서 어떤 점에 초점을 맞춰 나가야 할지를 분명히 할 수 있다(〈표 6-1〉 참조).

〈표 6-1〉 문제 증상 및 관련 상황의 확인 예

심각성 순위	구체적인 문제 상황	경험되는 문제 증상
1	여러 사람 앞에서의 발표	말더듬, 긴장, 불안
2	낯선 사람과의 식사	불편, 긴장
3	이성과의 데이트	거부에 대한 두려움, 소극적 행동
4	물건을 살 때	우유부단

(2) 문제의 발생 배경의 탐색

내담자에게서 상담을 받을 문제에 관한 이야기가 어느 정도 진행된 다음에는 그러한 문제가 어떤 배경에서 나온 것인지를 확인함으로써 상담에서 실제로 초점을 맞춰야 할 문제 증상을 보다 명확하게 할 필요가 있다. 왜냐하면 문제에 대한 내담자의 이야기에는 중요한 정보가 빠져 있거나, 있다 하더라도 분명치 않을 수 있기 때문이다. 따라서 상담자는 내담자의 문제를 보다 깊이 이해하기 위하여 내담자가 자발적으로 하는 이야기에 덧붙여 다음과 같은 사항들에 유의하면서 초기 상담을 이끌어 나가야 한다.

무엇을 사야 할지 마음을 정하지 못하는 이 여성은 우유부단의 문제를 가지고 있다.

이때 한 가지 주의해야 할 것은 내담자에게 일방적인 질문 공세를 펴는 일이다. 상담자는 내담자에게서 필요한 정보를 얻기 위해 질문을 사용할 수밖에 없지만, 질문을 하더라도 내담자로 하여금 자신을 충분히 표현할 수 있는 기회를 제공해야 한다. 그렇지 않으면, 상담자와 내담자의 관계가 질문자-답변자의 관계가 되어 버리기 쉽다. 이때 내담자는 상담자가 묻는 말에만 대답하게 되거나, 모든 것을 상담자에게 맡기는 수동적인 자세를 띠게 된다. 상담의 성공을 위해서는 내담자의 적극적인 참여가 필수적이기 때문에 상담자는 질문을 하더라도 내담자에게 대화 참여의 길을 터주는 자세가 필요하다.

질문자-답변자 관계
상담자는 질문만 하고 내담자는 답변만 하게 되는 잘못된 상담관계

왜 지금 문제가 되는가   내담자 문제의 이해를 위해 상담자가 우선적으로 관심을 기울여야 하는 한 가지 사항은 그 문제가 하필이면 '왜 지금 문제가 되는가'다. 내담자라고 해서 지금까지 살아오는 동안 계속 문제를 겪어 온 것은 아니다. 내담자들도 예전에는 일상생활에 별다른 지장이 없을 정도로 원만하게 적응했을 수 있다. 그런데 내담자에게 지

금 상담이 필요하다는 것은 예전에는 원만했던 생활 적응이 현재는 흔들리고 있다는 것을 의미한다. 예를 들어, 최근에 아버지와의 관계에서 불편과 긴장을 경험하게 된 내담자라면 그러한 불편과 긴장을 유발한 어떤 구체적인 사건이나 일을 최근에 경험했을 가능성이 있다. 그러한 사건이나 일들이 실제로 있었는지, 있었다면 무엇인지를 일일이 확인하고 검토함으로써 내담자의 생활 적응을 어렵게 만드는 '현재의 이유'들을 분명히 이해할 수 있게 된다. 그리고 이를 통해 내담자에게 그러한 문제를 겪도록 만든 촉발 요인을 알아낼 수 있다. 대개 이러한 촉발 요인들이 문제를 해결하기 위한 상담자의 일차적인 개입 대상이 된다.

과거에 비슷한 문제는 없었는가 내담자에게 있어 문제가 왜 지금 경험되는지를 어느 정도 이해했다면, 그런 것들이 예전에는 어떠했는지를 살펴봐야 한다. 즉, 예전에도 비슷한 문제를 경험한 적이 있는지, 있다면 구체적으로 어떤 문제였는지, 그때 당시에는 그것을 어떻게 처리·해결했는지 등을 알아봐야 한다. 만일, 내담자가 과거에도 비슷한 문제로 고통받은 적이 있다면, 현재의 일시적인 상황적 요인보다는 내담자의 성격이나 가족 상황 등과 같은 비교적 지속적이고 뿌리 깊은 문제들이 현재의 문제와 관련되어 있을 가능성이 있다. 이 경우 현재의 문제와 관련된 과거의 문제들 역시 상담의 초점이 되어야 한다.

(3) 문제해결 동기의 평가

문제해결 동기
내담자가 자신의 문제를 상담자의 도움을 통해 해결하고자 하는 동기. 이는 상담이 효율적으로 진행되는 데 필요한 원동력이 된다.

내담자가 상담받고자 하는 문제에 대해 어느 정도 이해되었으면, 그다음 과제는 내담자가 상담을 통해 문제를 해결하고자 하는 의지와 동기를 확인하는 일이다. 기차에 동력이 충분치 않으면 그 기차는 달릴 수가 없다. 상담도 마찬가지다. 상담을 움직이는 힘은 어디까지나 문제를 해결하려는 내담자 자신의 확고한 의지에서 나오기 때문에 성공적인 문제해결을 위해서는 내담자의 적극적인 참여와 협조가 필수적이다. 따라서 상담 초기에 상담에 대한 내담자의 동기를 확고히 해놓지 않으면 이후의 상담은 매우 힘들어지게 된다.

  모든 내담자들이 스스로의 의지로 상담자를 찾아오는 것은 아니다. 어떤 내담자들은 다른 사람(예: 부모나 친척, 배우자, 학급 교사, 친구, 직장 상사나 동료 등)에 이끌려 상담 장면에 들어오기도 하는데, 이들을 '비자발적 내담자'라 부른다. 대개의 경우 비자발적 내담자들은 상담에 대한 동기가 약하다고 볼 수 있다. 이들은 자신이 왜 상담을 받아야 하는지 의아해 한다. 주변 사람의 요구나 강요에 못이겨 상담자를 찾아오기는 했어도 상담에서 무엇을, 어떻게, 그리고 왜 이야기해야 하는지 납득하거나 수용하지 못한다. 왜냐하면 자신에게는 상담을 받아야만 할 문제가 없다고 믿기 때문이다. 그런 의미에서 이들과의 상담은 상담에 대한 동기가 약하므로 매우 힘들어질 수 있다. 따라서 무엇보다도 그들에게 상담이 어떤 것인지, 상담을 통해 무엇을 할 수 있고, 그것이 그들 자신에게 어떤 도움이 될 수 있는지, 그리고 상담을 활용해서 해결하고 싶은 문제는 없는지에 관해 충분히 이야기를 나누는 것이 필요하다.

  반면, 어떤 내담자들은 스스로의 의지로 상담 장면에 들어오기도 하는데, 이들을 '자발적 내담자'라 부른다. 대개 자발적 내담자들은 상담에 대한 동기가 높다. 즉, 그들은 스스로에게 어떤 문제가 있다고 느끼고 있으며, 그 문제를 상담자의 전문적 도움을 통해 해결하는 것이 자신에게 도움이 될 것이란 기대를 가지고 있다. 자신의 문제에 대한 정확한 인식과 문제해결에 대한 강한 기대는 상담에서 매우 중요하다. 이것이 확고할수록 보다 잘 준비된 내담자라 할 수 있으며, 이들과의 상담은 비교적 순조롭게 진행된다.

비자발적 내담자
자신은 원하지 않지만 주위 사람의 권유로 마지못해 혹은 억지로 상담에 참여하는 내담자. 상담에 대한 동기가 낮다.

자발적 내담자
스스로 원해서 상담을 받으러 오는 내담자. 상담에 대한 열의가 비교적 높다.

2) 상담의 목표 및 진행방식의 합의

(1) 상담목표 정하기

상담은 배가 항해하는 것에 비유할 수 있다. 배가 인천항을 출발하여 부산항으로 향하고 있다면, 인천항은 배의 출발점이 되고 부산항은 항해의 목표 지점이 된다. 상담도 마찬가지다. 내담자와 상담자가 얼굴을 맞대고 첫 대면을 하는 순간 상담은 출항하는 것으로 볼 수 있다. 그러나 이때 상담이 어디로 향해 나가야 할지 상담 초기에 분명히 하지 않으면 상담은 표류하기 쉽다. 상담이 도달해야 할 지점을 상담의 목표라 하는데, 이것이 분명할수록 상담은 순조롭게 진행된다고 볼 수 있다.

> **상담의 목표**
> 상담에서 달성해야 할 목표. 당면 문제의 해결이라는 일차적 목표와 인간적 발달과 성장이라는 이차적 목표로 구성된다.

일차적 목표와 이차적 목표   상담의 최우선적인 목표는 내담자가 호소하는 문제의 해결이다. 즉, 내담자가 상담을 받고자 하는 문제를 성공적으로 해결하여 내담자의 생활 적응을 돕는 것이 상담의 일차적 목표다. 이런 의미에서 상담의 일차적 목표는 '증상 또는 문제해결적 목표'라고 부른다. 예를 들어, 권위적인 인물과의 관계에서 불편을 경험하는 내담자에게 상담의 일차적 목표는 그러한 불편을 직접적으로 해소하는 것이다. 또한 우울이나 불안 때문에 고통을 겪는 내담자에게는 우울이나 불안 자체의 완화가 상담의 일차적 목표가 된다.

어떤 경우에는 상담이 일차적 목표의 달성을 넘어서서 더 진행되기도 하는데, 이때 상담의 목표는 이차적인 동시에 보다 궁극적인 성질을 지니게 된다. 예컨대, 우울이나 불안이라는 문제 증상 그 자체의 해결은 일차적 목표에 해당한다. 그러나 내담자가 내면적인 자유를 회복하고 자신이 가지고 있는 수많은 가능성과 잠재력을 드러낼 수 있도록 성격을 재구조화하여 인간적 발달과 인격적 성숙을 이루는 것은 이차적 목표에 해당한다. 이런 의미에서 상담의 이차적 목표는 '성장 촉진적 목표'라고도 부른다. 대개 상담은 일차적 목표의 달성으로 끝나는 것이

보통이지만, 내담자가 원하거나 여건이 허락되면 이차적 목표를 다시
정하고 상담을 계속하기도 한다.

상담목표 설정 시 고려사항   상담목표를 설정할 때 고려해야 할 사항
들은 다음과 같다.

첫째, 목표는 구체적이고 명확해야 한다. 상담목표가 일반적이거나
　　모호하게 설정되면, 그러한 목표를 상담에서 달성했는지의 여
　　부를 판가름할 수 있는 준거가 명확하지 않게 된다. 예를 들어,
　　'친구들과 원만한 관계를 유지하기'라는 상담목표를 세웠다면
　　친구들과 관계를 어떻게 맺고 유지해 나가야 원만한 관계인지
　　를 판가름하기란 쉽지 않다. 이렇게 되면 애초에 설정했던 목표
　　를 상담에서 얼마나 달성했는지를 확인하기가 무척 어려워지게
　　된다. 따라서 이 경우 상담목표는 '친구들과 같이 영화 보러 가
　　기'라든가 '친구들과 같이 공부하기' 등과 같은 일련의 구체적
　　이고도 명확한 목표들로 대치하는 것이 바람직하다.

둘째, 목표의 현실성이다. 즉, 상담목표는 현실적으로 내담자가 처한
　　상황에서 달성이 가능한 것이어야 한다. 예를 들어, 학교 공부
　　조차 따라가기 힘들어 하는 고등학생을 상담할 때 '일류대학
　　인기 학과에 입학할 수 있을 정도로 학습습관을 향상시키기'라
　　는 상담목표를 설정하는 것은 현실성이 없다. 상담에서 비현실
　　적인 목표를 설정한다면 그러한 목표를 달성하지 못하게 될 뿐
　　만 아니라 내담자에게 또 다른 커다란 심리적 좌절 경험을 주
　　게 되는 문제가 생긴다. 따라서 상담자로서는 상담의 초반기에
　　현실적으로 달성 가능한 목표를 내담자와 더불어 세워 나가는
　　것이 필요하다.

셋째, 문제 축약이다. 내담자들은 흔히 아주 다양한 심리적 증상이나
　　문제들을 가지고 상담자를 찾아온다. 이때 내담자가 제시하는

목표의 명확성
상담의 목표는 일반적이거
나 모호해서는 곤란하며,
구체적이고 명확해야 한다.

목표의 현실성
상담목표는 내담자가 처한
현실상황에서 달성 가능한
것이라야 한다.

문제 축약
내담자가 호소하는 여러 가
지 증상의 공통점을 찾아내
서 핵심적인 몇 가지 문제로
축소하는 상담기법

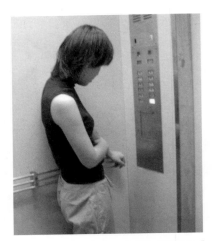

엘리베이터라는 폐쇄된 공간에서
불안을 느끼는 이 여성이 진정으로
걱정하고 있는 것은 무엇인가?

문제들을 일일이 해결하는 것을 상담목표로 정하는 것은 바람직하지 않을 수 있다. 왜냐하면 그렇게 하는 데 시간과 노력이 많이 들 뿐만 아니라 전체적인 상담의 효율성이 떨어질 수 있기 때문이다. 이런 경우 문제 축약이라는 방법을 사용할 수 있다. 문제 축약이란 내담자가 호소하는 여러 가지 문제를 유사한 원인을 가지는 몇 가지 주요 문제로 압축하는 것을 말한다. 만일, 내담자가 10가지 문제들을 호소하였다면, 그 문제들을 원인별로 3가지 정도의 문제군으로 분류하는 것이다.

문제를 축약하는 방식에는 여러 가지가 있으나, 갖가지 문제들의 기저에 있는 공통 요인을 찾아서 그 공통 요인을 중심으로 문제를 축약하는 것이 가장 일반적이다. 예를 들어, 어떤 내담자가 엘리베이터에 타는 것, 터널을 지나는 것, 폐쇄된 공간에 머무는 것, 빨리 걷거나 뛰는 것, 강한 바람을 쐬는 것, 비행기를 타는 것 등에 공포감을 가지고 있다면 이러한 여러 가지 증상의 기저의 공통 요인—이 경우는 '질식에 대한 공포'임—을 찾는 것이 가능하고, 상담자는 그러한 공통 요인의 해결을 상담의 주된 목표로 삼을 수 있게 된다. 이렇게 되면 갖가지 증상들을 일일이 해결하는 것보다 상담이 훨씬 더 효율적으로 진행될 수 있다. 또 다른 방법은 여러 가지 문제가 발생한 시간적 연쇄과정 또는 인과적 연쇄과정을 분석하여 시기적으로 먼저 발생한 문제나 다른 문제의 원인 역할을 하는 문제를 선별하여 먼저 다루는 것이다.

(2) 상담의 진행방식의 합의

상담은 아무렇게나 진행되어도 별다른 탈이 없는 일반적인 대화나 면접과는 다르다. 상담은 일정하게 미리 정해진 방식대로 진행되는 것이 바람직하며, 그렇게 되어야 소기의 성과를 제대로 얻게 된다. 내담자가 만나고 싶다고 해서 아무 때나 상담자를 찾아와서는 곤란하고, 하던 이야기를 계속하고 싶다고 해서 한꺼번에 몇 시간씩 상담을 진행하는 것도 곤란하다. 또한 오고 싶지 않다고 해서 약속된 상담시간에 오지 않는 것도 곤란하고, 유료 상담인 경우 상담료를 제때 지불하지 않는 것도 곤란하다. 따라서 상담자는 상담이 진행되는 방식이나 절차, 상담에서 바람직한 내담자 행동과 태도 등에 대해 내담자에게 자세히 안내하고 동의를 구하는 것이 필요하다. 흔히, 이 같은 절차를 상담의 구조화라 한다. 다음에는 상담의 구조화 내용 중 중요한 것 몇 가지를 제시한다.

> **상담의 구조화**
>
> 효율적인 상담의 진행을 위해 상담에서 내담자가 준수해야 할 일들과 상담의 기본적인 진행방식 등에 대해 내담자에게 안내하거나 설명하는 행위

상담기간 및 시간에 대한 합의　상담이 효율적으로 진행될 수 있으려면 먼저 상담자와 내담자가 얼마나 오랫동안 그리고 어느 정도의 시간 간격을 두고 만날 것인지, 한 번 만났을 때 대화를 얼마 동안 지속할 것인지 등에 대해 미리 합의를 이루어야 한다. 대개의 경우 상담은 일주일에 한 번씩 진행되며, 한 번 만날 때마다 50분 가량 대화를 나누는 것이 보통이다. 상담을 얼마나 오랫동안 할 것인지는 내담자가 호소하는 문제의 성질, 내담자의 심리적 특성, 내담자가 처한 생활환경 등에 따라 달라진다. 따라서 모든 내담자들에 대해 획일적인 상담기간(예: 10회 또는 20회 등)을 정할 수는 없고, 내담자와 상담자의 사정에 따라 상담기간이 얼마든지 달라질 수 있다. 그러나 이때에도 상담자는 대략적인 상담기간을 추정하여 내담자에게 알려 주고, 동의를 미리 구해 두는 것이 바람직하다.

바람직한 내담자 행동 및 역할에 대한 안내　경제학 분야에서는 최소한의 투자로 최대한의 이득을 얻는 것을 미덕으로 삼는다. 하지만 상담 분야에서는 사정이 다르다. 상담에 관한 한 투자를 하면 할수록 얻는 것이 많아지기 때문에 상담자로서는 내담자가 자신의 문제를 해결하기

위해 최대한의 노력을 기울일 수 있도록 유도해야 한다. 이런 의미에서
내담자가 '이제 상담을 받게 되었으니 상담자가 내 문제를 알아서 해
결해 주겠지.'라든가 '그냥 상담자의 말만 잘 따라하면 모든 문제가 잘
해결될 거야.'라는 등의 자세나 태도를 가지는 것은 오히려 상담의 진
행에 방해가 된다. 즉, 상담을 시작하게 되었다는 것만으로 모든 문제
가 저절로 해결되는 것은 결코 아니므로 내담자는 적극적인 자세와 태
도로 상담에 임해야 한다. 내담자가 그렇게 할 수 있도록 안내하고 유
도하는 것이 상담자의 역할에 속한다고 볼 수 있다.

　일반적으로 바람직한 내담자 행동 및 역할로는 다음의 몇 가지가 주
로 거론된다.

　첫째, 자발적인 참여다. 내담자가 자신에 관해 이야기해 주지 않으면
　　　상담자로서는 내담자를 도울 방법을 찾지 못하게 된다. 즉, 내
　　　담자에게서 문제와 관련된 자료가 충분히 나오지 않으면 상담
　　　자는 아무런 전문적 도움도 줄 수 없게 된다. 이런 의미에서 상
　　　담자는 내담자가 자신의 심리적 문제, 자기 자신, 생활 배경, 살
　　　아온 과정 등 상담에 도움이 될 만한 것이라면 아무리 하찮더
　　　라도 상담자에게 모두 이야기해야 한다는 점을 잘 이해시킬 필
　　　요가 있다.

　둘째, 상담과 상담자에 대한 합리적 기대다. 내담자는 상담과 상담자
　　　에 대해 여러 가지 비합리적 기대를 가지고 있을 수 있다. '상
　　　담자가 모든 것을 알아서 해결해 줄 거야.'라든가 '상담을 하면
　　　금방 내 문제가 해결될 거야.'라는 등의 기대가 그 예다. 그러
　　　나 분명한 것은 상담의 성과는 내담자의 협조와 노력 없이 상
　　　담자의 노력만으로는 결코 달성될 수 없으며, 모든 변화는 급진
　　　적이 아닌 점진적으로 온다는 것이다. 따라서 상담자는 내담자
　　　가 상담과 상담자에 대해 어떤 기대를 가지고 있는지를 상담
　　　초기에 확인하고, 그러한 기대들 중 바람직한 것은 격려하되,

비합리적인 기대들은 합리적인 기대로 대치할 수 있도록 내담자와 충분한 대화를 나눌 필요가 있다.

3) 촉진적 상담관계의 형성

대개 사람들은 온화하고 수용적인 분위기에서는 별 부담 없이 자신을 드러낼 수 있지만, 딱딱하고 경직된 분위기에서는 좀처럼 자신을 드러내지 않는다. 그것은 상담에서도 마찬가지다. 내담자가 대하는 것은 상담자며, 상담자와의 만남 속에서 어떤 것을 경험하는지가 상담의 진행에 매우 중요하다. 만일, 상담자가 내담자에게 신뢰감을 주지 못한다면 내담자는 상담자를 경계하게 되어 상담은 한 발짝도 나아갈 수 없다. 그러나 상담자가 내담자가 어떤 이야기를 하더라도 비난하거나 책망하지 않고, 있는 그대로 받아들이는 온정적이고도 허용적인 분위기를 조성한다면, 내담자는 별다른 장애 없이 상담에 몰입할 수 있다.

상담자와 내담자가 어떤 관계를 형성하는지는 상담의 진전과 성공에 직결되는 대단히 중요한 문제다. 이런 의미에서 상담관계는 상담의 성공을 촉진하는 것일 수도 있고 방해하는 것일 수도 있다. 상담자는 상담의 초기단계에서 촉진적인 상담관계를 형성하는 것의 중요성을 이해하고 이를 실행에 옮길 수 있어야 한다. 일반적으로 끊임없이 내담자를 이해하려는 진지한 자세, 모든 것을 내담자의 입장에서 생각해 보려는 내담자 중심적인 태도, 비난하거나 비판하기보다는 수용하고 존중하는 허용적인 자세, 어떤 가식도 없는 진솔하고 투명한 태도, 내담자를 도와주고자 하는 조력적 자세, 변덕스럽지 않은 일관적인 태도와 행동 등이 촉진적인 상담관계를 형성하는 데 필요한 상담자의 자세와 태도들이다.

촉진적 상담관계
내담자가 상담에 몰입하여 생산적인 상담 진행이 될 수 있도록 상담자와 내담자가 형성하는 협동적이고 우호적인 상담관계

2. 중기단계: 문제 해결하기

상담의 중기단계는 초기단계가 끝날 무렵부터 상담의 목표가 어느 정도 달성되기까지의 전체 과정을 말한다. 중기단계의 가장 큰 특징은 초기단계에서 설정된 상담목표를 해결하기 위한 구체적인 상담 작업들이 행해진다는 데 있다. 즉, 초기단계에서 잡혀진 탄탄한 기틀을 바탕으로 내담자가 가진 문제에 대한 본격적인 해결 시도가 행해진다. 이런 의미에서 상담의 중기단계는 '문제해결 단계'라고도 부른다. 이는 상담의 핵심적 단계가 된다.

대개 상담자들은 내담자가 호소하는 문제를 해결하기 위해 여러 가지 상담기법이나 방법들을 사용한다. 이러한 방법들은 내담자가 호소하는 문제의 성질이나 상담자가 활용하는 구체적인 상담 이론에 따라 크게 달라진다. 이 부분에서는 상담의 중기단계에서 상담자들이 사용하는 구체적인 기법이나 방법들을 일일이 소개하기보다는 중기단계를 진행함에 있어서 상담자들이 고려해야 할 몇 가지 주요 사항들을 제시하고자 한다(구체적인 상담방법이나 기법들은 이 책의 제2, 3, 4장에 소개된 이론별 상담방법이나 제7장에 소개되는 문제 유형별 상담방법을 참고하기 바란다).

1) 과정적 목표의 설정과 달성

어떤 사람이 경부고속도로로 서울에서 부산까지 가고자 하는 경우 대전을 지나고 대구를 경유하여 부산에 도착하게 될 것이다. 이때 부산은 여행의 목표 지점이 되며 대전이나 대구는 중간 경유 지점이 된다. 그 어떠한 경우라 하더라도 대전이나 대구를 지나지 않고서는 부산에 이를 수 없다. 상담도 마찬가지다. 초기단계에서 설정된 상담의 목표를 달성하기 위해서는 목표에 도달하기까지 어떤 중간 통과 지점이 있게 마련인데, 이러한 중간 지점을 상담의 '과정적 목표'라 한다.

학업성적이 떨어져서 고민하는 학생과 상담할 때에는 그 학생의 학업성적을 올리기 위해서 우선 학업에 대한 동기를 고취하는 것이 필요하고, 그런 다음 효율적인 학습방법을 익히도록 해야 한다. 그렇다고 해서 학업성적이 저절로 올라가는 것은 아니다. 이 외에도 학업을 방해하는 기타 요소(예: 같이 놀자는 친구들의 유혹, 재미있는 만화를 마음껏 보고 싶은 욕구 등)에 대한 통제 능력 또한 길러 주어야 한다. 이러한 세 가지 과정적 목표를 거치지 않고서는 성적 향상이라는 당초의 목표는 결코 달성할 수 없다.

상담은 하나의 큰 목표를 한꺼번에 달성하는 과정이라기보다는 큰 목표를 달성하기 위해 반드시 필요한 일련의 과정적 목표들을 순차적으로 달성해 나가는 과정으로 이해하는 것이 바람직하다. 이렇게 한다면 문제해결 노력은 훨씬 용이하게 되며, 목표의 달성 가능성 또한 높아진다. 그러나 과정적 목표로 무엇을 잡아야 할지는 상담의 초기단계에서 설정한 목표가 무엇이냐에 따라 크게 달라진다. 따라서 상담자는 상담에서 궁극적으로 달성하고자 하는 목표들에 대해 해박한 지식과 경험을 가지고 있어야 한다. 그리고 이것을 바탕으로 구체적인 과정적 목표를 설정하고 해결을 위한 노력을 기울여야 한다.

> **과정적 목표**
> 문제의 해결이라는 상담의 최종 목표를 달성하기 위해 거치게 되는 중간중간의 보다 작은 상담 목표

2) 저항의 출현과 해결

사람들에게는 저마다 습관적으로 행하는 사고 · 감정 · 행동패턴이 있는데, 이러한 패턴은 그대로 지속되려는 경향이 있다. 이들을 변화시키려고 할 때 변화에 대한 반대, 즉 저항이 일어나게 된다. 저항은 변화의 걸림돌로 작용하기 때문에 변화를 달성하기 위해서는 저항을 극복하지 않으면 안 된다. 예를 들면, 어떤 내담자는 지금 매우 외롭고 우울하다. 왜냐하면 그와 같이 할 가까운 사람들이 없기 때문이다. 상담자

가 그 이유를 세밀하게 살펴본 결과, 그에게는 사람들과 친해지는 것에 대한 두려움이 있다는 것을 알게 되었다. 그것은 다른 사람과 함께 어울리게 되어 친해지면 어쩔 수 없이 자신의 여러 가지 면모 중 부정적인 측면들도 드러나게 되고, 그렇게 되면 결국 상대방에게 거부당할 것이라는 믿음 때문이었다. 이런 경우 내담자가 호소하는 외로움과 우울을 완화시키려면 자신에게는 드러나게 되면 거부당할 것이 분명한 부정적인 측면들이 너무나도 많다는 내담자의 믿음을 변화시키지 않으면 안 된다. 그렇다면 이것을 어떻게 변화시킬 것인가?

우선, 가장 간단하고 손쉬운 방법은 실험을 해보는 일이다. 즉, 실제로 어떤 사람과 같이 지내면서 자신에게서 어떠한 부정적 측면이 드러나는지, 그리고 상대방이 끝내 자신을 거부하게 되는지 실제상황에서 확인해 보는 것이다. 상담자가 이 방법을 내담자에게 권유하였다고 하자. 이때 내담자는 상담자의 권유를 잘 따를 것인가? 만약, 독자 여러분이 이 내담자의 입장이라면 어떻게 할 것인가?

아마도 대부분의 내담자들은 상담자의 이런 제안을 쉽게 따르지 못할 것이다. 왜냐하면 '만의 하나라도 실제로 거부당하는 일이 일어나면 어떻게 하나.' 하는 생각이 머리를 떠나지 않을 것이고, '그러한 일을 겪는 것은 매우 위험하므로 차라리 우울과 외로움을 계속 경험하는 것이 더 낫다.'고 결론지을 수 있기 때문이다. 이것이 바로 저항이다. 객관적인 입장에서 보면 내담자는 이러한 실험을 통해 자신의 믿음이 잘못되었다는 것을 확인할 수 있게 되어 우울과 외로움을 더 이상 경험하지 않아도 된다. 즉, 원하는 변화를 달성하게 되는 것이다. 그러나 실제로 그 상황에 처한 내담자는 거부당할지도 모르는 '만의 하나의 가능성' 때문에 상담자의 제안을 쉽게 따르지 못하게 된다.

대부분의 변화과정에는 저항이 일어나게 마련이며, 이는 어쩌면 피할 수 없는 일인지도 모른다. 저항이 불가피한 것이긴 하지만 상담자가 내담자의 강한 저항을 유발하는 상담방법을 계속 사용하게 되면 끝내 상담은 실패로 귀결될 수밖에 없다. 따라서 상담자는 내담자의 저항을 줄

일 수 있는 상담방법을 고안해야 한다. 일반적으로 내담자의 입장을 고려하지 않는 상담자의 일방적인 지시나 통제, 내담자를 배려하지 않는 비우호적인 상담 분위기, 미처 준비도 안 된 내담자에게 너무 급격한 변화의 압력을 가하는 상담자의 행위 등이 내담자의 강한 저항을 불러일으키는 주요 요인으로 알려져 있다. 따라서 상담자는 이러한 경우를 조심하면서 내담자의 변화에의 동기를 고취하는 방향으로 문제해결 노력을 기울여야 할 것이다.

3. 종결단계: 성과 다지기

내담자가 원했던 변화가 일어나게 되면 상담은 종결된다. 즉, 우울과 외로움이 상담에서 해결하고자 했던 문제라면, 이러한 우울과 외로움이 현저히 완화되었을 때 상담은 종결된다. 그렇지만 모든 상담이 성공적으로 종결되는 것은 아니다. 상담자로서는 여러 가지 전문적인 노력을 기울여도 당초에 설정했던 목표의 달성에 실패하는 경우가 있다. 그러한 실패를 상담자 스스로의 힘으로 되돌릴 수 없을 때 부득이하게 상담은 종결될 수 있다. 이 밖에도 내담자가 상담이 도움이 되지 않는다고 생각하고 상담을 거부하는 때도 있는데, 이 역시 비성공적 상담 종결에 해당한다. 다음 부분에서는 상담의 종결을 성공적인 목표 달성 후의 종결에 국한해서 종결과정에서 고려해야 할 몇 가지 주요 사항들을 제시하고자 한다. 먼저, 종결의 여러 가지 의미에 대해서 알아보자.

1) 종결의 다양한 의미

(1) 심리적 재탄생으로서의 종결

상담심리학을 전공하고 있는 필자들의 관점에서 보면 사람들은 한 번 태어나는 것이 아니라 세 번 태어난다. 첫 번째 탄생은 모태에서 분리되어 세상에 처음 나오게 되는 생물학적 탄생이다. 두 번째 탄생은 부모에게서 심리적으로 분리되어 독립적이고 자율적인 인간으로 거듭나는 심리적 탄생이다. 심리적 탄생은 대개 아동기 때에 이루어지며, 이후의 적응은 심리적 탄생과정과 밀접한 연관이 있는 것으로 알려져 있다. 그러나 심리적 탄생이 제대로 되었다 하더라도 삶의 과정에서 여러 가지 문제를 경험하게 되고, 이런 문제들을 전문가의 도움을 통해 해결하고자 할 때 사람들은 상담을 받게 된다. 세 번째 탄생은 상담을 통해 문제가 해결되고 삶에 대한 용기와 자유를 회복하게 되는 심리적 재탄생을 말한다. 즉, 성공적인 상담의 종결은 사람들이 심리적으로 재탄생하게 되는 세 번째 탄생의 순간이 되는 셈이다.

(2) 타협 형성으로서의 종결

심리적 재탄생으로서 상담의 종결은 어떤 의미를 갖는가? 그것은 애초에 내담자와 상담자가 달성하고자 했던 상담목표를 완벽하게 달성하는 것을 뜻하는가? 심리적인 재탄생의 순간은 내담자가 모든 문제에서 완전히 자유로운 완전무결한 인간이 되었음을 뜻하는가? 한 가지 분명한 사실은 인간이 살아 숨쉬는 한 문제에서 완전히 자유로울 수는 없다는 것이다. 그것은 우리 모두의 이상이기는 해도 현실에서는 결코 달성할 수 없는 희망사항일 뿐이다. 따라서 상담의 종결은 이상을 지향하지만 그 이상을 현실에서 구현할 수 없는 본질적 한계와의 타협으로 이해되어야 한다.

(3) 성과 다지기로서의 종결

내담자가 당초에 호소하였던 문제가 현저히 완화되거나 해결되었다고 하여 곧바로 상담을 종결해서는 곤란하다. 종결은 급격하게 이루어지기보다는 일정한 과정을 거쳐 서서히 이루어지는 것이 바람직하다.

예를 들어, 일주일에 한 번씩 만나던 내담자가 문제가 많이 호전되었다고 해서 그 즉시 상담을 끝내기보다는 만나는 시간 간격을 열흘, 보름, 한 달 등으로 차츰 늘려나가면서 서서히 종결하는 것이 훨씬 더 낫다는 것이다.

이러한 점진적인 종결과정을 거치면서 얻게 되는 이득은 매우 크다. 우선 가장 큰 이득은 내담자가 상담의 중기단계를 거치면서 얻게 된 상담 성과를 비교적 상담과 거리를 둔 상태에서 실생활에 적용해 보고, 그 과정에서 어떤 문제점이 얼마나 발생하는지를 평가할 수 있는 기회를 가지게 되는 것이다. 반면, 이러한 과정을 거치지 않고 바로 종결에 이르게 되면, 내담자는 실생활에서 동일한 문제를 다시 경험하거나, 아니면 다른 문제를 경험하게 되더라도 이를 바로잡을 기회를 가질 수 없게 된다. 즉, 상담의 성과가 실생활에서의 성과로 계속 유지되지 못하는 데 대한 대비책을 강구하지 못하는 것이며, 이런 의미에서 점진적인 종결과정은 '상담성과 다지기 과정' 내지는 '실생활 적응훈련 과정'으로 볼 수도 있다.

2) 성공적인 상담 종결의 조건

언제 상담을 종결할 수 있는가? 상담자가 상담을 계속 진행해야 할 것인지, 아니면 종결해야 할 것인지를 판단하는 것은 매우 어려운 일이다. 성공적인 상담 종결의 조건들이 여러 가지 있겠지만 여기에서는 몇 가지 핵심적인 것들을 위주로 살펴보기로 한다.

(1) 문제 증상의 완화

상담 종결의 가장 중요한 조건 혹은 기준은 내담자가 애초에 호소한 문제 증상이 얼마나 완화되었는가다. 예를 들어, 내담자가 우울이나 불안문제로 상담을 받았다면 내담자가 현실 생활에서 더 이상 우울이나 불안을 경험하지 않거나, 경험하더라도 충분히 감내할 수 있는 수준에 머문다면 종결을 고려할 수 있다. 또한 애초에 내담자가 높은 곳에 올라가는 것에 문제를 경험했다면 별다른 불편 없이 건물 옥상에 올라갈 수 있게 되면 상담을 종결해도 무방할 것이다.

(2) 현실 적응력의 증진

내담자가 처음에 호소했던 문제 자체는 충분히 완화되었다 하더라도 다른 측면들에서 내담자의 현실 생활이 여전히 곤란하다면 종결에 대한 고려는 뒤로 미루는 것이 바람직하다. 일반적으로 사람들이 현실 생활을 제대로 영위하기 위해서는 인간관계가 개선되어야 하고, 학업이나 일에서 어느 정도 성과를 거둘 수 있어야 한다. 따라서 문제 증상의 완화 기준 외에도 내담자의 현실 적응력이 얼마나 증진되었는지를 고려하여 상담의 종결 여부를 판단해야 한다.

(3) 성격 기능성의 증진

위의 두 가지 조건이 충족되었다면 상담을 종결할 수 있을 것이다. 그러나 이러한 조건이 갖추어졌다 하더라도 한 가지 더 주의할 것이 있다. 그것은 내담자의 그런 상태가 얼마나 지속될 것인지와 관련된다. 만일, 상담 종결 후에도 계속 유지될 수 있다면 종결에 아무런 문제가 없지만, 문제의 재발 혹은 현실 적응의 실패가 조금이라도 예견된다면 종결은 미루는 것이 바람직하다.

일반적으로 문제 증상의 완화 및 현실 적응력의 증진이 내담자의 성격 기능성의 증진에서 나온 경우 내담자 변화는 비교적 지속적일 수 있다. 그러나 반대로 성격 기능성의 증진을 수반하지 않은 경우는 종결 후 얼마간의 시간이 흘러 새로운 생활 스트레스를 경험하게 될 때 심리적 문제가 재발할 위험성이 커진다. 결국 문제 증상의 완화를 넘어서 내담자의 성격 기능 자체가 얼마나 변했는지가 관건인 셈이다. 일반적으로 성격 기능성의 증진 여부를 판단할 때에는 여러 가지를 고려할 수 있다. 심리적 갈등의 기원이나 배경에 대한 이해가 충분하면 할수록, 충동에 대한 인내력을 더 갖추면 갖출수록, 자기에 대한 평가가 지나치게 과대하거나 과소하지 않고, 현실적일수록 성격 기능성은 증진된 것이다. 또한 객관적인 견지에서 자기를 수용할 수 있을수록, 긴장과 억제로부터 자유로워질 수 있을수록, 내적 현실(예: 자신의 바람이나 소망, 상상이나 공상, 욕구나 충동 등)과 외적 현실(예: 상황, 환경적 조건, 현실에서 실제로 발생한 사건 등)을 보다 잘 구분할 수 있을수록, 공격적 경향성을 자제할 수 있을수록 성격 기능성은 증진되었다고 할 수 있다.

(4) 성공적인 상담 종결을 시사하는 내담자의 태도나 생각

앞서 제시한 세 가지 기준 외에 내담자가 다음과 같은 생각이나 태도를 가지게 되었다면 상담이 성공한 것으로 보아 종결을 고려해도 된다.

- 모든 사람들은 문제가 있고 나도 그렇다. 그리고 유독 나만 나쁜 것 같지는 않다.
- 나는 내 문제를 약하다는 증거로 생각해 왔다. 그러나 이제는 그렇지 않다는 걸 알게 됐다. 나는 이제 문제에 주의를 기울이지 않고 지나칠 수 있다. 이제는 그리 큰 일이 아니다.
- 내가 갖고 있던 큰 문제 중의 하나는 내가 세상의 중심이어야 한다고 집착했던 것이다. 이제는 그것이 나에게 그다지 중요하지 않다.
- 죄책감 때문에 내 마음은 무너질 것 같았다. 상담을 통해 내 기준이 다른 사람들보다 훨씬 높다는 것을 알게 되었다. 사실 나는 내가 나쁘다는 걸 증명하기 위해 의도적으로 어떤 일을 하곤 했다. 이젠 그럴 필요가 없고,

그렇게 살고 싶지도 않다.

- 내 문제에 대해 부모님을 더 이상 비난할 필요가 없다. 이제까지는 어떤 일이 일어나든 다 부모님 탓이라 생각했다. 왜 과거가 현재 삶을 물들게 해야 하나? 이젠 나에게 어떤 삶이 주어지든 앞을 보며 살 것이다.
- 나는 항상 앞날을 걱정하느라 현재를 즐길 수 없었다. 그런 나 자신이 바보 같다는 것을 알고 있었지만 어떻게 할 수가 없었다. 하지만 이제 나는 현재에 충실할 수 있다. 그리고 걱정만 한다고 미래가 바뀌는 것이 아님을 알고 있다. 나는 바로 지금 내가 할 수 있는 최선을 다할 것이다.

3) 종결의 실제

사랑하는 사람과의 이별이 쉽지 않듯이 상담에서의 친밀한 관계를 종결한다는 것은 내담자에게는 특히 매우 어려운 일이다. 즉, 밀접한 인간관계의 마지막 순간들은 항상 어렵게 마련이다. 따라서 상담자는 친밀한 관계가 종결될 때 내담자에게 일어날 수 있는 여러 가지 감정과 생각들을 적절히 다루는 과정을 거칠 필요가 있다. 이러한 과정을 제대로 거칠 때 내담자는 별다른 상처나 후유증 없이 상담자로부터 진정한 심리적 독립을 이룰 수 있게 된다.

(1) 종결의 준비과정

모든 만남에서 갑작스런 이별은 심한 후유증을 남긴다. 그것은 상담에서도 마찬가지다. 상담에서 종결은 급격하게 이루어져서는 곤란하다. 대신 상담목표가 어느 정도 달성되었다면 내담자와 상담을 끝내는 문제를 미리 상의하는 것이 바람직하다. 내담자가 상담을 시작할 때에 비해 현재 얼마나 좋아졌는지 대화를 나누고, 상당히 호전되었다는 데 의견이 모아지면 종결 시점을 같이 정하고, 점진적으로 종결을 준비하는 것이 필요하다.

(2) 종결에 대한 내담자의 불안 다루기

흔히 내담자들은 자신이 상담을 종결할 준비가 되어 있는지에 대해 확신을 가지지 못한다. 다시 말해서 상담을 통해 변화된 것을 알고 있기는 해도, 일이 잘못 되어서 상담을 다시 받게 될지도 모른다는 불안을 느끼기 쉽다. 일단 종결이 되면 상담자의 지원과 이해를 받을 수 없다고 생각하기 때문이다. 만약, 내담자에게서 이러한 불안감이 느껴지면 상담이 완전히 종결되기 전에 이 점에 대해 충분히 논의해야 한다. 예를 들어, 종결을 앞둔 내담자들의 공통 관심사 중의 하나는 자신의 문제가 완전하게 해결되지는 않았다는 것이다. 이는 내담자가 상담자의 도움 없이 혼자 힘으로 일상생활의 문제나 스트레스를 다룰 수 없다는 생각에서 연유한 것일 수 있다. 이때 상담자는 100% 치유되지 않았다는 내담자의 말에 동의를 표시하면서도, 다른 사람들도 100% 완벽한 상태로 세상을 살아가는 것이 아님을 강조할 필요가 있다.

종결에 대한 불안을 비롯하여 종결에 따른 내담자의 부정적 정서반응을 다루는 일반적인 방법은 그동안 일어났던 일, 즉 상담과정의 여러 단계에서 일어난 변화의 종류와 내용들을 재음미하고 요약하는 것이다. 이러한 음미와 요약은 공식적인 종결의 주요 부분으로, 이를 거치게 되면 종결의 나머지 부분도 보다 쉽게 진행될 수 있다.

(3) 상담자에 대한 의존성의 극복

상담의 종결에서 생각해야 할 중요한 측면은 상담자에 대한 내담자의 의존성의 해결이다. 이 문제는 상당히 복잡한 논의를 요한다. 어떻게 보면 내담자가 상담자에게 도움을 구한다는 사실 자체가 내담자의 의존성을 나타내는 것이며, 특히 상담과정에서는 그 의존성이 하나의 불가피한 요소라고도 할 수 있다. 즉, 상담자에게 도움을 청하러 온다는 것 자체가 자기의 걱정거리를 해결해 주기를 기대하면서 상담자에게 의지함을 의미한다. 그리고 상담을 계속한다는 것은 상담자의 도움이 없는 것보다 있는 것이 내담 목적을 달성할 확률이 더 높다는 것을 의미하기도 한다. 이렇게 볼 때 상담자에 대한 내담자의 의존성은 상담과정에 어느 정도 포함되어 있음을 알 수 있다.

그러나 일반적으로 내담자는 삶의 여러 가지 문제에 직면하여 올바른 해결책을 다른 사람에게 의존하지 않고 독자적으로 선택하고 판단하여 실행에 옮길 수 있어야 한다. 또한 그러한 삶의 방식이 심리적으로 건강한 것이라 할 수 있다. 상담관계는 영원히 지속될 관계가 아니며, 상담관계가 아무리 긴밀했더라도 일시적인 인간관계일 뿐이다. 따라서 내담자는 자신이 하는 모든 행동에 대해 상담자의 이해나 지지를 구하기보다는 스스로 계획하고 판단하고 실행하는 것으로 옮아갈 수 있어야 한다. 즉, 상담자와 '심리적 이유(離乳)'를 이룰 수 있어야 한다. 내담자의 심리적 이유를 촉진하기 위해서는 내담자의 자율적인 판단과 결정을 허용하고 격려하는 상담자의 태도와 자세가 중요하다. 즉, 사소하든지 중요하든지 간에 내담자 스스로의 판단과 결정에 의해 일을 해결해 나가도록 격려해 주어야 한다. 이런 과정을 점진적으로 거쳐 나가면서 내담자는 상담자의 도움 없이도 독자적으로 적응적인 삶을 영위할 수 있게 된다.

(4) 성과 다지기 및 면역력 쌓기

상담의 종결단계는 이제까지 이루어 왔던 치료적 진전을 다시 한 번 다짐으로써 앞으로는 내담자 혼자의 힘으로 문제를 해결해 나갈 수 있도록 준비하는 성과 다지기로서의 의미를 가진다고 이미 지적한 바 있다. 이를 제대로 해내기 위해서는 내담자에 대한 상담자의 격려가 필수적이다. 즉, 여러 가지 어려운 난관을 뚫고 현재에 이르기까지 내담자가 기울인 노력에 대해 큰 의미를 부여하며 진정한 격려를 해 주어야한다. 또한 문제를 해결하기 위해 상담에서 시도했던 여러 가지 방법을 재음미하고, 이를 앞으로 어떻게 활용해 나갈 것인지 같이 논의해야 한다. 종결 후 내담자에게 닥칠 어려운 상황들을 미리 예견하여 그런 상황에 내담자가 어떻게 대처하면 좋을지를 미리 논의함으로써 내담자의 면역력을 증강시켜 주는 것 역시 필요한 일이다.

(5) 가능한 증상 재발에 대해 준비하기

종결단계에서 아무리 면역력을 충분히 갖췄다 하더라도 내담자는 일상생활에서 충분히 문제를 다시 경험할 수 있다. 따라서 상담자는 내담자와의 상담을 공식적으로 종결했다고 해서 추가적인 만남의 가능성까지 완전히 차단해서는 안 된다. 따라서 공식적인 상담 종결 후 내담자가 중요한 어려움에 처해 상담자의 부가적인 도움이 필요할 경우 추가적인 만남을 가질 수 있음을 내담자에게 미리 알려 주는 것이 바람직하다. 어떤 상담자들은 공식적인 종결이 있고 나서 아예 한 달 후 또는 세 달 후 등과 같이 추가적인 만남 시간을 내담자와 협의하여 미리 정하기도 한다. 이러한 추가적인 만남 역시 성공적으로 진행되었더라도 내담자가 문제를 다시 경험하게 될 때 상담자에게 언제든지 다시 연락해도 된다는 점을 한 번 더 강조해 둘 필요가 있다.

이 장을 마치며

■ 주요 개념

질문자-답변자 관계 · 문제해결 동기 · 비자발적 내담자 ·
자발적 내담자 · 일차적 목표와 이차적 목표 · 목표의 구체성 ·
목표의 현실성 · 문제 축약 · 상담의 구조화 · 촉진적 상담관계 ·
과정적 목표 · 심리적 재탄생으로서의 종결 · 타협 형성으로서의 종결 ·
성과 다지기로서의 종결 · 종결의 후유증

■ 더 생각해 볼 문제

◇ 상담의 진행 단계별로 상담자가 주력해야 할 일에는 어떤 것들이 있
  는지 알아보자.

◇ 상담의 주요 이론별로 상담을 진행하는 방식에 어떤 차이가 있는지
  알아보자.

◇ 상담의 구조화는 왜 필요하며, 상담에서 이를 어떻게 실행하는지 생
  각해 보자.

◇ 내담자가 호소하는 문제의 성질에 따라 문제해결 방법이 어떻게 달
  라지는지 생각해 보자.

◇ 상담 종결의 여러 가지 의미와 상담 종결의 방법들에 대해 알아보자.

제7장

문제 유형별 상담

이 장에서는 상담 장면에서 흔히 만나게 되는 구체적인 상담문제 몇 가지를 살펴본다. 그중 공부문제가 그 첫 번째다. 주의집중, 공부방법, 그리고 공부하는 태도의 문제를 다룬다. 또한 진로와 직업계획을 세우는 청소년 및 대학생을 위한 상담방법을 알아본다. 그 다음으로는 현대인에게 가장 흔한 정서적 문제인 우울을 다룬다. 우울한 사람들의 특징과 우울을 극복하도록 돕는 구체적인 기법을 인지치료의 입장에서 기술한다. 그리고 점진적 이완훈련과 단계적 둔화를 통해 긴장과 불안을 해소하는 방법을 살펴본다. 그리고 성문제에서 일반적인 성상담의 지침도 소개하지만, 특히 성폭력 피해자를 어떻게 도와야 하는지를 살펴본다. 이러한 문제들을 효과적으로 다루는 데 이 장에 기술된 내용과 기법만으로는 부족하다. 따라서 각 주제들을 더 깊이 다루는 저술들을 읽고 또 실습지도를 받아야 한다. 이 장의 내용은 구체적인 상담문제를 접하게 되는 상담 초심자들을 위한 일반적인 길잡이 역할을 할 것이다.

1. 공부문제

대학 입시에서 어떤 문제가 어떤 형식으로 출제되었으며, 세칭 일류 대학에 누가 수석 입학을 하였다는 등의 기사는 입시철마다 모든 신문 방송의 톱뉴스가 된다. 마치 온 국민이 입시제도 개선이라든가 바람직한 교육정책 등의 어려운 교육문제에 대해 거의 '전문가 수준'의 견해를 피력할 수 있을 것처럼 보인다. 그만큼 교육문제는 모든 사람의 관심의 대상이다.

그런데 공부를 하는 당사자인 학생들은 대개 어떻게 하면 공부를 더 잘할 수 있을까, 왜 집중이 안 될까, 왜 공부는 하는데 성과가 없을까 하는 현실적인 문제에 대해 고민한다. 이와 같은 고민은 일시적일 수도 있지만, 심하면 공부 자체에 흥미를 잃고 심지어는 학업을 중단하는 일까지 생기게 만든다. '공부하기 힘들다, 잘 안 된다.'는 호소로 요약되는 학습문제는 우리나라 청소년의 적응에서 매우 중요한, 그래서 상담자들이 관심을 가지고 다루어야 할 주제다. 공부문제는 다른 생활의 문제와 분리하여 가능한 한 빨리 효과적으로 처리하는 것이 필요하다. 공부문제는 대체로 반복적이고 주기적인 '자기패배적인 유형'과 '성공적인 유형'으로 분류하여 고려할 수 있다. 말할 것도 없이 '자기패배적인 유형'을 '성공적인 유형'으로 바꾸는 것이 공부문제 상담의 주요 목표가 된다.

그런데 공부문제로 고민하는 학생들은 왜 그런 문제를 가지게 되었을까?

학습문제는 청소년들의 가장 큰 고민거리 중 하나다.

첫째, 학습 동기의 결핍을 들 수 있다. 학습 동기는 공부할 과제에 대한 흥미, 의욕 혹은 관심을 말한다. 그러니까 특정 교과의 구체적인 내용뿐만 아니라 그 과제에 대한 감정도 포함한다. 예컨대, 수학은 정말 지긋지긋하다는 등의 감정반응을 말한다. 이런 정서적인 태도가 학습성취도의 많은 부분을 결정한다. 왜 그 과목을 공부해야 하고, 또 그것이 자신이 꿈꾸는 장래 희망과 어떻게 연관되는지를 생각하게 하는 것이 중요하다.

둘째, 이전 공부의 부족 상황을 들 수 있다. 학교 수업은 집단교육이다. 그리고 교육과정은 대개 쉬운 내용부터 어려운 내용으로 발전하도록 짜여져 있다. 따라서 한 시점에서 중요한 내용을 제대로 공부하지 못하면 이후의 내용을 이해할 수 없는 경우가 종종 생긴다. 특히, 수학이나 과학 과목은 지식의 체계성이 강하기 때문에 한 번 생긴 학습의 결핍은 현재의 공부문제를 가져오고, 또 현재의 부진은 자꾸 누적되어 점점 더 극복하기 어려워진다. 이때는 당사자의 수준에 맞는 개별적인 보충학습이 필요하다.

셋째, 부모와의 관계를 들 수 있다. 부모가 민주형의 자녀 양육방식을 가질 때 그 자녀는 전제형, 거부형, 방임형 등의 양육을 받는 친구들에 비해 지적 발달이나 학업성취가 뛰어나다고 한다. 한편, 자녀의 학습 부진은 부모에게 좌절감을 주어서 부모가 자녀를 대하는 태도와 행동이 더욱 거부적이거나 전제적으로 될 수 있다. 자녀가 공부를 게을리하여 부모의 잔소리는 많아지고, 부모의 간섭과 비난에 반발을 느낀 자녀는 계속해서 공부를 멀리하고, 이에 대해 부모는 다시 거부적이고 전제적인 태도를 보이는 등의 악순환이 거듭된다.

넷째, 또래집단의 영향을 들 수 있다. 어떤 친구를 사귀는가가 공부와 관련될 수 있다. 놀기만 좋아하거나 비행을 하는 친구와 어울리면 공부하는 시간이 줄고, 공부에 집중하지 못하는 경우가 생길 수 있다.

다섯째, 앞과 같은 문제는 없는 것 같고, 비교적 열심히 공부하는 것도 같은데 성적이 나쁜 경우에는 공부방법에 문제가 없는지 생각해 보아야 할 것이다. 공부방법은 크게 두 가지로, 주의집중의 문제와 공부방법 자체의 문제로 나누어 보는 것이 좋다. 여기서는 우선 이 두 가지 문제를 살펴보고, 성공적인 학습 태도를 가지게 하는 상담적 접근방법을 생각해 보기로 한다.

1) 주의집중의 문제

깨어 있는 내내 우리는 끊임없이 생각한다. 해야 할 일, 하지 못한 일, 걱정거리, 좋았던 추억, 오늘 점심 메뉴 등 수많은 생각이 의식의 초점에 놓이기 위해 줄을 서 있다. 이런 상황에서 어떤 일을 효율적으로 하기 위해서는 그 일에 주의를 집중하는 것이 매우 중요하다. 공부는 주의집중을 많이 요구하는 일이다. 바꾸어 말하면 주의집중을 할 수 없으면 하루 종일 책을 붙들고 앉아 있어도 별 효과를 볼 수 없다. 주의집중의 문제는 그래서 공부방법을 익히기 전에 먼저 해결해야 할 문제가 된다. 주의집중력을 단숨에 끌어올리는 방법은 없지만, 그렇게 할 수 있도록 여러 조건을 개선하는 방법은 있다.

흥미진진한 컴퓨터 게임에 몰두하다가 시계를 쳐다보았을 때, 갑자기 몇 시간이 훌쩍 지나가 버린 것을 알고 깜짝 놀랐던 경험을 한두 번씩은 해 보았을 것이다. 이렇게 주의집중이 잘 되는 경우도 있지만, 대개 이는 쉽지 않은 일이다. 역설적이게도 자신이 주의를 집중하고 있다는 점을 자각하지 않고 있을 때만 고도의 주의집중이 가능하다. 어떤 문제에 골몰하고 있다가 갑자기 자신이 그렇게 하고 있다는 사실을 자각하는 순간 집중은 되지 않고 생각은 흩어진다. 오랫동안 다른 것에 한눈팔지 않고 하나의 일에만 주의를 기울이는 것은 매우 어렵다. 그 이유 중의 하나는 일상적인 환경에서 주위의 많은 것들이 우리의 주의를 끌기 위해 끊임없이 경쟁하고 있기 때문이다. 이런 상황에서 어느 하나에만 지속적으로 정신을 집중하는 것은 분명 어려운 일임에 틀림없다.

이렇게 직접적인 방식으로 오로지 자신의 의지만으로 주의를 집중하는 것은 어려운 일이므로 대신 주의집중을 쉽게 할 수 있도록 주변 환경 여건을 개선하거나 집중력을 높이는 간접적인 방법을 도입하는 것이 필요하다.

주의집중을 어렵게 하는 요소는 주변의 광경이나 소음과 같은 외적인 원인도 있고, 걱정거리나 공상과 같은 내적인 원인도 있다. 무엇 때문에 주의가 산만해지는지 알아내는 것이 효과적인 주의집중의 첫걸음이다.

(1) 외적인 요인 통제하기

도서관이나 독서실, 집 등 공부하는 장소에서 주의집중을 방해하는 것이 무엇인지 파악할 필요가 있다. 문을 여닫는 소리, 텔레비전 소리, 음식 냄새 등은 우리의 감각기관을 자극하여 주의집중을 어렵게 한다. 그러므로 공부하는 장소는 가능하면 오로지 공부하는 용도로만 사용되어야 한다. 그리고 가능하면 조용하고 조명도 밝아야 한다. 이런 조건에 적합한 환경을 찾는 것이 어려울 수도 있다. 그러나 일반적으로 다수의 사람이 같은 일(즉, 공부)을 하면서 서로 간섭하지 않는 조용한 장소인 도서관이 공부하기에는 가장 좋은 장소라고 할 수 있다. 따라서 가능하면 처음부터 도서관에서 공부하는 습관을 들이는 편이 좋다. 사람들은 다른 사람이 공부하는 것을 보면서 학습 의욕을 느낀다. 은근히 경쟁심이 자극되는 것이다. 지나치지만 않다면 어느 정도 경쟁심은 주의집중에 도움이 된다. 게다가 도서관에 오가는 시간도 활용하기에 따라서는 복습시간이나 휴식시간으로 매우 생산적으로 쓸 수도 있다. 그러나 주의집중이 잘 되는 장소는 사람마다 다를 수 있으므로 반드시 도서관일 필요는 없다. 단지 어떤 장소든 그곳은 오로지 공부만을 위해 사용될 필요가 있다. 책상과 학습자 사이에 조건 형성 효과가

외적인 요인
주의집중을 방해하는 외부 자극

만들어지도록 하는 것이다. 만약, 책상에 앉아 졸거나 낮잠을 많이 잔다면, 책상만 보면 졸리게 될 것이다. 불면증이 있는 사람들에게 침대를 오로지 수면을 위한 장소로만 사용하고 책을 읽을 때는 다른 곳에서 읽도록 권하는 것도 같은 이치에서 비롯되었다.

공부를 하는 장소는 편안함과 안정감을 느낄 수 있는 곳이어야 한다. 그러기 위해서는 시각적인 유혹을 가능한 한 줄여야 한다. 정신을 집중할 수 있는 가능성을 높이기 위해서는 다른 광경이 시선을 끌지 못하도록 해야 한다. 자꾸 시선이 가는 그림이나 사진, 재미있는 책이 가까이 있다든지 하면 공부를 끝낼 때까지는 그런 것들을 보이지 않는 곳에 치워 두어야 한다.

시각적 유혹 못지않게 주의집중을 방해하는 것은 소음이다. 소음이 적을수록 집중하기 쉬운 것은 말할 필요도 없다. 그러면 소음으로 여겨지지 않는 음악은 어떤가? 많은 학생이 음악을 들으면서 공부를 한다. 그 편이 공부하는 데 도움이 된다는 것이다. 그러나 음악은 공부하기 전에 마음을 가라앉히거나 공부하는 중간의 휴식시간에 듣는 용도로는 매우 효과적일 수 있지만, 공부하면서 들을 때는 일반적으로 집중을 방해한다. 음악이 들어올 때 공부하는 내용에 집중하려면 추가적인 정신 에너지가 소모된다. 음악을 들으면서도 공부가 잘 되었다면, 듣지 않으면서 공부하면 더욱 잘 될 가능성이 높다.

마지막으로, 공부하면서 자주 쓰는 물건을 가까이 그리고 항상 같은 위치에 배치해 두는 것이 좋다. 사전, 계산기, 종이, 지우개, 연필, 자 등을 찾으려고 이곳저곳 돌아다니거나 한참 동안 책상 서랍을 뒤져야 한다면 주의집중이 잘될 리 없다.

(2) 내적인 요인 통제하기

내적인 요인
주의집중을 방해하는 개인적인 고민, 불안한 생각, 공상 등

집중을 방해하는 원인이 우리 자신에게 있을 수 있다. 개인적인 고민, 불안한 생각, 공상 등이 그 예다. 외부 요인들과는 달리 이런 원인들은

당사자만이 자각한다. 그런데 이를 통제할 수 있는 방법은 간단하지 않다. 주의집중을 위해 내적 요인들을 통제하는 방법들은 대개 집중에 방해되는 생각들을 공부시간 이외의 시간에 하도록 연기하는 방식을 사용한다. 대표적인 방법 두 가지를 보면 다음과 같다.

첫째, 공부하다가 딴 생각이 날 때마다 종이에 표시를 한다. 처음 이 방법을 사용할 때는 책 한 쪽을 읽는데 수십 번의 표시를 해야 될지도 모르지만 이렇게 표시하는 행위 자체가 다시 공부에 몰두하게 만들어 주는 효과가 있다. 그래서 한두 주 반복하여 시행하다 보면 한 쪽당 한두 개의 표시만 할 정도로 집중력이 향상된다.

둘째, 이렇게 표시하는 것에 덧붙여 어떤 경우에 어떤 생각이 나서 주의집중을 방해하는지를 기록한다. 괴로운 생각이든 기분 좋은 생각이든 간에 일단 종이에 적어 놓고 나면 다시 홀가분하게 공부에 집중할 수 있게 된다. 또한 이렇게 기록한 것을 검토해 보면 어떤 생각이나 걱정거리가 반복해서 주의집중을 방해하는지를 알 수 있게 된다. 공부를 마친 후 집중적으로 그 문제를 생각하고 처리하든지, 혼자 감당하기 어려운 문제라면 친구나 상담자에게 도움을 구하는 것이 바람직하다.

(3) 집중력을 높이는 기타 방안

집중하는 데 도움이 되도록 환경을 꾸미고, 반복되는 걱정거리나 생각을 공부 시간 이외의 시간으로 미루는 방법뿐만 아니라 집중력을 높이는 그 밖의 방법들을 모색해 볼 수 있다. 기록하는 습관, 규칙적인 휴식, 과제에 대한 적극적인 자세 등을 그 예로 들 수 있겠다.

첫째, 이런저런 생각들을 기록하는 습관은 정신적 에너지를 주의집중에 투입할 수 있도록 해 준다. 기록하지 않고 머릿속을 떠도는 생각들은 집중하는 데 방해 요소가 된다. 개인적인 약속이나 처리해야 할 일들을 잊어버리지 않을까 계속 걱정하는 대신에 그날의 중요한 계획을 표로 만들어 휴대하는 것이 바람직하다. 그렇게 하면 집중을 깨뜨리지 않고 한 가지 일에서 다음 일로 부드럽게 넘어갈 수 있다.

둘째, 규칙적으로 쉬는 것도 주의집중에 큰 도움이 된다. 신체적 에너지의 정도와 정신적 에너지의 수준은 정적인 관계를 가지므로 지칠 정도로 공부나 일에 몰두하는 것은 장기적으로 손해를 보게 된다. 적당히 쉬고 가볍게 운동하며 긴장을 풀고 적절하게 영양을 공급하는 것이 주의집중력을 높여 준다.

셋째, 과제의 난이도 수준과 학습하는 사람의 능력 간에 균형이 잡혀야 한다. 그럴 때에 가장 깊게 주의를 집중할 수 있다. 만약, 과제가 능력 밖의 것이라면 집중은 잘 되지 않고 무력감이나 불안감만을 느낄 것이다. 이와 반대로 과제가 너무 쉽다면 지루해져 주의가 쉽게 산만해질 것이다. 과제가 능력 범위의 상한선 가까이 있을 때, 즉 약간 어렵게 느껴질 때 주의집중이 가장 잘 된다. 약간 어려운 과제는 일종의 '도전'이 되고, 이를 이해하고 자기 것으로 만들 수 있을 때 많은 성취감과 자신감을 느낄수 있다. 이렇게 되기 위해서 학습자는 좀 더 적극적인 자세를 가져야 한다. 그 과제를 잘 아는 선생님, 선배, 동료를 찾아가서 질문을 하거나, 공부 모임을 만들어 토론을 하거나, 도서관에서 참고서적을 찾아 심화학습을 하는 것이다. 이렇게 적극적으로 자신의 과제를 회피하지 않고 직면할 수 있다면, 이는 공부문제 뿐만아니라 다른 생활 속의 과제들도 잘 처리해 나갈 수 있다는 자신감, 즉 자기 효능감을 증진하는 데 매우 긍정적인 영향을 준다.

2) 공부방법의 문제

주의를 집중하여 공부한다고 하더라도 그 방법이 잘못 되었다면 효과적으로 공부할 수 없다. '공부는 열심히 하는데 성적은 안 오른다.'는 호소를 한다면, 습관적으로 하는 공부방법을 점검해 볼 필요가 있다. 여기서는 효과적인 공부방법의 몇 가지 원리를 살펴보기로 한다.

(1) 학습한 내용을 자신의 것으로 만들기

새로 학습한 내용은 일단 단기기억에 입력된다. 이 단기기억은 정보를 임시로 저장하는 곳이다. 이렇게 임시 저장된 내용을 반복해서 학습하거나 이미 장기기억에 저장된 내용과 결부시키거나 하면 장기기억에 저장 된다. 그리고 장기기억에 들어간 내용은 영구 보전된다. 따라서 적절하게 단서만 주어지면 언제라도 끄집어 낼 수 있다. 그러니까 학습한 내용을 자신의 것으로 만들려면 그것을 장기기억에 저장해야 한다.

장기기억에 저장하는 가장 기초적인 방법은 학습한 내용을 반복해서 익숙해지도록 하는 것이다. 그런데 저장된 내용을 다시 상기하는 데에는 두 가지 방식이 있다.

> **단기기억**
> 정보를 임시로 저장하는 곳

> **장기기억**
> 임시 저장된 내용을 반복 학습하여 장기 저장하는 곳

첫째, '재인(recognition)'이다. 객관식으로 시험이 출제될 때 답을 골라내는 경우를 생각하면 된다. 그러니까 단서가 주어질 때 기억해 내는 방식이다.

둘째, '회상(recall)'이다. 시험이 논술식으로 출제되면 단서가 주어지지 않아도 적당한 내용을 기억해야 한다. 이렇게 아무 단서 없이 상기하는 기억을 회상이라고 한다.

> **재인**
> 단서가 주어지면 기억해 내는 것

> **회상**
> 아무 단서 없이 기억해 내는 것

논술시험처럼 회상이 요구되는 학습과제는 단순 반복하는 방식으로 공부하면 안 된다. 이해 위주의 공부가 필요하다. 학습과제에 대한 충분한 이해 없이는 회상 수준의 기억은 어렵기 때문이다. 그러니까 학

습과제에 포함된 용어와 개념을 이해하고 암기할 뿐만 아니라 개념들 간의 관련성도 이해해야 한다. 공부한 내용을 자기 것으로 만든다는 것은 그것을 깊이 있게 이해하여 필요할 때 쉽게 회상할 수 있고, 회상된 내용을 바탕으로 다각적이고 창의적인 사고가 가능하게 하는 것이다.

(2) SQ3R

SQ3R
Survey(훑어보기)
Question(질문하기)
Read(읽기),
Recite(암송)
Review(복습)

대표적인 학습방법 중 하나인 SQ3R 방법은 제2차 세계대전 당시 오하이오 주립대학의 심리학자인 프랜시스 로빈슨(Francis Robinson)에 의해 창안되었다. 이 방법의 원래 목적은 대학의 특별 프로그램에 등록한 군인들의 읽기 속도와 학습 효과를 배가하려는 것이었다. 이 공부방법은 교재나 책의 형식으로 된 학습에만 적용이 가능하다는 한계점이 있으나, 이를 기초로 하여 자기 나름대로 활용한다면 공부의 능률 향상에 유용할 것이다. SQ3R의 단계를 살펴보자.

- S(Survey, 훑어보기): 훑어보기는 공부하려는 단원의 모든 제목을 우선 훑어보고 마지막 요약 단락을 읽는 것이다. 이렇게 훑어보는 데는 몇 분도 채 걸리지 않지만, 이를 통해 전체 내용의 핵심적인 주제를 확인할 수 있다. 이는 나중에 전체 내용을 읽으면서 개념을 형성하는 데 도움을 준다.
- Q(Question, 질문하기): 훑어보기를 한 다음에 본격적인 학습단계로 들어가면 학습하는 부분의 제목을 질문으로 바꾸어 본다. 이것은 공부하는 사람의 호기심을 자극하여 궁극적으로 이해력을 향상시키려는 것이다. 즉, 자신에게 질문을 던지게 되면 기존 지식을 떠올리게 되며, 그에 따라 새로 배운 내용을 보다 빨리 이해할 수 있게 된다. 또한 그렇게 하면 중요한 내용들을 부각시켜 파악할 수 있다. 이렇게 제목을 질문으로 만드는 작업에는 의식적인 노력이 많이 요구된다. 그리고 의식적인 노력이 많이 투자된 내용은 잘 기

억되고 잘 회상된다.

- R1(Read, 읽기): 질문에 답하기 위해 글을 읽되 우선 첫 단락의 끝까지만 읽는다. 그 이유는 글을 끝까지 읽어 내려가기 전에 자신이 던진 질문에 대한 해답을 능동적으로 찾는 검색과정이 있어야 하기 때문이다.

- R2(Recite, 암송하기): 첫 단락을 읽은 후 책을 덮고 간단하게 질문에 대한 대답을 암송한다. 이때 주의할 점은 책에 나와 있는 말을 그대로 인용하지 말고 자신의 말이나 예로써 대답하는 것이다. 이것이 별 어려움 없이 된다면 자신이 해당 내용을 이해했다는 것을 알 수 있으며, 그렇지 않다면 다시 훑어봐야 한다. 이 단계에서 종이에 간단한 단서들을 적어 놓고 암송과정을 진행하는 것이 효과적이다. 첫 단락에 대한 이러한 과정이 성공적으로 끝나면 두 번째 단락부터 끝까지 이런 과정을 반복한다.

- R3(Review, 복습하기): 앞의 방식대로 한 단원을 다 읽었다면 각 단락마다 그 단서를 적은 노트를 보고 내용들 간의 관계를 세세하게 파악해 본다. 이때도 노트를 보지 않고 그 요점들을 회상하는 것이 효과적이며, 자신의 학습 중 미진한 점이 무엇인지 재검토하는 기회를 가지는 것이 중요하다.

(3) 요약하기와 질문 만들기

앞서 설명한 것처럼 책을 읽거나 수업을 마친 후에는 가능하면 빨리, 간단하게라도 복습하는 것이 기억 강화에 큰 도움이 된다. 시간이 좀 더 있다면, 공부한 내용이나 수업 내용을 마음속으로 처음부터 끝까지 회상해 보는 것이 좋다. 그러면서 '수업의 요점은 무엇이었나?', '이전에 알던 내용과 어떻게 연관되나?' 하는 질문을 자신에게 던져 보도록 한다.

공부한 내용을 요약하는 것은 그 내용에 대한 이해를 심화시켜 준다. 또한 이를 통해 전체적인 그림을 그릴 수 있기 때문에 '자신의 것으로 만들기'에 많은 도움이 된다. 이렇게 요약된 내용은 표나 문장으로 정리해서 기록해 두는 것이 좋다.

공부한 것 중 핵심 내용들을 질문으로 바꾸어 보는 작업도 매우 중요하다. 이는 기억하는 데 도움이 될 뿐만 아니라 나중에 시험을 보고 나면 그 진가를 확인할 수 있다. 시험을 준비하면서 마지막으로 정리할 때 그 질문들만 다시 읽어 봐도 큰 도움이 된다. 이렇게 하는 것은 전체 내용을 단시간에 훑어보는 효과가 있으며, 심리적인 안정에도 기여하기 때문이다.

3) 성공적인 학습 태도를 위한 상담방법

첫머리에 언급한 것처럼 공부문제는 '자기패배적인 유형'과 '성공적인 유형'으로 분류할 수 있다. 여기서는 자기패배적인 유형을 먼저 살펴보고, 이를 성공적인 유형으로 변화시키는 상담방법을 살펴보도록 하겠다.

(1) 자기패배적 악순환

자기패배적 과정
비현실적인 계획을 세우고, 그래서 쉽게 실패하며, 그 결과 좌절과 무기력을 느끼는 일련의 과정

자기패배적 과정은 반복되는 3단계로 되어 있다.

첫 번째 단계는 지나치게 엄격하여 실행하기가 어려운 비효율적인 학습 전략을 세우는 단계다. 이 유형에 속하는 학생들은 '완전무결하자.', '항상 최선을 다하자.', '빨리 하자.', '남에게 자랑할 수 있도록 하자.', '남에게 약점을 보이지 말자.'는 등의 고집스러운 사고방식에 사로잡혀 있는 경향이 있다.

'완전무결하자.'는 학생들은 모든 것을 완벽하고 명백하게 하기 위해 실수하거나 빠뜨린 것이 없나 몇 번씩 확인하느라고 시간을 소비한다. '항상 최선을 다하자.'는 학생들은 어디를 가든 공부해야 한다는 강박관념에 사로잡혀 다른 일에 흥미를 느끼지 못하며, 실제로는 공부가 안

되는 데도 항상 책이 손에서 떨어지지 않는 것이 보통이다. '빨리 하자.'는 학생들은 어려서부터 '빨리빨리' 하고 서두르는 분위기에서 자란 경우가 많은데, 이 생각이 머리에 가득 차 있어서 실천보다 늘 마음만이 앞선다. '남에게 자랑하자.'는 학생들은 자신보다 남을 위해서 공부한다. 이들이 학교에 다니고 공부하는 것은 부모를 기쁘게 해 드리기 위해서며, 수업시간에 질문하거나 대답하는 것은 선생님을 기쁘게 하고 동료들에게 자랑하기 위해서다. '약점을 보이지 말자.'는 학생들은 자신의 감정을 다른 사람에게 잘 드러내지 않는다. 자기가 약하다는 생각을 지워 버리려는 안간힘에서 얼굴은 가면을 쓴 듯이 굳어 있고, 목소리는 낮으며, 몸짓은 위축되어 있고, 행동은 활발하지 못하다. 이렇게 자연스러운 느낌과 생각을 억제하는 것은 결국 공부에 필요한 주의력과 사고력을 저하시키게 마련이다.

두 번째 단계는 이와 같은 계획을 실천하려고 무리하게 애쓰는 단계다. 앞서 말한 것처럼 경직된 기대 수준과 집념을 가지고 비합리적으로 세운 학습 계획은 실패하기 쉽다. 즉, 방대하고 엄격한 학습 계획 때문에 끊임없이 과도한 압력을 느끼게 되므로, 결국 공부의 능률은 저하될 수밖에 없다. 그래서 때로 어리둥절해 하며 실수를 저지르고, 몽상을 하고 불안해하며, 쉽게 정신이 산란해지고 무기력해질 수 있다. 이런 학생들은 결국 '집중이 잘 안 되어 공부하기가 힘들다.'는 호소를 하게 된다.

세 번째 단계는 좌절감과 무력감을 강하게 느끼는 괴로운 감정의 단계다. 이 단계에 이른 학생들은 사기가 떨어지고 자신이 무능하다는 생각에 시달린다. 그 결과로서 우울해지거나 화가 나는 두 가지 정서반응을 보이기 쉽다. 우울하다는 것은 분노를 표시하지 않는 것이고, 반대로 분노를 표시한다는 것은 우울하지 않게 하는 것이다. 그런데 공부문제로 고민하는 학생들의 경우에는 대부분 자기에 대한 분노의 표시 없이 우울한 심정을 극복하려고만 한다. 이렇게 되면 마음은 무겁기만 하고 무기력한 상태는 지속될 것이다. 경우에 따라서는 공부 자체를 포기하는 극단적인 상태에까지 이르게 된다. 그러나 대부분은 과거의 실패

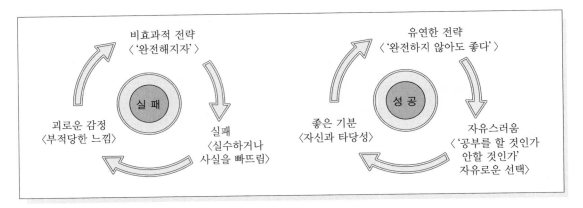

[그림 7-1] 자기패배적 악순환과 성공적 순환

를 보상해야겠다는 강박관념이 생기면서 '더 열심히 하면 된다.', '이
번에는 꼭……' 하는 식으로 다시 완벽한 계획을 세우고 달려들게 마
련이다. 그러나 다람쥐 쳇바퀴 돌듯 악순환의 과정은 반복될 뿐이다.

(2) 성공적 학습태도를 위한 상담방법

이러한 자기패배적인 악순환을 탈피하고 성공적인 학습태도로 탈바
꿈하기 위해서 상담자는 다음과 같이 자각, 대치, 변화를 위한 긍정적
인 자극의 세 가지 접근방법을 시도할 수 있다.

자각   실패의 악순환을 깨뜨리는 첫 번째 단계는 학생으로 하여금
자신이 자기패배적인 악순환에 빠져 있다는 점을 먼저 깨닫게 하는 것
이다. 앞서 언급했듯이 자기패배적인 공부방식의 특징은 최상의 목표
를 완벽하게 달성하기 위해 무리한 계획을 세우며, 스스로 그 계획의
압력으로 심리적 구속을 당하고, 결과적으로 필요한 능률을 올리지 못
하는 것이다. 상담자는 학생의 공부방식, 생활태도, 공부에 대한 가치
개념 및 최근의 사례를 구체적으로 알아볼 필요가 있다. 그런 다음 계
획의 비합리성, 공부할 때의 긴장도, 결과에 대한 학생의 반응 등을 내

자각
내담자가 자기패배적 악순
환에 빠져 있음을 깨닫는 것

담자와 같이 검토한다. 요약하자면, 내담자에게 '무리한 계획 → 심한 압박감 → 능률의 저하'의 과정을 겪고 있음을 실생활의 예를 들어 설명해 줌으로써 그 과정을 분명히 깨닫도록 하는 것이다.

대치   일단 자기패배적인 악순환을 깨달으면 그것이 얼마나 자신을 실패하게 만들었는지 알게 되고, 어떻게 해서든 이를 제거하기를 원하게 된다. 그러나 자기패배적인 악순환을 단번에 중지시키려면 새로운 혼란만 가져올 수 있다. 그러므로 과거의 비효과적인 공부 전략을 현실적으로 보다 융통성 있는 새로운 공부 전략으로 교체하는 일이 필요하다. 이렇게 공부 계획을 신축성 있게 세움으로써 자유로운 선택을 가능하게 하고 새로운 기분을 느끼게 한다.

먼저, '완전해지자.'는 공부 방침에서 벗어나 보다 융통성 있는 방침, 즉 '인간답게 되는 것이 좋다. 실수를 하고 그것을 통해 배우는 것도 좋다.'는 태도를 가질 수 있도록 도와야 한다. 책을 펼칠 때마다 이 말을 몇 번씩 생각하도록 하고, 원하는 만큼 성과를 얻지 못할 때에도 융통성 있게 임하도록 한다. 이런 과정에서 새로운 공부방식을 습득하기 시작한다. 이렇게 엄격한 기준에서 자신을 자유롭게 함으로써 자신감을 회복하고 홀가분한 느낌을 가지게 된다. 그래서 내담자는 차츰 새로운 공부방식이 타당하다는 것을 인식하고 실천하게 된다. 가령, '항상 공부를 열심히 해야 한다고 생각한다.'는 학생이 '열심히가 아니라 충분히 하는 것이 중요하다.'고 관점을 바꾸는 것이 자기패배적인 악순환을 교체하는 길이라고 볼 수 있다. 또한 '빨리 해야 한다.'는 학생에게는 '지금 처한 위치에서 여유 있게 하는 것도 좋다.'는 방향으로, '자랑할 수 있도록 하자.'는 학생에게는 '내 자신이 원하는 것을 하고, 하고 싶은 만큼 하는 것이 좋다.'는 식으로, 그리고 '약점을 보이지 말자.'는 학생에게는 '누구나 약점이 있으므로 나의 약점을 스스로 느끼고 남에게 보이는 것도 무방하다.'는 식으로 각각 새로운 방식의 생각과 태도를 갖도록 도와주어야 한다.

이렇게 신념과 태도를 보다 유연하고 적응적인 것으로 바꾸는 과정에서 앞서 기술한 효과적인 주의집중 방법과 공부방법을 같이 검토하고 실천해 보도록 격려해 줄 필요가 있다. 물론 이런 방법을 적용하는 데에도 지나치게 엄격하거나 경직된 방식으로 하지 않도록 도와주어야 한다.

긍정적 자극
내담자에게 상담자가 주는
칭찬, 애정, 인정, 이해 등

변화를 위한 긍정적인 자극　여기서 말하는 긍정적인 자극이란 칭찬, 애정, 인정, 이해 등을 말한다. 학생들은 특히 조리 있게 설명하지 못하는 선생님, 이해하기 어려운 교과서, 불편하게 짜여진 시간표, 경솔하고 경쟁적인 급우, 자주 바뀌는 입시정책 등에 대해 불만과 짜증을 느낀다. 그러나 대부분은 불만을 직접적으로 표현하지 못하는데, 이는 남을 기쁘게 하고 자기 자신을 구속하는 태도다.

상담을 하는 과정에서 학생들은 점차 불만을 드러내기 시작하고, 상담자에게서 '그렇게 소극적으로 화를 내는 데 정력을 다 소모하고 적극적인 변화를 위해서는 아무것도 하지 않고 있는 것 같다.'는 반응을 받게 된다. 그러나 상담이 진행됨에 따라 '그런 것에는 별로 대답하고 싶지 않아요.'라든가 '그 점에 대해서는 불만입니다.'라고 용기를 가지고 표현할 수 있게 된다. 이 시점에서 상담자의 역할이 중요하다. 내담자의 이런 솔직한 표현에 대해 상담자가 이해를 표시함으로써 내담자는 변화를 위한 중요한 긍정적인 자극을 받게 된다. 즉, 내담자는 긍정적인 이해를 받음으로써 자기불만에서 벗어날 수 있는 자각과 용기를 찾게 된다. 학생들이 비효과적인 과거의 공부방식을 바꿀 때에는 거북해하고 부자연스럽게 느끼는데, 이는 예측 가능한 당연한 일이다. 그러나 이것은 곧 습관화되고 자연스럽게 된다. 또한 자기패배적인 악순환을 깨려는 노력은 공부문제뿐만 아니라 기타 모든 생활 장면에 걸쳐 변화를 가져온다는 사실도 새롭게 알게 되기도 한다.

2. 직업 및 진로 선택

1) 직업 및 진로상담의 의미

> **직업상담**
> 자신에 대한 정보와 사실을
> 잘 알아서 직업을 선택하고
> 적응하도록 도와주는 상담

직업상담이란 내담자가 자기 자신에 대한 정보와 사실을 탐색·수용하고, 자기에 관해 확인된 사실들을 토대로 적절한 직업을 선택하고, 직장생활에 잘 적응하도록 도와주는 활동이다. 과거에 직업상담의 과정은 내담자에 대한 자료를 수집하고 특정한 직업에서 성공할 가능성을 살펴보아 진로 목표를 설정하고 나서 그 목표에 도달하기 위한 교육계획을 수립하는 데 중점을 두었다.

최근에는 직업상담을 일반 상담의 일부로 보려는 경향이 강하다. 직업상담은 내담자의 생활사와 생활환경과 관련하여 진행해야 하므로 단순히 개인과 직업을 짝짓는 기계적인 작업은 아닌 것이다.

(1) 직업상담의 기능

직업상담의 기능은 여러 가지가 있을 수 있다.

첫째, 내담자가 이미 잠정적으로 선택한 진로 결정을 확고하게 해 주는 것으로 가장 흔한 경우다. 내담자들은 흔히 부모나 교사들과의 접촉을 통해 이미 자기의 능력과 주어진 기회를 평가하고, 이를 바탕으로 잠정적인 선택을 해 놓고 있다.

직업상담은 내담자가 적절한 직업을 선택하고 직장에 적응하도록 도와주는 활동이다.

둘째, 직업 목적을 명료하게 해 주는 것

이다. 사람들은 진로와 자기의 성격에 대한 정보를 끊임없이 수집하고 있으나, 정보의 의미를 올바르게 해석하지 못하고 적절한 진로 선택에 연결하지 못하는 경우가 많다. 이때 상담자는 내담자에게 문제를 보다 명확히 볼 수 있도록 도와줄 수 있다.

셋째, 내담자가 자기 자신과 직업 세계에 대해 지금까지 알지 못했던 사실을 발견하도록 도와주는 것이다. 직업상담에서는 진로 계획을 전체 인생 계획의 일부로 간주하고 올바른 진로 계획의 수립을 돕는다. 진로 및 직업상담을 효과적으로 하기 위하여, 상담자는 일반 상담의 기법에다 진로 선택 및 진로 계획 수립에 활용할 독특한 기법과 정보 자료를 활용하게 된다.

(2) 일반 상담과의 관계

문제해결적 사고
객관적, 논리적, 합리적인
판단으로 문제를 해결

진로 선택은 합리적인 '문제해결적 사고'가 보다 강조되므로 일반적인 개인문제와는 차이가 있다. 그러나 진로 선택이 합리적인 문제해결 과정만은 아닌, 내담자가 갖고 있는 갈등적인 태도, 포부, 감정들과 연결되어서 이루어져야 한다는 점을 유의해야 한다. 또한 진로는 상담자와의 면담에서 얻어지는 정보만으로 결정되는 것도 아니다. 진로 선택은 한 개인의 장기간의 인생 경험과 교육 및 학습의 산물인 것이다. 이러한 맥락에서 볼 때 직업상담도 전체적인 일반 상담의 기초 위에서 수행되어야 할 필요가 있다.

2) 직업 계획

일반적으로 직업 및 진로 선택에서는 개인적 욕구, 가치관, 성격과 사회적 영향들이 강조되는 경향이고, 의사결정 과정에서는 객관적, 수량적인 정보에 기초를 둔 논리적, 합리적 판단이 강조되게 마련이다. 그러나 실제 직업 및 진로상담은 대부분 논리적인 계획의 수립과 합리적인 의사결정이 주로 강조되는 활동이다. 진로교육 및 상담은 내담자가 자신의 능력과 흥미를 살펴보고, 직업전선의 현실을 참작하여 합리적이고 현실적인 선택을 할 수 있도록 도와주는 과정이다. 이론적으로는 적당한 동기가 있는 개인에게 적절한 정보를 제공하고 지도하면, 자신의 성격을 표현하는 데 도움이 되는 직업을 선택할 수 있다고 말할 수 있다.

(1) 개인 역동적 요인의 고려

한편, 합리적으로 진로 계획을 수립하는 것이 바람직하지만, 실제 상담과정에서는 진로 선택에 내재되어 있는 비합리적인 측면도 무시해서는 안 된다. 즉, 진로 결정은 합리적인 차원과 주관적인 차원의 어느 한쪽에서만 이루어지는 것이 아니다. 성격, 인생의 목표, 가치관과 같은 심리역동적 요인이 개입되며, 많은 잠재적 인물들이 진로 선택에 영향을 끼친다는 사실이 중요하다. 그렇다고 진로 선택이 단순히 앞에서 언급한 역동적인 요인의 영향만 받는 것은 아니다. 사람은 진로를 선택할 때 직업에 대한 정보, 자신의 적성과 흥미 등을 고려하여 합리적인 결정을 내리려고 하는 것이 보통이다. 따라서 직업상담에서도 일반 상담에서와 같이 역동적 요인을 고려하되 동시에 자신의 성격, 적성, 흥미와 함께 직업현황, 장래 전망 등과 같은 선택 대상에 대한 정보들을 합리적인 결정을 내리는 데 활용하여야 한다. 또한 상담자는 이러한 질적, 양적 정보들이 내담자에게 미치는 의미를 이해하고 있어야 한다.

> **개인 역동적 요인**
> 각 개인의 성격, 인생의 목표, 가치관 등의 요소

(2) 개인적 · 직업적 요구 간의 간격

상담자는 진로 선택에 영향을 미치는 핵심 요인 간의 관계를 고려해야 한다. 그 하나는 개인의 진로 목표, 경험 및 성장에 따라 변화된 진로 계획 간의 관계이고, 다른 하나는 개인의 진로 계획과 사회적 환경 간의 관계다. 대부분은 이들 요인 간의 관계가 마찰을 일으키게 된다.

따라서 직업상담에서는 이런 마찰과 갈등을 최소화하고 합리적으로 대처할 수 있도록 돕는 것이다. 다시 말해서 직업을 선택하려는 개인의 요구와 기업의 요구가 합치되지 않을 때, 상담자는 개인과 기업 간의 중개자의 역할을 하기도 한다.

그런데 상담자는 실제로 기업활동에 영향을 미칠 만한 힘이 거의 없기 때문에 현재의 직업 현실에 적합하도록 내담자의 직업 결정을 도와줄 수밖에 없다. 따라서 상담자와 내담자는 공동으로 직업 현실의 제약을 극복해 나가야 한다. 또한 상담자는 내담자가 현 사회에서 필연적으로 직면하게 되는 갈등이나 긴장을 해결할 수 있도록 도와줄 수 있다. 올바른 진로 선택을 확실히 하는 것만이 진로상담의 목표가 되어서는 안 된다. 그와 동시에 진로 결정이 불명확할 수밖에 없다는 사실과 진로 선택 후에 있음직한 갈등을 알려 주어 이에 대처할 역량을 키워 주는 것도 직업 및 진로상담의 목표로서 중요하다. 개인의 요구와 기업의 요구가 점점 더 괴리되어 가는 현대 산업사회에서는 진로 및 직업상담의 목표로서 후자가 더욱 강조되어야 할 것이다.

3) 직업 및 진로상담에 대한 오해와 편견

일반 상담에 대하여 사람들이 많은 편견과 오해를 가지고 있는 것처럼 진로 및 직업상담에 대해서도 잘못 인식하고 있는 바가 적지 않다. 이렇게 내담자에게서 흔히 발견되는 편견으로는 대표적으로 다음과 같은 것들이 있다.

첫째, 진로상담이 정확하며 과학적이라고 생각한다.
둘째, 단 한 번의 진로상담으로 자신이 바라는 목표가 완전히 이루어질 수 있다고 여긴다.
셋째, 심리검사가 올바른 길을 가르쳐 줄 것이라는 등의 필요 이상의 신뢰를 보인다.
넷째, 직업 선택에는 흥미와 능력이 직접적인 관계가 있다고 생각한다.

　　이와 같은 일반적인 편견 이외에도 개인적으로 갖고 있는 독특한 편견들이 흔히 상담 장면에서 나타난다. 이제부터는 이러한 편견들을 상담 사례와 함께 좀 더 살펴보도록 한다.

(1) 진로상담의 정확성에 대한 오해

　　내담자들은 직업 계획의 수립과 직업에 대한 결정이 고도로 과학적으로 이루어지며 결정적으로 정확할 것이라는 생각을 가지고 상담을 받으러 온다. 대표적인 예를 들면 다음과 같다.

 사례

> 내담자: 진로 선택 문제로 도움을 받고자 합니다.
> 상담자: 그러면 당신이 현재 생각하고 있는 것부터 이야기해 주시지요.
> 내담자: 저는 올바르게 선택하고 싶습니다. 아시겠지만 저는 실수를 저지르고 싶지 않습니다. 선생님은 제가 올바르게 선택할 수 있도록 분명히 도와주실 거라고 생각합니다.

　　이 예에서 내담자는 모든 인간문제에 대해 올바르고 완전한 해결책이 반드시 존재하므로 정확한 해결책을 발견하지 못한다는 것은 불행한 일이라고 여기고 있다. 어떤 점에서 볼 때 현대와 같이 고도의 정확성이 요구되는 과학기술 시대에서 내담자들이 그와 같은 기대를 가지는 것은 놀라운 일이 아닌지도 모르겠다.

　　내담자들은 흔히 상담자의 자료가 확실하고 정확하며, 그 자료를 이용하여 내린 결정은 틀림없다는 식의 생각을 한다. 이것은 진로상담에 대한 인식 부족에 기인하는 것이다. 사실 진로 결정에서 고려해야 할 변인은 상당히 많고, 그 많은 변인들의 영향에 관해 밝혀진 자료는 매우 불충분하기 때문에 통계적 추론만이 가능한 정도다.

실제적인 문제로 '언제까지 진로를 결정해야 한다.'는 식의 시간적인 제약을 받는 경우가 많으므로 내담자와 기업환경에 대하여 충분한 자료를 얻고 이를 검토하기가 힘들다. 또한 환경이 급속히 변하고 새로운 직종이 나타나는 요즘 시대에서는 상담자가 이러한 사회 현실의 변화에 대처할 모든 자료를 가진다는 것은 거의 불가능한 일이다.

내담자가 진로상담에 대해 정확성을 기대하는 데서 발생하는 문제 중 하나는 내담자가 진로상담을 절박한 시기까지 지연시킬 가능성이 있다는 것이다. 즉, 올바른 직업을 확실하게 선택하려는 생각에 몰두한 나머지 지나치게 조심하고 실수하는 것을 필요 이상으로 걱정하게 된다. 따라서 이런 내담자는 진로를 계획하는 데 주저하게 되며, 마지못해 계획을 세우더라도 조심성과 불안감 때문에 실패하기 쉽다. 그러므로 상담자는 내담자의 지나친 기대를 올바르게 고쳐 줄 필요가 있다. 예를 들면 다음과 같다.

 사례

> 상담자: 이런 걸 이야기해 보면 어떨까. 오늘부터 자네가 일주일 동안 저녁 시간을 어떻게 보내게 될지 말해 줄 수 있겠어?
> 내담자: 글쎄요, 상당히 어려운데요. ……(멈춤)…… 아마도 학교에서 내 준 과제를 하고 지내겠지만. ……(멈춤)…… 시간이 있으면 친구와 테니스를 하거나 술을 마실지도 모르겠습니다. 사실 그 이상 말씀 드리기 어렵군요.
> 상담자: 그렇군. 나는 자네에게 저녁시간을 보낼 좋은 아이디어라도 있는 줄 알았네만, 자네가 할 활동을 정확히 말하기는 어렵겠지. 내가 말하고자 하는 요지는 자네가 오늘부터 일주일 동안 무엇을 할지 명확히 말할 수 없는데, 비교적 오랜 기간 활동할 직업을 정확히 결정할 수 있으리라고 기대하는 것은 무리가 아니지 않겠나 하는 걸세.

내담자는 완벽하고 명확하게 진로를 계획한다는 것이 불가능하며, 어느 정도 지나고 나서야 자신의 선택이 바람직했는지를 알 수 있음을 이해하여야 한다. 상담자는 현명한 의사결정과 완벽한 의사결정의 차이점을 알려 주고 내담자의 편견을 제거한 후에야 진로 계획에 대한 조언 및 협의를 할 수 있을 것이다. 달리 말하면 비합리적이고 불가능한 계획을 포기하고 현실적이고 잠정적인 대안을 채택하여 평가하는 것이 유익하다는 것이다. 여러 가지 진로 계획의 상대적 손익을 비교하는 것은 상당히 유익하다. 이런 비교는 유일하고 완벽한 해결책을 제시해 주지는 못해도 여러 대안에 관심을 기울이게 해 준다. 즉, 내담자가 하나의 이상적인 진로 목표에만 집착하기보다는 여러 면에서 탐색하고 실험해 보도록 격려해 준다. 이렇게 진로 계획을 짜야만 미래가 불확실한 현실 사회에서 융통성을 발휘하여 적절하게 대처할 수 있을 것이다.

(2) 일회성 결정에 대한 편견

앞에서 말한 편견과 관련된 것으로 단 한 번에 진로를 결정할 수 있으리라는 생각이 있다. 예를 들면 다음과 같다.

사례

> 내담자: 저는 지금 진로를 결정한다는 것에 대해 무척 걱정됩니다. 같은 반 친구는 중학교 때부터 사업가가 되기로 결심하고, 지금은 사업가에 관한 책을 읽고 있습니다. 그런데 저는 아직도…….

내담자들은 직업에 대한 자신의 적응도를 평가할 때 희귀한 사례를 빌리는 경우가 종종 있다. 예의 내담자처럼 '나는 왜 그렇게 될 수 없을까?'라는 생각에 사로잡혀 있는 것이 보통이다. 이들의 주요 특징은 열등감에 빠지거나 자신의 진로를 아직 결정하지 못했기 때문에 자신에게 무언가 잘못된 점이 틀림없이 있다고 불안해하는 것이다. 이런 내담자들은 되도록 빨리 세부적으로 진로 목표를 정할수록 좋다고 생각하고 소수의 사례를 일반화하여 받아들임으로써 융통성이나 개인차 등을 고려하지 못하기 쉽다. 상담자는 이와 같은 잘못된 생각을 적절하게 지적하고, 점진적으로 필요한 단계를 밟아서 의사결정을 하도록 도와주어야 할 것이다. 예를 들면 다음과 같다.

 사 례

> 상담자: 내 생각에 대부분의 사람들이 중요한 것을 결정할 때는 서서히 단계를 밟아 올라가는 식으로 하지.
>
> 내담자: 그게 어떻게 하는 건가요?
>
> 상담자: 예를 들면, 누군가와 결혼하려 할 때 바로 결정을 내리려 하지 않을 걸세. 점진적으로 몇 단계를 거쳐서 상대와의 관계를 시험해 보는 것이 좋을 거야. 우선은 서로 함께 지내는 시간을 늘리면서 두 사람의 관계를 보다 깊게 하려고 노력하고, 결혼해서 얻을 것이 무엇인가도 고려해 보고…….
>
> 내담자: 네, 그 방법이 꽤 합리적인 것 같네요.
>
> 상담자: 나는 자네 역시 그렇게 단계적으로 진로를 생각한다든지 결정을 내리는 것이 좋다고 생각하네.

  요즈음에는 직업을 바꾼다든가 직장을 옮기는 것이 과거와 달리 수월해진 것이 사실이다. 따라서 내담자는 한 가지 직업 및 직장을 고수해야 한다는 낡은 생각을 버리고, 자신이 선택하려는 직업의 특성을 고려하여 융통성 있게 진로를 결정하여야 한다.

(3) 심리검사에 대한 과잉 신뢰

내담자는 흔히 어떤 분야의 직업을 택하는 것이 좋을지를 심리검사가 분명히 알려 줄 수 있으리라고 생각한다. 진로상담을 받는 내담자들의 약 3분의 1이 다음과 같은 요구를 해 오는 것이 보통이다.

 사례

> 내담자 1: 앞으로 제가 무엇을 하는 것이 좋을지 몰라서 검사를 몇 가지 받아보고 싶습니다.
>
> 내담자 2: 제가 어떤 일에 맞을지를 알려 줄 수 있는 적성검사 같은 것이 있다면 한번 해 보고 싶습니다.

이 같은 내담자들의 직업관은 흔히 '~해야 한다.', '~에 적합하다.'는 식의 이른바 천직(또는 이상적 직업)을 추구하는 것으로서 현대 산업사회에서는 적응하기가 어려운 사고방식이라고 하겠다. 이런 사고방식이 가져오는 문제점으로는 다음과 같은 것이 있다.

첫째, '~해야 한다.'는 생각이 '항상 엄밀하고 정확하게 선택해야 한다.'는 편견을 더욱 강화할 위험이 있다. 자신에게 가장 적합한 직업을 알고 싶어 하는 내담자들은 이렇게 자기 자신과 미래에 대한 사고방식에 융통성이 없다.

둘째, 내담자들이 검사의 강점과 한계점을 이해하지 못하고 검사 결과를 너무 신뢰하게 된다. 그 결과로 사고과정에 융통성을 상실하게 되어 나아가 검사 결과의 노예가 될 위험이 있다.

셋째, 이러한 내담자는 미래의 직업 선택에 대한 책임을 상담자에게 전가하려는 경향이 있다. 따라서 상담자가 이런 내담자의 회피 경향을 직면하게 해 주지 않으면 내담자의 의존성은 증가되어

성숙을 저해하게 된다. 심리검사의 유용성을 과소평가하는 것
도 문제지만 과대평가하는 것은 더욱 위험이 따른다. 따라서 다
음과 같은 방식으로 검사를 도입하는 것이 좋을 것이다.

 사례

> 상담자: 지금까지 의사결정을 할 때 적절한 정보가 필요하다는 것을 이야
> 기했어요. 그런데 심리검사는 당신 자신에 대한 정보를 수집하고
> 체계화할 수 있는 보조수단으로만 생각하는 편이 좋아요. 그리고
> 검사 결과에서 나온 정보의 사용 여부는 당신 자신이 결정하게 됩
> 니다.

(4) 흥미와 능력 개념의 혼동

대부분의 내담자들은 흥미, 능력, 적성, 지능, 성격 등에 대한 개념들
을 혼동하고 있어서 검사를 잘못 인식하고 있다. 흔히, 내담자들은 과
거에 흥미 있었던 일이라며, 그 일을 하면 잘 해 나갈 수 있을 것이라고
생각하는 경향이 있다. 그러나 흥미가 높다고 해서 그 일을 잘 해낸다
는 보장은 없다. 경험적인 연구에 의하면 흥미와 능력 간에 상관관계가
있기는 해도 그 정도가 일반적인 생각처럼 높지는 않다. 또한 상담자는
내담자들이 검사 결과를 어떻게 생각하고 이해하고 있는가를 파악하여
적절하게 검사 결과를 해석해 줄 필요가 있다.

(5) 기타 고려사항

이 밖에도 상담자가 관심을 가져야 할 문제에는 다음과 같은 것들이
있다.

어떤 내담자들은 진로 계획을 수립할 때 단계별로 '철저히' 분석하여 결정해야 한다고 생각한다. 그러나 뒤에 올 단계를 미리 지나치게 걱정하여 의사결정을 주저할 필요는 없다. 이전 단계에 대해 충분히 숙고한 후 융통성 있는 결정을 하고 다음 단계로 넘어가는 것이 바람직할 것이다.

또 어떤 내담자는 선택할 결정에 따른 결과가 완전 성공이냐 아님 완전 실패냐 하는 식으로 생각한다. 이런 내담자에게는 실패에도 어느 정도 긍정적 가치가 있음을 이해시켜야 한다. 어떤 직업에서든 흡족한 결과를 얻지 못하거나 완전히 성공하지는 못했다 하더라도 노력의 결과로 직업인으로서의 성장이 있기 때문이다.

마지막으로 이를테면 '일 년쯤 지내고 보자.'는 식의 생각이 있다. 내담자들은 간혹 시간만 지나면 좋은 결정을 내릴 수 있을 것이라고 생각한다. 그러나 시간을 적극적이고 건설적으로 활용하는 태도가 필요하며, '좋은 결정'이란 찾는 것이지 주어지는 것이 아니라는 것을 이해시켜야 할 것이다.

지금까지 올바른 진로 결정에 장애가 되는 편견들을 살펴보았다. 이런 편견들은 틀린 생각과 단편적인 정보에서 발생한다. 요컨대, 상담자는 이와 같은 그릇된 생각들을 내담자가 직면하여 고쳐 나갈 수 있도록 앞의 사례들처럼 도와주어야 할 것이다.

4) 직업 및 진로상담의 기본 지침

직업 및 진로상담은 내담자를 평가한 후 적합한 직업 정보를 선택해서 진로 계획에 반영하는 합리적 과정만으로 이루어지는 것이 아니라고 앞서 언급하였다. 엄격한 의미에서 진로상담은 내담자의 생활 및 사고방식을 고려함으로써 내담자가 자기실현을 할 수 있도록 돕는 과정이다.

진로상담은 내담자의 생활 및 사고방식을 고려하여
내담자가 자기실현을 할 수 있도록 돕는 과정이다.

직업 및 진로상담이 효과적이라면, 내담자에 대한 평가 및 진단, 직업 정보의 수집 및 전달, 그리고 일반적인 상담기법의 세 요소가 필요하다.

(1) 내담자에 대한 평가

상담의 초기과정에서는 내담자에 대한 정보를 얻기 위해 면접, 설문지, 생활기록 및 검사도구들을 사용한다. 상담자는 이렇게 얻어진 자료를 평가하고 해석하기 위해 적절한 통계적 방법과 자신의 경험을 활용하게 된다. 상담자는 수집된 자료를 종합적으로 평가하고 나서 내담자에게 일반 상담기법에 따라 평가한 결과와 의미를 해석해 주고 내담자와 함께 논의한다. 이런 과정을 적절하게 거치면 대체로 내담자는 스스로 어느 정도 진로를 계획할 수 있게 되고, 상담자는 바람직한 선택 결정에 이르도록 도와줄 수 있다.

상담자는 현대 산업사회의 급속한 직업변동 추세를 잘 파악하여 내담자로 하여금 특정 직업만을 목표로 생각하기보다는 좀 더 폭넓은 직업 분야를 생각할 수 있도록 도와주어야 한다. 직업을 여러 번 바꾸는 사람이 그렇지 않은 사람보다 훨씬 더 많은 시대가 되었기 때문이다.

(2) 직업 정보의 수집 및 전달

상담자가 직업 정보를 제시하면서 적절하게 내담자를 격려해 준다면 내담자는 스스로 합리적인 목표를 선택할 수 있게 된다. 따라서 상담자는 적극적으로 직업 정보와 선택 지침을 제시해 주어야 한다.

한편, 대부분의 고등교육기관과 직장에서는 소속 기관의 구성원으로서 규범적 생활에 적응할 것을 기대한다. 특히, 일반 사회의 직장은 가정이나 학교처럼 내담자가 자기 멋대로 할 수 있는 환경이 못 된다. 내담자가 직장의 이러한 속성을 잘 이해하지 못하고 있다면 좌절감이나 적대감을 느끼고 직업에 대해 불만을 갖게 된다. 따라서 상담자는 내담자의 가치관, 인생 경험, 기대 등을 충분히 고려하여 내담자의 생활양식에 맞는 직업 계획을 수립하는 데 도움이 되는 정보를 주어야 할 것이다.

(3) 상담기법상 고려할 점

상담과정에서 직업 정보를 제시할 때는 그 시기를 잘 선택하여 적시에 제시해야 한다. 일반적으로는 내담자가 상담자의 검사 결과에 대한 평가와 해석을 듣고 나서 그것을 자신의 직업 선택에 활용하고자 할 때 직업 정보를 제시해 주는 것이 좋다. 또한 내담자가 정보를 요구할 때에는 그 정보에 대한 올바른 이해를 확인하고 제공하는 것이 바람직하다. 진로 계획이 수립되면, 경우에 따라서는 효과적 직업 수행을 위한 훈련 및 교육에 대한 자문을 해 주는 것도 필요하게 된다.

상담을 종료할 때에는 결정된 진로 계획과 교육 계획 그리고 검사 결과에 대한 기록들을 내담자가 가지고 갈 수 있도록 하는 것이 좋다. 이렇게 해야만 내담자가 검사 및 평가 자료 등을 좀 더 참고할 수 있고 진로 계획에 대한 책임도 크게 느끼게 될 것이다. 끝으로 모든 결정은 실제 장면에 부딪혀서 실천해 보아 확인될 때까지는 잠정적이라는 생각을 내담자에게 심어 줄 필요가 있다.

3. 우울

우울
슬픈 기분, 죄책감, 짜증, 불안, 정서적 반응 능력 상실, 주의집중 능력 감소, 수면과 식욕, 성욕의 상실 등이 나타나는 상태

아주 많은 사람이 우울한 감정에 시달린다. 성인 인구의 약 15~20% 정도가 우울 증상으로 고통을 받고 있다. 정신과 입원 환자의 약 75%가 우울 증상을 가지고 있다는 보고도 있다.

우울은 어떤 한 가지 이유만으로 생기지는 않는다. 생물학적, 환경적, 심리·사회적인 여러 원인이 개입되어 있다. 신경전달물질의 기능 장애, 유전적 요인, 가족사, 어렸을 때의 고통스러운 경험, 최근의 나쁜 사건, 비판적으로 화를 잘 내는 배우자, 주위에 친구가 없다는 현실 등 그 이유는 아주 복합적이다.

병원에서는 우울을 양극성이냐 단극성이냐, 내인성이냐 반응성이냐 등으로 분류하여 진단한다. 참고로 지금은 공식적인 진단에는 사용되지 않는 구분이지만 1970년대까지만 하더라도 우울을 포함한 심리적인 장애를 증상의 심각성 정도에 따라서 정신증적 수준과 신경증적 수준으로 구분하는 것이 상례였다. 이는 현실을 어떻게 지각하고 상호작용하느냐에 따라서 구분되는데, 정신증의 경우 현실을 왜곡하여 지각하므로 현실과의 상호작용의 장애가 뚜렷하다. 예를 들어, 환각이나 망상의 증상을 보이면 정신증으로 볼 수 있다. 그러나 신경증에서는 여러 증상 때문에 일상생활의 능력과 대인관계가 손상되는 경우는 있어도 정신증처럼 현실 지각의 왜곡이나 현실 판단의 장애는 없다.

이런 맥락에서 우울도 정신증적 우울증과 신경증적 우울증으로 구분되었다. 정신증적 우울증에서는 환각과 망상이 나타나며, 극

여러 복합적인 이유로 많은 사람이 우울한 감정에 시달리고 있다.

단적으로 현실에서 멀어지는 경향을 보인다. 예를 들어, 이런 사람은 자기가 죽을 수밖에 없는 죄인이라는 망상을 보이기도 하고, 자기가 만지는 것은 무엇이든지 오염되므로 환경과의 접촉을 단절하기도 한다. 이와 대조적으로 신경증적 우울증에서는 생활이 엉망이 될 만큼 무기력하고 침체될 수는 있지만, 현실 판단 능력은 손상되지 않는다. 즉, 주위에서 일어나는 일을 정확하게 이해하고 있으며, 대화 내용도 조리 있고, 최소한의 일상생활을 하는 데에는 지장이 없다.

이 두 유형의 우울이 질적으로 다르다는 입장을 가진 학자도 있고, 양적인 차이밖에 없다고 주장하는 학자도 있다. 양적인 차이만이 있다는 주장을 연속성 가설이라고 한다. 그러니까 정신증적 우울증을 한쪽 극단에 두고 다음에 신경증적 우울증, 기분부전장애 그리고 다른 쪽 끝에 정상인의 울적함을 둔다. 현재의 공식적인 진단체계에는 이런 연속성 가설을 지지하는 입장이 반영되어 있다.

우울상태와 기분이 들뜨는 조증상태가 교대로 나타나는 경우를 양극성 장애라고 한다. 심하게 우울하던 사람이 갑자기 기분이 고양되고 의기양양해지며 유별나게 쾌활하고 지나치게 활동적이 되는 양상을 보이면 양극성 장애를 의심해 보게 된다. 흔히, 이런 상태를 조울증이라고 부른다. 이렇게 우울과 조증상태가 교대로 나타나거나 정신증적 우울증을 겪고 있다면 반드시 병원에서 약물치료를 받아야 한다. 이 책에서는 망상 같은 정신증적 증상이 없고, 조증상태가 나타나지 않는 단극성 우울만을 다룬다.

그런데 여기서 우울하다는 것은 일시적으로 기분이 저조해지는 것과는 많이 다르다. 뭔가 상실했을 때 그에 대한 반응으로 우울해지고 기분이 가라앉는 것은 정상적인 반응이다. 그런데 우울증을 겪는 사람들은 아주 슬픈 기분이 들고 눈물도 자주 흘린다. 죄책감에 시달리고 쉽게 짜증이 나고 불안해진다. 상태가 심하면 정서적인 반응 능력을 잃어버리게 된다. 그래서 좋은 감정도 나쁜 감정도 없이 그저 멍한 상태가 된다. 일상생활에 관심이 없고 신문을 읽거나 텔레비전을 보는 일조차

> **조울증**
> 상쾌하고 흥분된 상태와 우울하고 불안한 상태가 주기적으로 번갈아 나타나는 증세

힘겨워한다. 주의집중이 안 되고 방금 읽은 것도 기억이 잘 안 나기 때문이다. 하루 종일 침대에 누워 있기도 한다. 밤에는 잠도 안 오고 식욕도 없고 성적인 관심도 없다. 이럴 때 가장 위험한 것은 이런 상태가 언제 끝날지 알 수 없고 아무런 희망도 안 보인다는 것이다. 희망을 잃어버린 사람들은 자살을 생각한다. 심한 우울증에 시달리다가 불행히도 실제 스스로 목숨을 끊는 사람들도 있다.

그런데 많은 경우 석 달 내지 여섯 달 정도 지나면 우울은 저절로 없어지기도 한다. 그렇지만 재발이 잘 되어 열 명에 두 명 꼴로 만성적인 경과를 밟게 된다. 이런 까닭에 우울증 상담은 현재의 우울상태에서 빨리 회복되도록 돕는 일뿐 아니라 회복된 상태가 지속되고 가능하면 재발되지 않도록 돕는 것을 목표로 한다. 따라서 상담을 통해 내담자 혼자서도 우울상태를 다루는 기술을 익히도록 해야 한다.

1) 우울에 대한 벡의 이론

아론 벡 ▌

역기능적 생각
우울을 유발하는 독특한 역기능적 태도나 내적 규칙을 가지고 있는 것

1970년대 중반까지 우울한 사람들이 보이는 생각과 행동의 문제점은 우울한 감정의 결과로 나타난다고 보았다. 그래서 생각과 행동은 치료와 상담의 초점이 되지 못하였다. 그런데 아론 벡(A. Beck)이 우울의 인지치료법을 개발한 후로 우울의 발생과 지속에 인지(즉, 생각, 사고) 및 행동적 요소가 매우 중요한 역할을 한다는 점이 주목받게 되었다.

벡은 우울증 환자를 치료하면서 이들에게 정서장애와 깊은 관련이 있는 역기능적 생각(dysfuntional thought)이 내재되어 있음을 알게 되었다. 그러니까 우울해지기 쉬운 사람들은 우울을 유발하는 독특한 역기능적 태도나 내적 규칙을 가지고 있다는 것이다. 이들은 '반드시 이래야 한다, 저래야 한다'는 식으로 당위에 매여 있으며, '이것 아니면 저것'이라는 식으로 경직된 사고방식을 나타내는 경향이 있다. 그런데 이런 사고의 왜곡은 자동적으

〈표 7-1〉 주요 우울증의 진단 기준(DSM-IV)

A. 다음 증상 가운데 5개(또는 그 이상) 증상이 연속 2주 동안 지속되며, 이러한 상태가 이전 기능의 변화를 나타내는 경우: 이러한 증상 가운데 적어도 하나는 우울 기분이거나 흥미나 즐거움의 상실이어야 한다.

   (1) 하루의 대부분 그리고 거의 매일 지속되는 우울한 기분이 주관적인 보고(슬프거나 공허하다고 느낀다)나 객관적인 관찰(울 것처럼 보인다)에서 드러난다.

   (2) 모든 또는 거의 모든 일상활동에 대한 흥미나 즐거움이 하루의 대부분이나 거의 매일같이 뚜렷하게 저하되어 있을 경우(주관적인 설명이나 타인에 의한 관찰에서 드러난다)

   (3) 체중 조절을 하고 있지 않은 상태에서 의미 있는 체중 감소나 체중 증가, 거의 매일 나타나는 식욕 감소나 증가가 있을 때(예: 1개월 동안 체중 5% 이상의 변화)

   (4) 거의 매일 나타나는 불면이나 과다 수면

   (5) 거의 매일 나타나는 정신운동성 초조나 지체(주관적인 좌불안석 또는 처진 느낌이 타인에 의해서도 관찰 가능하다)

   (6) 거의 매일 느끼는 피로나 활력 상실

   (7) 거의 매일 느끼는 무가치함 또는 과도하거나 부적절한 죄책감(망상적일 수도 있는, 단순히 병이 있다는 데 대한 자책이나 죄책감이 아님)

   (8) 거의 매일 나타나는 사고력이나 집중력의 감소, 우유부단함(주관적인 호소나 관찰에서)

   (9) 반복되는 죽음에 대한 생각(단지 죽음에 대한 두려움뿐만 아니라), 특정한 계획 없이 반복되는 자살 생각 또는 자살 기도나 자살 수행에 대한 특정 계획

B. 증상이 양극성 장애의 기준을 충족시키지 않는다.

C. 증상이 사회적, 직업적, 기타 중요한 기능 영역에서 임상적으로 심각한 고통이나 장해를 일으킨다.

D. 증상이 물질이나 일반적인 의학적 상태(예: 갑상선 기능저하증)의 직접적인 생리적 효과로 인한 것이 아니다.

E. 증상이 사별에 의해 잘 설명되지 않는다. 즉, 사랑하는 사람의 상실 후에 증상이 2개월 이상 지속되거나 현저한 기능 장애, 무가치감에 대한 병적 집착, 자살 생각, 정신증적 증상이나 정신성 운동지체가 특징적으로 나타날 경우에만 이 장애의 진단이 내려진다.

로 일어나므로 정작 당사자는 그런 생각을 하고 있는지조차 잘 모르는 경우가 많다. 이런 사고가 습관적 성향으로 나타나는 것을 역기능적 태도라고 하며, 어떤 특정한 사건에 수반되어 자동적으로 머릿속을 스쳐 지나가는 생각을 자동적 생각이라고 하여 이를 구분하기도 한다. 벡의 우울증 이론을 이해하기 위해서는 인지도식이라는 개념과 인지적 오류라는 개념을 알아둘 필요가 있다. 제4장 인지행동적 상담 이론에서 이에 대해 설명하였으므로 여기서는 우울과 직접 관련되는 내용만을 간략하게 다루기로 한다.

인지도식
한 개인이 유사한 상황 혹은 사건에 대해 일관성 있게 개념화하고 반응을 보이는 비교적 안정적인 생각의 패턴

벡에 따르면 우울한 사람들은 특히 세 가지 점에서 부정적인 인지도식을 가지고 있다.

첫째, 우울한 사람들은 자기 자신을 무가치하고 무능하고 부적절하며 사랑받지 못할 사람으로 본다. 또한 불쾌한 경험을 할 때는 그것이 자신의 심리적, 도덕적, 신체적 결함 때문에 생긴 일로 받아들인다. 자신은 결점이 많기 때문에 쓸모 없는 존재라고 믿는다. 이로 인해 자신을 평가절하하고 비난하는 경향이 있다. 요컨대, 인간으로서 행복과 만족을 얻는 데 필수적이라고 생각되는 자질들이 자신에게는 결여되어 있다고 믿는다.

둘째, 우울한 사람들은 자신을 둘러싸고 있는 세상이 자신에게는 항상 부정적이고 가혹하며, 이에 도저히 대처할 수 없으므로 언제나 실패와 좌절을 경험할 수밖에 없다고 생각한다. 이들에게 세상은 삶의 목표 달성을 방해하는 장애물이며, 과도한 요구를 해 오는 존재라고 생각한다.

셋째, 우울한 사람들은 미래에 대해 부정적인 견해를 가지고 있다. 자신의 미래는 암담하고 통제할 수 없다고 본다. 그리고 현재의 고통과 어려움은 언제까지고 지속될 것이라고 생각한다. 어떤 과제를 시작해야 되는 상황이 오면 이들은 실패를 먼저 예상한다.

자신과 주변 상황에 대한 정보처리에 습관적인 인지적 오류를 범하는 사람들은 현실을 조직화하는 양식이 '미성숙' 하다. 여기서 미성숙하다는 표현은 그들의 인격에 대한 것이 아니며 정보처리의 방식에 대한 것이다. 우울한 사람들은 생활 중에 일어나는 일들에 대해 전체적이고 일방적이며 절대적인 의미를 부여하므로 감정의 반응 또한 부정적이고 극단적인 경향이 있다. 반면에 '성숙한' 사고방식을 가진 사람들은 생활 중에 일어나는 일들에 대해 여러 차원으로, 질적인 용어보다는 양적인 용어로, 절대적인 기준보다는 상대적인 기준에 따라 판단하고 묘사한다. 벡은 자신의 저서에서[1] 이 두 사고방식을 다섯 가지 차원으로 나누어 정리하였다(〈표 7-2〉 참조).

〈표 7-2〉 우울을 유발하는 미성숙한 사고의 특징

'미성숙한' 사고	'성숙한' 사고
단차원적이고 전반적 (나는 겁이 많다.)	다차원적 (나는 어느 정도 겁이 많지만 꽤 관대하고 상당히 똑똑하다.)
절대적이고 도덕적 (나는 비열한 겁쟁이다.)	상대적이고 비판단적 (나는 내가 아는 대부분의 사람보다 더 겁이 많다.)
불변적 (나는 지금까지 늘 겁쟁이였고, 앞으로도 항상 겁쟁이일 것이다.)	가변적 (나의 두려움은 시간과 상황에 따라 변한다.)
'성격적 진단' (나는 성격에 결함이 있다.)	'행동적 진단' (나는 상황을 너무 많이 회피하고 두려움이 많다.)
되돌릴 수 없음 (나는 근본적으로 약하기 때문에 이에 대해 할 수 있는 게 없다.)	되돌릴 수 있음 (나는 상황에 맞닥뜨리고 두려움과 싸울 수 있는 방법을 배울 수 있다.)

1) A. Beck, A. Rush, B. Shaw, & G. Emery, *Cognitive Therapy of Depression* (Guilford Press, 1979), p. 15.

2) 우울문제 상담기법

(1) 생각을 딴 데 돌리는 기법

부정적인 생각에 몰두하여 압박감이 가중되는 상황에서 그러한 생각의 시간을 줄이는 기법이다. 내담자가 자신의 부정적인 자동적 생각에 대한 대안을 찾아내는 능력을 아직 갖추지 못한 상담 초기에 특히 유용하다. 이러한 기법들은 근본적인 인지적 변화를 가져오지는 않지만, 우울을 가져오는 생각의 빈도를 줄여 주어 정서상태를 개선하는 효과가 있다. 이러한 개선이 문제해결의 바탕이 된다.

 사례

상담자: 그러니까 그런 문제들을 마음속으로 계속해서 생각하고 또 생각하며 시간을 보낸다는 말씀이죠?

내담자: 예, 그래요.

상담자: 그렇게 시간을 보내면 기분이 어떻지요?

내담자: 끔찍해요.

상담자: 만약, 생각을 다른 데로 돌려 다른 생각을 할 수 있다면 어떻게 될까요?

내담자: 글쎄, 그게 참 어려운데요. 만약, 그렇게 할 수 있다면 좋죠.

상담자: 그렇다면 생각을 차단하는 방법을 배우는 건 어떨까요? 그렇게 할 수 있다면 어떨 것 같아요?

내담자: 아마 기분이 훨씬 좋아질 것 같은데요.

상담자: 그렇겠죠? 물론, 생각하지 않는다고 문제가 없어지는 것은 아니지만 자신의 기분을 조절할 수 있다는 게 중요하죠. 그렇게 해서 보다 효과적으로 생각하고 또 생각을 정리하게 되는 거죠.

　　그런데 어떤 내담자들은 '생각을 딴 데 돌리는 방법'을 자신의 고통스러운 문제를 회피하는 수단(인지적 회피)으로 사용하기도 한다. 이런 경우에는 그렇게 할 때 얻는 점과 잃는 점을 비교해 보도록 할 수 있다. 얻는 점은 아마도 단기간 기분이 나아지는 것일 테고 잃는 점은 문제를 해결할 기회를 상실한다는 점일 것이다. 이때도 다른 부정적인 자동적 생각을 다룰 때와 동일한 기법을 사용하면 된다.

　　특정 물체에 주의를 돌리기　　자꾸만 부정적인 생각에 빠져들어 헤어 나오지 못할 때, 우선 주변의 어떤 특정 물체에 주의를 돌리게 한다. 그리고 구체적으로 그 물체를 묘사하도록 한다. 스스로 다음과 같은 질문을 하고 그에 대해 답해 본다.

- 그것은 정확하게 어떤 위치에 있지?
- 그것은 얼마나 크지?
- 그것은 어떤 색깔이지?
- 그것은 어떤 냄새가 나지?
- 그것은 무엇으로 만들었지?
- 이 장소에 정확하게 몇 개나 있지?
- 그것은 어떤 용도로 사용하지?

　　감각 활용법　　이 방법은 앞의 방법과 비슷하지만 한 특정 사물에만 주의를 돌리지 않는다. 주변을 돌아보고 자신의 시각, 청각, 미각, 후각, 촉각을 자각해 보는 것이다. 다음과 같은 질문을 한다.

- 주위를 돌아보면 무엇이 보이지? 또 어떤 게 보이지?
- 어떤 소리가 들리지? 내 몸에서는? 이 방에서는? 방 바깥에서는? 이 건물 밖에서는?
- 어떤 맛이 느껴지지?
- 어떤 냄새가 나지?

• 이것은 어떤 감촉을 느낄 수 있을까? 딱딱한가? 부드러운가? 내가 입고 있는 옷의 감촉은? 까칠까칠한가, 부드러운가? 신발은? 안경은?

딴 생각하기   가나다 순으로 동물 이름 생각하기, 1000부터 시작해서 거꾸로 7씩 빼나가기, 즐거웠던 일을 아주 구체적으로 기억하기 등 상당한 정도로 정신적 에너지를 써야 되는 일을 하도록 한다. 단, 즐거운 일을 기억하는 것은 우울한 사람들에게는 쉽지 않은 일이다. 상담시간 중에 연습해 보아야 한다.

딴 행동하기   몸과 머리를 모두 사용해야 하는 퍼즐 맞추기, 단어 맞추기, 테니스 등을 하게 한다. 다림질처럼 머리를 별로 사용하지 않는 일을 할 때는 라디오를 듣는 것과 같은 다른 일을 함께하도록 유도한다. 우울할 때는 집중력이 떨어지므로 처음에는 이런 일들이 쉽지 않다. 그러나 반복해서 연습하면 부정적인 생각을 차단하는 데 효과가 있다.

(2) 행동적 기법

행동 관찰, 활동 계획, 점진적 과제 부여와 같은 행동적 기법들은 기분을 좋게 하는 활동에 내담자가 최대한 개입하도록 도우려는 목적이 있다.

행동 관찰   일어나서 잠잘 때까지 자신이 어떤 활동을 했는지를 시간별로 기록하게 한다. 이때 그 활동을 하면서 얼마나 즐거웠는지와 얼마나 능숙하게 잘 할 수 있었는지의 두 측면에서 10점을 만점으로 점수를 부여하게 한다.

자기행동 관찰은 전반적인 활동 수준에 대한 구체적인 자료를 제공한다. 이런 자료가 있다면, '나는 아무것도 하지 않는다.' 와 같은 내담자의 부정적인 생각을 검토할 수 있다. 자료에 비추어 이 생각이 어느 정도 옳다는 것이 밝혀지더라도 이후에 보다 만족스러운 행동을 계획하는 데 중요한 초석이 된다.

행동 관찰은 또 행동과 기분 사이의 관련성을 보여 준다. 즐거움과 능숙함이라는 두 차원에서 자신의 행동을 평가하였으므로, '내가 무엇을 하든 내 기분은 달라지지 않는다.', '내가 하는 일은 무엇이든 가치가 없다.' 와 같은 부정적인 생각의 타당성을 평가할 수 있다. 우울한 사람들은 자신이 우울하지 않았을 때를 기준으로 하여 현재의 행동을 평가절하하려는 경향이 있다. 그래서 자신을 칭찬하기보다는 도리어 비난하고 스스로 기를 꺾는다. 그 결과 행동의 성취도는 점점 낮아진다. 이런 악순환에서 벗어나기 위해서는 우울하지 않았을 때는 지금보다 훨씬 더 능숙하게 여러 활동을 할 수 있었다는 것을 상기시켜 준다. 그리고 현재의 성취 수준의 저하는 무능하기 때문이 아니라 우울하기 때문이라는 점을 깨닫게 한다.

활동 계획   현재 내담자가 어떤 활동을 하고 있고 또 얼마나 만족하는지 구체적인 정보를 얻었다면, 이제는 시간별 활동 계획을 세울 수 있다. 그 목적은 내담자의 활동 수준을 높이고 즐거움과 숙달감을 증가시키기 위한 것이다. 이렇게 함으로써 엄청나게 어렵고 혼란스럽게 보이는 과제들을 질서 있는 목록으로 줄 수 있고, 매번 '이제 뭘 해야 되지?' 하고 결정을 내려야 하는 압박감을 피할 수 있다. 더 나아가 내담자 자신이 자기 삶을 통제한다는 느낌을 증가시킬 수 있다. 그렇지만 활동 계획은 내담자의 상태를 봐서 조절해야 한다. 많이 우울한 사람은, 예컨대 매일 30분의 계획만 세우고 그것부터 실천하도록 도와주어야 한다.

점진적 과제 부여   과제를 성공적으로 완수할 가능성을 높이기 위해서는 그 과제를 작은 단계들로 나누어 수행하도록 하는 것이 좋다. 그렇게 하면 꾸물거리는 습관과 무력감을 극복할 수 있고 불안을 불러일으키는 상황에 직면하기가 쉽다. 우울한 사람들은 스스로 부과한 과제를 실행하는 데 실패하고는 이를 자신이 무능하고 가치 없다는 증거로 사용한다. 그러나 사실상 이들이 실패하는 것은 자신의 현재상태, 즉 우울하다는 사실을 전혀 고려하지 않고 마치 전혀 우울하지 않은 것처럼 자신에게 많은 것을 기대하기 때문이다. 그렇게 실패하고는 자신에게는 희망이 없고 변화할 가능성이 없다고 믿는 것이다. 점진적 과제 부여는 과제를 현재 다룰 수 있는 크기로 나누어 현실적인 기준에 따라 성취도를 평가하고, 스스로 아낌없는 칭찬을 하도록 돕는 것이다.

(3) 인지적 기법

인지적 기법
내담자가 자신의 부정적인 자동적 생각을 찾아내어 의문을 제기하고 타당성을 검토하도록 돕는 상담기법

인지치료의 가장 주된 기법은 내담자가 자신의 부정적인 자동적 생각을 찾아내어 의문을 제기하고, 타당성을 검토하도록 하는 것이다. 우울한 사람들은 대개 자기 자신이 가치 없거나 무능하다는 생각, 현재 상황이 항상 나쁜 쪽으로 전개되고 있다는 생각, 앞으로도 문제가 지속되거나 더욱 악화되리라고 생각한다. 이것이 앞서 언급한 '인지삼제' 이다. 이러한 생각은 우울한 사람에게는 너무나 익숙한 것이다. 너무 익숙한 습관이라 잘 의식되지도 않고, 그래서 찾아내는 것도 어렵다. 또 이는 자동적이고 자신의 의지와 무관하게 떠오른다. 그래서 의지적으로 통제하는 것이 매우 어렵다. 더욱 나쁜 것은 이 생각이 언뜻 보기에 그럴 듯하다는 것이다. 특히 수반되는 부정적인 감정이 강렬할수록 더욱 그렇다. 그래서 잘 변하지 않고 변화에 완강하게 저항한다.

이런 생각을 촉발하는 상황은 아주 다양하다. 역설적이게도 상담 자체가 바로 이런 부정적인 생각을 불러일으킬 수 있다. 예컨대, 상담을 종결하려고 하는 것을 내담자는 자신을 거절하는 것으로 해석할 수 있다. 또한 과제를 주면 '나는 틀림없이 틀리게 할 거야.'라고 생각하기 때문에 아예 과제를 안 할 수도 있다. 상담에 몰두하는 것을 방해하는 부정적인 생각들은 우울에서 회복되는 것을 방해하는 생각들과 아주 흡사하다. 이러한 생각들도 다른 부정적 생각들과 마찬가지로, 찾아내어 그 타당성을 검토하도록 해야 한다.

〈표 7-3〉 역기능적 생각기록지

	감정 상태	상 황	자동적 생각
일시	어떤 감정을 느꼈는가? 얼마나 강하게 느꼈는가? (0~100)	무슨 일이 일어났는가?	무슨 생각이 떠올랐는가? 그 생각을 얼마나 확신하는가? (0~100)
6/10 1:30	우울, 무기력 (75)	복도를 지나가다가 교수님을 만났다. 인사를 했는데 교수님이 모른 척 하고 지나갔다.	• 교수님이 나를 싫어하는가 보다. (80) • 나는 사람들에게 사랑받지 못한다. • 누가 나 같은 사람을 가치 있게 여기겠는가? (70)

부정적인 자동적 생각 찾아내기　　부정적인 자동적 생각을 찾아내기 위해서 내담자는 먼저 상담시간 중에 상담자와 함께 연습을 한다. 그리고 다음 상담시간까지 혼자서 자신의 감정과 생각을 관찰하는 과제를 부여받는다. 이때 다음 〈표 7-3〉과 같은 역기능적 생각기록지를 사용하면 유익하다.

자동적인 생각을 찾는 순서는 일반적으로 다음과 같다.

첫째, 먼저 자신의 불쾌한 감정을 파악한다. 감정은 신호등과 같다. 감정이 나쁜 쪽으로 바뀌는 것은 부정적인 자동적 생각이 나타났다는 신호다. 사람들은 생각 자체보다는 그에 수반된 감정을 더 잘 알아차린다. 그러므로 슬픈지, 화가 나는지, 죄책감이 느껴지는지 등 자신의 감정을 먼저 기록지에 적고, 그 강도가 100점 만점에 몇 점 정도 되는지 적도록 한다.

둘째, 문제상황을 확인한다. 기분이 나쁠 때의 상황을 간단하게 적으면 되는데, 그 시점에 내담자가 무엇을 하고 있는지 혹은 무엇에 관해 생각하고 있는지를 기록하도록 한다.

셋째, 앞서 기록한 감정 및 상황과 관련해서 떠오른 자동적 생각을 찾는다. 기분이 나빠질 때 무슨 생각 혹은 무슨 이미지(그림)가

스쳐 지나가는지 가능한 한 정확하게 적도록 한다. 현장에서 생각을 자세하게 기록할 여건이 안 된다면 간단하게 메모하거나 자신의 생각을 일단 정리해 두었다가 나중에 기록하도록 한다.

내담자 중에는 부정적인 생각을 떠올리는 것이 고통스럽기 때문에 그것을 피하려고 하는 사람이 있다. 부정적인 자동적 생각을 의식하는 일이 고통스러울 수 있다는 것을 미리 알려 주고, 고통의 정도를 평가하여 내담자가 너무 고통스러워 할 때는 앞서 제시한 '생각을 딴 데 돌리는 방법'을 같이 사용하도록 도와주는 것이 좋다. 또 불쾌한 감정을 느끼는 상황은 파악이 되지만 부정적인 생각을 전혀 발견하지 못할 수도 있다. 이때는 '그 상황은 당신에게 어떤 의미가 있는가? 당신 자신, 당신이 처한 상태, 당신의 미래에 대해 무엇을 말해 주는가?' 하는 질문을 던지는 것이 좋다. 이런 질문을 받으면 내담자는 그 불쾌한 상황을 자기가 어떤 의미로 받아들였는지 생각하게 되고, 부정적인 자동적 생각을 더 쉽게 확인할 수 있다.

부정적인 자동적 생각의 타당성을 검토하기   부정적인 자동적 생각의 타당성을 검증하는 방법은 일반적으로 두 가지로 나뉜다. 말로 하는 방법과 행동으로 '실험' 하는 방법이 그것이다.

말로 하는 방법이란 내담자의 자동적 생각에 언어적으로 도전하는 것이다. 이는 내담자를 비난하는 것이 아니라 내담자 스스로 습관적인 자기패배적인 생각을 찾아내어 도전하도록 격려해 주고, 그 방법을 보여 주는 것이다. 그러므로 내담자의 생각에 도전할 때는 내담자의 자존감이 상하지 않도록 아주 주의하여야 한다. 자신을 비난하고 비웃는 상담자와 계속 상담하고 싶어 하는 내담자는 없다. 한편, 상담자가 매우 부드럽게 접근하는 데도 그러한 상담자의 행동을 자신에 대한 비난으로 받아들이는 내담자도 있다. 이럴 경우에는 내담자가 다른 상황, 다른 사람과의 관계에서도 이와 비슷하게 느끼는 경향이 있는지 확인한다. 그리고 이러한 경향이 상담자–내담자 관계에서 반복되는 것이 아닌지를 내담자와 검토하여야 한다. 이는 정신분석에서 말하는 소위 '전이' 현상의 한 예인데, 내담자의 대인관계의 문제점이 상담자와의 관계에서도 나타날 가능성을 항상 염두에 두어야 한다.

내담자의 자동적 생각에 도전할 때는 다음과 같은 체계적인 질문을 사용한다. 논쟁하거나 강의하거나 해석하는 것은 자제한다. 내담자 스스로 대안적 생각을 찾도록 도와야 하기 때문이다. 기본적인 질문은 다음과 같다.

- 증거가 무엇인가? 반대되는 증거는 없는가?
- 그 상황을 달리 볼 수는 없는가?
- 그러한 자동적 생각을 고수할 때 어떤 결과가 생기는가?
- 어떤 논리적 오류를 범하였는가?
- 그 상황에서 발생할 수 있는 최악의 결과는 무엇인가? 최선의 결과는? 가장 현실적인 결과는 무엇이겠는가?

① 증거가 무엇인가

부정적인 자동적 생각을 지지하는 증거는 크게 두 가지 방식으로 왜곡된다.

첫째, 긍정적인 정보보다는 부정적인 정보가 더 잘 생각난다. 따라서 내담자는 자기도 모르게 나쁜 쪽으로 왜곡된 자료를 바탕으로 결론을 내리게 된다.

둘째, 중립적이거나 긍정적인 증거조차도 부정적인 쪽으로 해석되고, 부정적인 정보는 훨씬 더 부정적인 쪽으로 부풀려진다. 그러므로 상담자는 내담자가 처음에 의식하지 못한 긍정적인 정보가 있을 가능성을 염두에 두어 '반대되는 증거는 없는지'를 질문해야 한다. 아울러 겉보기에 부정적으로 보이는 증거들이 있더라도 그것이 정말 그렇게 부정적인지에 대해 의문을 가지고 타당성을 확인해야 한다.

② 그 상황을 달리 볼 수는 없는가

이 질문도 내담자의 '왜곡 성향' 때문에 효과를 거두기 어려울 수 있다. 만약, 내담자가 만성적인 우울이 아닌 비교적 최근에 우울해졌다면 다음과 같은 질문은 내담자를 좀 더 객관적인 자리에 서게 하는 역할을 할 것이다.

- 우울해지기 전에는 그런 상황에서 어떤 생각을 했나요? 만약, 오늘 기분이 괜찮다고 한다면, 그런 상황에서 어떤 생각을 했을까요?
- 다른 사람(내담자가 믿을 만한 사람)은 그 상황에서 어떻게 생각할까?
- 같은 일을 겪은 사람이 조언을 구한다면 당신은 어떤 말을 해 줄 수 있습니까?

---

③ 그러한 방식으로 생각할 때의 장단점은 무엇인가

이 질문은 자기 자신을 비판하는 습관을 가진 내담자에게 특히 유용하다. 지나친 자기비판은 용기를 꺾을 뿐 문제해결을 위한 노력에 전혀 도움이 안 된다. 이제까지와 다른 방식으로 생각하고 행동하는 것은 말처럼 그렇게 쉽게 배워지지 않는다. 새로운 것을 배우는 일은 항상 어렵다. 잘 되지 않고 자주 실패하더라도 실망하지 말고 반복해서 익숙해지도록 노력하는 것 외에는 다른 대안이 없다.

④ 어떤 논리적 오류를 범하였는가

여기서 논리적 오류라는 것은 앞서 언급한 인지적 오류를 말한다. 같은 오류를 반복해서 범하는 사람에게 이 질문은 특히 유용하다. 상담자는 내담자가 흔히 범하는 논리적 오류에 대해 같이 논의하고, 상담실

밖에서 습관적 추론으로 어떤 오류를 잘 범하는지 스스로 질문하게 하는 것이 좋다. 예컨대, 다음과 같은 질문을 자신에게 하도록 도와준다.

- 나는 지금 한 가지 사건에 근거해 나란 인간 자체를 저주하는 것이 아닌가? (과잉 일반화)
- 나는 지금 내 장점은 다 잊어버리고 약점에만 초점을 맞추고 있는 것이 아닌가? (선택적 추론)
- 나는 지금 흑백논리에 빠져 있는 것은 아닌가?

⑤ 그 상황에서 발생할 수 있는 최악의 결과와 최선의 결과는 무엇인가 그리고 가장 있음직한 결과는 무엇인가

이런 질문은 내담자의 전형적인 예측과 그에 따른 반응의 범위가 극단적으로 치우쳐 있음을 알게 해 준다. 다시 말해서 너무 두려운 나머지 어떤 대가를 지불하고서라도 피하고 싶은 그 사건이 여러 가능한 상황들 중의 하나일 뿐이라는 사실을 일깨워 준다. 습관적으로 '최악'의 결과만을 생각하던 내담자가 그것이 '유일한' 결과가 아니라는 것과 '최선'과 '최악' 사이에 여러 가지 결과가 있을 수 있음을 느낄 수 있다면 보다 융통성 있고 적응적인 방식으로 상황에 대처할 가능성이 더 높아질 것이다.

부정적인 자동적 생각의 타당성을 언어적으로 검토하고 도전한 뒤에는 대안적인 생각들을 행동적으로 실험해 보도록 돕는 것이 필요하다. 즉, 지금까지와는 다른 방식으로 보다 자신에게 유익한 쪽으로 행동할 때의 비용과 이익을 같이 생각해 보고 행동으로 옮겨 본다. 달리 생각하고 달리 행동해 보았더니 예전에 습관적으로 당연하게 받아들였던 부정적인 생각에 사실은 많은 모순과 문제가 있다는 것을 내담자 스스

로 체험적으로 깨닫게 하는 것이다. 이러한 새로운 체험은 치료적인 효과가 크다. 예를 들어, 직장 동료의 불쾌한 행동에 대해 '내가 만약 불쾌감을 표시하면, 나를 싫어하고 따돌릴 것이다.' 라고 생각하여 적절하게 대처하지 못했다면, 그 생각의 진위를 파악하는 유일한 길은 불쾌감을 적당한 수준에서 표현해 보는 수밖에 없다. 행동적 실험을 하는 일반적인 절차는 다음과 같다.

첫째, 어떤 생각을 검증할 것인지 분명히 정한다. 보통 '내가 ~하게 행동한다면 ~한 결과가 생길 것이다.' 라는 가설 형태로 서술하게 된다.

둘째, 행동으로 옮기기 전에 현재 가능한 증거들을 동원하여 그 예측이 맞을지 틀릴지를 검토한다.

셋째, 그 예측을 검증할 수 있는 구체적 상황을 구성하고 실행에 옮긴다. 예컨대, 불쾌감을 언제 어떤 방식으로 표현할지 계획을 세워서 다음 상담시간 전에 실천한다.

넷째, 결과를 같이 검토한다. 만약, 내담자의 부정적인 가설이 틀렸다면, 이는 내담자에게 치료적인 새로운 체험이 될 것이다. 반대로 내담자의 예측대로 부정적인 결과를 얻었다면, 이는 상담의 새로운 자료가 된다는 점에서 나름대로 유익한 점이 있다. 즉, '무엇이 잘못되었는가? 상대방의 문제였는가, 아니면 내담자의 행동에 문제가 있었는가? 혹시 다른 부정적인 자동적 생각이 실험을 방해했는가?' 이런 의문을 가지고 내담자와 함께 그 상황을 검토한다면 다음에는 좀 더 효율적인 실험을 할 수 있을 것이다. 한 번의 실험으로 결론을 확정짓는 과학자가 없듯 상담자와 내담자도 그러한 태도를 가져야 하는 것이다.

4. 불안과 긴장

　불안과 긴장을 다루는 방법은 앞에서 그 기초 개념의 일부가 소개되었는데, 이를 상담 장면에서 사용하려면 자세한 절차를 알아야 할 것이다. 여기서는 그 기초과정을 소개한 다음에 이완훈련과 단계적 둔감화(段階的 鈍感化)의 시행 절차에 관해서 설명하기로 한다.

시험은 대부분의 학생들에게 불안과 긴장을 불러일으킨다.

　먼저, 이 방법은 바람직하지 않거나 비적응적인 불안 및 공포반응을 감소·제거하는 데 주로 사용된다. 불안 및 공포반응은 자극 조건에 의해서 유발되고, 그런 반응이 계속되는 것은 '자극 조건(예: 권위적 인물, 시험) → 반응(예: 적개심, 불안)'의 연결, 즉 조건 형성이 이루어졌기 때문이다. 그리고 '일반화의 원리'에 따라서 불안을 처음 유발했던 자극 조건과 유사한 다른 장면에서도 불안반응이 일어나게 된다. 그러므로 불안반응의 제거는 '불안 유발 자극 → 불안반응'의 연결고리를 깨는 것이며, 여러 자극 조건에서 경험하게 되는 불안의 강도에 따라 단계적으로 접근하는 것이 효과적일 것이다. 이것이 바로 단계적 둔감화의 기본 원리라고 할 수 있다.

　단계적 둔감화 방법을 사용하는 데에는 다음과 같은 세 가지 기본 단계가 있다.

　첫째, 경험되는 불안 강도의 순서에 따라 자극 장면 및 조건의 순서를 정한다(불안위계목록의 설정).
　둘째, 충분히 이완되도록 훈련한다.
　셋째, 이완상태에서 각 불안반응위계의 장면을 상상하도록 한다.

흔히 부작용이 있게 마련인 약물 대신에 내담자를 이완시키는 가장 강력한 방법으로서 '근육긴장이완법'을 활용한다. 이 방법은 내담자에게 몸의 여러 근육 부분을 바짝 긴장하게 만든 후, 갑자기 풀어 놓도록 반복 훈련하는 것이다. 근육 긴장의 강도, 순서와 지속 시간을 면밀히 통제함으로써 내담자는 과거의 어느 때보다 깊은 이완상태에 들어가도록 한다. 여기에서 깊은 이완상태는 불안상태와 서로 상치되는 것이다. 즉, 이완과 불안은 서로 배타적인 반응이기 때문에 어떤 특정 자극 조건에 대해 이완반응이 훈련되면 그런 조건에서 불안반응이 다시 일어나는 것을 방지·억제하게 된다.

근육긴장이완법
내담자에게 불안을 가장 많이 불러일으키는 상황에서 가장 적게 일으키는 상황에 이르기까지의 상황 목록

상담자는 불안에 따른 긴장 대신에 이완하도록 관련된 불안자극 조건을 단계적으로 통제한다고 말할 수 있다. 앞에서 말한 근육긴장이완법에 의하여 깊은 이완상태가 훈련되면, 내담자에게 '불안반응위계'에 따라 불안이 경험되는 각 장면을 상상하도록 지시한다. 상담자는 이런 상상 장면의 지속 시간과 순서를 면밀히 통제함으로써 내담자의 불안반응을 대치할 수 있다. 자세히 말하면, 상담자는 먼저 내담자가 불안을 가장 덜 느끼는 장면부터 잠깐씩 상상하도록 하고 나중에는 오래 상상하도록 한다. 그리고 다음에 불안을 더 느끼는 다른 장면을 같은 식으로 상상하도록 지시한다. 즉, 내담자가 어떤 심상(心象)에 대해 여러 차례의 시도에서 불안을 경험하지 않는다면, 다음 불안 장면의 심상을 가지도록 한다. 이런 식으로 불안이 가장 약하게 경험되는 장면의 심상에서 가장 강하게 경험되는 장면의 심상까지 진행한다. 이런 식으로 불안반응 위계의 상위 장면까지 진행되면, 그러한 장면에서 경험되던 불안반응은 거의 제거되게 된다.

불안반응 위계
내담자에게 몸의 여러 부분을 바짝 긴장되게 만든 후, 갑자기 풀어 놓도록 반복 훈련하는 방법

다음에 이완훈련과 단계적 둔감화의 순서와 절차를 자세히 설명하기로 한다.

1) 점진적 이완훈련

상담자는 먼저 내담자에게 상담의 효과를 위해서 이 훈련이 우선적으로 필요한 절차임을 설명해 주어야 한다.

내담자를 푹신푹신한 긴 의자에 앉히고, 다리를 뻗고 머리를 의자에 기대게 하고, 양팔은 의자 팔걸이에 얹게 하거나 좌우로 편안히 놓게 한다. 다시 말해서 몸의 어떤 부분도 압박이 거의 없도록 앉거나 눕게 한다. 또한 조용한 방에서 해야 하며, 불빛은 희미하게 하는 것이 바람

▌ 긴장이완 훈련은 여러번의 반복훈련이 필요하다.

직하다. 이렇게 한 후, 다음과 같은 지시로 이완훈련을 시작한다.

의자 팔걸이를 꽉 잡으십시오. 꽉 잡고 있는 손의 감각에 신경을 집중하시기 바랍니다. 먼저 어떤 감각이 오는가를 알아보십시오. 손에 닿는 감각이라든지 그 밖의 여러 감각이 느껴질 것입니다. 이제 의자에서 손을 떼시고 이완된 상태에서 풀어진 근육의 감각에 주목하십시오. 지금부터는 당신 몸의 다른 부분도 차례차례로 해 볼 것입니다. 제가 말하는 대로 각 근육 부분을 바짝 죄었다가 풀면서, 바짝 긴장했을 때와 완전히 근육을 풀어 놓았을 때의 감각의 차이에 주목하시기 바랍니다. 이렇게 계속 연습하는 동안, 당신은 점점 편안해지면서 과거의 어느 때보다 훨씬 편안해질 것입니다. 자, 오른쪽 주먹을 꽉 쥐고 오른 팔뚝의 근육이 떨릴 때까지 힘을 주십시오. 그리고 팔뚝과 손가락 마디에 닿는 긴장감을 느끼십시오(약 5~7초 동안 주먹을 꽉 쥐게 한다). 자, 이제 주먹을 펴시고 긴장을 푸십시오. 긴장을 풀고 난 다음의 팔뚝과 주먹의 편안해진 감각을 느끼십시오. 주먹과 팔뚝에서 풀어지고 시원해져 오는 느낌을 만끽하십시오(이 상태로 약 10~20초 동안 이완한다). 자, 다시 당신의 오른쪽 손과 팔뚝을 함께 꽉 조이십시오. 그러면

서 손과 팔의 근육에서 느끼는 긴장감에 주목하십시오. 꽉 끼인 손가락 마디마디와 팔뚝에서 느껴지는 감각에 정신을 집중해야 합니다. 이제 손을 완전히 풀어 놓으십시오. 그리고 손과 팔뚝의 풀어진 감각을 느끼십시오. 당신의 손과 팔은 점점 이완되어 가고 과거의 어느 때보다 편안한 상태가 되었을 것입니다. 우리가 이것을 연습할 때마다 아무런 긴장 없이 점점 더 편안하고 포근한 상태가 될 것입니다(내담자에게 오른손과 팔뚝이 완전히 이완 상태가 되면, 손가락으로 신호를 하도록 한다. 보통 2회 내지 4회의 연습 후에 이런 상태에 도달한다).

이와 같은 절차로, 내담자에게 손과 양팔을 의자에 놓은 채로 오른쪽 팔꿈치와 어깨까지의 부분을 조이도록 지시한다. 이런 식으로 처음 하였던 오른쪽 손과 팔뚝만큼 이완될 때까지 연습하게 만든다. 내담자를 이완상태에 들어가도록 이끌기 위해 필요에 따라 다음과 같은 말을 해 줄 수 있다.

- 당신은 무감각한 상태에 있는 것처럼 느껴지거나 얼얼해질 것입니다.
- 당신은 아무런 힘도 안 들인 채 편안한 기분이 돼 있을 것입니다.
- 근육의 긴장을 풀어 버리고 어떻게 시원해지는지를 느끼십시오.
- 포근하고 편안한 기분을 가지실 것입니다.
- 그저 의자 속에 푹 파묻혀 계십시오.
- 당신이 점점 더 근육을 이완하실 때마다 따뜻하고 무거운 듯한, 상쾌한 기분이 몸속에 스며들 것입니다.
- 점점 더 깊게, 무거워지는 듯하면서 더 편안해질 것입니다.
- 숨을 내쉴 때마다 점점 더 편안해질 것입니다.
- 근육을 풀어 보십시오. 그러면 풀어지는 상태에서 점점 더 편안해질 것입니다.

- 당신의 숨결이 더 수월해지고 규칙적으로 되는 것 같습니다. 아무런 힘도 안 들이는 것 같고…….
- 당신의 몸이 대단히 무거운 듯하면서 조용하게 느껴질 것입니다.
- 그저 숨을 뿜어 내면서 가라앉는 기분을 즐기시는 겁니다. 숨을 내쉴 때마다 당신 몸의 근육들이 편안해질 것입니다. 계속 편안히 자유롭게 숨을 쉬면서 나른한 기분에 젖어 있으십시오.
- 계속 편안한 상태에서 조용하고 상쾌한 기분으로 계십시오. 당신의 손, 팔, 어깨, 다리, 얼굴의 근육들이 풀어져 있도록 하십시오.
- 숨을 길게 들이쉬고 내쉬십시오. 다시 들이쉬고 길게 내쉬십시오.
- 당신 ~의 근육을 완전히 푸시고, 앞의 ~의 근육처럼 풀어지게 하십시오.
- 이제, 완전히 이완상태에 있다는 것이 어떤 기분인지 알게 되었습니다.

이렇게 오른쪽 손, 팔, 이두근을 이완한 후에 내담자의 다른 근육 부분을 같은 방식으로 훈련한다. 대체로 오른손잡이는 오른쪽 손과 팔을 먼저 이완훈련한 다음 왼쪽 손과 팔을, 왼손잡이는 왼쪽 손과 팔을 한 다음에 오른손과 팔을 이완시킨다. 그 다음에 하게 되는 다른 근육 부분에 대한 이완훈련은 다음과 같은 지시로 진행할 수 있다.

- 앞이마와 얼굴 윗부분의 근육을 최대한 조이거나 찡그리십시오. 이제 풀어버리십시오. 앞이마에서 긴장감이 없어지는 것을 느끼실 것입니다.
- 눈을 꽉 조이면서 감으시고 코를 찡그려 보십시오. 더 조이시고 찡그리면서 그에 따르는 긴장감을 느끼십시오. 이제 풀어 버리세요. 눈, 코와 얼굴 전체에 퍼져 가는 편안한 상태를 느끼십시오. 얼굴의 근육을 풀었을 때의 편안한 상태와 아까 꽉 조이셨을 때의 긴장감의 차이를 느끼게 될 것입니다.
- 턱을 가슴 위에 대면서 목 쪽의 긴장감을 느끼십시오.
- 양 어깨를 앞으로 힘껏 젖히고 등의 근육이 점점 조여 들어가는 것을 느

끼십시오.
- 당신의 배를 안으로 끌어 잡아당기고 등뼈까지 밀어붙이십시오. 그리고 뱃가죽이 조여 들어가는 것을 느끼십시오.
- 오른쪽 윗다리(넙적다리)의 근육을 바짝 조이십시오. 넙적다리의 윗부분의 근육과 의자에 닿은 아랫부분의 근육이 서로 꽉 조이도록 하십시오.
- 발가락을 앞으로 쭉 내밀고, 발뒤꿈치가 마루에 닿으면 오른쪽 다리를 안으로 굽히십시오. 오른쪽 종아리의 안쪽에서 무엇이 밀어붙이는 것 같은 압박감을 느끼십시오.
- 같은 방법으로 왼쪽 넙적다리에 긴장을 주었다가 푸십시오.

근육 부분을 긴장하고 이완시키는 데는 대체로 두 번 정도 반복할 필요가 있다. 그러나 어떤 경우에도 바람직한 이완상태까지 가기 위해 긴장-이완과정을 서너 번 해야 할 때도 있다. 대개의 경우 바짝 조일 때에는 숨을 들이쉰 채로 가만히 있도록 하고, 조인 근육을 풀 때에는 숨을 내쉬도록 하는 것이 훈련에 좋다. 만일, 4회 정도까지 해도 이완이 안 되면 다음 순서로 넘어갔다가 되돌아오는 것이 바람직하다. 또한, 너무 오래 근육을 조여서 근육통 같은 것을 느낄 때에는 몇 초쯤 긴장시간을 단축해서 할 수도 있다.

그리고 이완훈련을 끝마칠 때에는 다음과 같이 최면에서 사용하는 숫자 세기식으로 다시 훈련 전의 상태로 돌아오도록 한다.

그리고 내담자가 비교적 원래의 상태가 될 때까지는 의자에서 일어

- 이제부터 하나에서 넷까지 수를 세겠습니다. 제가 하나라고 말할 때에 다리를 움직이기 시작하십시오. 둘, 손가락과 손을 움직이십시오. 셋, 머리를 움직이십시오. 넷, 눈을 뜨시고 똑바로 앉으십시오.

나게 해서는 안 된다. 또한 상담실을 떠나기 전에 기분이 괜찮은지 물어볼 필요가 있다.

이완훈련은 하루에 약 세 시간 이상의 간격으로 두 번씩, 한 번에 15분 정도로 집에서 연습하도록 지시한다. 이 연습은 내담자가 혼자 있을 때에 하는 것이 바람직하다. 또한, 하루의 연습 중 두 번째는 잠들기 전에 누워서 하는 것이 좋다고 내담자에게 일러 줄 수도 있다.

내담자가 상담자와 만나서 하는 이완훈련 시간이 두어 차례 지나게 되면, 대개는 이완상태가 처음보다 수월하게 이루어진다. 이때에 상담자는 이완훈련의 지시를 다음과 같이 바꾸어서 할 수 있다.

> - 양팔을 쭉 뻗고 주먹을 점점 꽉 조여서 쥐십시오. 이제 주먹을 풀어 버리십시오.
> - 처음 방법과 같은 식으로 얼굴, 목, 가슴, 배 부분을 차례대로 하고, 발가락을 앞쪽으로 하고 양다리를 쭉 뻗으십시오. 그리고 다리의 모든 근육을 최대한으로 조이십시오. 자, 이제 풀어 버리시고 편안하게 놓아 두십시오.

2) 단계적 둔감화

단계적 둔감화는 높은 곳, 협소한 곳, 어두운 곳, 물, 수험 장면, 생소한 사람과의 면담 등에 대한 공포 및 불안을 극복하기 위해 이완훈련과 함께 많이 사용하는 방법이다. 내담자는 먼저 점진적인 이완훈련을 받고, 불안 유발 자극의 위계 목록을 만든 다음에 이들 불안 장면에 대해 차례로 둔화훈련을 받게 된다.

여기서 말하는 불안 유발 자극의 위계 목록은 경우에 따라 실제 자극일 수도 있으나 대체로 불안 경험에 관련된 경험, 장소, 사진 혹은 인물이 될 수도 있다. 내담자에게 다음과 같이 설명한다.

단계적 둔감화
불안(공포) 유발 장면의 단계적 순서에 따라 심상을 떠올려 이완훈련과 함께 불안(공포)을 감소시키는 방법

〈절차에 대해서〉

이제부터 우리가 할 방법은 단계적 둔화라고 부르는 것입니다. 이 방법은 현재와 같이 이완되어 있는 상태에서 평소 불안을 느끼는 장면을 마음속으로 상상하는 것입니다. 당신은 과거 어느 때보다 편안한 상태에서 이것을 하게 됩니다. 혹시 이 방법의 목적이 최면술이 아닌가 생각하실지도 모르겠지만, 그렇지 않습니다. 이것을 하는 동안에 당신은 결코 최면에 걸리지 않고 단지 아주 편안한 상태에 있을 뿐입니다. 편안하게 근육을 이완하는 것 자체가 긴장을 감소시켜 줍니다. 그러나 최대한으로 편안한 상태가 되려면 집에서 두어 번씩 이완훈련을 하는 것이 필요합니다.

〈불안위계목록의 구성에 대하여〉

사람마다 비교적 더 긴장하게 되는 생활 장면이 있습니다. 여기에 있는 카드들에는 당신이 평소에 긴장을 경험하는 장면들이 씌어 있습니다. 이 카드들을 보고 당신이 생각하기에 가장 편안한 장면부터 가장 긴장을 느끼는 장면까지 순서대로 배열해 주십시오. 그러니까 제일 나중에 나오는 카드의 장면이 당신이 가장 많이 긴장을 경험하는 것이 됩니다.

두 번째 이완훈련 시간부터는 내담자가 얼마나 분명하게 심상을 가질 수 있는지 다음과 같이 미리 알아본다.

이제 당신이 사물을 마음속으로 얼마나 그려 볼 수 있는가를 알아봅시다. 눈을 감고 당신이 잠들기 전에 요 위에 다리를 쭉 뻗고 누워 있는 모습을 마음속으로 그려 보십시오. 그 장면이 상상이 됩니까? 지금 당신이 마음속으로 상상하는 것이 무엇인지 생각해 보십시오. 자, 이제 그 장면을 지워 버리고 그저 편안한 자세로 계십시오.

이때 내담자의 상상은 가능한 한 생생한 기억 내용처럼 분명해야 바람직하다. 처음에는 잘 되지 않지만 연습을 몇 번 하고 나면 전보다 분명한 심상을 갖게 된다. 여기서 주의할 것은 눈을 감고 상상할 때에 내담자가 자신을 단순히 바라보는 식이 아니라 마치 그 장면에 자기가 있는 것처럼 실감 있게 상상하도록 강조해 주어야 한다는 것이다.

그 다음 내담자에게 미리 마련된 불안위계목록(불안 유발 장면의 순서)에 따라 가장 긴장을 덜 느끼는 항목부터 차례대로 심상을 가지는 순서를 시작할 것이라고 예고해 준다. 그리고 만일, 도중에 불편하거나 긴장되면, 즉시 손가락으로 신호하도록 일러 준다. 이렇게 내담자가 불편하다는 신호를 하거나 상담자가 보기에 내담자가 긴장해 있다면 내담자에게 그 순간에 상상하던 장면을 지워 버리고 그저 편안하게 쉬도록 지시한다. 그리고 내담자가 어느 근육 부분에 긴장을 느꼈는지 물어보아서 그 부분에 대한 긴장-이완훈련을 실시하여 편안한 상태가 되게 한다. 그런 다음 다시 그 장면에 대한 심상을 갖도록 하여 긴장을 표하지 않으면 불안위계목록의 다음 단계로 넘어간다. 이때 새 장면에 대해서 먼저 심상을 갖도록 하고 긴장 신호가 없으면, 그 전 단계의 불안 유발 장면으로 되돌아가 먼저 3~5초 동안 상상하게 하는 방식도 좋다. 즉, 이렇게 짧은 동안의 상상에서 불안이 없음을 확인한 다음, 좀 더 깊게 상상하는 훈련을 하고 다음 단계로 넘어가는 것이다. 어떤 단계에서든 불안이 경험되면 이런 식으로 처리할 수 있다. 그러나 같은 장면에 대해서 한 번 이상 되풀이해서 불안하다는 신호가 있다면, 처음보다 얼마나 덜 불안한가를 묻는다. 또한 장면과 장면 간의 구분이 너무 차이가 날 경우에는 단계 중간에 새로운 장면을 삽입하여 진행할 필요가 있다.

요컨대, 단계적 둔감화의 절차는 다음과 같다.

첫째, 불안 장면을 묘사한 각 항목을 약 5초 동안씩 세 번 연속해서 제시한다(도중에 불안하다는 신호가 없는 경우).

둘째, 불안하다는 신호가 있으면, 30~35초 동안 쉬게 한 후 약 10초

동안 다시 제시한다.

셋째, 두 번째 제시까지 불안 신호가 없을 경우에는 20초 동안 쉬고, 세 번째는 약 15초 동안 제시한다. 이와 같은 식으로 각 항목을 마치면서 다음 항목으로 넘어간다.

불안위계목록의 첫 항목(장면)은 아주 쉬운 것으로 해야 내담자가 이 방법에 대해 자신이 붙게 되고 익숙해진다. 다시 말해서 아주 편안한 상태에서 쉬운 장면을 실제 불안 없이 상상하고 나서 지워 버릴 수 있어야 이 방법에 대한 기본 경험을 얻게 된다. 따라서 상담자는 임상적 감수성을 발휘하면서, 언제 이전 항목으로 되돌아가고, 언제 다음 항목으로 넘어갈지를 순간순간 적절히 판단하여 진행해야 한다.

이완훈련을 시작하면서 내담자에게 긴장 장면을 가능한 한 생생하게 상상하는 것이 중요하다는 것을 강조하고, 도중에 불편하거나 긴장되면 손가락으로 신호하는 것을 매번 상기시킬 필요가 있다. 그리고 시작할 때마다 지난번 상담 때 불안 없이 마친 항목이나 그 다음 항목부터 시작하며, 훈련을 끝낼 때는 불안 없이 마친 장면의 상상을 마지막으로 해야 한다. 그리고 이런 둔화훈련은 대개 5회 정도의 면접시간으로 모든 불안 장면을 마칠 수 있다.

앞에서 이 방법의 절차에 대해 자세히 설명하였으므로 다음의 사례 소개는 불안위계목록의 작성과 내담자의 반응을 중심으로 요약해 본다.

사례

이 사례는 필자의 강의를 들은 분의 소개로 시작된, 내담자에서는 '마지막으로 해 본다.'는 유료 상담이었다. 대학을 졸업한 20대 초의 미혼인 내담자는 심한 우울증으로 자살을 기도하였고, 밤마다 불면증으로 수면제 없이는 잠을 청할 수 없었다. "누구도 날 사랑하지 않을 겁니다. 저는 구제불능이에요."라고 말하는 내담자의 문제는 자학적 자아 개념과 대인관계 불안을 중심으로 하여 여러 가지 형태로 표현되고 있었다. 그런데 상담자의 주목을 끈 것은 6년 전에 죽은 양모에 대한 공포가 내담자를 괴롭히고 있다는 사실이었다. 그녀의 양모는 어렸을 때 극히 신경질적으로 내담자를 학대하였는데, 이는 "양모에 대한 기억을 지울 수가 없고, 오늘밤 꿈에도 나타날까봐 두렵다."며 내담자가 두 번째 면접에서 말하여 알게 되었다. 그래서 상담자는 먼저 다음과 같이 양모와 관련된 내담자의 불안위계목록을 작성하였고, 이완훈련을 한 후 네 번째 면접에서 단계적 둔화를 실시하였다.

(7) 초등학교에 들어가기 전, 양모가 부부싸움 끝에 칼을 들고 내담자를 부엌까지 쫓아와 '너도 죽고 나도 죽자.'며 덤벼들던 장면

(8) 중학교 3학년 때, 남학생과 같이 걸어갔다고 하여 여러 사람 앞에서 양모에게 머리채를 잡혀 집 안으로 끌려 들어가던 장면

(4) 초등학교 4학년 때, 학교에서 늦게 돌아왔다고 하여 자기 키보다도 긴 빗자루로 얻어맞던 장면

(6) 초등학교 1학년 때, 자연 교과서를 분실했다고 철사로 만든 파리채로 살갗에 피가 맺히도록 맞던 장면

(1) 초등학교 4학년 때, 저녁식사 자리에서 밥을 잘 먹지 않는다고 숟가락으로 머리를 얻어맞던 장면

(5) 아버지가 돌아가신 날 밤, 유해 앞에서 울고 있던 내담자에게 '너 때문에 아버지가 죽었다.'며 양모가 눈을 흘기던 장면

(3) 중학교 2학년 때, 담임교사 댁에서 과외 공부를 허락 없이 하고 왔다고 동급생 앞에서 뺨을 맞던 장면

(2) 고등학교 1학년 때, 병석의 양모가 내담자가 사다 준 과일 통조림을 내던져 통조림의 내용물이 내담자의 머리 위에 떨어지던 장면

(이상은 내담자가 말해 준 순서이고, (1)~(8)은 같이 합의하여 정한 불안의 강도 및 단계적 둔화 작업의 순위임.)

한편, 내담자가 단계적 둔화의 절차를 어떻게 받아들이고 상담자의 지시에 얼마나 잘 따르느냐에 따라 이 방법의 성패가 달려 있다고 하겠다. 특히,

위 내담자처럼 여성인 경우, 남성 상담자 앞에서 반듯이 누워 눈을 감을 채
로 하는 근육이완훈련 자체를 거북하게 받아들일 수 있을 것이다. 이완훈련
에 대한 내담자의 반응을 당시의 녹음과 내담자의 일기에서 참고로 발췌하
였다.

> "……행동수정요법으로 근육을 긴장시키고 이완시켜야 하는데,
> 선생님 앞이라 처음엔 망설여지고 부끄러웠다. 그렇지만 난 그보다
> 더한 것이라도 시도해서 몸과 마음이 건강해지고 싶었다. 상담을 하
> 고 나올 때는, 몸이 나른하고 머리가 좀 아프고 어지러웠다. 처음이
> 니까 그렇겠지 생각하면서도, 자꾸 지난 일을 기억해 내는 게 싫고
> 두려웠다……."

> "……선생님은 나의 말문을 열게 하고, 또 가끔 너무 예리해요. 그
> 렇지만 문제를 극복하기 위한 구체적인 방법을 제시해 주어 참 고마
> 워요. 지금까지 다른 전문가에게서는 '뭐뭐 해야 한다. 뭐뭐 해서 그
> 런 겁니다.'는 식의 그럴 듯하지만 추상적인 이야기만 들어서 신물이
> 났었거든요."

이 사례는 추수(追隨) 면접까지 모두 18회로 종결되었다. 내담자는 상
담이 끝난 지 5개월 만에 결혼하였고, 나중에는 귀여운 아기의 엄마로
서 전공 분야의 직장생활을 만족스럽게 하고 있다는 소식도 전해 왔다.
물론 단계적 둔감화만으로 이런 성과를 본 것은 아니다. 4회의 면접시
간 동안 이 방법으로 양모에 대한 공포 기억을 거의 제거하였고, 과식
문제에 대해서 별도로 3회의 혐오치료를 하였다. 그 뒤에 "교정이 아
름다운 걸 전에는 느끼지 못하였다. 이제는 나무 하나하나가 예쁘게
보인다."고 말하기까지는 추가로 7, 8회의 이른바 '전통적인' 상담과
정이 있었다.

5. 성문제

인간의 성(性)과 성적 행동 유형에 대한 인식과 태도는 지난 한두 세대 동안 엄청난 변화를 겪어 왔다. 그래서 세대간 장벽을 가장 크게 실감하는 주제도 성과 관련된 것이라고 할 수 있다. 예전에는 성문제라고 하면 주로 청소년들이 겪는 발달상의 문제로 생각했지만, 지금은 연령에 관계없이 성이 중요한 문제로 부각되고 있다. 청소년 상담에서도 성이 차지하는 비중이 크지만, 부부상담이나 가족문제를 다루어야 하는 때에도 성문제가 그 배후에 깔려 있음을 발견하는 경우가 많다.

한편, 성폭력의 문제도 심각하다. 우리나라가 세계 2, 3위로 성폭력 사건이 많이 발생한다고 한다. 우리나라 강간 신고율이 매우 낮다는 점을 감안하면 단연 세계 1위라는 주장도 있다. 더욱 우려를 자아내는 문제는 유아·아동에 대한 성폭력도 심각한 수준이라는 것이다. 성폭력 피해자가 입게 되는 정신적·신체적 타격은 그 사람의 인격과 앞으로의 삶에 아주 큰 상처를 줄 수도 있다.

상담자들은 현대 우리 사회의 성문제를 심리적·사회적 측면에서 폭넓게 이해하고 있어야 한다. 성문제는 직업적인 상담자나 상담 자원봉사자라면 반드시 접하고 상담하게 되는 중요한 문제 중 하나가 되었기 때문이다. 이 장에서는 성문제 상담의 일반적 지침을 먼저 살펴보고, 다음으로 성폭력 피해자들을 어떻게 도울 것인지 생각해 보도록 하겠다.

1) 성문제 상담의 일반 지침

성문제가 상담의 주요 주제로 등장할 때 상담자가 어색해하거나 회피하는 태도를 보이면 당연히 그 상담은 실패로 끝날 가능성이 높다. 그러므로 성문제를 상담하기 전에 상담자가 자신의 성에 대한 관념 및 태도를 잘 알고 있어야 한다. 그리고 내담자가 호소하는 문제를 편견 없이 객관적으로 볼 수 있어야 한다. 여기서는 성문제 중심의 상담에서 상담자가 지켜야 할 일반적 지침을 생각해 본다.

(1) 성에 관한 상담자 자신의 태도 인식

상담자는 내담자들의 성문제를 다루기 전에 먼저 성에 대한 자신의 태도를 자각하고 있어야 한다. 여기에는 성적 만족도, 성행동의 특징 등이 포함된다. 인간은 어렸을 때부터 남성과 여성으로서의 성역할을 학습한다. 사회와 가정의 기대와 성장과정에서의 학습과 경험을 통해 개개인의 이성관과 성적 욕구에 대한 반응양식이 형성된다. 여기서 말하는 성적 욕구에 대한 반응양식은 도덕관, 성역할, 성행동, 거부와 수용, 절제와 인내, 타인의 성적 접근에 대한 반응 등을 포함하는 것이다.

(2) 개방적인 의사소통

상담자는 내담자의 성에 관계된 불안이 더 이상 증가하지 않도록 하고, 그 불안을 감소시킬 수 있을 만큼 충분히 생각과 언어 사용에 있어서 융통성을 가지고 있어야 한다. 성문제에 관한 효과적인 상담은 개방성, 침착성, 솔직성 등을 필요로 한다. 그리고 성에 관한 용어의 사용에서 전혀 거리낌이 없어야 하고, 성에 관한 한 개방적인 의논이 가장 바람직하다는 것을 내담자에게 알려 주어야 한다. 만약, 내담자가 지나치게 완곡하게 표현하거나 정확하게 표현하려고 하지만 잘 안 될 때에는 상담자가 먼저 직접적인 표현을 사용하면서 이야기를 이끌어 나가는 것이 좋다.

또한 내담자가 성에 관한 비속어나 사투리를 쓰기 좋아하고 그것이 그 사람에게 자연스러워 보인다면 상담자 역시 그런 용어를 사용해도 좋다. 상담자는 가능하면 전문적인 용어를 사용하지 않도록 주의해야 하고, 통속적인 표현에 대해서도 굳이 장려할 필요는 없지만 회피할 이유도 없다는 태도를 가지는 것이 바람직하다.

(3) 내담자의 성지식에 관한 가정

상담자는 일단 내담자가 성과 성적 욕구, 특히 이성의 성에 대해서는 거의 모르고 있다고 가정하는 것이 안전하다. 성에 관한 한 비상식적인 '상식'이 널리 알려져 있기 때문이다. 중·고등학생은 물론 대학생조차도 대체로 성에 대해 무지하다고 볼 수 있다. 또한 청소년들은 동료들의 성경험에 관한 이야기를 너무 쉽게 받아들이는 경향이 있다. 상담자는 이러한 성급한 경험 내용과 바람직하고 올바른 지식을 혼동해서는 안 될 것이다. 따라서 내담자가 사용하는 용어의 의미에 대해서는 서슴지 말고 질문하고 토론하여야 한다.

(4) 상담자의 기본적인 성지식

상담자는 인간의 성에 관한 올바르고 기본적인 지식을 가져야 한다. 내담자들은 직업 선택과 진로, 정서적 문제, 대인관계 문제 등에 대해 상담자가 잘 알고 있기를 기대하듯이 성문제도 잘 알고 있을 것으로 기대한다.

성문제는 매우 사적인 문제고, 성에 관계된 어떤 행동이나 상황에 대해서 죄의식과 부끄러움을 느끼기 쉽기 때문에 내담자가 상담자의 도움을 요청하기까지는 많은 용기가 필요하다. 그러므로 상담자는 전문적 측면에서 내담자가 성문제로 접촉하는 첫 번째 사람이거나 유일한 사람일 가능성이 있다. 특히, 짧은 시간 내에 어떤 의사결정을 내려야 한다면 상담자의 정보나 지식은 내담자의 긴장과 불안을 해소하고 내담자에게 유익한 방향으로 행동할 수 있도록 도움을 줄 수 있다. 상담자에게 필요한 기본적인 성지식에는 남성과 여성의 성기관의 해부학적 구조 및 성반응의 차이, 피임법, 여러 형태의 성행위 등과 같은 구체적인 내용들이 포함된다.

(5) 전문가에게 의뢰

상담자는 성에 관한 상담과정에서 자신의 한계를 인식하고 그 한계를 넘는 상담을 하지 않도록 하여야 한다. 성문제 상담에는 기술적이고 전문적인 훈련을 요하는 영역들이 있다. 예컨대, 임신이나 피임과정에 대해서 상담자 자신이 충분한 지식을 가지고 있지 않다면 내담자에게 큰 피해를 줄 수도 있다. 또 불감증이나 발기부전과 같은 성적 부적응 문제의 상담도 의학적이고 심리학적인 복잡한 절차와 방법을 필요로 하는 것이다.

그래서 상담자는 필요에 따라 성문제 전문가나 산부인과 의사 등에게 의뢰할 수 있는 준비를 갖추고 있어야 한다. 전문적 해결을 위해 다른 전문가에게 의뢰해야 하는 필요성은 즉각적인 행동을 취하고 결정을 내려야 할 때 특히 필요한데, 이는 내담자가 상담자 외에 다른 전문가를 모르는 경우가 있기 때문이다. 가령, 성폭력을 당한 여성은 절대로 몸을 씻지 말고 48시간 이내에 병원에 가서 성폭력의 증거물을 확보해야 하는데, 상담자가 이러한 지식과 의뢰과정을 모른다면 당연히 적절한 도움을 주지 못하게 될 것이다.

(6) 내담자의 회피적인 태도의 처리

상담자는 내담자의 위장적인 태도에 대처할 수 있어야 한다. 성문제에 관한 도움을 요청하는 내담자들은 자신의 주된 관심사를 숨기고 간접적인 질문을 통해 상담자의 능력이나 태도를 시험하는 경우가 있다. 상담자가 이것을 알아채고 적절히 대처한다면, 내담자들은 문제에 대해 비난을 받거나 도움받지 못하리라는 생각에서 중요한 문제를 감추려 했다고 나중에 고백하기도 한다.

　상담자는 필요에 따라 내담자와 성에 관한 토론을 기꺼이 해야 한다. 내담자들은 때때로 회피적인 태도로 자신의 성문제를 꺼내려 하지 않는다. 이러한 상황에서는 성에 관한 일반적인 화제를 가지고 면접을 시작하는 것이 현명할 것이다.

2) 성폭력 피해자 상담

　성폭력은 강간뿐만 아니라 원치 않은 신체적 접촉, 음란전화, 인터넷 등을 통해서 접하게 되는 불쾌한 언어와 치근거림, 음란한 눈빛으로 바라보는 것 등 성적으로 가해지는 신체적, 언어적, 정신적 폭력을 말한다. 형법에서는 추행, 간음, 강간 등으로 나누고 있다. 이에 따르면 추행은 "성욕의 흥분, 자극 또는 만족을 목적으로 하는 행위로서 건전한 일반인의 성적 수치 · 혐오의 감정을 느끼게 하는 일체의 행위", 간음은 "남자의 성기를 여자의 성기에 삽입하게 하는 것", 강간은 "폭행 · 협박으로 상대방의 반항을 제압하고 간음하는 것"이다. 성폭력은 그 종류와 지속 기간에 따라 심한 불쾌감을 느끼는 정도에서부터 자살을 하거나 정신병원에 입원치료를 받아야 하는 정도까지 피해자에게 많은 고통을 주게 된다. 성폭력이 피해자에게 큰 타격을 가하는 심각한 폭력행위임을 감안한다면, 이 문제가 비교적 최근에 와서야 주된 사회문제 중 하나로 부각되기 시작했다는 것은 안타까운 일이다. 여기에는 우리나라의 가부장적 사회구조와 남성 우월주의 등의 사회문화적 요인들이 많이 작용하였다. 이제 우리나라 성폭력의 실태와 원인, 성폭력을 부추기는 잘못된 통념들, 피해자가 겪는 후유증, 그리고 그러한 후유증을 극복하도록 돕는 상담의 원리들을 살펴보기로 한다.

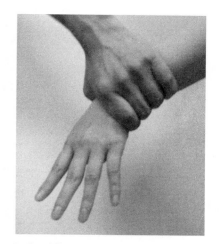

성폭력은 성관계가 아니라 폭력행위일 뿐이다.

(1) 성폭력의 실태와 발생 원인

여성의 성적 매력을 내세우는 광고가 넘쳐난다.

성폭력은 남녀노소를 가리지 않고 일어나고 있으나 피해자의 대부분은 여성이다. 연령별로는 성인이 가장 많지만 어린이와 청소년에게 가해지는 성폭력도 심각한 수준임을 알 수 있다. 한국성폭력상담소에 접수된 성폭력상담 통계(2004)에 따르면 피해자의 65.5%가 성인 연령층이었으며, 청소년은 14.1%, 어린이는 11.5%이었고, 심지어 유아가 피해자인 경우도 6.5%나 되었다. 이 상담소의 2004년 전체 상담 건수는 2,505건(3,870회)에 이르렀다. 또 다른 성폭력상담소인 '평화의 샘'의 최근(2005년 1~3월) 상담활동 자료에 따르면 3개월 동안 339건의 상담이 이루어졌는데, 피해자의 74%가 근친 및 친족(35%)을 포함하여 평소 알던 사람에게 피해를 당하였다. 상당수의 피해자가 신고나 상담을 하지 않는다는 사실을 감안한다면 우리 사회의 성폭력이 엄청난 규모로 이루어지고 있음을 짐작할 수 있다.

성폭력은 왜 발생하는가? 성폭력 문제 전문가들은 성차별적인 사회 구조, 왜곡된 성문화, 의사소통의 불일치, 성교육의 부재, 성폭력에 대한 사법계의 인식 부족 등을 들고 있다(한국성폭력상담소 간, 「성폭력전문 상담자료집」 참조).

첫째, 가부장적인 우리 사회에서는 여성과 어린이를 남성과 어른에 비해 낮은 존재, 즉 막 대해도 되는 존재로 여겨 여성과 어린이에 대한 지배를 당연한 것으로 받아들이는 경향이 아직도 존재한다. 어려서부터 남자 아이에게는 공격성을 진정한 남성다움으로, 여자 아이에게는 순종적이고 자기 주장을 잘 펴지 않는 것을 여성다움으로 가르치는 것에서 문제가 시작된다. 이러한 가부장적 문화는 직장과 사회로 이어져 여성을 성적 대상물로 취급하고, 남성이 성폭력을 가했을 때에도 남성다운 행동이나 있을 수 있는 실수 정도로 넘어가게 만드는 것이다.

둘째, 남성을 성의 주체로, 여성을 성적 상품으로 왜곡하는 성문화는 남녀 사이의 진정한 애정과 책임을 기반으로 한 성을 소외시키고 있다. 이는 결국 일탈적인 성행위를 부추긴다. 여성의 가치를 오직 '섹시함'에 두는 광고와 영화 등은 매스컴의 영향을 많이 받는 청소년들의 성 정체성과 이성관에 심각한 악영향을 미치며, 간접적으로 성폭력을 조장하고 있다.

셋째, 우리 사회에서 여성은 성에 무지하고 소극적인 것이 미덕이라고 가르치는 경향이 있기 때문에 여성이 성에 관련된 자신의 욕구나 느낌을 표현하고 논의하는 것을 억제해 왔다. 반면에 남성은 적극적이고 과장된 표현을 해도 무방하고 오히려 남자답다고 가르쳐 왔다. 이런 까닭에 남녀가 성에 대해 솔직하고도 원활한 의사소통을 하는 것이 어렵게 되었다. 따라서 여성이 '싫다', '안 된다'는 의사표현을 해도 남성은 '내숭을 떤다'는 식으로 받아들이고 성폭력을 행사하게 되는 것이다.

넷째, 가정에서 온 가족이 텔레비전을 보다가 조금만 야한 장면이 나와도 쑥스러워하고, 학교에서의 성교육은 남녀의 신체구조나 생리현상 등 생물학적인 지식 전달 차원에 머물러 있는 것이 우리의 현실이다. 이러한 현실로 인해 우리 사회는 성의 가치나 성적 행동에 대해, 그것이 다른 사람에게 미치는 영향에 대해 생각해 보는 열린 교육이 이루어지지 않고 있다. 특히, 청소년의 경우 잡지나 포르노 비디오 등에서 보여 주는 과장되고 가학적인 성적 장면이나 또래집단에 떠도는 잘못된 성지식을 있는 그대로 받아들임으로써 죄의식조차 느끼지 못한 채 성폭력을 행하게 된다.

다섯째, 경찰 혹은 검찰의 조사과정에서 성폭력에 대한 잘못된 통념을 수용하고 있는 형사나 검사가 남성의 입장에서 사건을 처리하기 때문에 피해 여성은 오히려 자신이 죄인이 된 느낌을 받는 경우가 많다고 한다. 이러한 이중의 고통 때문에 여성은 피해 사실을 은폐하고, 가해자는 다시 성폭력을 행사하는 결과가 생기게 된다.

여섯째, 항상 그렇지는 않지만 가정문제가 성폭력의 심리적인 원인이 될 수도 있다. 남녀 간의 바람직한 의사소통 모델을 제공하지 못하는 가정, 여성에 대한 폭력이 일상적으로 행해지는 가정에서 부정적인 남녀관계를 학습한 것이 성폭력의 근본 원인이 될 수도 있다.

(2) 성폭력에 대한 잘못된 통념

우리 사회에는 성폭력을 부추기는 잘못된 통념들이 많다. 성폭력상담소에 접수된 사건들을 토대로 정리해 보면 다음과 같다.

첫째, '성폭력은 나에게는 일어날 수 없다.'

강간 신고율은 대개 2~3%로 추정된다. 이에 따라 추산해 보면 한 해에 약 32만 건, 3분에 2건의 강간사건이 일어나고 있다. 이렇게 발생률이 높다면 누구도 피해를 당하지 않으리라고 자신할 수 없는 것이다.

둘째, '성폭력은 낯선 사람에 의해 발생한다.'

일반적으로 성폭력은 모르는 남성에 의해 일어날 것이라고 생각하지만, 실제로는 아는 사람에 의한 성폭력이 전체의 70% 이상을 차지하고 있다. 여기서 아는 사람이란 데이트 상대나 애인, 선후배, 직장 동료나 상사, 이웃집 아저씨나 아는 오빠, 심지어 아버지나 친인척 등 주변에서 일상적으로 접하는 사람들이다.

셋째, '성폭력은 젊은 여성들에게만 일어난다.'

젊고 날씬한 여성들만이 성폭력을 당하는 것이 아니다. 피해자의 1/4이 만 13세 미만 어린이이고 1/4 정도가 13~19세의 미성년자다. 심지어는 유아나 70세 이상의 할머니까지 성폭력은 나이에 상관없이 일어나고 있다. 또한 남자 어린이, 남자 청소년 등 소수의 남성도 성폭력을 당하고 있다.

넷째, '여자들은 강간당하기를 바란다.'

　　성폭력 가해자들은 피해자인 여성이 강간당하기를 원했다고 주장하는 경우가 있다. 그러나 피해 여성들은 사소한 성희롱이나 성추행에도 심한 분노와 수치심을 느끼는 경우가 많다. 정상인이라면 강간과 같은 폭력행위와 그로 인한 수치심과 모멸감을 원하지 않는다.

다섯째, '끝까지 저항하면 강간은 불가능하다.'

　　여성이 동의하지 않으면 신체구조상 강간은 불가능하다고 믿는 사람들이 있다. 그러나 강간은 많은 경우 말로 위협하는 정도에 그치지 않고 때리거나 흉기로 위협하기도 한다. 이러한 위기 상황에서 피해자는 극도의 공포심을 느껴 저항하기보다는 무력해지기 쉽다.

여섯째, '강간범은 정신병자다.'

　　강간범은 흔히 정신병자나 정상인이 아니라고 생각한다. 그러나 대다수 가해자들은 사회생활을 정상적으로 하는 사람들이다. 이들은 여성에 대한 비하 의식과 잘못된 성 관념을 가지고 있으며, 자신이 겪는 소외감, 열등감, 박탈감, 분노 등을 사회적 약자인 여성과 어린이에게 표출하는 것이다.

일곱째, '강간은 폭력이 아니고 조금 난폭한 성관계다.'

　　성관계란 남녀 간의 애정이나 친밀감 등을 나타내는 의사소통과 상호 교감의 한 방법이다. 그러나 강간은 사랑의 행위가 이루어지는 성기라는 부분에, 여성의 뜻과는 관계없이 가해지는 폭력일 뿐이다.

(3) 성폭력 피해자의 후유증

성폭력 피해자는 불안, 두려움, 우울 등의 정서적인 문제와 사회활동의 회피, 신체적 · 성적 기능의 문제 등 많은 후유증을 겪게 된다. 이런 어려움을 겪으면서 피해자는 점차 자신의 피해를 수용하게 되면서 대개 다음과 같은 단계를 거쳐 회복에 이르게 된다. 물론 개인차가 있고, 어떤 단계들은 동시에 혹은 반복해서 나타날 수도 있다.

충격과 혼란의 단계   피해자는 성폭력의 충격에서 벗어나지 못한다. 우선 아무도 믿을 수 없다는 불신감이 강하게 생긴다. 또한 '이건 아무것도 아니야, 나만 입 다물고 있으면 돼' 하는 생각과 '아니야, 나는 이제 끝장이야.' 하는 생각이 수시로 교차한다. 그리고 '내가 이 일을 해결하기 위해 할 수 있는 일은 아무것도 없어.' 하는 무력감에 사로잡히기도 한다.

부정의 단계   피해자는 '나는 강간당한 적이 없어.', '이것은 다 꿈에 불과해.' 등으로 자신의 성폭력 피해를 부정하고 싶어 한다.

우울과 죄책감의 단계   피해자는 수치스러워 하거나 스스로를 비난하거나 자신에게 잘못된 분노를 표출시키면서 절망감을 느끼게 된다. 흔히, '내가 자초한 일이야.', '그 일을 막을 수 있었는데.', '죽어 버렸으면 좋겠다.' 라는 생각들로 괴로워한다.

공포와 불안감의 단계   피해자는 앞으로 건강하게 살지 못할까봐 불안해하며 악몽을 꾸기도 한다. 또한 자신이 큰 약점을 가지고 있다고 생각하여 다른 사람을 만나지 않으려고 한다. 흔히, '내가 강간당했다고 다른 사람들이 흉보고 수군거리면 어떡하지?', '내가 다시 남편과 성관계를 가질 수 있을까?' 하며 불안해하고, 자신은 이미 더러워진 존재이며 순결하지 않아 약점을 가졌다고 괴로워한다.

분노의 단계   피해자는 가해자뿐만 아니라 때로 자기 자신, 전문가, 상담자, 주변 사람에게 분노를 느낀다. 가해자에 대해 '그런 사람은 죽어야 해.'라는 감정을 가지고, 남성 전체나 사회에 대해 '이 세상 남자들은 다 그래, 믿을 수 있는 남자는 아무도 없어.' 하는 식으로 분노를 느낀다. 또한 주변 사람들에게 '자기 일이 아니라고 그런 식으로 말할 수 있는가?' 하는 마음이 들고 심지어 자신을 도우려는 상담자나 변호사에게도 '도대체 나를 진정으로 도와주는 사람은 한 명도 없다.' 며 화를 낼 수도 있다.

자신을 재수용하는 단계   자신의 성폭력 피해 경험을 재조명하는 시간으로 피해자는 성폭력이 자신의 잘못으로 인해 발생한 것이 아니라는 것을 인정하게 된다. 또한 자기 삶은 자신의 노력 여하에 달려 있으므로 앞으로 최선을 다해야겠다고 생각하게 된다. 이는 성폭력을 당하기는 했어도 자신은 여전히 소중한 존재라는 점을 인정할 수 있기 때문이다. 자신은 피해자였음을 인식하게 되어 분노를 느끼는 것에 대해 죄책감을 가지지 않게 된다. 다만, 그 분노를 보다 건설적인 방향으로, 예컨대 봉사활동이나 운동 등으로 표출하는 방법을 모색하게 된다. 결국 상담자는 피해자가 이 단계에 가능한 빨리 도달할 수 있도록 돕는 것이다.

(4) 성폭력 피해자 상담의 원리

성폭력 피해자를 상담하는 상담자는 우선 자신이 성폭력 피해에 대해 어떤 생각을 가지고 있는지부터 점검해야 한다. 성이나 성폭력에 편견을 가지고 있다면 피해자에게 오히려 큰 상처를 줄 수 있다. 여성에게만 순결을 강요하고 그것을 지상의 가치로 여기는 소위 '순결이데올로기'를 가지고 있다든지, 준비되어 있지 않은 내담자에게 가해자를 무조건 용서하라고 강요한다든지 하는 것은 아무런 도움이 되지 않는다.

성폭력은 일종의 위기상황이다. 위기를 겪고 있는 내담자를 효과적으로 돕기 위해서는 지지적인 관계를 형성하는 것이 매우 중요하다. 성폭력 피해자에 대한 수용과 진지한 관심을 전달할 수 있는 기법에는 적절한 얼굴 표정, 몸짓, 격려, 요약, 감정의 반영, 내담자의 현재의 이해 능력 수준에 따른 의사소통 등이 포함된다. 수용적 의사소통은 내담자가 말하는 모든 것에 주의를 집중하고, 조용하면서도 공감하는 표정을 보여 주며, 암시적이거나 직접적인 비난을 하지 않고, 내담자의 방어와 저항을 존중해 줌으로써 촉진된다. 특히, 성폭력 피해자들은 고통스러운 외상적 경험을 표현하고 환기하고자 하는 욕구가 있으므로 자신의 경험을 반복해서 이야기하더라도 인내심을 가지고 경청해야 한다.

성폭력 상담에서는 다른 상담의 경우와 마찬가지로 공감적 이해의 태도를 보이는 것이 매우 중요하다. 특히, 문화적으로 순결을 중요시하는 우리 사회에서 피해자들은 그 사건으로 인해 자신이 사랑받을 가치를 상실하였다고 느낀다. 이런 느낌은 성폭력에 의해 자신이 더러워졌다는 '손상된 물건 증후군'을 느끼는 피해자에게서 특히 현저하게 나타난다. 상담자는 내담자가 얼마나 심리적 타격을 받았는지 이해하고, 설사 내담자가 상담자에게 적대감을 보이더라도 공감하며 지지해 주는 것이 필요하다.

우리 사회에서 성폭력 피해자들은 앞서 기술한 사회적 통념을 가지고 있는 경우가 많다. 그러므로 이들에게 성폭력은 성관계가 아닌 폭력이고, 피해자의 책임이 아니며, 이로 인한 상처는 반드시 치유가 가능하고, 이로 인해 피해자의 가치가 저하되지 않는다는 점을 확신시켜 주어야 한다. 이렇게 상담자가 내담자를 지지하는 것은 성폭력으로 인한 상처를 피해자 스스로 극복해 나갈 수 있도록 격려해 주는 바탕 위에서 이루어져야 한다. 상담자가 모든 것을 다해 줄 수 있는 것처럼 해서는 안 된다. 고통을 극복하려고 노력하는 태도를 격려해 주고, 자기를 표현할 수 있도록 도와주어야 한다. 한편으로는 피해자의 욕구를 정확하게 파악하여 적절하게 지원하여야 한다. 의료적, 법률적 조치를 취하려면 어떻게 해야 하는지 알려 주어야 하고, 필요하다면 은신처를 제공받을 수 있는 곳도 알려 주어야 한다.

피해자는 상담자의 이런 모든 노력에도 불구하고 오랜 동안 고통과 공포를 느끼며 심한 분노를 느낄 수 있다. 이것은 지극히 당연하고 자연스러운 반응이라는 점을 확신하게 해 주고, 그런 감정을 충분히 표현할 수 있도록 용기를 주어야 한다. 성폭력으로 인한 정신적인 상처의 치료는 서서히 조금씩 이루어지는 것이다. 그러므로 상담자는 조급하게 서둘러서는 안 된다. 만약, 내담자가 입은 상처가 생각보다 깊고 장기적인 상담이 필요하다고 판단되면, 상담자 자신의 입장과 능력을 충분히 고려하여 다른 상담자나 전문의에게 의뢰하는 것을 주저하지 말아야 할 것이다.

이 장을 마치며

■ 주요 개념
주의집중 · SQ3R · 자기패배적 악순환 · 직업 계획 · 인지적 왜곡 · 이완훈련 · 단계적 둔화 · 성폭력에 대한 통념

■ 더 생각해 볼 문제
◇ 학력 위주의 사회 분위기가 가정교육과 학생들의 공부문제에 어떤 영향을 미칠까? 상담자 역할의 한계를 생각해 보자.

◇ 우리나라 중 · 고등학교에서의 진로지도 현황과 문제점, 대책을 생각해 보자.

◇ 우울과 불안에 대한 정신역동적인 접근의 특징을 알아보자.

◇ 성폭력 후유증으로 고통당하는 피해자의 삶을 다룬 책이나 영화 등을 보고, 상담자의 입장에서 어떻게 접근해야 할지 생각해 보자.

네 번째 마당

단기 및 집단상담

제8장

단기상담

　최근 상담의 지속 기간을 가능한 한 줄이려는 '상담의 단기화'에 대한 관심이 커지고 있다. 이 장에서는 단기상담에 대한 관심이 높아지는 이유와 어떤 내담자가 단기상담에 적합한지, 또 어떤 기법들이 주로 활용되는지를 알아본다. 또한 단기상담의 전반적인 흐름을 상담 단계별로 나누어 살펴보고 각 단계의 특징, 주요 문제들, 상담자가 주의할 점 등을 알아본다.

　상담시간은 내담자의 성격과 문제, 그리고 상담자의 반응과 접근 방법이 함께 어우러지는 장이다. 여기서는 어떤 한 이론적인 접근에 얽매이지 않고 절충적인 입장에서 단기상담의 이러한 제반 측면들을 다루고자 한다.

1. 단기상담의 특징

1) 왜 단기상담인가

단기상담
정신분석 등의 장기상담과는 달리 25회 이내에 종결하는 상담. 내담자가 호소하는 한두 가지 핵심문제를 중심으로 빠른 시간 내에 변화할 수 있도록 돕는다.

최근 단기상담에 대한 관심이 매우 높아지고 있다. 이는 다음과 같은 이유 때문이다.

첫째, 내담자들은 상담을 받고자 할 때 대개 상담이 장기간 진행될 것으로 생각하지 않는다. 몇 번 아님 단 한 번의 상담만 받으면 될 것으로 믿는다. 그야말로 자신의 성격을 '정밀검사' 하거나 '완전개조' 하여 새 사람이 되기 위해 오지는 않는다. 구체적인 문제를 빨리 해결하려고 상담자를 찾아오는 경우가 더 많다.

둘째, 상담자들은 본인이 원하든 그렇지 않든 간에 실제로 단기상담을 하게 된다. 상담자의 이론적 입장에 관계없이 내담자와 상담하는 회기 수는 평균적으로 6~8회 정도에 불과하다고 한다. 그러니까 단지 계획적인 단기상담을 하느냐, 아니면 계획에 없는 단기상담을 하느냐의 차이가 있다는 것이다.

셋째, 적용범위와 관련해서 처음에는 단기상담에 적합한 문제의 범위를 아주 좁게 생각하였다. 내담자의 지적, 정서적, 동기적 수준은 높아야 하고, 그들이 가지고 오는 문제는 단순하고 구체적이어야 한다고 보았다. 그러나 연구 결과 단기상담은 심각하고 만성적인 문제에도 상당히 효과적으로 적용될 수 있다는 것이 밝혀지고 있다.

넷째, 단기상담은 장기상담만큼이나 효과가 있는 것 같다. 물론, 모든 내담자가 단기상담으로 효과를 보는 것은 아니고 효과를 보는 사람들도 그 정도가 똑같지는 않지만, 단기상담이 피상적인 해결책만을 제공한다는 견해는 잘못된 것으로 밝혀지고 있다.

다섯째, 비용문제를 들 수 있다. 유료 상담을 받으려면 돈이 꽤 많이 들어 상담비 지출이 부담스럽게 된다. 그러므로 오랫동안 상담을 받는 것은 경제적으로도 어려운 일이다. 어떤 나라에서는 상담받을 때 신체적 질병의 경우처럼 의료보험이 적용되기도 하는데, 보험회사에서는 상담의 기간이나 횟수를 제한한다. 비싼 상담비를 무한정 대줄 수 없다는 것이다. 따라서 자연스럽게 단기상담을 하게 되고, 상담자는 단기상담의 절차와 기법을 배우지 않을 수 없게 되었다. [그림 8-1]은 상담의 길이와 상담의 효과 간의 관계를 보여 준다. 상담의 길이(회기 수)가 길면 상담에서 효과를 보는 내담자의 비율도 늘어나게 되는데, 그러한 관계는 25~26회 정도까지만 뚜렷하고, 그 이후에는 큰 변화가

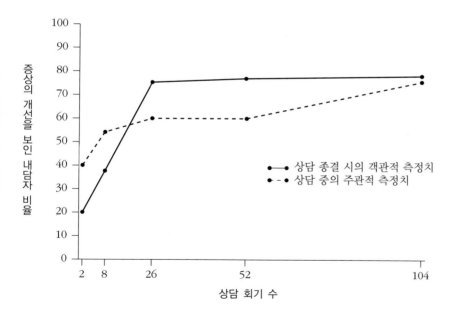

[그림 8-1] 상담 회기 수와 상담 효과의 관계

※ 출처: K. I. Howard, S. M. Kopta, M. S. Krause, & D. E. Orlinsky, The Dose-Effect Relationship in Psychotherapy, *American Psychologist,* 41 (1986), p. 160.

없음을 알 수 있다. 대개 25회까지를 단기상담의 상한선으로 보므로 평균적인 내담자라면 단기상담으로 상담의 효과를 충분히 볼 수 있다는 이야기가 된다.

2) 단기상담의 접근법

단기상담은 크게 정신역동적인 접근, 인지행동치료, 위기상담, 절충적 접근 등으로 나누어진다(그 외 문제해결 중심적 가족치료나 전화상담 등도 단기상담이지만, 여기서는 내담자와 상담자가 일 대 일로 만나서 상담하는 경우만 생각한다). 역사가 짧은 단기상담에서 이러한 구분이 이루어진 것은 단기상담이 그만큼 다양한 경로를 통해 빠른 속도로 발전해 왔다는 것을 말해 주는 것이다.

상담이 체계화되고 전문화되기 시작한 것은 프로이트가 정신분석을 창안하면서부터다. 정신분석은 비교적 많은 시간을 필요로 하고 몇 년씩 걸리는 경우도 있다. 프로이트 당대의 랑크(Rank)나 페렌치(Ferenczi)와 같은 예외가 있기는 해도 대체로 정신분석가들은 상담기간을 단축하려는 시도에 대해 별로 호의적이지 않았다. 내담자의 개인적인 어려움은 인생의 초기 몇 년간에 걸쳐 형성되어 오랜 시간 지속된 것이므로 변화를 가져오기 위해서는 그에 걸맞게 오랜 시간이 걸릴 것이라고 믿었다. 이러한 견해의 바탕에는 내담자가 자신의 무의식적인 갈등을 확실히 통찰해야만 변화가 오며, 그것은 시간이 많이 걸리는 작업이라는 믿음이 있었다. 그러므로 상담은 장기적인 과정이었으며, 내담자가 과도하게 위협을 느껴 상담을 그만두지 않도록 하기 위해서 서둘러서는 안 되었다. 반면에 단기상담은 대체로 덜 효과적이며 피상적인 상담으로 인식되었다. 내담자의 복잡한 역동을 무시하고 그저 단순히 조언이나 위로를 해 주는 정도이므로 그 효과도 일시적이라는 것이다.

그럼에도 불구하고 분석가들 사이에서도 분석의 길이를 줄이려는 시도가 있었다. 가장 주목할 만한 시도가 알렉산더(Alexander)와 프렌치 (French)에 의해 이루어졌다. 이들은 분석의 길이를 줄이고 효율성을 높이려고 하였다. 전통적 관점에서 한 치도 벗어나지 못한 채 장기 치료에 매달려 있는 동료들에게 이들은 따끔한 일침을 놓았다.

> 어떤 분석가들은 빠른 치료적 결과는 성격의 역동적인 구조의 깊고 철저한 변화를 보여 줄 수 없고, 몇 년이 걸려야 그러한 근본적인 변화가 생길 수 있다고 주장한다. 또 다른 분석가들은 오래 분석을 해도 치료 결과가 나타나지 않는 것을 내담자의 '저항' 때문이라고 한다. 그들은 환자가 '충분하게 분석되지' 않았다고 스스로를 위로해 왔으며, 치료를 계속하면 결국 바람직한 결과를 얻을 것이라고 확신한다. 그래도 결과가 여전히 나타나지 않으면 그들은 종종 내담자가 '잠재성 정신분열증'을 앓고 있다고 결론짓고 만다(*Psychoanalytic Therapy*, 1946, p. V).

이들의 선구적인 시도 이래로 정신분석적인 입장을 지닌 많은 상담자들이 정신역동적 단기상담의 방법을 개발하였다. 이러한 접근들은 대개 내담자의 문제를 한두 가지 핵심 문제로 국한하여 빠른 시간 안에 통찰할 수 있도록 돕는다. 이 과정에서 해석의 역할을 여전히 중요시하지만 아동기 경험보다는 현재 환경에서의 대인관계에 초점을 더 맞추는 경향이 있다. 또한 전이라고 하는 현상에 주목하고 활용하지만 '전이 신경증'이 발전되는 것은 바람직하게 여기지 않는다. 대표적인 인물들로는 발린트(Balint), 다반루(Davanloo), 말란(Malan), 루보스키 (Luborsky), 스트럽(Strupp) 등을 들 수 있다. 특히, 마지막 두 사람은 상담에서의 '작은 혁명'이라고 할 수 있는 치료 매뉴얼 개발에 많은 공헌을 하였다.

단기상담의 또 다른 접근은 인지행동치료다. 전통적인 정신분석에 대한 대안으로 개발된 인지행동치료는 처음부터 단기상담을 지향하였다. 이 입장에서 보면, 내담자의 기본적인 문제는 부적절하고 비합리적인 신념이나 태도라고 할 수 있다. 스트레스를 주는 생활 속의 사건을 만나면, 내담자는 이들 부적절한 태도에서 비롯된 자기패배적인 부정적 생각을 '자동적으로' 하게 된다. 그 결과 우울이나 불안과 같은 정서적인 고통을 겪게 되고 자신의 문제를 본의 아니게 지속시키는 방향으로 행동을 하게 된다. 그러므로 상담자는 부정적인 자동적 생각과 비합리적인 신념을 내담자와 함께 찾아서 이를 더 적절한 생각과 신념으로 대치하려는 노력을 하여야 한다. 이 과정에서 상담자는 내담자에게 자신의 자동적 생각을 찾아내는 과제를 내 주기도 하면서 내담자를 적극적으로 개입시킨다. 그리고 가급적 빠른 시간 안에 변화를 가져 오려고 시도한다. 인지치료의 대표적인 인물들로는 벡(Beck), 엘리스(Ellis), 마이켄바움(Meichenbaum) 등을 들 수 있다. 최근 연구 결과들을 보면 이러한 접근은 특히 우울, 공황장애, 대인공포증, 강박장애, 섭식장애 등에서 상당히 좋은 성과를 얻는 것 같다. 최근에는 부적응적 인지의 내용 자체를 변화시키려고 하기보다는 떠오르는 생각과 감정을 하나의 심리적 사건으로 있는 그대로 바라보도록 촉진하여 생각과 감정을 자신과 동일시하지 않도록 돕는 새로운 시도가 도입되고 있다.

위기상담

매우 충격적이고 고통스러운 경험을 하여 극심한 스트레스로 인한 위기를 겪고 있는 내담자를 돕기 위한 상담

한편 위기상담은 말 그대로 극심한 스트레스로 인해 위기를 겪고 있는 내담자를 돕기 위해 개발되었다. 배우자나 자녀의 죽음, 지진, 강간 등과 같은 매우 충격적이고 고통스러운 경험을 할 경우 가장 효율적이고 바람직한 대처를 할 수 있도록 도우려는 것이다. 이런 위기상담은 그 성격상 단기상담이 대부분이다. 물론, 내담자 중 일부는 장기상담으로 옮겨 가기도 하지만 위기상담 자체는 단기상담이다.

위기상담에도 여러 수준이 있다. 적절한 전문가에게 의뢰하는 것도 일종의 위기상담이지만, 내담자의 고통을 공감하면서 그들의 말을 적극적으로 경청하고 정서적인 지지를 보내는 것이 일반적으로 말하는 전형적인 위기상담이다. 그런데 천재지변과 같은 위기적 사건은 그것

을 경험하는 개인의 성격과 큰 관계없이 대부분의 사람에게 유사한 충격을 주는 경향이 있다. 따라서 위기상담도 사건의 성격에 따라 그 내용을 달리해야 할 것이다. 즉, 일반적인 위기상담을 넘어서 특정 상황별 위기상담을 모색하는 시도도 있다. 한편으로는 개인중심적인 위기상담도 있다. 이는 각 내담자의 성격 특성을 이해하고, 현재 상황이 어째서 그에게 '위기'가 되는지를 통찰하도록 돕는 것을 주목적으로 한다.

그런데 특정 접근을 선호하여 그 입장에서 단기상담을 하는 사람들도 있지만, 내담자나 상황에 따라 여러 기법을 두루 활용하는 상담자들이 더 많은 것 같다. 이런 입장을 흔히 절충적인 혹은 절충주의적인 접근이라고 한다. 앞으로 더 자세히 살펴보겠지만, 절충적인 접근의 기본 가정은 내담자의 문제가 복잡하기 때문에 한 가지 접근법만 고집해서는 안 되며, 문제에 따라 가장 효과적인 접근법을 사용해야 한다는 것이다. 그러므로 절충적 접근이란 통일된 이론이나 절차를 가진 것이 아니다. 단기상담을 다루는 이 장 역시 절충적인 입장에서 기술되었다. 무슨 특이한 이론이나 기법이 아닌, 일반적으로 효과가 있다고 인정되고 있는 기법 및 절차를 소개하려고 한다.

> **절충주의적인 접근**
> 내담자의 문제에 따라 한 가지 접근법보다는 여러 효과적인 접근법을 두루 이용하는 것

3) 단기상담의 목표

단기상담의 목표는 상담자의 도움을 찾게 한 바로 그 문제를 극복하도록 돕는 것이다. 상담자는 내담자가 가지고 온 상담목표를 존중하여야 한다. 상담자 자신이 원하는 다른 목표로 바꾸려 하지 않는 것이 중요하다. 즉, 내담자들이 가장 절실하게 느끼는 불편함을 없애고, 합리적이고 적절한 수준에서 기능하도록 돕는 것이 가장 주된 목표다. 성격 변화와 같은 지나치게 의욕적인 목표에 이르고자 애쓸 필요는 없다. 이에 관해 콜비(Colby)는 다음과 같이 말하였다.

> **단기상담의 목표**
> 내담자의 가장 절실한 불편함을 없애고 합리적이고 적절한 수준에서 기능하도록 돕는 것

> 심리치료자는 심리적 재탄생이나 내담자의 성격을 완전히 재조직하는 것에 해당하는 커다란 변화를 기대해서는 안 된다.……심리치료는 수선 작업이다.[1]

콜비는 이 말을 단기상담에 국한해서 한 것이 아니라 상담 일반에 대해서 한 것이다. 그러니까 단기상담은 더 말할 필요도 없다. 여기에 덧붙여, 내담자들이 미래의 문제들을 더 잘 다루고 또 가능하면 미리 예방할 수 있도록 대처기술들을 개발하게 하는 것도 단기상담의 주요 목표가 된다.

내담자가 이전보다 더 생산적인 방식으로 자신의 문제들을 극복하고, 미래의 어려움을 다룰 수 있도록 돕는 것이 단기상담의 우선적인 목표다. 이 목표를 짧은 시간 안에 달성하기 위해 단기상담은 정신분석 등의 장기상담에 비해 더 문제해결 중심적이고 지시적이라고 할 수 있다. 더 지시적이라는 말은 내담자가 자신의 문제를 드러내고 통찰할 때까지 오랜 시간을 기다릴 수는 없기 때문에 상담자가 더 적극적으로 상담의 과정을 이끌어 간다는 말이다.

단기상담이 가지고 있는 목표의 구체성, 상담자의 적극적인 역할, 상담 길이에 관한 기대 등이 모두 상담과정을 촉진하고, 장기상담에서 일어날 수 있는 함정들을 피할 수 있도록 돕는다. 예를 들어, 만(Mann)이 지적했듯이 대체로 장기상담은 상담의 길이를 필요 이상으로 연장하고 상담자와 내담자 모두에게 바람직하지 못한 의존성을 불러일으키는 경향이 있는데, 단기상담은 이를 피할 수 있도록 도와준다.

---

1) K. M. Colby, *A Primer for Psychotherapists* (Ronald Press, 1951), p. 3.

4) 단기상담에 적합한 내담자

당연한 말이겠지만 단기상담을 하려면 내담자가 가져오는 문제들이 단기상담으로 도울 수 있는 것이어야 한다. 단기상담은 모든 문제에 적용되는 만병통치약이 아니다. 일반적으로 정신병, 경계선적 장애, 중독 등과 같은 심각한 장애는 제외된다. 이러한 문제들은 대개 상담의 길이와는 별도로 상담만 가지고는 좋은 성과를 얻을 수 없다. 그러나 불안이나 우울이 주요 문제인 경우에는 단기상담이 도움이 된다. 그렇다고 내담자를 지나치게 가린다든지, 특정한 진단 범주나 성격 유형에만 단기상담을 제한할 필요는 없다. 엄격하게 내담자를 제한하는 상담자도 있는데, 예를 들어 역동적 단기상담자인 시프니오스(Sifneos)는 자신의 단기 불안유발 상담에 적합한 내담자를 까다롭게 골랐다고 한다. 그는 '의미 있는' 대인관계 경험, 평균 이상의 지능과 심리적 교양, 변화에 대한 높은 동기 등을 포함한 기준을 내세웠다. 그런데 문제는 그런 기준을 다 충족시키는 내담자가 과연 얼마나 될 것인가 하는 점이다. 시프니오스 본인도 그런 내담자는 자신의 클리닉을 찾는 내담자 중 10~15%에 불과하다고 하였다.

누가 단기상담에 적합한지에 대해 월버그(Wolberg)는 다음과 같이 말하였다.

> 내 생각에 가장 좋은 전략은, 단기치료에 아무 반응도 보이지 않는다고 증명되기 전까지는 진단에 관계없이 일단 모든 환자가 단기치료에 반응을 보일 것이라고 가정하는 것이다.[2]

2) L. R. Wolberg, *Short-term Psychotherapy* (Grune & Stratton, 1965), p. 140.

이런 입장을 따른다면 모든 내담자에게 단기상담을 하고, 만약 효과가 없다고 판단되면 그 원인을 파악하여 상담자나 상담방식, 상담의 길이나 간격 등을 바꾸면 될 것이다.

5) 상담자의 역할

단기상담을 하는 상담자는 단기상담이 가치 있고 바람직한 시도라는 소신을 가져야 한다. 상담에 대한 확신은 모든 유형의 상담에서 실제 상담 효과의 보편적인 원천이 되기 때문이다. 단기상담을 다소 덜 바람직한 상담이라고 간주하거나, 장기상담을 할 수 없기 때문에 단기상담을 한다는 식의 태도를 가진 상담자는 자신의 단기상담에서 성공하지 못할 가능성이 높다. 내담자는 상담자의 견해에 예민하다. 이들은 상담 자체나 내담자에 대한 회의, 자신감 부족 등을 반영하는 상담자의 태도를 재빨리 알아차린다. 그러므로 상담이 무엇을 제공할 수 있는지에 대해서, 그리고 특정 내담자의 변화 전망에 대해서 상담자는 확신과 현실성을 아울러 지닐 필요가 있다. 또한 단기상담을 하는 상담자는 시간을 효율적으로 사용하기 위해서 적극적인 참여자가 되어야 한다. 상담자는 상담의 구체적인 목표를 고려해서 상담과정을 이끌어야 한다. 그러나 상담자가 얼마나 적극적이어야 하는지에 대한 양적인 기준은 없다. 다만 상담자가 소극적인 관찰자가 되어서는 안 된다는 것은 분명하다.

상담자의 적극적인 역할을 강조하는 것은 상담자가 항상 언어적으로 적극적이어야 하고 해석과 지시를 많이 제공해야 함을 의미하지는 않는다. 상담의 질과 상담자가 하는 말의 양을 혼동해서는 안 된다. 단기 상담에서는 특히 시간이 중요하므로 상담자는 자신의 행동을 주의 깊게 계획하고, 필요한 목표들이 이루어지도록 상담 회기들을 이끌어야 한다. 그뿐 아니라 상담이 어떻게 진행되고 있는지 항상 평가하고, 어떤 변화들이 추가적으로 필요한지 늘 생각해야 한다. 사실 매 회기가 상담의 중요한 부분을 이루기 때문에 상담자는 장기상담의 경우보다 내담자의 행동이나 다른 단서에 대해 훨씬 더 민감하고 반응적이어야 한다.

지금까지의 상담 연구 결과들을 종합해 보면, 단기상담은 다양한 내담자들을 대상으로 폭넓게 활용되고 있고, 그 성과도 주목할 만하다는 것이 드러났다. 여러 연구 결과들을 통해 단기상담은 높은 수준의 효율성이 있으며, 장기상담과의 비교에서도 장기상담이 더 낫다는 것을 보여 주는 결정적인 증거가 없음을 알게 되었다. 그러므로 단기상담을 한다고 해서 부적절감을 느낄 필요가 전혀 없다. 현재까지 알려진 바로는 단기상담은 대부분의 내담자들에게 기타 다른 형태의 상담만큼 효과가 있다.

6) 어떤 방법이 효과가 있을까

상담 분야에는 매우 다양한 학파와 입장이 존재한다. 이러한 현상은 상담자에게 무엇을 말해 주는가? 일단 널리 알려진 몇 가지 상담 접근법들을 생각해 보자. 상담 분야에서 잘 알려져 있으면서 비교적 명확하게 구분되는 접근방식으로 정신분석, 행동치료, 내담자 중심 치료 등을 들 수 있다. 상담 이론을 다루는 장에서 살펴본 것처럼 이론적 입장과 상담과정 및 기법 모두에서 이들은 주목할 만한 차이를 보인다.

정신분석적 상담에서는 초기 경험의 중요성, 억압된 무의식적 갈등, 상담 중 드러나는 전이현상, 그리고 상담자의 노력에 대한 내담자의 저항을 강조한다. 상담자는 내담자의 저항을 극복하기 위해 내담자의 무의식적인 갈등, 특히 소망과 두려움 사이의 갈등을 적절히 해석해야 한다. 시간이 지남에 따라 내담자는 자신의 증상을 유발하는 갈등에 대해 통찰력을 갖게 되고, 그 결과 갈등의 부정적인 영향은 점차 줄어들게 된다. 상담 중 생겨나는 내담자와 상담자 간의 관계와 내담자 행동에 대한 상담자의 해석은 상담과정의 핵심적인 요소다.

내담자 중심 치료는 내담자 변화에 대한 필요충분조건으로 공감, 무조건적인 긍정적 존중, 솔직성 등의 치료자 태도를 강조한다. 내담자는 긍정적으로 변화할 수 있는 잠재력을 가지고 있으며, 상담자의 역할은 덜 지시적이며, 상담자는 내담자의 감정을 공감하려고 노력하고 해석을 피한다.

한편, 행동치료에서는 고전적 조건 형성과 도구적 조건 형성의 원리를 강조하며, 행동 장애의 원인을 설명할 때 무의식적으로 억압된 갈등이나 초기 아동기 경험을 중요시하지 않는다. 대신에 구체적인 문제행동이 지속되는 이유를 조건 형성과 강화의 원리로 설명하고 같은 원리를 이용하여 문제행동을 해소하려고 한다. 최근에는 행동치료 단독으로 사용되기보다는 인지치료 기법과 결합되어 적용되는 경향이 강하다.

이처럼 상담의 주요 이론들은 각기 강조점에서 상당히 다르다. 또한 상담자의 역할도 매우 다른데, 각 학파의 상담자들은 자신이 속한 학파를 드러내는 서로 다른 방식으로 상담을 한다. 그러나 상담자의 행동과 상담 절차에서 나타나는 명백한 차이에도 불구하고, 대다수의 비교연구는 각 상담 접근법이 대체적으로 유사한 성과를 보인다는 결과를 얻는다.

다양한 형태의 상담이 절차와 이론에서는 큰 차이가 있어도 실제 성과 면에서는 별로 차이가 없다는 점을 어떻게 설명할 수 있을까? 흥미롭지만 그 답은 아직 명확하게 해결되지 않고 있다. 그런데 바로 이 점에서 앞서 언급한 절충적 접근이 설 자리가 생긴다.

자신을 절충주의자로 자처하는 상담자 수는 적어도 전체 상담자의 절반은 되는 것 같다. 상담자가 절충적 접근을 사용하는 데에는 여러 가지 이유가 있을 수 있지만, 대개 자신의 치료적 효율성을 높이기 위해서 그렇게 하는 것 같다. 아마도 처음 훈련받았던 접근법이 기대만큼 효과적이지 못했거나, 어떤 내담자에게는 잘 적용되지만 다른 내담자에게는 그렇지 않다는 것을 발견했을지도 모른다. 그 결과 상담자들은 자신의 절차를 수정하고, 새로운 기법을 첨가시키고, 다른 상담자의 방법과 비교해 보고, 그리고 점차 더 넓은 범위의 상담활동을 보이기 시작할 것이다. 절충적 접근에서는 내담자를 특정 이론에 맞추기보다는 기법과 절차를 내담자에게 맞추려 한다.

모든 내담자에게 적용될 수 있는 하나의 이론 체계는 아직 없다. 상담자들의 경험과 현재까지의 연구 결과들을 볼 때, 상당수의 공통적인 치료적 요인이 대부분의 상담에서 작용하고 있는 것 같다. 상담을 통해 얻게 되는 긍정적인 성과의 많은 부분들을 이 치료적 요인들이 설명해 주는 것이 아닐까.

7) 공통적인 치료 요인

어떤 상담이든지 상담받기를 원하는 내담자가 있다. 또한 이론적 접근의 차이는 있어도 내담자에 대한 관심을 표현하고, 내담자에게 정보를 얻고, 문제를 규명하고 상담 계획을 세우고, 내담자의 이야기를 경청하고 질문에 대답해 주고, 격려하고 설명해 주는 등의 활동을 하는 상담자가 있다. 이 두 사람의 관계 속에 효과적인 상담의 공통적인 치료 요인이 들어 있다.

(1) 상담관계

모든 형태의 상담에서 공통적인 한 가지 특징은 상담자와 내담자 간의 치료적 관계다. 그런데 어떤 입장은 이것을 상당히 강조하는 반면, 어떤 입장은 상대적으로 그다지 주의를 기울이지 않는다. 그러나 긍정적인 상담관계는 상담의 성공에 필요조건이며, 이는 모든 형태의 상담에 적용된다. 좋은 관계가 성공적인 결과를 반드시 보장해 주는 것은 아니지만 성공적인 결과를 얻기 위해서는 좋은 관계가 필요하다. 만일, 어떤 이유에서든 내담자가 상담자에 대해 부정적인 생각을 가지고 있다면, 상담은 조기 종결되거나 진전을 보지 못할 것이다.

그런데 대부분의 상담자들이 상담의 진전을 위해서는 내담자와 좋은 관계를 맺는 것이 중요하다는 데에는 동의하지만, 그 관계가 어떠해야 하는지, 어떤 요소가 중요한 역할을 하는지에 대해서는 서로 다른 견해를 보일 수 있다. 하지만 몇 가지 공통적인 요인을 생각할 수 있다. 그 중 한 가지 요소는 서로 상대를 어떻게 보느냐 하는 것이다. 예를 들어, 상담자에 대한 내담자의 기대가 실제의 상담자와 너무 차이가 나거나, 상담자가 내담자의 문제에 별로 관심이 없는 것처럼 보인다면 좋은 치료적 관계의 가능성은 줄어들 것이다. 마찬가지로 만일, 상담자가 내담자를 동기가 부족하고 비판적이며 대부분의 사람들과 만족스런 관계를 발전시킬 가능성이 결여된 사람으로 여긴다면, 역시 긍정적인 변화의 토대가 되는 좋은 치료적 관계가 형성될 가능성은 감소할 것이다. 따라서 상담자의 이론적 입장과는 상관없이, 내담자와 상담자가 서로에 대해 지각하는 방식은 두 사람 사이의 향후 관계에 중요한 영향을 미친다.

상담관계는 다른 관계와 유사한 특성을 갖지만 특유의 특성도 갖는다. 두 사람이 정기적으로 만나는 정해진 시간이 있고, 두 사람의 만남은 특정한 목적이 있다. 만나고 있는 시간은 대부분 둘 중의 한 사람, 즉 내담자의 감정, 생각, 행동을 이야기하는 데 사용된다. 또한 상담관계는 신뢰와 비밀보장의 특성을 가진다. 상담자를 신뢰할 때 내담자는 이전에 드러내지 못했던 불편한 생각과 감정을 털어 놓을 수 있다. 이럴 때 내담자는 자기의 부정적인 측면을 직면할 수 있게 되고, 상담자의 언급과 설명을 개방적으로 받아들일 수 있게 된다.

상담에서의 좋은 관계는 내담자에 대한 상담자의 영향력을 증대시키는 것이라고 할 수 있다. 그러할 때 내담자는 상담자의 제안, 해석, 과제 부여, 그리고 다른 행동들을 더욱 잘 받아들이게 된다. 또한 상담자를 모델로 삼으려 하며 상담자의 가치를 수용하려 한다. 상담자가 좋은 모델이라면 이러한 동일시는 내담자에게 긍정적인 영향을 줄 수 있다. 그러므로 상담관계는 상담에서 기본적인 중요성을 갖는 변인으로 상담의 결과에 많은 영향을 미친다. 상담자는 자신이 내담자에 반응하는 방식뿐만 아니라 내담자가 자신에게 반응하는 방식에도 민감해야 한다.

좋은 상담관계는 내담자의 협조와 상담자의 잠재적인 긍정적 영향력을 증가시킨다.

(2) 통찰과 자기이해

여러 상담에서 공통적으로 나타나는 또 하나의 특징은 자신과 자신의 문제에 대한 내담자의 이해가 증가한다는 것이다. 정신분석에서는 내담자가 자신의 억압된 갈등을 통찰하고 전이현상을 이해할 수 있도록 돕기 위해 상담자가 제공하는 해석을 강조한다. 이에 비해 인지치료자들은 문제의 잠재적 원인으로서 내담자의 역기능적 태도와 부정적인 자동적 생각을 지적할 것이다. 그리고 행동치료자들은 아마도 더 간접적이겠지만 학습 이론에 바탕을 둔 설명이나 해석을 제공할 것이다.

내담자에게 제시되는 여러 가지 설명이나 이론적 근거들은 긍정적인 치료적 효과를 갖는다. 상담자가 확신과 합리적인 근거를 가지고 제시하고 내담자가 그것을 의미 있게 받아들이기만 한다면, 그 이론이 어떤 것이냐 하는 것은 그다지 중요한 문제가 아니다. 사람들은 누구나 자신에게 어떤 일이 일어나고 있는지 알고 싶어 하기 때문에, 내담자도 상담이 어떻게 진행되고 있고 자신의 문제가 구체적으로 어떤 것인지 알고 싶어 한다. 여기서 중요한 것은 상담자가 제시하는 설명의 과학적 타당성보다 그 설명에 대한 내담자의 수용 여부다. 특정 이론에 따른 해석을 고집할 필요는 없다. 단지 내담자에게 의미 있는 설명이어야 한다. 따라서 해석도 내담자의 가치와 기대 및 지적, 정서적 수준에 맞는 '눈높이' 해석이 되어야 하는 것이다.

통찰
내담자가 의식하지 못했거나 잘 모르던 동기, 관계, 느낌, 충동 등을 깨닫게 되는 것

(3) 카타르시스

정서적 발산 혹은 카타르시스도 여러 상담에서 공통적으로 나타난다. 상담에서는 내담자가 자신의 문제를 이야기하고, 불편한 과거와 현재

카타르시스
무의식 속에 잠겨 있는 마음의 상처나 고통스런 문제와 관련된 경험을 밖으로 발산시켜 감정을 정화하는 것

사건을 자세히 나열하고, 그러한 일과 관련된 감정을 표현하도록 한다. 죄의식을 유발하는 고통스런 문제와 이와 관련된 경험을 자기에게서 떨쳐 버릴 수 있는 기회는 내담자들에게 매우 유익한 경험이 된다. 그동안 다른 사람과 공유하지 못한 감정이나 생각들을 수용적인 상담의 분위기에서는 쉽게 표현할 수 있다. 어떤 상담은 다른 것에 비해 상대적으로 감정의 표현을 더 강조하지만, 사실 모든 상담에 그러한 표현을 격려하고 허용하는 분위기가 있다. 심지어 행동치료에서도 상담자가 방해하지만 않는다면 내담자는 자신의 감정을 표현한다.

죄의식이 강한 내담자의 경우에는 억압된 감정의 표현이 매우 큰 치료효과를 지닌다. 다른 사례들에서는 정서의 표현과 발산이 상대적으로 덜 중요할 수 있겠지만, 그것은 여전히 상담과정의 주요 부분이 된다.

(4) 강화

강화
행동반응이 나타날 가능성을 증가시킴

소거
학습된 반응의 점차적인 사라짐

대부분의 상담자들이 자신의 가치를 내담자에게 드러내지 않는다고 생각하고 싶어 한다. 그러나 상담자가 내담자의 특정 행동을 강화하고 있음은 확실하다. 상담자가 강화하는 행동이나 생각은 상담의 목표와 깊은 관련이 있다. 상담자는 바람직한 행동은 긍정적으로 강화하고, 바람직하지 못한 행동은 강화하지 않음으로써 '소거' 절차를 사용한다. 상담자들은 머리를 끄덕이거나, 수용적인 미소를 짓거나, 여러 가지 언어적 메시지를 통해 격려와 인정을 표현한다. 무조건적인 긍정적 존중을 강조하는 로저스도 내담자의 특정 행동을 선택적으로 강화하였다고 한다.

이론적 입장에 관계없이 상담자들이 여러 가지 강화를 사용하고 있는 것은 분명한 것으로 보인다. 물론 상담에서 강화의 중요성을 강조하고, 가장 분명하게 강화를 사용해 온 이들은 주로 행동치료자들이다. 그러나 내담자의 부적응적 행동, 사고 그리고 감정을 변화시키는 것이 상담의 목표인 한, 모든 상담자는 이러한 변화가 어떻게 일어나는지에 대해 알고 있어야 한다. 이러한 과정에는 '학습'이 포함되어 있는데,

강화는 학습을 촉진하는 중요한 변인이 된다.

상담 회기 동안 제공하는 강화 외에도 상담자가 상담실 밖의 상황에서 내담자에게 해 보도록 제안한 여러 행동이 긍정적인 강화를 줄 수 있다. 이전에는 회피하였던 어떤 행동들을 시도하거나 연습해 보도록 격려한 뒤 내담자가 그것을 성공적으로 수행하게 된다면 그 행동은 강화된다. 강화는 단기상담에서 특히 중요하다. 만일, 처음의 몇 회기가 잘 진행되었고, 자신이 진전을 보이기 시작했다고 내담자가 믿는다면, 성공적인 결과의 가능성은 더욱 커지는 것이다.

(5) 둔감화

내담자가 상담시간 동안 자신의 어려움을 의논하고 문제를 상담자와 공유해 감에 따라 문제의 심각성과 어려움은 점차 줄어드는 경향이 있다. 내담자가 고민하고 있던 문제를 상담자와 함께 반복해서 논의하는 것은 긍정적인 치료 효과가 있는 것으로 보인다. 이런 둔감화 과정은 오랜 시간에 걸쳐 나타난다.

내담자는 고민거리를 드러내 놓음으로써 그 문제를 상담자와 함께 의논할 수 있고, 이를 좀 더 냉정하게 살펴볼 수 있다. 이렇게 상담자와 공유하게 된 사고와 생각은 덜 개인화되어 왜곡과 과장이 축소되므로 위협을 덜 주게 된다. 또한 상담자가 내담자의 문제에 놀라지 않고 받아들인다는 사실 역시 둔감화 과정에 기여한다.

(6) 문제에 직면하기

사람들은 살아가면서 부딪히게 되는 문제에 대처하기 위해 다양한 절차나 방어를 사용한다. 불안을 유발하는 환경이나 자극에 대처하는 한 가지 방법은 가능한 한 그것을 피하는 것이다. 예를 들어, 대인공포를 느끼는 사람은 가능한 한 사람을 만나는 상황을 피하려 한다. 이런 회피

행동은 불편한 느낌을 감소시킬 수는 있지만 직접적으로 문제를 극복할 기회와 다른 사람과 친밀하게 지낼 수 있는 기회를 잃게 한다.

이와 같은 경우에는 회피행동을 접근행동으로 변화시킬 필요가 있다. 문제에 대해 말하는 것만으로는 충분하지 않다. 과거에 피했던 상황을 더 이상 피하지 않고 접근할 수 있도록 지지하고 격려하는 것이 필요하다. 과거의 불안한 상황에 들어갔는데도 예상했던 부정적인 결과가 생기지 않는다면 불안은 감소된다. 이것은 내담자에게 매우 강력하고 긍정적인 효과를 가진다. 행동치료자들은 이러한 과정을 노출치료라 부른다. 꼭 행동치료의 절차를 따르지 않더라도 이것은 기본적으로 내담자가 현실적인 생활환경에 직면하도록 돕는 것이다. 일단 내담자가 현실적인 직면을 할 수 있게 되면, 상담자는 치료 목표의 달성을 위해 여러 가지 특정 행동들을 제안하고 추천할 수 있다.

상담에는 중요한 공통 요인이 많이 있다. 이러한 요인이 단기상담에도 적용되는 것이 분명하다. 공통적인 치료적 요인 중 어떤 요인은 모든 사례에 중요하다. 예를 들어, 좋은 상담관계가 없다면 문제에 관계없이 긍정적인 결과를 얻을 수 없다. 한편, 어떤 절차는 모든 내담자에게 사용될 수 있는 반면, 어떤 절차는 특정 내담자에게만 선택적으로 사용될 수 있다. 상담자가 이것을 현명하게 선택하고 적절하게 적용할 때 그 상담은 큰 성과를 얻을 것이다.

2. 단기상담의 첫 면접

1) 내담자의 특징과 상담자의 반응

첫 면접은 모든 상담에서 중요하지만 시간의 제한이 있는 단기상담에서는 더욱 중요하다. 그리고 다음과 같은 질문에 답해야 한다.

- 내담자는 어떤 문제를 가지고 왔는가?
- 그것은 얼마나 심각한가?
- 내담자는 어떤 강점과 약점을 가지고 있는가?
- 내담자의 상황을 복잡하게 만드는 위기나 스트레스가 있는가?
- 이 내담자에게 단기상담이 적절한가?
- 상담자와 협력할 관심과 동기가 얼마나 있는가?

그리고 상담자는 내담자에 대한 자신의 개인적 반응을 알아야 하고, 좋은 상담관계가 가능할 것인지도 평가해 보아야 한다. 상담자는 처음 한두 번의 면접시간 동안 이러한 정보를 얻어야 한다. 첫 면접에서는 빠르지만 충분한 평가를 하는 것이 목표다. 이것은 사실 많은 경험과 훈련이 요구된다.

상담자는 일반적으로 상담을 받고 싶은 문제가 무엇인지를 묻는다. 그런 다음에는 내담자의 이야기를 경청하고 공감하면서, 문제가 지속된 기간과 생긴 상황, 지금 찾아온 이유, 가족관계, 이전의 상담 경험, 이야기를 듣는 도중 생겨난 의문점 등에 대해 물어본다.

단기상담에서 내담자를 평가할 때 상담자는 우선 내담자가 가져온 문제들이 단기상담에 적합한지를 판단해야 한다. 정신병적 장애와 심한 성격장애는 그리 좋은 후보가 아니다. 심한 우울증이나 조증이 나타나는 양극성 우울은 정신과의 자문과 약물치료가 필요하다. 경미하거나 중간 정도의 불안과 우울, 대인관계 문제 등은 상담이 어떻게 이루어지느냐에 따라 성공적으로 다루어질 수 있다.

내담자의 성격과 상담자와의 상호작용 스타일도 매우 중요한 평가 항목이다. 예를 들어, 내담자가 기민한지 무딘지, 정력적인지 무기력한지, 다른 사람을 비난하는지 자신을 비난하는지, 거리를 두는지 바짝 다가서는지, 요구형인지 간청형인지 하는 것들은 모두 중요하다. 상담 시 내담자가 어떤 역할을 할 것인지, 상담과정에서 앞으로 어떤 어려움이 예상되는지 등의 관점에서 평가하여야 한다. 또 자신의 감정을 표현하거나 개인적 관심사들을 드러낼 수 있는 내담자의 능력을 평가하는 것도 중요하다.

내담자들은 많은 측면에서 서로 다르며, 제각기 강점과 약점을 가지고 있다. 상담자들이야 개인적으로 호감이 가고, 너무 혼란스럽지 않고 똑똑하고 상냥하고, 상담의 동기가 높은 내담자들을 선호한다. 이런 내담자는 같이 일하기 좋은 사람들이며, 상담의 결과가 보통 긍정적이다. 그렇지만 모든 내담자가 이런 특징을 갖고 있지는 않다. 저항을 보이고, 경직되고 적대적인 사람은 상담관계에서 그러한 어려움을 드러낼 가능성이 아주 높다. 매우 수동적이고 의존적인 사람 역시 그 의존성으로 인해 상담에서 어려움을 겪을 가능성이 높다.

앞서 언급한 것을 요약해 보자. 상담자가 주목하고 평가해야 할 내담자의 세 가지 특징이 있다. 이들은 서로 중복되면서도 구분된다.

첫째, 내담자가 호소하는 문제와 정신병리의 정도다. 이는 특히 단기상담에서 도움을 받을 수 있는 내담자의 능력과 관련이 있다.

둘째, 내담자의 개인적 자질과 다른 사람들과 관계를 맺는 스타일이다.

셋째, 이들과 겹칠 수 있는 특징으로 본질적으로 내담자에 대해 상담자가 가지는 개인적 인상이다. 달리 말하면, 상담자는 개인적으로 어떻게 내담자에게 반응하는가 혹은 반응하고 싶은가? 정신분석적인 접근을 하는 상담자들은 상담을 하는 동안 상담자가 내담자에게 지니게 되는 강한 감정을 역전이라는 용어로 불렀다. 중요한 것은 상담자가 내담자에게서 느끼는 감정이 어떤 것이든 자각해야만 한다는 것이다. 그런 감정들은 첫 면접 동안 가능한 한 객관적으로 평가되어야 한다. 만약, 상담자가 내담자를 상담하려 할 때 감정적인 반응이 강하게 일어나거나 개인적인 우려가 생긴다면, 아마도 그 사람을 다른 상담자에게 의뢰하거나 최종 결론을 내리기 전에 추가 면접을 하는 것이 좋을 것이다.

2) 내담자의 기대와 동기

내담자들은 상담을 받으러 올 때 기대하거나 예측하는 것이 다양한데, 이에 대해 서로 논의하고 명확하게 하는 것이 중요하다. 그렇지 않으면 상담자와 내담자는 각기 다른 기대를 가지고 상담을 시작할 것이다. 그리고 이러한 불일치는 상담이 진행되면서 문제가 될 가능성이 있다. 내담자가 상담을 어떻게 생각하는지 확인하는 것이 첫 면접에서 중요한 항목이고, 이를 통해 상담자는 실제로 상담이란 무엇인지를 분명하게 설명해 준다. 이런 일을 구조화라고도 말하는데, 물론 첫 면접에서만 하는 것은 아니다. 이는 상담이 진행되면서 반복해야 하는 경우도 생긴다.

어떤 내담자들은 상담 실제에 아주 가까운 기대를 하면서 상담을 받으러 온다. 여기에는 상담 빈도나 상담에서 내담자의 역할과 같은 측면들이 포함되어 있다. 그러나 어떤 내담자들은 실제와는 거리가 먼, 영화나 소설에서 얻은 기대를 가지고 올 수도 있다. 결국 상담이 시작되기 전에 내담자와 그 문제를 명확히 할 필요가 있다. 이것은 상담이 어떻게 이루어지며 상담자와 내담자의 역할이 각각 무엇인지를 설명하고, 그 다음 내담자에게 이런 내용을 예상했는지를 물음으로써 달성될 수 있다. 반대로 내담자에게 먼저 기대를 물을 수 있으며, 그 다음 상담자가 보통 상담이 어떻게 이루어지는지를 설명할 수 있다. 어떻든 간에 중요한 것은 상담자가 내담자의 기대를 이해하고, 내담자는 어떤 상담 과정이 뒤따를 것인지를 이해하는 것이다. 만일, 어떤 이유로 내담자가 상담자가 제시한 종류의 상담을 원치 않는다면 다른 곳에서 상담을 받거나 약물치료 같은 다른 조치를 취하도록 권유해야 할 것이다.

내담자가 이전에 상담을 받은 적이 있다면, 그때 어떤 일이 있었는지 알 필요도 있다. 이렇게 함으로써 상담자는 두 상담 사이에 있을 수 있는 차이점들을 다룰 수 있고 내담자의 비현실적인 기대를 바꿀 수 있다. 그리고 앞으로의 상담 전략에 좋은 참고자료로 삼을 수도 있다. 그렇지만 이전 상담에 대한 내담자의 설명을 문자 그대로 듣지 않는 것이 현명하다. 예를 들어, 정신분석가를 겨우 두세 번 만나고서도 '분석'을 받았다고 말할 수도 있는 것이다.

상담자는 내담자의 기대가 상담자의 기대와 다르리라고 예상해야 한다. 예를 들어, 상담자는 대개 실제보다 상담이 더 오래 걸릴 것으로 예상하는 반면, 내담자는 실제와 가깝게 예상한다. 상담을 신청한 사람들 중 많은 사람이 한 번 상담하는 데 50분이나 걸린다고 생각하지 않으며, 두세 번만 상담하면 문제가 회복될 수 있으리라 생각한다. 실망하고 조기 종결되기 전에, 내담자에게 그런 기대가 있는지 확인하고 논의하는 것이 현명한 일이다.

이에 덧붙여 내담자에게 왜 지금 상담을 받고자 하는지 또는 왜 의뢰가 되었는지를 물어보는 것이 바람직하다. 무엇인가 특별한 일이 생겼을까? 상담자는 그런 정보를 통해 내담자의 상담에 대한 동기를 알 수 있다. 혹시 내담자가 지금 상담을 받으려 하는 이유가 상담을 받지 않으면 아내가 이혼하겠다고 위협했기 때문인가? 그렇다면 내담자는 이를 어떻게 생각하는가? 만약, 내담자가 스스로 그런 결정을 내렸다면, 특히 문제가 한동안 지속되어 왔다면 왜 지금 그런 결정을 내렸는가?

또한 자기 문제에 대한 내담자의 관점을 물어보는 것도 유익하다. 왜 그러한 어려움이 생겼는지 혹은 문제가 어떻게 발전되어 왔다고 생각하는지에 대해 내담자는 어떤 의견을 가지고 있는가? 만일, 내담자가 자신이 외부 세력의 희생물이라고 믿는다거나 자신의 증상이 유전이나 운명과 관련된다고 믿는다면, 자신의 문제를 들여다보고 행동과 생각을 변화시키려는 노력에 최선을 다하지 않을 가능성이 클 것이다.

3) 자료를 종합하기

첫 면접이 끝날 때쯤에는 기본적으로 한 개인에 관한 정보와 관찰 내용을 종합한다. 임시적이나마 내담자가 상담을 통해 도움을 받을 수 있을지 평가해 봐야 한다. 마음속으로 다음과 같은 말을 자신에게 하는 셈이다.

- 이 내담자의 문제는 아주 심각해서 상담만으로 해결이 될지 혹은 내가 도울 수 있을지 모르겠다. 아무개 선생님에게 의뢰하는 게 좋겠다.
- 이 내담자는 불안 수준이 높지만, 지적이고 상담을 받으려는 동기가 매우 높아 보인다. 또 과거에 어려운 일이 있을 때 성공적으로 극복해 왔으므로 함께 상담을 하면 도움이 될 것이다.
- 문제들이 그리 심각한 건 아니다. 하지만 내담자가 매우 의존적으로 보이므로 분명 상담할 때 문제가 될 것이다.
- 이 내담자의 문제는 단지 상황적인 것으로 비교적 적은 회기 동안 빨리 대응해야겠다.

이와 같은 방식으로 상담자의 '정보처리 과정'이 진행되면서 면접은 종결에 가까워지고, 상담자는 내담자가 상담에 적합한지를 결정하게 된다. 상담자는 그 사람을 다른 곳으로 의뢰하거나 그 사람을 받아들이게 된다. 혹은 결정을 미루고 한번 더 만나기로 할 수도 있다. 만약, 상담하기로 결정했다면, 첫 면접이 끝날 무렵 내담자에게 앞으로 받게 될 상담에 대해 소개해야 한다.

4) 상담에 대한 예비 교육

상담자는 내담자에게 상담과정이 어떻게 진행될 것인지 예비 교육을 할 필요가 있다. 이미 지적한 것처럼 상담에 관한 내담자의 기대를 찾아서 명료화하는 것이 필요하다. 또 단기상담에서는 내담자에게 예상되는 상담기간에 대해 대략 알려 주는 것이 바람직한데, 이는 시간과 비용 문제가 관련되어 있기 때문이다. 이외에 기타 다른 정보들도 첫 회기에 제공할 필요가 있다.

내담자들은 자기가 지닌 문제의 특성과 심각한 정도에 대해 꽤 걱정하는 경향이 있다. 내담자가 걱정하면 상담자는 문제의 심각성과 발생 빈도에 관해서 이야기해 주고, 앞으로 어떻게 될 것 같은지 예측되는 바를 알려 주는 것이 좋다. 그렇지만 이것은 상담자의 지식과 예측이 완벽할 수는 없기 때문에 상당히 어려운 일이다. 그럼에도 불구하고 상담자는 가능한 한 객관적이고 타당한 정보를 제공하도록 애써야 하고 정직해야 한다. 상담자는 그가 할 수 있는 것 이상을 약속하지 말아야 하며, 지나치게 회의에 빠지지도 말아야 한다. 또 항상 명확하지 않은 무엇이 있다는 것을 인정해야 한다. 결정을 내릴 근거가 부적절해 보일 때는 중요한 결정을 연기하는 것이 현명하다.

시간 제한이 없는 단기상담이라면, 예상되는 상담 회기 수는 문제의 특성과 내담자의 형편에 따라 다양할 것이다. 내담자의 문제가 그리 심각하지 않다면 대체로 20~25 회기를 넘지 않게 된다. 내담자에게 상담은 대략 10회에서 20회 정도 걸리며, 몇 회 지나면 얼마나 많은 상담시간이 필요한지 더 잘 알게 될 것이라고 말해 줄 수 있다. 또는 일단 12회를 작정하고 시작하되 진행되는 과정을 봐서 좀 더 빨리 종결하거나 연장할 수도 있다고 말해 줄 수 있을 것이다. 물론 내담자 문제의 심각도와 성취하고자 하는 상담목표의 한계를 염두에 두면서 그런 결정을 내려야 한다.

상담자는 내담자에게 상담에서 어떤 일이 있을 것인지도 간단히 설명해야 한다. 이때에는 자유롭게 자신의 느낌을 표현하고 자신의 문제를 가능한 한 솔직하게 말하는 것이 중요하다고 강조해 주어야 한다. 즉, 상담자가 능동적인 안내자 역할을 하겠지만 내담자 역시 적극적인 역할을 해야 한다고 알려 줄 필요가 있다. 내담자는 다소 고통스럽더라도 중요한 개인적 문제, 생각, 느낌을 기꺼이 이야기해야 하며, 상담자의 설명, 질문, 과제에 진지하게 응답해야 한다. 내담자는 자신의 경험이나 느낌에 있어서 상담과 상담자에 관계되는 것까지 포함하여 개방적이어야 한다. 내담자의 이러한 의무사항에 덧붙여, 상담시간 동안 오고간 이야기들은 철저하게 그 비밀이 보장될 것임을 말해 주어야 할 것이다. 더 나아가 내담자 문제의 해결을 위한 노력은 상담실 밖에서도 계속된다는 점을 강조하는 것이 좋다.

이러한 방식으로 상담에서 일어나는 일을 설명해 주면 내담자는 앞으로 진행될 상담에 대해 어느 정도 마음의 준비를 하게 된다. 만약, 내담자가 상담에 대해 상담자와 다른 기대를 하고 있었다면 상담이 더 이상 진행되기 전에 이 문제를 정리하는 것이 나중에 문제가 일어나는 것보다 훨씬 나을 것이다. 내담자는 상담을 계속 받을 것인지, 아니면 다른 곳으로 갈 것인지 결정할 수 있다. 상담에 대한 예비 교육과 설명은 정직하고 개방적이어야 한다.

이 밖에도 몇 가지 현실적인 문제들에 대해 논의해야 한다. 상담비와 그 지불방식, 상담시간 정하기, 약속을 취소할 때는 언제까지 알려 줘야 한다는 것 등이 해당된다.

마지막으로 이제까지 논의되었던 것에 대해서나 앞으로의 상담에 대해 질문을 할 기회를 내담자에게 주는 것이 바람직하다. 이는 모호한 부분을 가능한 한 줄이기 위해서다. 따라서 상담자가 어떤 시점에서 내담자가 논의 내용을 이해하지 못한다고 느낀다면 질문이 있는지 물어보고 상황을 명확히 하도록 힘써야 한다.

3. 단기상담의 초기

1) 상담 초기의 과제

첫 면접을 끝맺을 때, 상담자는 앞으로의 상담에 대한 대체적인 계획안을 짜게 된다. 이 계획안은 아주 상세하지 않아도 되며, 계속 고수할 필요도 없다. 그러나 효과적인 상담을 위해 약간의 계획을 마련하는 것은 바람직하다. 기본적으로 상담자는 내담자의 주요 문제로 보이는 것,

잠재적으로 가장 효과적일 것으로 보이는 접근이나 절차, 상담과정에서 생길 수 있는 어려움을 생각해야 한다. 그리고 이러한 내용은 차후 상담자가 내담자를 더 많이 알게 될 때 수정될 수 있다. 이렇게 상담자가 유연성을 갖고 계획을 세우기는 하지만, 상담자가 시도하는 것에 방향성이 없어서는 안 될 것이다.

상담의 초기단계 동안 상담자는 내담자가 자신에게 어떻게 반응하는지 그리고 관계가 어떻게 발전되어 가는지를 평가할 수 있어야 한다. 만일, 내담자의 어떤 잠재적인 부정적 반응을 알아냈다면 그것을 탐색하고 명료화하여야 한다. 이 시기에 중요한 것은 매우 개방적이고 정직한 의사소통이 이루어진다는 것이다. 특히 부가적인 정보를 얻고, 불확실한 것과 의심을 명료화하고, 긍정적인 상담관계를 확립하는 것이다. 내담자를 도우려는 진실한 관심, 이해와 공감을 통해 상담자는 상담관계 혹은 작업동맹(working alliance)의 발달을 촉진할 수 있다.

내담자가 바람직하지 못한 행동이나 패턴을 보일 때 상담자는 분명한 태도를 취해야 한다. 예컨대, 상담시간에 습관적으로 늦거나, 합의한 과제를 제대로 하지 않거나, 이전에 얘기했던 것을 명백하게 부인하는 행동은 이후의 상담이 큰 난관에 부딪힐 수 있음을 보여 주는 징표가 된다. 어떻게 보면 상담이란 규칙과 책임이 있는 두 사람 간의 게임이라고 할 수 있다. 내담자 쪽에서 규칙을 어긴다면, 그러한 행동을 설명하고 수정할 수 있도록 내담자의 주의를 환기시키는 것은 상담자의 책임이다. 상담의 초기에 이러한 규칙 위반에 주의를 기울이지 않고 지나치게 되면, 그런 행동은 상담과정에 부정적인 영향을 주면서 계속 반복되어 나타나기 쉽다. 초기 회기에 보이는 행동은 이후의 상호작용 패턴의 형성과 상담관계의 확립에 중요한 역할을 한다.

한편, 상담자도 완벽할 수 없기 때문에 내담자의 문제를 잘못 평가하거나 어떤 중요한 측면을 놓칠 수도 있다. 최선을 다하려고 노력할 수는 있지만, 언제나 원하는 만큼 성공적일 수는 없다. 또 만약 상담 초기에 내담자에 대해 평소와는 다른 지나치게 강한 감정을 느낀다면, 다른 상담자에게 의뢰할 것을 진지하게 고려해 봐야 한다. 상담자가 내담자를 두려워할 수도 있거나 내담자에게 강한 성적 매력을 느낄 수도 있다. 혹은 내담자를 개인적으로 혐오하게 되거나 가치관이 너무 달라 대화가 통하지 않는다고 느낄 수도 있다. 이런 문제들은 상담의 초기부터 비교적 분명하게 나타난다.

그러므로 상담자는 내담자가 자신의 문제를 이야기하는 것을 단지 듣기만 해서는 안 된다. 상담자는 내담자의 반응뿐만 아니라 자기 자신의 반응을 적극적으로 평가해야 한다. 이렇게 하면서 부가적인 정보를 얻고 관찰의 범위를 확장하며, 처음의 가설과 평가를 수정하고 잠정적인 상담 계획을 수립할 수 있다. 이 시기 동안 내담자에 대한 지각이 크게 수정되지 않는다면, 상담자는 내담자에 대한 자신의 평가와 어떻게 상담을 진행해야 하는가에 대한 자신의 기대에 더욱 자신감을 갖게 될 것이다. 초기 회기들이 순조롭게 진행되는 것은 나머지 상담기간 동안 좋은 결과를 보일 전조다. 초기에 내담자와 상담자 간에 좋은 관계가 형성될 때 성공적인 결과를 얻을 가능성이 높아진다는 연구가 많이 있다.

2) 행동패턴의 발견

상담에서 내담자가 보이는 행동은 몇 가지 이유로 해서 매우 중요한 의미를 갖는다. 내담자에 대한 기본적인 정보는 내담자가 하는 이야기 내용과 면접 중 나타내 보이는 행동에서 나온다. 내담자가 상담자와 상호작용하는 방식을 통해 상담자는 내담자가 다른 사람들과 상호작용하는 전형적인 방식을 짐작할 수 있다. 그러므로 상담자와의 관계에서 보이는 상호작용 방식은 다른 대인관계 방식의 샘플과 같은 것이다. 물론, 항상 그런 것은 아닐지라도 그럴 가능성이 상당히 높은 것은 사실이다. 내담자들은 상담자와의 관계에서 매우 다양한 행동패턴을 보인다. 어떤 이는 요구적이고, 어떤 이는 자기를 비하하고, 어떤 이는 매우 안절부절못하며, 어떤 이는 적대적이고, 어떤 이는 수동적이다. 행동은 말보다 더 큰 목소리로 말한다. 결과적으로 상담자는 내담자의 행동을 관찰함으로써 한 개인으로서의 내담자에 대해 더 잘 알게 될 뿐만 아니라 내담자의 문제 역시 더 잘 이해할 수 있게 된다. 내담자의 어려움은 많은 경우 그의 행동과 관련되어 있다.

상담자는 상담 장면에서 내담자 행동을 통해 상담이 어떻게 진행되고 있는지, 상담과정에서 생길 수 있는 중요한 문제가 무엇인지를 알 수 있다. 예를 들어, 상담의 초반에 비판적이고 적대적인 행동을 보이는 내담자는 다음 회기에서도 그러한 행동을 보이기 쉬우므로 상담자는 이 점에 주의를 기울인다. 내담자의 그러한 행동은 다른 사람들과의 상호작용에서 어려움을 가져오는 중요한 원인일 뿐더러 상담의 진전을 위해서도 반드시 다루어야 할 대상이다. 상담 장면이 비록 특별하기는 해도 내담자는 반복적으로 학습한 전형적인 행동패턴을 상담 장면에서도 드러낸다. 내담자가 고의로 어떤 역할을 연기하지 않는다면 거의 그렇다고 할 수 있다. 첫 면접에서는 내담자의 행동이 어느 정도 사회적 역할과 상황의 영향을 받지만 상담이 진행됨에 따라 보다 전형적인 행동들이 나타난다.

따라서 상담자는 상담 중에 내담자의 일반적이고 전형적인 행동을 관찰하고 다룬다. 정신역동적 상담에서 말하는 '전이'라는 개념을 굳이 사용하지 않더라도 내담자는 그의 인생에서 중요했던 다른 인물에게 행동하듯 상담자에게 행동하게 된다. 이러한 내담자의 행동은 상담의 중요한 초점이 된다. 그것이 내담자에게 문제가 된다면, 내담자의 적응 수준을 향상시키기 위해 행동을 수정해 줄 필요가 있다. 예를 들어, 내담자가 상담자에 대해 과도하게 비판적인 경우에는 그러한 비판을 평가할 필요가 있다. 실제로 그러한 비판이 타당하지 않다면 상담자는 더욱 확신을 가지고 이러한 행동패턴을 내담자의 중요한 문제로 보고 상담시간에 다루어야 한다. 반대로 타당하다면 이는 상담자의 행동에 문제가 있다는 것이므로 또 다른 문제가 된다. 이때 상담자는 자신의 문제를 솔직하게 직면할 필요가 있으며, 다른 상담자나 자신의 지도

감독자와 상의를 하는 게 바람직하다.

　내담자에게 문제행동을 직면시키는 것은 그리 쉬운 일이 아니다. 내담자에 대한 비판으로 보일 수 있으므로 어떤 상담자들은 내담자가 조기 종결되리라는 두려움 때문에 그런 주제를 꺼내는 것조차 꺼려 한다. 그러나 이러한 상담자는 내담자의 행동을 변화시킬 수 있는 좋은 기회를 놓치게 된다. 물론, 내담자의 행동을 직면시키는 것은 아주 조심스럽게 이루어져야 한다. 자꾸 지각하거나 갑자기 약속을 취소함으로써 내담자가 상담진행에 나쁜 영향을 준다면, 특히 상담 초기에 그런 일이 발생한 경우 기본적으로 이 문제를 내담자에게 직면시켜야 한다. 그러나 문제행동이 내담자의 전형적인 문제의 한 부분으로 보인다면 상담자와 내담자 간의 관계가 확립될 때까지 언급을 미루는 것이 바람직하다.

3) 내담자에 대한 견해의 수정과 확장

　상담 신청 당시의 정보와 첫 면접에 기초하여 상담자가 갖고 있는 내담자에 대한 전반적인 인상은 이후 상담이 진행됨에 따라 수정해야 하는 경우가 생긴다. 처음에는 분명하게 드러나지 않았던 내담자의 성격과 행동의 어떤 측면들을 고려해 봐야 할 일이 생기는 것이다. 그러면 상담진행에 대한 이전의 계획을 바꾸어야 한다. 처음에 문제가 덜 구체적이고 덜 명확할수록 수정과 확장이 불가피해진다. 여러 차례 상담을 하고 나서 내담자가 상담자에 대해 충분히 신뢰를 하게 된 후에야 자신의 주요 문제를 내놓는 경우도 있고, 고의적인 것이 아니라 나중에야 내담자가 자신의 진정한 문제를 자각하는 경우도 있다. 그러나 기본적으로 내담자는 상담자를 희망과 지지를 주는 안정되고 신뢰할 수 있는 원천으로 볼 수 있어야 한다. 이러한 신뢰는 일관성과 연속성에서 나온다. 물론, 이 말은 적합성과는 상관없이 상담자가 상담 계획을 고수해야 한다는 뜻이 아니다. 상담자가 초기에 필요하다고 생각하였던 것들을 바꿀지라도 내담자를 향한 상담자의 관심, 공감 그리고 민감성은 변하지 않아야 한다.

4) 상담 초기의 일반적 문제

상담자는 특히 상담 초기에 나타나는 문제들에 민감해야 한다. 이런 문제들은 상담과정 전체에 중대한 영향을 미칠 수 있기 때문이다. 상담 회기에 늦거나 일방적으로 약속을 취소하는 문제에 대해서는 이미 간단히 언급하였으나 좀 더 구체적으로 살펴보겠다. 이 외에도 상담자가 민감하게 다루어야 하는 문제들에 대해서도 알아보자.

내담자가 처음 몇 회기 동안 늦을 때 상담자는 어떻게 반응해야 할까? 무엇보다도 우선 구체적인 사실들을 확인하고, 어떤 패턴이 나타나는지를 살펴볼 필요가 있다. 내담자가 매 회기마다 늦었는가? 각 회기마다 얼마나 늦었는가? 만약, 늦은 시간이 별로 안 되고, 주차문제와 같은 현실적 요인이 있는 경우에는 큰 문제가 안 된다. 반면, 매 회기마다 10분 이상 늦고 매번 그 이유가 다소 현실성이 없어 보일 때 상담자는 그러한 패턴을 무시할 수 없다. 상담시간의 1/5 이상이 낭비되는 이유를 알아보아야 한다. 내담자가 직장에 출근하거나 어떤 모임에 참석할 때 혹은 수업을 받으러 갈 때에도 그런 패턴을 보이는지 확인할 필요가 있다. 만일, 그 패턴이 상담 장면에서만 특수하게 나타나는 것이라면 상담과 관련된 문제들을 탐색하여야 한다. 그렇지 않고 보다 일반화된 행동패턴이라면 내담자의 전반적인 적응에 있어서 그런 행동의 의미와 가능한 발생 이유들을 찾아보아야 한다. 경험이 적은 상담자들은 내담자가 늦는 것을 문제로 삼는 것이 다소 품위가 없다고 느낄 수도 있다. 그러나 이러한 생각은 보다 효과적인 상담의 기회를 상실하게 한다.

상담 초기에 내담자들에게 일어날 수 있는 또 다른 잠재적인 문제는 약속을 잊거나 취소하는 문제다. 이 두 가지는 구별된다. 약속을 취소하는 것은 내담자가 약속 시간 이전에 전화를 해서 약속을 지킬 수 없다고 말하는 경우다. 대개 내담자 자신이나 가족이 아픈 경우가 많다. 대부분의 경우에 이러한 취소는 액면 그대로 받아들일 수 있다. 자신이나 가족의 병과 같이 어쩔 수 없는 일로 인해 약속을 취소하거나 재조정하게 되는 것은 누구나 하는 행동이다. 물론, 연속해서 세 번을 취소하는 특이한 패턴이 있을 수도 있는데, 이때는 다른 시각으로 보아야 한다. 그러나 사실 이런 경우는 흔치 않다.

약속을 잊거나 연락 없이 약속 시간에 나타나지 않는 것은 또 다른 문제다. 이것은 심각하게 보아야 하는데, 특히 상담 초기에 일어난다면 더더욱 그렇다. 이런 행동에 대해 적절한 설명이 없다면, 상담자는 이를 상담에 대한 내담자의 흥미와 개입이 부족하다는 표시로 보아야 한다. 내담자가 다음 회기에 온다면, 상담자는 약속을 잊은 일을 첫 번째 화제로 삼아야 한다. 상담자는 이 문제를 논의함으로써 내담자가 약속을 잊은 원인을 확인하고, 그러한 행동의 심각한 의미를 내담자와 이야기한다. 상담 약속을 안 지키는 것으로 표현되는 내담자 몰입부족은 상담의 조기 종결의 지표가 된다. 약속을 어기는 것과 상담이 조기 종결되는 것은 관련이 있다.

내담자가 약속 시간에 오지 않을 경우에 몇 가지 대안이 있다. 내담자가 전화를 해서 어떤 설명을 하는지 며칠 기다려 볼 수도 있고, 하루나 이틀 후에 다음 약속 시간을 정하기 위해 먼저 전화할 수도 있다. 전화나 편지로 내담자에게 연락하는 것을 삼가고 대신 다음 주의 약속 시간을 비워 놓을 수도 있다. 만일, 내담자가 다음에도 나타나지 않거나 조정하지 않으면 그에게 편지를 보내거나 전화를 한다. 그리고 내담자가 약속 시간에 오지 않는 것은 지금은 상담을 더 지속하고 싶지 않다는 표시로 해석된다는 뜻을 밝히고, 아울러 앞으로 내담자의 마음이 바뀐다면 상담자에게 자유롭게 연락해도 좋다고 덧붙일 수 있다.

이 밖에도 내담자가 원래 생각했던 것보다 더 심각한, 다른 가능한 문제들이 보일 수 있다. 그렇다면 상담자는 그 상황을 매우 주의 깊게 평가하고, 자문이나 의뢰가 필요한지 결정해야 한다. 예컨대, 초기에는 주로 개인적인 문제로 여겨졌던 것이 부부관계의 문제로 보이기 시작한다면, 상담자는 처음의 목표와 계획을 다시 생각하고 내담자의 배우자도 상담에 참여하게 하는 것을 신중히 고려해야 한다. 또 내담자가 새로운 정보를 거의 내놓지 않거나 가만히 앉아 상담자의 지시와 언급을 기다리는 것처럼 보인다면 상담자는 내담자와 함께 그러한 점을 탐색해야 할 것이다. 내담자가 지나가는 말로 상담이 그가 기대했던 것이 아니며 아주 늦게 진행된다고 말하는 경우에도 비슷한 반응을 보일 필요가 있다.

상담자는 접근방법을 수정하거나 부가적으로 탐색할 필요가 있음을 의미하는 내담자 반응에도 민감해야 한다. 예를 들면, 어떤 내담자는 상담시간 내내 별로 중요하지 않은 이야기를 하다가 상담자가 '시간이 다 됐다.'라고 하면 그때서야 중요한 내용을 말하기 시작한다. 이런 일이 생길 때 상담자는 시간을 더 줄 것인지, 아니면 계획대로 상담을 끝낼 것인지 갈등하게 된다. 상담자가 적절하게 반응할 수 있기 위해서는 그 상황을 빨리 평가해야 할 필요가 있다. 회기가 끝나갈 무렵에 내담자가 중요한 문제를 내놓는 상황에서 적절한 반응은, 대개 내담자가 한 말의 중요성을 인정하고 다음 회기가 시작될 때 그것을 꼭 이야기하도록 내담자에게 말하는 것이다. 상담자는 이러한 방법으로 상담시간이 문제를 논의하는 시간이며, 시간 제한은 지켜야 한다는 점을 분명히 할 수 있다. 그러나 '자살을 생각하고 있다.'는 식의 아주 심각한 내용인 경우에는 내담자의 말을 평가하고 그에 맞게 결정해야 한다. 어떤 경우에는 정확한 임상적 판단을 위해 내담자에게 약간의 시간을 주는 것이 현명할 수도 있다. 혹은 내담자에게 그 다음 날 전화를 하도록 하는 것이 현명할지도 모른다. 따라서 상담의 초기 회기에서는 상담자의 민감성이 필요하다. 상담자는 상호작용을 하는 동안 나타나는 모든 가능한 행동과 단서에 주의를 기울여야 한다. 때때로 상담은 상담자가 처음에 가졌던 인상이 확인되면서 대체로 기대했던 방식대로 진행된다. 반면에 때로는 예측하지 못한 상황이 생겨 상담자가 다시 생각하고 재구성해야 하는 경우가 발생할 수도 있다.

5) 상담에서의 과제 부여

내담자에게 일기나 자기 관찰 내용을 적도록 하는 것도 상담 초기에 시작할 수 있는 절차다. 이 절차는 다양한 사례에 적용할 수 있다. 어떤 상황이 얼마나 자주 일어나는지, 혹은 그것이 어떤 정서상태를 촉발하는지 내담자가 명확하게 알고 있지 못하다면, 내담자에게 그런 상황과 감정상태를 상세히 기록하도록 과제를 줄 수 있다. 예를 들어, 부부상담에서는 내담자들에게 논쟁을 일으키는 주제들, 지지적으로 느껴지는 배우자의 행동, 불화를 일으키는 것으로 생각되는 배우자의 행동 등을 기록하도록 할 수 있다. 또 섭식장애나 비만이 문제인 사람들에게는 그들이 먹는 음식물의 양, 시간, 상황을 기록하도록 할 수 있다. 이는 서술적 회상에 비해 정확한 자료를 제공할 수 있으며, 내담자에게 그가 얼마나 많이 먹는지를 매우 구체적으로 보여 줄 수 있다. 더 나아가 일정 기간 동안 내담자에게 실제로 진전이 있는지의 여부를 알려 줄 수 있다. 만일, 실제로 진전이 있다면 이것은 아주 좋은 강화가 될 수 있다.

불안, 긴장, 고혈압 등의 증상을 가진 사람들을 돕는 데 사용되는 방법 중에는 이완훈련이 있다. 이완훈련은 상담시간뿐 아니라 그 외의 시간 동안에도 배워서 연습할 수 있다. 상담시간 외의 연습은 그 대부분이 내담자가 살고 있는 현실적인 환경 속에서 이루어진다는 점에서 특히 의미가 크다. 현실 상황에 실제로 대처하는 연습이 성공적으로 이루어질 때 이 연습은 매우 치료적인 의미를 지닌다.

이러한 과제를 부여할 때에는 내담자

과제를 부여할 때는 내담자의 자발적 협조를 얻는 것이 매우 중요하다.

와 함께 의논하고 내담자의 제안을 수용하면서 자발적인 협조를 얻는 것이 가장 바람직하다. 상담자가 제안한 과제에 대해 부정적으로 반응하는 내담자에게 이를 강요하는 것은 역효과만 낳는다. 때로 상담자의 제안을 내담자가 반대하는 경우는 상담관계에 문제가 있음을 나타내는 표시일 수 있다. 따라서 다른 문제들을 성공적으로 다룰 수 있기 위해서는 먼저 이를 조사하고 교정해야 할 것이다.

상담에서 사용할 수 있는 과제는 제한이 없다. 그러나 과제 그 자체를 내담자가 중요하게 생각하여야 하며, 그가 상담을 받고자 하는 어려움을 극복하기 위한 노력의 일부분으로 생각할 수 있어야 한다. 많은 사람들이 과제에 대하여 부정적인 태도를 갖고 있으므로 할당된 과제의 적절성이나 상담목표를 위한 연습의 중요성을 같이 논의하는 것이 좋다. 또한 과제를 계획할 때 내담자를 참여시키거나 이에 대한 내담자의 반응을 자유롭게 표현하도록 하는 것이 중요하다.

내담자에게 부과하는 과제나 활동은 성공적으로 완수될 확률이 평균 이상이어야 한다. 이때 항상 성공적인 경험이 보장되는 것은 아니기 때문에 실패로 인한 부정적인 결과의 가능성도 주의 깊게 고려해야 한다. 예를 들어, 심한 사회 불안을 가진 사람에게 상담에 대한 비관적 태도를 증가시킬 수 있을 정도의 어려운 상호작용을 과제로 부과해서는 안 되는 것이다. 대체로 초기 상담에서 부과되는 과제는 지나치게 어려워서는 안 된다. 체계적 둔감화처럼 난이도의 위계에 따라 과제를 부과하는 것이 바람직하다. 즉, 어렵지 않은 과제를 성공적으로 수행하게 한 다음에 그보다 약간 더 어려운 과제를 부과하는 식이어야 한다.

과제를 연습하는 동안과 시도한 후의 느낌을 내담자에게 적도록 하는 것도 좋다. 이는 다음 상담시간에 논의해서 적절한 향후 대책을 마련할 수 있기 때문이다. 그리고 내담자의 성공적인 수행에 대해서는 적절하게 칭찬해 주어야 한다. 상담자의 칭찬은 내담자의 해당 행동을 강화시켜 줄 뿐만 아니라 이후의 내담자의 협조를 강화시켜 주기 때문이다.

4. 단기상담의 중기

1) 상담 초기와의 연속성

앞서 강조한 것처럼 상담의 처음 몇 회기는 매우 중요하다. 내담자에 대한 추가적인 평가, 상담 계획 수립, 상담에서 일어날 수 있는 가능한 문제점들의 확인, 그리고 우호적인 상담관계 혹은 작업동맹의 발달이 이 시기에 이루어진다. 간혹 어떤 내담자들에게는 초기의 몇 회가 실제로 그들이 받는 상담의 전부가 되기도 한다. 어떤 내담자들은 한두 번의 상담 뒤에 약속 시간에 다시 나타나지 않을 수 있다. 이런 경우에 대부분 상담자는 내담자가 다시 나타나지 않는 진짜 이유를 모른다. 그러한 내담자 중 소수는 자기의 문제가 나아진 것 같아서 상담을 계속할 필요가 없다고 생각했을 것이다. 약속 시간에 나타난 내담자들 중에는 문제가 신속하게 해결되어서 상담자의 동의하에 초기에 상담을 종결하는 이들도 다소 있을 것이다. 이 경우에 내담자가 나아진 것은 위기가 해결되었거나 내담자의 생활상황에 긍정적인 변화가 생겼기 때문일 수 있다.

서너 차례 면접을 가졌다면 그 후에는 조기 종결의 가능성이 적어진다. 더욱이 앞서 논의한 것처럼 좋은 협력관계가 수립되었고 내담자가 좋아지고 있는 듯이 보인다면, 상담은 지속되고 좋은 결과를 얻을 가능성은 높아진다. 이렇게 상담시간이 좀 더 안정되고 친밀감이 형성되면서 상담의 주요 작업은 시작된다.

상담의 중기가 시작되면 상담자는 무엇을 해야 하는가에 대해 처음 했던 생각을 수정하거나 확인한다. 그리고 상담 계획이 제대로 적용되고 있는지 검토하기 시작한다. 상담자의 역할 중 어떤 측면들은 남은 상담기간 동안에 계속 유지된다. 상담자는 계속해서 내담자에 대해 관심을 보이고 주의 깊게 경청하고 공감하며, 내담자의 감정과 관심사를 반영해 주어야 한다. 이와 동시에 상담자는 특정한 활동과 절차를 더 많이 사용할 수도 있다. 예를 들면, 상담자는 내담자와 그의 어려움에 대하여 더 깊이 이해하게 됨에 따라 내담자의 과거와 현재의 적응에 관하여 더 많이 설명하고 해석하게 된다. 또한 정보 제공, 역할연기, 인지적 재구조화, 이완훈련, 과제 부여, 그리고 기타 유용한 다른 절차와 기법도 사용하게 된다.

단기상담에서 내담자에게 제공되는 설명이나 해석은 대체로 현재 일상생활에서 중요한 사람들과의 관계에 관한 것이다. 여기서 사용되는 자료는 그런 사람들과의 상호작용에 대한 내담자의 설명과 내담자 행동에 대한 상담자의 관찰에 기반을 둔다. 예를 들면, 내담자가 자신의 직장 상사나 남자 친구에 관련된 경험을 이야기할 때, 중요한 남자들과 상호작용하는 방식이 종속적이고 수동적인 패턴을 보인다는 것을 알 수 있게 된다. 이 패턴은 그 내담자가 남자 상담자와 어떤 관계를 형성하는가 하는 데서도 관찰할 수 있다. 남성과의 관계에서 나타나는 현재의 문제는 아버지와의 초기 상호작용에서 유래되었을 수 있다. 그러나 단기상담에서는 장기상담에 비해 초기의 경험들을 덜 중요시하며, 초기 관계의 양상을 많이 아는 것이 반드시 내담자의 현재 행동을 변화시키거나 대인관계 문제를 개선시키는 것은 아니라고 본다. 남자와 관련된 현재의 패턴과 현재 행동의 결과를 지적하고 논의하며, 이런 패턴을 변화시키고 전반적인 적응에 기여하는 활동을 계획하고 실천하는 것이 보다 효율적일 수 있다.

이런 활동들은 상담자에 의해 실제로 어떻게 이루어지는가 하는 것이 매우 중요하다. 상담자는 내담자에 대해서 비판적이거나 내담자의 문제에 대해 공감적이지 않다고 해석될 수 있는 말이나 행동에 민감해야 한다. 예컨대, 자기패배적 행동패턴을 지적하고 직면시킬 때, 상담자는 내담자에 대한 진지한 관심, 공감, 내담자의 어려움을 극복하도록 도우려는 열망 등을 같이 전달하는 방식으로 해야 한다. 또한 상담자는 성실하고 진지해야 한다. 만약, 상담자가 단순히 어떤 행동을 가장하거나 역할을 연기한다면, 내담자가 상담자의 개입을 충분히 수용하여 자기의 것으로 삼을 수 없을 것이다.

상담이 진행됨에 따라 내담자와 상담자 모두 자신의 역할에 좀 더 안정감을 느끼게 된다. 내담자가 상담과 상담자에 대해 가졌던 처음의 의심과 염려는 가라앉고, 상담에 대한 긍정적인 견해와 상담자에 대한 확신을 갖게 된다. 그 결과, 대부분의 내담자는 상담자에게 자신의 사적인 자료를 드러내는 데 있어 좀 더 자유롭고 덜 긴장하게 된다. 죄책감이나 두려움을 느끼게 했던 문제와 경험들은 상담 중기에 이르러서야 말하는 경향이 있다. 상담 초기에는 상담자가 자신을 이해해 줄 사람인지 확신할 수 없기 때문에 중요한 문제를 잘 드러내지 않는 것이다. 내담자가 자유롭게 자신의 감정, 생각, 경험들을 드러내도록 허용하고 격려하는 것은 상담의 매우 중요한 측면으로 어떤 사람들에게는 이것만으로도 매우 치료적일 수 있다.

상담 중기에 내담자는 초기 상담기간 동안 얻은 지식의 일부를 적용하고 자기에 대한 이해를 넓히기 시작한다. 이전에 제기된 자신의 문제들을 더 잘 들여다 보고 실생활에서 검증해 보며, 다시 질문하고 수정할 수 있다. 때로는 역할연습이 사용될 수 있고 과제가 부과될 수도 있다. 새로운 절차들을 장기간에 걸쳐 시도해 보게 되기도 한다. 여러 면에서 상담의 중기는 전체 상담시간 중 가장 많은 부분을 차지하며, 변화가 일어나는 정도의 측면에서 아마도 가장 중요한 시간이다.

상담 초기부터 내담자 경험을 다 탐색하거나 직면시키지는 않는다. 아무리 중요해 보여도 내담자가 상담자를 신뢰할 때까지 미뤄 두어야 하는 주제들이 있다. 일반적으로 신뢰관계가 형성된 다음 그러한 주제들은 상담 중기에 제기된다. 상담자는 이제 문제가 되는 신념, 지각, 행동, 경험을 보다 직접적으로 언급할 수 있으며, 내담자는 이러한 탐색에 직면해야 한다. 이때 이전보다 더욱 적극적인 상호작용이 일어난다. 예를 들어, 남성들에게 성적인 유혹으로 해석될 수 있는 행동을 생각

없이 혹은 무의식적으로 하는 내담자가 있다고 생각해 보자. 만일, 이런 사실을 상담 초기에 언급한다면 내담자는 매우 자존심이 상할 수 있을 뿐더러, 상담자도 다른 남자들과 다를 바 없이 오해를 한다는 결론으로 비약할 수도 있다. 내담자의 어려움의 한 원인이 되는 행동이 분명하다고 해도 그것을 성급하게 언급하는 것은 내담자에게 매우 당황스럽거나 혼란스러울 수 있다. 따라서 상담자는 이런 패턴을 기억해 두었다가 내담자가 상담자와 좀 더 친밀해지고 상담 상황이 보다 안정될 때까지 그 주제를 유보하는 것이 바람직하다. 그러나 동시에 이런 주제를 너무 오래 유보하는 것은 내담자의 문제를 지속시킬 수도 있음을 유의하여야 한다.

　부정적으로 받아들일 수 있는 내담자의 어떤 측면에 대해 언급하거나 주의를 환기시킬 경우, 상담자는 그런 언급이 내담자에게 미치는 영향에 대해 특별히 조심해야 한다. 불쾌한 감정을 유발할 수 있거나 비난하는 것으로 들릴 수 있는 말을 어떻게 할 것인가 하는 문제는 매우 중요하다. 내담자가 상담자의 지지와 공감을 바탕으로 자신의 문제를 수치심과 두려움 없이 들여다 볼 수 있을 때까지 어느 정도 기다려 주어야 한다. 그러나 필요한 개입을 너무 미루어서도 안 된다. 그런 일에 대하여 상담자에게 구체적인 지침을 제공하기는 어렵다. 내담자에 대한 정확한 평가가 필요하고 긍정적인 상담관계가 형성되어야 하며, 내담자를 진정으로 돕고자 하는 상담자의 마음이 먼저 전달되어야 한다. 이 자체는 달성하기 쉬운 일은 아닌데, 이는 경험이 풍부한 상담자의 중요한 특징들이다.

　상담자는 초기 상담에서 내담자가 제공한 자료들 중 설명되지 않은 여백에 주의를 기울여야 한다. 만약, 초기 면접 동안 그런 사항을 상세하게 살펴볼 특별한 이유가 없다면, 그 자료는 이후 면접에서 적절할 때 탐색될 수 있다. 예를 들면, 내담자가 과거에 있었던 일을 이야기할 때 대학에서 낙제한 것, 여자 친구와 헤어진 것, 첫 번째 결혼에 실패한 것, 직장을 그만둔 일 등을 언급하면서 자세한 내용은 말하지 않고 넘어갈 수 있다. 이런 사항들은 나중이라도 좀 더 자세하게 탐색할 필요가 있다. 실패나 이와 관련된 부정적 결과를 유발하는 어떤 행동패턴들을 명료화하도록 하기 위해서도 그렇고 내담자에게 눌려 있던 괴로운 감정을 충분히 표현하도록 해 주기 위해서도 그렇다.

그러나 지나치게 자세히 내담자의 생활사를 탐색할 필요는 없다. 단기상담에서는 일반적으로 내담자가 제시하는 문제와 현재의 생활 상황에 관련된 화제에 초점을 맞추어야 한다. 상담자는 상담 초기에 언급된 자료를 계속 이어가려고 하는 동시에, 새로운 정보와 새로운 문제가 제시될 때는 적극적으로 그것을 다룰 준비가 되어 있어야 한다.

2) 상담 중기의 일반적 문제들

모든 것이 잘 진행되는 듯이 보일 때에도 상황은 변할 수 있으며 문제는 일어날 수 있다. 그래서 상담자는 융통성이 있어야 하고 변화하는 상황에 맞도록 자신의 접근을 조정해 나가야 한다. 상담의 어느 시점에서든 내담자의 인생에서 매우 중요한 일이 발생하여 상담을 포함한 다른 관심사들을 압도할 수도 있다. 상담자는 새로운 사태와 그것이 내담자에게 미치는 영향에 대해 관심을 기울여야 한다. 상담이 진행되는 동안 일어날 수 있는 몇 가지 문제들을 생각해 보자.

약속 불이행과 취소의 문제는 어느 정도 논의하였으므로 여기서는 간단하게 다루기로 하자. 원칙은 상담 초기와 마찬가지로 이 문제를 내담자에게 분명하게 제시하고 그 이유를 탐색해야 한다는 것이다. 만약, 내담자가 적절한 이유를 제시하지 않는다면 이런 행동의 이유를 이해하려고 시도해야 한다. 일반적으로 약속 불이행은 상담진행이 만족스럽지 못하다는 뜻으로 볼 수 있다. 만약, 상담자가 무엇이 잘못되었는지를 발견해서 상황을 적절하게 변화시킬 수 있다면 그 문제는 해결될 수 있다. 하지만 이것이 불가능하다면 상담자는 그 문제를 내담자와 함께 논의해야 하며, 원인이 무엇인지 밝혀 내려고 노력해야 한다. 이때

문제를 비난조가 아닌 방식으로 다루어야 한다. 예컨대, "지난 몇 주 동안 아무개 씨는 ~한 약속을 지키지 않았습니다. 나는 우리 상담의 어떤 점에 대해 아무개 씨가 불만을 가지고 있지 않나 하는 느낌이 듭니다. 상담에 대한 아무개 씨의 솔직한 느낌과 생각을 듣고 싶습니다." 하고 문제를 제기할 수 있을 것이다.

만약, 내담자가 이런 질문에 솔직하게 반응한다면 그 문제는 논의되고 해결될 수 있다. 반대로 내담자가 무엇이 잘못되고 있다는 것을 인정하기를 거부하고 적절하지 않은 이유를 고집한다면(예: 잊어버렸다, 다른 일이 있었다 등) 상황은 어려워진다. 이런 양상은 내담자의 참여 부족이나 상담자 개입의 적절성 부족을 나타낸다고 볼 수 있다. 만약, 7, 8회 이전의 비교적 초기에 이런 일이 일어나면 조기 종결될 가능성을 고려해야 한다. 그리고 그 이후의 회기에서 일어나면 상담이 막다른 골목에 도달했거나 내담자가 상담에서 얻고자 했던 것을 확보했기 때문에 내담자 스스로 상담을 마무리하고자 하는 희망을 나타낸 것으로 볼 수 있다. 내담자의 그러한 행동들은 상담자에 대한 의사소통의 한 형태라는 점에 특히 주의를 기울여야 한다. 그것은 내담자가 상담에서 기대되는 자신의 역할을 이행하지 않고 있음을 보여 준다. 상담자는 이런 행동의 이면에 어떤 메시지가 있는지 이해하도록 노력해야 한다.

상담이 7, 8회 진행된 뒤 약속을 안 지키는 경우는 내담자가 상담에서 충분한 도움을 얻었지만, 더 이상의 상담이 필요 없다는 점을 말로 분명히 표현하지 못하는 것일 수도 있다. 상담 종결에 관한 문제는 상담의 어느 단계에서든 나올 수 있다. 만약, 내담자가 긍정적 변화를 보였고, 이전에 규칙적으로 약속을 지켰다면 내담자가 상담에서 충분히 성취했다고 느낄 가능성을 고려해야 한다.

가끔 일어날 수 있는 또 다른 문제는 상담이 계속되면서 진행속도가 변화하는 것이다. 상담에서 내담자의 개선이 매주 동일한 정도로 이루어지는 직선적 진행을 나타내는 경우는 드물다. 다수의 연구들이 내담자의 변화가 가장 많이 일어나는 기간을 처음 8~10회기 정도로 본다.

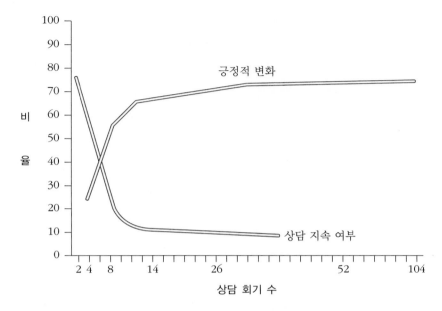

[그림 8-2] 상담 지속 비율과 긍정적 변화의 비율

출처: K. R. MacKenzie. Principles of Brief Intensive Psychotherapy, *Psychiatric Annuals*, 21, (1991), 398-422.

그때까지 내담자 중 거의 절반이 향상을 보이고, 상담을 시작한 내담자들 중 절반 이상이 어떤 방식으로든 종결한다. 동시에 상당수가 별 진전을 보이지 못하면서 계속 상담을 받는다. 그러므로 내담자의 변화 패턴은 매우 다양하다는 점을 예상하여야 한다([그림 8-2] 참조).

　어떤 경우에는 상담을 시작할 때 내담자가 높은 관심과 열의를 나타내다가 몇 회기 후에 그런 열의가 사그라들 수 있다. 아마 상담에 대해 지나치게 기대하고 있었거나, 상담자 쪽에서 실수하였거나, 적절하게 개입하지 못하였기 때문일 수 있다. 혹은 내담자가 잘못 지각할 수도 있고 상담 장면 밖에서 일어난 어떤 사건 때문일 수도 있다. 상담자가 그런 양상을 관찰하면, 어떤 원인 때문인지 규명하기 위해 노력해야 한다. 내담자들은 상담자에 대해 비판적인 것으로 보이는 정보라든지, 자신의 문제를 추가적으로 드러내는 듯한 정보를 자발적으로 제시하는 데 어려워할 수 있다. 이때 상담자는 내담자 행동의 가능한 원인을 직접 물어볼 수 있다. 최근 무슨 일이 있었는지, 아니면 상담이나 상담자에 대해 부정적인 생각을 가지게 되었는지 솔직하게 질문하는 것이 좋다. 이때에도 질문이 공격적인 것으로 비치지 않고 오히려 진지한 관심을 전달하는 것이 될 수 있도록 세심하게 신경써야 한다. 만일, 내담자가 상담자의 질문에 반응하기를 꺼리는 듯이 보이면, 상담자는 이것을 단지 기억만 해 두고 현재 관심사에 우선 초점을 맞출 수도 있다.

상담이나 상담자에 대한 불만을 공개적으로 토로하기를 꺼리는 내담자가 많은 반면 전혀 거리낌없는 내담자도 있다. 물론, 어떤 상담자도 내담자에게서 비판받거나 부정적인 피드백을 받는 것을 좋아하지 않는다. 그렇지만 상담자는 그런 반응을 들을 준비가 되어 있어야 한다. 내담자의 비판적인 논평은 중요한 의사소통 방식의 하나다. 바로 그와 같은 식으로 그 내담자는 다른 사람과 관계를 맺고 어려움을 겪을 수 있다. 이때 내담자의 비판적 행동은 내담자 문제의 샘플이 된다. 반면에 한 번도 화를 내 본 적이 없는 내담자가 상담자를 대상으로 처음으로 화를 냈다면, 이는 매우 긍정적인 변화가 시작된 청신호라고 할 수도 있다. 내담자의 논평과 질문과 행동은 내담자의 성격을 반영하며, 자신의 문제를 얼마나 극복해 가고 있는지를 알려 주는 척도가 되기도 한다.

그러므로 비판적인 언급이나 질문들은 내담자와 함께 주의 깊게 탐색하여야 한다. 예를 들면, 상담이 자기에게 도움이 되는 것 같지 않다고 말하거나, 자기가 나아지려면 얼마나 더 많은 시간이 필요하냐고 묻는 내담자도 있다. 이 두 경우에서 내담자는 자신의 불만과 걱정을 충분히 말할 수 있어야 한다. 만약, 그런 걱정이 주로 내담자 쪽의 오해를 반영한 것이라면 문제는 그 오해를 명료화함으로써 쉽게 해결될 수 있다. 내담자가 제기하는 질문은 실제로 객관적인 정보를 얻고 싶다는 요구일 뿐이며, 무슨 정신역동적인 함축된 의미를 담고 있는 것이 아닌 경우가 더 많다. 예컨대, 나아지려면 얼마나 더 많은 회기가 필요한지 묻는다면 다른 이유 때문이 아니라 다른 지역으로 전근을 가게 되어 순전히 이사갈 날짜 때문에 묻는 것일 수 있다.

그러나 좀 더 어려운 경우, 즉 비판적 논평이나 질문이 내담자의 대인관계 문제를 반영하는 듯이 보이는 사례에서는 그 문제를 내담자와 함께 탐색하되 천천히 그리고 조심스럽게 진행해야 한다. 먼저, 명백한 진전이 없다는 점에 대한 불만을 반영해 주고 부정적인 감정을 표현할 수 있도록 허용적인 분위기를 만들어야 한다. 내담자가 과도하게 실망하고 있다기보다는 상담자에게 어떤 확신을 얻고 싶어 하는 경우라면, 이는 합리적이고 사실적인 방식으로 처리될 수 있다. 내담자에게 상담은 아직 비교적 초기단계이며 아직 시간이 더 필요하다고 말해 주고, 때로는 구체적인 회기 수를 언급할 수도 있다. 만약, 내담자가 합리적 수준 이상으로 안심과 격려를 구하는 것처럼 보이면 상담자는 이를 기억해 두었다가 적절한 시기에 내담자 문제의 일부로 논의하는 것이 좋다.

내담자가 상담과 상담자에 대해 매우 비판적인 경우에는 문제의 해결이 어렵다. 우선, 상담자는 자신의 감정을 통제하면서 내담자의 불평에 어떤 수용할만한 점이 있는지 평가해야 한다. 만약, 내담자가 매우 공격적인 어조로 상담에 대해 비난하는데 그 이유가 객관적이고 합리적이지 못하다면, 그런 내담자의 행동을 상담 장면 밖에서 내담자가 겪고 있는 어려움의 중요한 일부로서 다루어야 한다. 상담에서 진전을 이루려면 내담자의 행동에 대한 해석은 반드시 필요한 것이다. 대충 얼버무리고 지나간다면 이 문제는 틀림없이 다시 나타날 것이며 더욱 부정적인 상호작용으로 이어질 수 있다. 내담자는 자기 문제를 지속시키는 방향으로 행동하는 경향이 있으며, 바로 이를 해결하기 위해 상담자를 찾아왔음을 항상 기억해야 한다.

마지막 주제로서 상담 중 일어날 수 있는 내담자 생활사건의 영향을 언급할 필요가 있다. 상담자는 자기가 수행하는 상담의 지침으로서 어떤 특정한 상담 계획을 가질 수 있지만, 내담자의 삶에서 어떤 위기나 비극이 일어날 때는 거기에 최우선적으로 초점을 맞추어야 한다. 신체적인 상해, 사랑하던 사람과의 이별, 가족의 죽음, 이혼 위기, 실직 등은 큰 충격을 줄 수 있는 사건들이다. 이런 위기들은 내담자에게 감정을 표현하도록 돕고, 그 상황에 공감하고 지지하며, 대처하는 계획을 같이 논의하면서 대개 몇 회기에 걸쳐 다루어 주어야 한다. 이런 사건을 어느 정도 성공적으로 다룰 수 있어야만 다른 주제에 주의를 기울일 수 있는 힘과 여유를 얻을 수 있다.

3) 상담 진행의 평가

상담이 어떻게 진행되고 있는지, 실제로 긍정적인 변화가 일어나고 있는지 평가하는 것은 바람직하고도 필요한 일이다. 내담자와 그의 문제에 대한 처음의 평가가 수정될 수 있는 것처럼 상담 계획 역시 바꿔야 할 가능성이 있음은 물론이다. 이를 위한 평가과정은 심각한 문제가 예상되거나 당장은 맞닥뜨리지 않을 때에도 상담 전반에 걸쳐 계속되어야 한다. 이는 상담 자체의 성질 때문에 필요하다. 개별 사례의 특성에 적응해야 하고 가능한 한 짧은 시간 내에 최선을 다해 긍정적인 성과를 얻어야 하며, 어떤 식으로든 내담자에게 해를 끼치는 것은 피해야 한다는 윤리적인 요구가 있기 때문이다.

상담에서 진전은 반드시 규칙적이고 일정한 비율로 일어나는 것이 아니다. 그러므로 상담자는 상담에서 무엇이 일어나고 있는지 항상 주의 깊게 관찰하여야 하며 성급하게 결론을 내리지 말아야 한다. 상담의 길이를 불필요하게 늘려도 안 되지만, 일정한 시간의 틀 안에서 무엇이 성취될 수 있는지 이성적으로 타당한 기대를 갖는 것도 중요하다. 예를 들어, 단기상담에 적합하다는 일반적 기준에 부합하는 내담자를 만나고 있는데 10회 정도 지나도 별다른 변화가 없다면, 그 사례에 대해 어떤 평가를 시도해야 한다. 여기에는 내담자 문제의 특성, 그의 현재의 불만, 그 사례에 대한 상담자의 이해, 사용된 절차와 기법들, 내담자에 대한 상담자의 감정 등에 관한 평가가 포함된다. 이러한 평가는 상담자에게 진전을 가로막는 원인이 무엇인지, 어떤 절차가 수정될 필요가 있는지에 대하여 가능한 단서들을 줄 수 있다.

상담자의 평가와 내담자에게서 확인되는 정보에 따라 상담자는 자기의 상담활동을 조정하여야 한다. 어떤 경우에는 바람직하다고 생각되는 변화들이 별로 어렵지 않게 이루어질 수 있다. 또 어떤 경우에는 필요한 변화를 가져오는 것이 훨씬 더 어려울 수도 있다. 때때로 상담자가 처음에 내담자의 예민성을 지각하지 못했을 수 있는데, 이럴 경우 상담자는 이전에 계획했던 것보다 더 천천히 상담을 진행해 나갈 필요가 있다. 내담자 성격의 어떤 경직성은 상담의 후반부에서 더 분명하게 나타날 수 있는데, 가능하면 그것이 강하게 나타나 상담관계를 해치기 전에 다루어야 한다.

상담자가 자신이 무엇을 하고 있는지와 내담자가 어떻게 반응하고 있는지를 항상 평가한다면, 내담자에 대한 자신의 접근방법을 수정할지 지속할지, 아니면 다른 기법을 추가할지를 결정할 수 있다. 때로는 상담에서 변화는 내담자가 부가적인 정보를 제공함으로써 생긴다. 또 어떤 경우에는 말로 표현하는 것보다는 역할연기와 같은 적극적 활동으로 바꾸는 것이 더 적절한 경우도 있다. 이런 활동을 할 때 상담자는 소극적으로 물러앉아 있을 수 없다.

이러한 과정에서 상담자는 상담 계획을 세우고, 기법과 절차를 선택하고, 상담의 진전을 관찰하고 평가할 책임을 진다. 그러나 상담과정을 완전히 통제할 수는 없다. 내담자도 상담과정에서 매우 중요한 역할을 하기 때문이다. 내담자의 문제와 정신병리, 성격, 친구나 가족과 같은 사회적 지지체계, 내담자의 삶에서 발생한 예기치 못한 사건들 모두가 상담과정에 영향을 미칠 수 있다.

상담이 진전되다가 갑자기 역전되거나 혹은 내담자의 상태가 심각하게 나빠지는 경우 상담자는 일종의 위기에 직면하게 된다. 이때 상담자는 이러한 부정적인 전환이 일어나게 된 요인이 무엇인지 생각해 보고 이를 완화하기 위한 적절한 조치를 취해야 한다. 예컨대, 이런 위기는 내담자가 심한 우울에 빠져서 자살과 관련된 생각을 말할 때 직면할 수 있다. 상담자는 자살 생각의 심각성을 평가하되 과잉반응을 하지 말아야 한다. 분명히 내담자의 자살 위협은 상담기간 동안 발생할 수 있는 가장 힘든 사건 중 하나다. 이 기간 동안 상담자는 내담자로 하여금 자신의 절망감을 말로 표현하게 해 주고, 내담자의 자기패배적인 인지에 도전해야 한다. 경우에 따라서는 급박한 상태가 가라앉을 때까지 상담의 빈도를 늘리는 것도 필요하다. 또 우울과 자살 생각이 매우 심각한 것으로 판단되면 정신과에 의뢰하여 항우울제를 복용하도록 하는 것이 현명한 일이다.

내담자와 그들의 생활은 너무나 다양해서 다소 유사한 문제를 가지고 있는 내담자들이라 하더라도 그들 모두에게 동일한 방식으로 동일한 접근법을 사용할 수는 없다. 비록, 서로 다른 형태의 상담들 간에 공통적인 치료적 요인이 있다 하더라도 모든 상담이 같은 방식으로 진행되지는 않는다. 물론, 상담자는 상담과정과 결과에 대한 지식을 가지고 있어야 한다. 이런 지식은 다양한 내담자들을 만나면서 쌓은 경험이 일반화된 것이다. 상담자는 각 내담자의 문제와 개성에 적절한 접근방법을 항상 모색하면서 자신의 상담방식을 조정할 수 있어야 한다. 상담은 원칙과 절차가 있지만 동시에 상담자의 융통성을 요구하는 일이다.

5. 단기상담의 종결기

1) 종결 계획

종결은 자연스러운 과정이다. 상담자는 상담의 정규적인 과정으로 종결을 예견하고 있어야 하며, 내담자도 어느 시점에 가서는 상담이 끝난다는 생각을 하기 시작한다. 상담자와 내담자 간의 관계가 좋았다면, 어느 정도 이별 및 분리와 관련된 정서를 경험할 수도 있다. 심하지만 않다면 이는 정상적인 현상이다. 중요한 경험을 함께 나누었던 두 사람이 현실적으로 충분히 경험할 수 있는 것이다. 이 절에서는 종결과정에 영향을 끼치는 요인을 살펴보도록 하겠다.

종결방식은 내담자에 따라서 그동안 상담의 흐름에 따라서 다양하다. 상담이 잘 진행된 경우와 그러지 못한 경우의 종결과정도 서로 다르다. 앞에서 논의했듯이 상당수의 내담자가 다음 약속 시간에 나타나지 않아서 조기에 종결된다. 이런 경우에는 상담 내용을 기록한 것이나 녹음한 것을 다시 검토해 보고 혹시 조기 종결을 암시하는 부분을 놓치지는 않았는지 살펴볼 필요가 있다. 이런 검토를 하다 보면 조기 종결의 가능성을 보다 빨리 알아차리고 더 적절하게 대처하는 일이 가능해진다.

시간 제한이 있는 단기상담을 할 때는 내담자들이 종결을 명확하게 예견하고 있으므로 그렇지 않은 경우보다 더 부드럽게 종결을 다루어 갈 수 있다. 상담이라고 하는 공동작업에서 상담자와 내담자 모두 긍정적인 결과를 얻기 위해 시도하고 노력할 수 있는 시간이 제한되어 있다는 것을 안다는 것은 상담과정에 매우 긍정적인 동기를 유발하는 효과를 가져온다.

그러나 대다수가 특정한 종결 시점을 언급하지 않으며, 앞으로 얼마나 시간이 걸릴지에 대해서도 모호하게만 언급한다. 이러한 경우에 상담자는 종결문제를 좀 더 신경써야 한다. 상담자는 우선 그 문제를 언제 내담자와 논의할지 고려해야 한다. 또한 어떻게 그 문제를 논의하고 어떤 방식으로 다루어 갈지를 계획해야 한다. 종결은 상담과정에서 중요한 부분이므로 상담의 다른 중요한 측면들만큼 계획적이고 기술적으로 다루어야 한다.

단기상담에서는 상담 회기가 짧기 때문에 개인차는 다소 있어도 상담자에 대해 강한 애착을 형성할 기회가 많지 않다. 그럼에도 불구하고 상담자는 각 내담자의 경우에 종결이 갖는 의미를 잘 고려하여 신중하게 계획하여야 한다.

2) 종결할 때 고려해야 하는 변인

종결에 영향을 미치는 변인들을 크게 내담자 변인과 상담자 변인으로 나누어 살펴보자. 대부분의 내담자들에게 종결은 예측할 수 있고 별로 어렵지 않은 일이다. 상담 성과에 만족한다면 더욱 그러하다. 그러나 지나치게 의존적이거나 상담자 이외에 정서적으로 지지해 주는 사람들이 없거나 상담자에게 강한 애착을 느끼는 내담자들에게 종결은 상당한 불안을 유발하는 사건이 될 수 있다. 이런 의존성은 상담기간에 따라 더욱 커질 수 있다. 상담이 오래 지속되어 몇 주가 아닌 몇 년 동안 이어지고 있다면 내담자는 상담을 일상의 한 부분으로 여기게 된다. 따라서 종결 시 내담자는 분리 불안과 상담자에게 거절당하는 듯한 기분을 느낄 수 있다.

단기상담에서는 내담자가 상담자에게 강하게 의존하는 일이 적다. 그런데도 어떤 내담자에게는 이런 일이 일어날 수도 있음을 인식하고 있어야 한다. 단기상담에서 상담자는 내담자의 지나친 의존적 행동을 강화하지 말아야 한다. 또한 의존적인 내담자들이 상담자에게서 결국에는 분리될 수 있도록 준비시키는 데 보다 많은 주의를 기울여야 한다. 그러기 위해 사용할 수 있는 일반적인 절차는 마지막 몇 회의 약속을 2주에 한 번씩 하는 것이다. 격주나 그 이상의 시간 간격을 두는 것은 내담자 스스로 자신의 상황을 다루어 나갈 수 있다는 자신감을 증가시킬 수 있다.

상담자는 내담자의 유형과 상담이 채워 주는 내담자의 필요를 잘 인식하고 있어야 한다. 내담자가 너무 의존적이라고 생각된다면 상대적으로 상담 초기에 앞으로 있을 종결문제를 꺼내서 이를 적절하게 현실적으로 다루는 것이 바람직하다. 이미 언급했듯이 대부분의 내담자들에게는 별다른 어려움이 없을 것이다. 많은 내담자들이 종결을 예견하고 있으며, 어떤 경우에는 상담자가 이야기를 꺼내기도 전에 직·간접적으로 종결을 제안하기도 한다.

종결과정에 영향을 끼치는 두 번째 변인으로 상담자와 상담자의 역할을 들 수 있다. 정신분석에서 역전이 문제라고 부르는 문제가 종결을 어렵게 한다. 때때로 상담자는 의식적이거나 무의식적인 이유로 인해서 종결을 어려워한다. 어떤 상담자들은 자신의 개인적인 욕구로 인해 내담자의 의존성에서 만족감을 얻을 수 있으며, 내담자의 그런 행동을 장려하거나 강화할 수 있다. 이러한 상담관계는 정상적인 상담의 종결을 매우 어렵게 만든다.

상담자가 내담자와의 관계를 매우 만족스러워 하면서 그 관계를 포기하지 않으려고 할 수 있다. 이때 내담자 쪽에서 이런 관계에 기꺼이 참여하고 있을 수도 있고 아닐 수도 있다. 그러다가 결국 내담자가 먼저 종결문제를 꺼내거나 사전에 예정된 종결 시기가 다가올 때 상담의 종결은 어려워지게 된다. 이것은 분명히 바람직한 상태가 아니다. 이는 상담자의 객관성과 공감적으로 반응할 수 있는 능력, 무엇보다도 내담자 입장에서 유익한 상담을 수행할 수 있는 능력을 손상시킨다. 어떤 이유에서든 상담자가 치료적으로 바람직한 정도 이상으로 관계를 지속하기를 원할 경우, 내담자의 말에 대한 상담자의 민감성은 감소된다. 내담자는 여러 가지 방식으로 종결이 준비되었음을 말할지라도 상담자는 듣지 못하는 것이다.

내담자가 상담을 종결할 준비가 되지 않았다고 믿거나, 상담을 좀 더 진행함으로써 보다 많은 이득을 얻을 수 있을 것이라고 믿을 수도 있다. 그러나 상담을 지속하려고 하는 진정한 동기가 무엇인지 솔직하게 살펴보아야 한다. 어려운 상담에서 성공하여 사람들에게 인정받고 싶고 스스로 자신이 능력 있다고 느끼고 싶어 하는가? 그런 동기 자체에 잘못이 있는 것은 아니다. 그러나 이런 경우 나의 욕구 때문에 내담자를 필요 이상으로 나에게 묶어 두고 있는 것은 아닌지 심각하게 검토해 보아야 한다. 상담은 상담자를 위해서가 아니라 일차적으로 내담자를 위해서 하는 것이다.

때로 충분한 상담기간이 지난 후에도 뚜렷한 진전이 없을 때 종결이 내담자를 위한 최선의 방책인데도 상담의 종결을 피하는 상담자가 있다. 이런 경우에는 다양한 동기가 관련될 수 있는데, 여기서도 상담자가 내담자의 복지에 우선순위를 두려는 노력이 매우 중요하다. 의미 있는 개선이 없는 상태로 종결하는 것은 '실패'로 생각될 수 있다. 실패를 인정하는 것은 대부분의 사람에게 어려운 일이다. 그럼에도 불구하고 만일, 진전이 거의 없거나 전혀 없는 상태로 계속 시간만 흐른다면 상담자는 내담자와 그 상황을 논의하고 종결을 제안하는 것이 바람직하다. 다만, 이때 대안적인 방안, 예컨대 다른 상담자를 소개해 주거나 다른 치료방안을 논의하는 등의 대책을 세워 내담자가 받을 수 있는 가능한 피해를 최소화하는 노력을 기울여야 한다.

3) 종결에 이르는 과정

단기상담에서는 일반적으로 상담을 시작하는 시점에서 상담이 어느 정도 지속될 것인지를 내담자가 예측할 수 있도록 하는 것이 좋다. 만일, 내담자의 문제가 그다지 심각하지 않고 전반적인 예후가 좋을 것 같다면, 상담자는 일반적인 단기상담기간, 예를 들어 10~20회 정도를 예상기간으로 말해 줄 수 있다. 이렇게 하면 내담자는 전반적인 상황을 파악할 수 있게 되고 시간과 돈이 얼마나 들게 될지 생각해 볼 수 있다. 또한 상담자는 3~4회 정도 해 보면 앞으로 얼마나 더 해야 될지 더 정확하게 알 수 있을 것이라고 덧붙여 줄 수 있다. 이 말은 내담자에게 상담이 얼마나 지속될 것인지에 대한 현실적인 추정과 종결 시점에 대한 생각을 가질 수 있게 해 준다. 이는 상담이 영원히 지속되지는 않기 때문이다.

상담기간 동안 내담자는 종결에 관한 문제를 직접적이거나 간접적으로 언급하거나 질문할 수 있다. 상담자는 그런 언급에 대해 기꺼이 논의를 해야 하며, 왜 그런 언급이나 질문을 하게 되었는지 이해하려고 해야 한다. 예를 들어, 내담자가 상담이 너무 길다거나 진전이 너무 없다는 언급을 한다면 상담자는 그런 언급을 하게 된 내담자의 느낌과 생각을 명료화해야 한다. 반면에 상담 도중에 내담자 편에서 특별히 종결에 대해 언급하지 않으면 예정된 시간이 다가옴에 따라 상담자가 먼저 종결에 대한 언급을 자연스럽게 할 수 있다. 대략 마지막 회기 3~5회 전에 종결 날짜에 대해 언급하는 것이 좋다. 그리고 종결 직전 회기에 다시 한 번 언급할 수 있다. 언급은 남은 시간을 상기시켜 주는 식으로 간략하게 사실적인 방식으로 이루어져야 한다.

어떤 내담자들의 경우에는 마지막 몇 회기의 간격을 늘임으로써 종결과정을 보다 쉽게 이끌어 갈 수 있다. 일주일 단위로 상담을 했다면 마지막 두 회기를 2주 간격이나 3주 간격으로 계획할 수 있다. 이것은 종결과정을 확장하여 보다 점진적으로 상담이 끝나도록 해 준다.

마지막 상담시간에 그동안의 상담에서 논의되었던 것을 반드시 요약할 필요는 없다. 그러나 내담자가 상담을 받으러 찾아오게 된 문제를 간략히 검토해 보고 이 문제들을 극복하는 데 있어 어떤 진전이 있었는지, 내담자가 스스로 주도적으로 계속 노력해야 할 일들이 무엇인지를 살펴보는 것은 가치 있는 일이다. 내담자가 앞으로 또 만나게 될 미래의 문제에 효율적으로 대처할 수 있도록 돕는 것은 상담의 주된 목표 중 하나다. 그러므로 종결하는 시간에는 앞으로 발생 가능한 어려움을 같이 예상해 보고 그런 경우 어떻게 대처하는 것이 바람직할지 논의할 필요가 있다. 상담자를 다시 찾아오는 것도 내담자의 대처방안 중 하나가 될 수 있을 것이다. 내담자가 자신의 삶에서 문제가 또 생길 수 있음을 받아들이고, 그러한 인생의 도전을 피하지 않고 적극적으로 헤쳐 나가겠다는 결심을 하게 된다면 그동안의 상담은 성공한 것이다.

이 장을 마치며

■ 주요 개념
절충주의적 입장 · 작업동맹 · 상담자의 적극성 · 행동패턴 ·
전이와 역전이

■ 더 생각해 볼 문제
◇ 단기상담에 적합한 내담자와 장기상담에 적합한 내담자의 차이점은
무엇인지 알아보자.

◇ 역동적 단기상담과 단기 인지치료의 공통점과 차이점은 무엇인지
알아보자.

◇ 공격적이고 비판적인 내담자를 상담할 때 상담과정에서 발생할 수
있는 문제들을 정리해 보고, 상담자의 전략을 생각해 보자.

제9장

집단상담

집단상담은 상담의 '집단적' 접근이다. 즉, 1대 1의 개인적 상담이 아닌 7, 8명 정도 여러 사람을 동시에 상담하는 것이다. 집단상담이 내담자 문제해결의 집단적 접근이기는 하나 최근에 활성화된 중등 학생 및 사회인 대상의 '집단지도 프로그램들'과는 엄연히 구별되어야 한다. 집단지도는 집단 구성원의 공통 과제(예: 자아 성장, 의사소통 및 대인관계 능력의 향상 등)를 비교적 틀에 짜인 구조적인 방법으로 지도·훈련하는 것이고, 집단상담은 집단 구성원들의 개별적인 문제들을 집단역학적이고 비구조적인 과정으로 해결하는 접근이라고 말할 수 있다. 따라서 일반적으로 집단상담이 집단지도보다 더 복합적이고 체계적인 전문 훈련을 쌓은 상담자를 필요로 한다.

이 장에서는 '집단상담'의 기초 개념을 소개하고 과정(단계)별 집단 상담자의 역할과 기법들을 구체적으로 예시하는 데 비중을 둔다. 아울러 집단 구성원에 대한 안내, 참여과정 전후의 기본적 권리와 상담자의 행동규범 등을 포함하는 '집단상담의 윤리문제'를 설명한다.

1. 집단상담의 기초 개념

1) 집단상담의 정의

집단상담
상담이나 심리치료의 집단적 접근으로서 집단의 내담자들이 상담자의 인도 아래 개인 문제를 토로하는 형태

집단상담은 정상인으로 하여금 그들의 '문제'가 더 심각해지기 전에 발견·해결할 수 있도록 도와주는 상담의 집단적 접근이라고 할 수 있다. 따라서 상담의 3대 역할(예방, 교정, 발달 촉진) 중 특히 예방적인 역할이 강조된다고 할 수 있다. 학교상담의 경우 통상적 문제의 인식, 해결뿐만 아니라 정서적 발달을 촉진하기 위해 자신과 주변 사람들을 보다 잘 이해할 수 있는 성숙의 기회를 마련해 주는 것이 집단상담이라고 할 수 있다.

2) 집단상담의 필요성

과학기술이 인간 생활을 지배하게 됨에 따라 우리 사회의 어디에서든 '가족적 분위기'가 사라지면서 점차 비인간화되고 있다. 산업경제의 발달을 통한 문명의 이기로 생활은 편리해졌지만, 현대인이 겪게 되는 긴장감, 불안, 소외감 등의 정서적인 문제는 증가하게 되었다. 예컨대, 교육기관과 직장에서의 인간적 대화의 결핍, 세대 간의 가치관 갈등, 부부 사이나 자녀와의 갈등 등은 집단상담이 필요한 시대적 배경이 되고 있다. 전문의를 찾아야 할 만큼 심각한 상태는 아니라 해도 누군가의 도움이 필요한 수많은 사람을 위해서도 집단상담은 필요하다. 특히, 의사소통, 대인 불안, 사회적 행동학습

문명의 발달이 인간의 소외를 부추기기도 한다.

등의 측면에서 집단상담의 효과는 여러 문헌을 통해 입증되고 있다.

3) 집단상담의 목표 설정

집단상담의 목표를 설정할 때에는 다음 사항에 유의하는 것이 바람직하다.

첫째, '기분이 좋아졌다.', '갈등이 해소된 것 같다.' 등과 같은 내담자의 언어 보고에만 의존하지 말고 그에 따르는 행동적 증거가 있어야 한다.

둘째, 상담자 자신의 개인적 가치관이나 '중산층'의 가치관에 의존하지 말고 내담자 개개인의 가치관을 고려하여야 한다. 이는 사회와 가치관의 급격한 변화 때문이다.

셋째, 개인적 감정표현 및 이해에 치우치지 말고 내담자의 현실적이고 사회적 책임을 먼저 고려해야 한다.

넷째, 모호하고 일반적인 변화는 집단상담의 바람직한 목표가 될 수 없다.

요컨대, 구체성, 현실성, 그리고 개인적 특성이 반영되어야 한다는 것이다. 또한 목표의 설정은 내담자 개인의 기대(요구)를 고려하여 상담자와의 사전 협의 아래 설정되어야 한다. 그리고 집단상담의 과정 중에도 목표가 설정될 수 있고, 필요에 따라서는 새 목표가 설정될 수 있다.

일반적으로 말할 수 있는 집단상담의 목표는 다음과 같다.

첫째, 감정의 바람직한 표현, 발산의 촉진

둘째, 자기 문제(관심사)에의 직면, 해결의 권장

셋째, 집단생활에서 자아 개념의 강화(또는 자기표현의 향상), 협동심의 향상

넷째, 대인관계 기술의 향상

4) 상담 집단의 구조적 특성

여기서는 리더십, 집단의 크기, 집단과정의 단계 및 특징적 내담자 등을 중심으로 상담 집단의 특성을 요약해 보면 다음과 같다.

- 집단 지도력(리더십): '민주적' 토론식 또는 참여적 지도자일수록 좋다.
- 집단의 크기: 4~8명으로 하되 내담자의 성숙도, 주의력, 타인에게 관심을 가질 수 있는 능력에 따라 크기가 결정된다. 예컨대, 아동의 경우에는 보다 적은 인원과 짧은 시간으로 진행한다.
- 집단과정의 단계: 대체로 ① 탐색-방황, ② 자기중심-경쟁, ③ 타인과의 비교-갈등, ④ 집단 중심-순응, ⑤ 집단과의 개인적인 융화의 다섯 단계를 거친다.
- 특징적 내담자: '도발자', '중화자', '방관자' 등 집단 내 역할 면에서 특징적 내담자가 있게 마련이다.
- 변화를 위한 내담자 행동: 집단 내 내담자의 행동변화에는 타인의 호의적 반응을 위한 순응(順應), 타인과의 관계 형성·유지를 위한 동일시(同一視), 자기의 가치체계와 자기 행동 및 신념의 일치(조화)를 유지하기 위해 타인의 영향을 받아들이는 내면화(內面化)의 세 가지 '심리적 과정'이 작용한다.

동일시
자기를 어떤 다른 사람과 같게 생각하는 심리 현상

내면화
타인의 태도, 행위의 수준, 의견들을 자신의 가치체계에 병합하는 것

5) 효과적인 집단상담의 특성

집단상담을 효과 있게 하려면 상담자는 내담자의 참여의식을 높이고 분명하고 구체적인 기대를 갖도록 하며, 집단에의 소속감 및 책임감을 갖도록 하고 바람직한 기분(분위기) 및 '생산적인 긴장'이 조성될 수 있도록 해야 한다. 집단의 매력은 내담자 자신이 갖는 목표의 중요성, 다른 구성원과의 친숙감, 그리고 '인기 구성원'의 포함 여부에 영향을

생산적인 긴장
경쟁, 갈등, 수치심, 열등감, 불만 등이 내담자의 행동변화의 촉진제 기능을 발휘하는 경우

받는다.

　집단의 바람직한 기준(또는 규범)이란 솔직히 이야기하고 서로를 존경하며, 집단 내의 의사표현이 자유롭고 집단원 간의 신뢰감이 있으며, 타인의 이야기를 경청하고 반응해 주는 등의 행동을 말한다. 집단 내 '생산적인 긴장'이란 경쟁, 갈등, 수치심, 열등감, 불만 등이 내담자의 행동변화의 촉진제 기능을 발휘하는 경우를 말한다. 집단이 바람직한 분위기를 유지하는 한 이러한 긴장과 불안은 필수적이라고 볼 수 있다.

2. 집단상담의 준비 및 구성

1) 집단 구성원의 선정

　집단원(집단상담 참여자)을 선정할 때에는 성별, 연령, 과거의 배경, 성격 차이 등을 고려하여야 한다. 흔히 관심과 문제가 비슷한 사람들로 구성할 것으로 생각하나 반드시 그렇다고 볼 수는 없다. 때로는 문제의 다양성이 집단의 경험을 풍부하게 할 수도 있는 것이다. 연령과 사회적 성숙도에 있어서는 동질적인 편이 좋으나, 성별에 있어서는 발달 수준에 따라 고려하는 것이 좋다. 아동의 경우에는 남녀를 따로 모집하는 것이 좋으며, 청소년기 이상에서는 남녀가 섞인 집단이 더 바람직하다고 할 수 있다. 학생들의 경우에는 같은 또래끼리 만나는 것을 더 편하게 생각하지만, 성인들의 경우에는 다양한 연령층이 모임으로써 서로의 경험을 교환할 수 있는 이점이 있다.

　집단상담에서 효과를 얻을 수 있는 사람들의 기본적 조건은 다음과 같다.

　첫째, 내담자는 반드시 도움을 받기를 원해야 한다.
　둘째, 자기의 관심사나 문제를 기꺼이 말해야 한다.

셋째, 집단 분위기에 잘 적응하는 정도에 따라 집단상담의 효과는 증가된다.

상담자는 집단상담이 시작되기 전에 미리 집단원이 되고자 하는 내담자들을 차례대로 면담하여 집단의 목표에 내담자가 잘 적응할 수 있는지, 내담자들에게 가장 적합하도록 집단을 어떻게 구성할지를 결정해야 한다. 그리고 예정된 상담 집단의 기능과 집단원에게 기대하고 있는 바를 알려 준다. 그런 다음 집단상담의 구성원이 될 것인지는 내담자 스스로 결정하게 한다.

이 밖에도 집단원을 선정할 때에는 개인의 생활 배경과 성격 특성에 주의를 기울여야 한다. 지나치게 공격적이거나 수줍어하는 사람이 집단원이 될 경우 집단상담 과정이 원활하게 이루어지지 못하는 상황이 발생할 수 있다. 또한 정직하게 자기 노출을 하게 하려면 친한 친구나 친척들을 같은 집단에 넣지 않는 것이 좋다. 요컨대, 집단상담의 목적과 기능에 따라 집단 참여자들의 구성 범위와 내용은 달라질 것이다.

2) 집단의 크기

상담 집단의 크기를 결정할 때에는 집단의 목표와 내담자들에게 기대하는 몰입 정도를 고려해야 한다. 적절한 집단의 크기에 대해서는 학자에 따라 의견이 분분하나 일반적으로 6~7명에서 10~12명 수준이 보통이다. 따라서 일반적으로 5~8명의 구성원이 바람직하다고 말할 수 있다.

집단의 크기가 너무 작으면 내담자들의 상호관계 및 행동의 범위가 좁아지고 각자가 받는 압력이 너무 커지므로 오히려 비효율적이다. 반대로 집단의 크기가 너무 크면 내담자들의 일부는 집단상담에 실질적으로 참여할 수 없게 되고, 상담자가 각 개인에게 공평한 주의를 기울이지 못하게 된다. 때로는 10명을 훨씬 능가하는 큰 집단의 구성이 불가피한 경우도 있을 것이다. 학교나 교정기관, 교회 등에서의 집단지도(프로그램)에는 흔히 20명 이상이 한 집단에 속하게 된다. 이러한 집단에서는 구성원이 '상담 경험' 보다는 오히려 '교육 경험' 을 하게 된다. 이런 집단의 구성원은 상담자(지도자)에게 많이 의존하게 되고, 상담자가 구성원을 개별적으로 다루기보다는 집단 전체 차원에 더 관심을 기울이게 된다. 물론, 이런 집단에서도 타인에 대한 이해와 개인적 성찰면에서 유익한 성과를 거둘 수 있다.

3) 모임의 시간

집단상담의 적절한 시간은 구성원의 연령, 집단의 성격, 그리고 모임의 빈도에 따라 달라질 수 있다. 1주일에 한 번 만나는 집단은 한 시간에서 한 시간 반 정도가, 2주일에 한 번 만나는 집단은 한 번에 두 시간 정도가 바람직하다. 청소년의 경우는 한 시간에서 한 시간 반 정도가 좋으나 아동의 경우는 20~40분 정도가 적당하다. 학교 장면에서는 대체로 학교 수업시간의 길이와 일치하게 하는 것이 보통이다.

집단상담의 일반적인 시간보다 더 오랫동안 한 모임을 계속하는 것을 '연속(마라톤) 집단' 이라고 한다. 연속 집단에서는 한 번에 15~20시간 혹은 그 이상을 계속한다. 이렇게 장시간 지속되는 집단상담 과정에서는 구성원 각자가 다른 사람의 생각과 감정을 탐색하고 서로의 관계를 이해하며, 모험적인 대인관계에 대한 반응양식을 효과적으로 익힐 수 있는 기회를 접하게 된다. 상담시간에 대하여 반드시 한정된 원칙이 있는 것은 아니지만 일단 정해진 시간은 반드시 지킬 필요가 있다. 일반적으로 시간의 통제가 없다면 내담자들이 정해진 시간을 넘기는 경향이 있으므로 상담자는 이런 가능성에 대하여 주의해야 한다. 상담 집단이 습관적으로 시간을 넘기는 것은 바람직하지 않기 때문이다.

연속 집단
집단상담의 일반적인 시간보다 더 오랫동안 한 모임을 계속하는 것

4) 물리적 시설

집단상담에서는 구성원 모두가 서로를 잘 볼 수 있도록 자리를 배치해야 한다.

집단상담을 하는 방은 너무 크지 않아야 하며 외부의 방해를 받지 않아야 한다. 효과적인 참여를 위해서는 모든 집단원이 서로를 잘 볼 수 있고 잘 들을 수 있는 공간이어야 한다. 원형으로 앉는 것이 일렬로 앉거나 장방형으로 앉는 것보다 효과적임은 물론이다. 의자는 가능하면 등받이가 있는 것으로 하고 각 내담자가 골라 앉도록 하는 것이 좋다. 테이블 사용하는 것은 장단점이 있는데 둥근 책상에 둘러앉으면 안정감을 느끼게 되지만 자유스러운 상호작용을 하는 데는 방해가 될 수도 있다. 별도의 상담실을 가지고 있는 학교에서는 녹음자료를 들으면서 자신의 접근방법을 발전시키려는 노력을 할 수 있을 것이다.

5) 기타 준비: 폐쇄/개방 집단

집단상담을 시작할 때에는 내담자(집단 참여자)들을 적극적으로 참여하게 하는 노력이 대단히 중요하다. 가능하다면 사전 개별 면담을 통해 비현실적인 기대와 불안을 줄이고, 적극적인 자세로 참여하도록 준비시키는 것이 좋다. 사전 면담은 상담자에게 집단원을 미리 알고 집단 구성의 균형을 맞출 수 있는 기회가 된다.

집단상담에 참여하는 내담자가 자발적인가 비자발적인가에 따라 참여에 대한 준비도가 다를 것이다. 경우에 따라서는 학교나 교정기관에서 교사 혹은 책임자가 '문제아'들을 지명하여 집단상담에 참여하도록 권하는 경향이 있다. 이때에는 그들에게 왜 집단상담에 오게 되었는지 분명히 알려 주는 것이 좋다. 그 외의 경우에는 대부분이 자발적으로 상담에 응하게 되며 집단에 참여할지는 개인 스스로 결정하게 된다. 물론, 자기 스스로 결정해서 집단에 참여할 때에 참여의식과 책임감을 더 느끼게 될 것이다.

집단상담을 운영하기 위해서는 집단의 목표에 따라 집단의 운영을 폐쇄형으로 할 것인지 개방형으로 할 것인지 미리 정해야 한다. 폐쇄집단은 집단상담이 시작될 때 참여하였던 사람들로만 끝까지 밀고 나가는 것이다. 즉, 도중에 탈락자가 생겨도 새로운 구성원을 채워 넣지 않는데, 대개 학교에서의 집단상담은 이 형태를 취하고 있다. 이러한 집단은 여러 가지 장점을 가지고 있다. 그러나 두 명 이상의 집단원이 도중에 탈락할 경우에는 집단의 분위기가 크게 위축될 염려가 있다. 개방집단은 집단이 허용하는 한도 내에서 새로운 사람을 받아들이는 것이다. 이런 경우 집단원 간에 의사소통, 수용ㆍ지지 등이 부족해지거나 갈등이 일어날 수 있다. 새로운 구성원을 받아들일 때에는 반드시 집단 모임에서 구성원의 변동문제를 충분히 논의함으로써 집단의 기본적인 특성을 분명히 유지할 필요가 있다. 새로운 집단원은 간혹 집단의 흐름을 방해하기도 하나 오히려 집단과정에 활기와 도움을 줄 수도 있다.

폐쇄집단
집단이 시작될 때 참여했던 사람들로만 끝까지 밀고 나가는 것

개방집단
집단이 허용하는 한도 내에서 새로운 사람을 받아들이는 것

3. 집단상담의 과정

1) 참여단계

상담자는 상담 집단의 분위기를 형성하고 유지하는 책임이 있다. 즉, 각 구성원에게 왜 이 집단에 들어오게 되었는가를 분명히 이해시켜 주고 서로 친숙하게 해 주며, 수용과 신뢰의 분위기를 형성하여 집단상담에서 새롭게 의미 있는 경험을 가지도록 이끌어 주어야 한다. 상담자의 이러한 지도적 행동은 집단 구성원에게 자유로이 각자의 의견과 느낌을 나눌 수 있도록 하는 보이지 않는 힘이 된다. 이 단계에서는 상담자

의 적극적인 참여가 필요하지만, 교사와 같이 가르치는 역할을 하는 것이 아니다. 그 역할은 내담자들로 하여금 스스로 집단의 '규범'을 준수하고 상호 협력적인 자세를 갖추도록 함으로써 효율적인 집단 분위기를 만들고 유지하는 데 도움이 되는 것이어야 한다. 그렇게 하기 위해서는 상담자가 사전에 각 구성원이 남의 말을 깊이 듣고 다른 사람이 말할 수 있도록 도우며, 자기 문제에 관련된 감정을 공개하고 바람직한 행동을 탐색·실천하는 데 시간을 보내도록 권유할 필요가 있다. 또한 상담자 자신은 인간 행동에 대한 자기의 신념과 태도를 분명히 알고 있을 필요가 있다. 집단 지도자 스스로 이러한 신념과 태도를 행동으로 보여 줄 때 내담자들도 다른 사람의 다양한 신념을 받아들이게 되고, 신념과 견해의 차이를 존중하게 됨으로써 개인의 존엄성도 수용하게 될 것이다.

상담자는 참여과정을 촉진하기 위해서 다양한 경험과 접근방법을 활용할 수 있다. 집단을 시작하는 방법이나 구성원이 서로 경험을 나누도록 하는 '최선의 방법'이란 없다. 앞서 언급하였던 집단 구성원의 선정 지침도 중요하지만, 사람들에게 도움을 주는 방법과 과정에 대한 상담자의 이해와 경험이 더 중요하다고 볼 수 있다. 상담자로서 기본적으로 알아야 할 원리가 있다면 그것은, 첫째 각자가 자신의 감정을 가지고 있으며, 둘째 자기 스스로 무엇을 할 것인지를 결정해야 하고, 셋째 상황 자체보다는 상황에 대해 어떻게 생각하고 행동하느냐를 탐색하는 것이 중요하다는 것이다.

상담자가 집단의 목표를 분명히 하고 친숙하도록 하기 위해 기울여야 하는 노력의 정도는 구성원의 성숙도나 저항의 정도에 따라 다르다고 할 수 있다. 집단의 구성 단계에서 목표를 충분히 설명할 수 없었거나 상담자에 대해 긴장감이나 적대감이 있을 때에는 집단의 목표를 분명히 밝혀 주고 이해시키는 노력부터 다시 해야 하는 시간이 필요하다. 그러나 구성원이 집단상담에 자발적으로 참여했다면 이 참여단계는 한두 시간에 끝날 수도 있다.

2) 과도적 단계

참여단계는 한 번의 모임으로 완료되는 경우도 있고, 보다 어려운 집단에서는 5~6회가 소요되기도 한다. 과도적 단계는 참여단계와 엄격하게 구분되지는 않는다. 즉, 과도적 단계는 참여단계에서 생산적인 작업단계로 넘어가도록 하는 '과도적' 과정이라고 볼 수 있다. 그리고 이 단계의 성공 여부는 주로 상담자의 태도와 기술에 달려 있다고 할 수 있다.

과도적 과정
참여단계에서 생산적인 작업단계로 넘어가도록 하는 과정

과도적 단계의 주요 과제는 집단원으로 하여금 집단에 참여하는 과정에서 일어나는 망설임, 저항, 방어 등을 자각하고 정리하도록 도와주는 것이다. 자신의 행동 결과에 대한 예측은 쉬운 일이 아니므로 집단상담에서 무엇을 얻을 수 있을지 잘 모르는 집단원은 불안해하거나 다른 사람 앞에서 자기를 드러내기를 두려워하게 된다.

이 단계에서 다른 사람을 관찰은 해도 스스로 진정한 참여가 없는 구성원은 집단과정에서 '방해적 존재'가 된다. 예컨대, 집단 내에서 거의 발언을 하지 않으면서 다른 구성원과 다르게 보이는 '방관자'가 있다. 상담자는 이런 사람이 고립되거나 완전히 집단에서 떠나는 것을 방지하기 위해 집단원이 그를 이해하고 받아들이도록 노력해야 할 것이다. 또 다른 유형의 인물은 쉽게 거부당하는 사람이다. 이런 사람은 집단의 초기과정에서 유별난 행동으로 주목을 끌거나 다른 사람에게 충격을 주려고 하기 때문에 집단 구성원은 대개 그런 행동을 액면 그대로 받아들이면서 쉽게 그를 거부하게 된다. 그러나 상담자가 그런 언행의 내면적 의미를 파악하고, 다른 집단원에게 그 내담자가 기대하는 것이 무엇인지를 물어보게 함으로써 집단과정의 진실한 가치를 여러 모로 경험하도록 도울 수 있을 것이다. 즉, 때로 지도자(상담자)를 공격하거나 집단의 전체적 여론에 도전하는 행위가 사실은 집단 내 상호작용과 역학관계를 명료하게 하는 촉진제가 될 수도 있다. 숙련된 지도자는 이런 공격과 도전을 집단의 상호작용 과정을 정착시키는 데 활용한다.

방해적 존재
집단과정에서 다른 사람을 관찰만 하고 발언을 하지 않는 방식으로 진정으로 참여하지 않는 집단원

상담자는 과도적 단계에서 구성원 간의 진정한 느낌이 교환되도록 격려하는 데 노력을 집중해야 하고, 개인적 느낌의 토의가 위험하지 않다는 것을 보여 주어야 한다. 집단원은 과도적 과정에서 느낌과 지각 내용의 상호 교류가 얼마나 이로운지 배우게 된다. 진정한 느낌과 생각을 점진적으로 나누게 되면 다른 사람이 자기를 알아 내도록 허용함으로써 비생산적인 방어를 줄일 수 있을 것이다.

초기의 불안이 어느 정도 감소되고 나면 각 집단원은 집단 속에서 자기의 위치와 얼마나 집단을 잘 이용할 수 있을지에 대해서 긴장하는 단계에 들어간다. 이 시점에서 상담자는 집단원의 수용도나 준비도에 따라 자신의 지도력을 '적절히 그리고 제때에' 발휘하여야 한다. 상담자는 스스로 개방적이 되고, 경우에 따라 자기의 감정을 다른 사람들과 나누고, 자기의 행동 의미를 탐색함으로써 집단에서 서로 믿을 수 있다는 것을 설명은 물론 시범으로도 보여야 한다.

집단상담자는 집단의 발달(진행과정)에 대한 자신의 판단과 느낌이 있어도 먼저 집단 구성원에게 귀환반응(feedback)을 듣는 것이 바람직하다. 즉, 상담자는 집단원 쪽에서 각자의 행동을 어떻게 서로 지각하는지 먼저 표현하도록 권장할 필요가 있다. 또한 과도적 단계에서는 각 집단원 자신이 '효율적인 지도자'의 역할을 배우도록 상담자가 돕기도 한다. 작업단계로 넘어가는 신호의 하나는 집단원이 이런 지도력을 보일 때다. 이 단계에 들어가면 지도자의 기능 부담은 어느 정도 완화된다. 다시 말해서 작업단계에서 지도자는 주로 '촉진자나 요약자'의 역할만 하면 된다고 볼 수 있다.

귀환반응
자기 자신의 행동 결과에 대한 자료를 제공 받음

3) 작업단계

작업단계는 집단상담의 가장 핵심적인 부분이다. 앞 단계들이 잘 조정되면 작업단계는 매우 순조롭게 진행되며, 지도자는 한 발 물러나서 집단원에게 대부분의 작업을 맡길 수도 있다. 집단이 작업단계로 들어

가면 대부분의 집단원이 자기의 구체적인 문제를 집단 내에서 활발히 논의하며, 바람직한 관점과 행동방안을 모색하는 분위기가 된다. 집단원이 자기 자신을 위해 어떻게 집단을 이용하며, 다른 사람들을 돕기 위해 어떻게 자기의 생각과 기술을 활용할 것인지 분명히 알게 되었다면 이 단계에 들어갔다고 볼 수 있다.

상담자는 구성원이 대인관계를 분석하고 문제를 다루어 나가는 데 자신감을 얻도록 도와주는 존재라고도 말할 수 있다. 우유부단한 구성원이 자신에 관한 결정을 집단이 내려 주기를 바라는 경우 스스로 자기의 행동을 먼저 선택하도록 권장하는 것이 바람직하다. 상담자는 다른 집단원에 의해서 내담자 스스로의 생각이나 선택이 좌우되는 것을 막아야 한다. 집단원이 어떤 결정을 하거나 자기의 생각을 행동으로 옮기려고 할 때 집단원의 뒷받침이 필요하지만, 그렇다고 대신 결정해 주어서는 안 된다. 행동 계획이 실패하거나 부분적으로만 성공하더라도 집단으로서는 관련 상황을 같이 생각하고 이해했다는 경험적 이점이 있는 것이다.

작업단계에서는 구성원이 높은 사기와 분명한 소속감을 갖는 것이 특징이다. 이들은 '우리 집단'이라는 느낌을 갖는다. 집단의 모임과 흐름에서 소외되지 않으려 하고, 집단 내에서 문제해결을 매듭짓기 위해 자신의 결정을 보류하기도 한다. 이 시점에서 집단원은 전반적인 집단 규칙을 숙지하게 되며, 집단 내에서의 언행에 대해 스스로 책임을 져야 한다는 것을 알게 되며, 각 구성원끼리 서로 열심히 도우려 하는 분위기가 성립된다. 상담자는 이때 서로 경쟁적으로 도우려 하거나 '명석한 통찰과 처방'만을 제공하는 분위기로 빠지지 않도록 주의해야 한다.

작업단계에서는 이해와 통찰만을 모색하기보다는 행동의 실천이 필요하다. 그러기 위해서는 집단원에게 실천의 용기를 북돋아 주고, 특히 어려운 새 행동을 실행하려는 구성원에게 강력한 지지를 보내게 한다. 집단상담이 개인상담보다 유리할 때가 바로 이런 경우라고 할 수 있다. 즉, 한 개인이 직면한 문제를 다른 동료가 이해하고 공감해 주면, 각자의 비슷한 경험에 비추어 문제를 같이 해결하려는 노력이 이루어지기 때문이다. 그러나 집단원이 된다는 것만으로 개인의 행동변화가 보장되는 것은 아니다. 어떤 사람들은 쉽사리 집단상담에서 처신하는 '요령'을 배우지만, 문제해결이나 자기 발전에는 아무런 혜택을 받지 못한다. 또 어떤 사람들은 흔히 집단상담자가 결정적으로 변화를 가져다 줄 것으로 기대하고 자기 자신은 따르기만 하면 된다는 식으로 오해하는 경우도 있다.

4) 종결단계

집단상담의 종결단계는 어떤 면에서는 하나의 '출발'이라고도 볼 수 있다. 즉, 상담자와 집단원은 집단과정에서 배운 것을 미래의 생활에 어떻게 적용할 것인가를 생각하게 된다. 종결해야 할 시간이 가까워지면 집단관계의 종말이 가까워 오는 데 대한 느낌을 토의하는 것이 필요하다. 종결의 시기를 미리 결정하지 않은 집단에서는 언제 집단을 끝낼 것인지도 결정해야 한다. 미리 정해진 한계가 없을 때에는 얼마나 오랫동안 만나야 할지 결정하기 어렵게 된다. 어떤 시점에서든 상담자가 집단을 종결해야 할 필요가 있다고 느껴지면 이를 공개적으로 정직하게 집단원과 토론하여야 한다. 어떤 경우에는 점진적인 종결이 제안되기도 한다. 즉, 매주 만나던 집단이 2주일에 한 번이나 한 달에 한 번씩으로 만나는 횟수를 줄여 가다가 끝내는 방법이다. 상담자의 시간은 제한되어 있는 경우가 많으므로 어떤 경우 집단원은 정규적인 상담이 끝난 후 자기들끼리만이라도 모이기를 원할 수 있다. 이때 상담자는 반드시 집단에 대한 각자의 책임을 미리 재교육해 두는 것이 중요하다.

청소년들로 이루어진 집단에서는 집단이 끝날 때쯤에는 정도의 차이는 있어도 거의 예외 없이 거부당했다는 느낌을 받는 경우가 생긴다. 상담자가 아무리 노력하더라도 젊은이들이 경험하는 이 부정적인 느낌을 막을 수는 없다. 그러나 적어도 그들에게 관심이 있다는 것을 보여 주고, 서로 돌보아 주게 해 줄 수는 있다. 그래서 집단이 더 이상 모이지 않을 때도 집단원 간의 유대관계가 지속되도록 노력하는 것이 필요하다. 집단원 간의 의미 있는 관계가 형성되었을 경우에는 종결을 섭섭하게 여기는 현상이 오히려 필연적이라고도 할 수 있다. 종결단계에서는 대부분의 참여자가 집단 구성원이 되었던 것을 만족해 하며 집단에서 자유스럽게 자기의 두려움, 불안, 좌절, 적대감과 여러 가지 생각을 무엇이든 표현할 수 있었던 것에 만족한다. 실제로 집단상담의 주요 목표 중 하나는 친밀하게 돌보아 주는 인간관계가 가능하다는 것을 체험하는 것이다.

상담자는 집단과정의 모든 단계에서 각자의 행동에 대한 자기통찰과 생산적인 행동을 확대하도록 격려한다. 그러나 특히 종결단계에서는 앞으로의 행동 방향에 대해 주의를 기울이도록 상기시킨다. 이 단계에서 적용되는 기본 원리는 집단에서 경험하고 배운 것을 일상생활에서 적용할 수 있다는 것과 자신을 보다 더 깊이 알고 자신과 타인을 수용하면서 살아갈 수 있다는 것이다.

5) 집단상담의 과정별 접근방법

집단상담의 상담자는 항상 새로운 구조와 자극을 제시하고 창조성과 풍부한 상상력을 구사함으로써 훌륭한 성과를 거둘 수 있다. '집단치료'와 달리 집단상담은 무겁고 기계적이기만 해서는 안 되며, 활기찬 분위기를 가능한 한 형성해 주는 것이 바람직할 것이다.

다음에 설명된 실제 기법들은 특히 청소년과 성인을 위한 '교육적' 상담 집단에서 적절히 활용될 수 있는 것들로서 상담 단계별로 간결하게 내용 및 취지를 소개한다. 물론 이 외에도 많은 기법들이 개발될 수 있을 것이다.

(1) 집단상담의 초기

참여자들의 자기소개　집단상담의 목적, 절차, 서로 지켜야 할 기본적인 약속들을 말한 다음 상담자는 집단 참여자(학생)들에게 각자 자기소개를 하도록 요청한다. 가능하면 연령, 직위, 공식적 역할, 가족관계, 장래 계획들을 말하지 않도록 한다. 대신 자기 이름을 밝히고 나서 자기가 '어떤 사람'이며, 무엇을 좋아하고 싫어하며, 요즈음 무엇에 관심을 가지고 있는지 말하도록 하는 것이 바람직하다. 즉, 가능한 한 형식적이고 외형적인 소개를 피하면서 자기의 내면세계, 자아 개념, 관심사를 나타내도록 하는 것이다. 각자가 자유롭게 말하도록 허용하면서 상담자는 될 수 있는 대로 각자의 '인간적 모습과 관심사'가 소개되도록 분위기를 조성하고 그에 따른 보충 질문을 하게 하기도 한다. 다만, 너무 어두운 면이나 밝은 부분만을 탐색하는 듯한 분위기가 되지 않도록 상담자가 조정해야 한다. 왜냐하면 집단상담 첫 모임(회기)에서는 대부분의 참여자가 자기의 존재와 모임의 목적 간에 심리적 불안, 방황, 갈등을 경험하기 때문이다. 따라서 상담자는 개인적 존재(또는 내면세계)에 대해 위협적인 발언 및 요구가 없도록 조정하면서 스스로 시범을 보일 필요가 있다.

집단상담에서 자기를 소개할 때에는 각자의 인간적 모습과 관심사가 소개되도록 상담자는 유도해야 한다.

상담자의 시범적인 자기소개는 다음과 같은 실례에서 참고할 수 있을 것이다.

> 내 이름은 이장호입니다. 난 나의 건강에 대해서는 자신이 없어서 과로하기만 하면 심한 피로를 느끼지만, 현재 내가 하고 있는 일에 대해서는 대체로 만족하고 있습니다. 그러나 생활을 하다 보면 좌절감도 느끼고 불쾌한 경험을 가지는 것도 사실입니다. 그러니까 남들은 대체로 나를 원만한 사람이라고 보는 것 같지만, 내 마음은 항상 편한 상태는 아니지요. 요즈음 고민은 계획한 일이나 부탁받은 원고를 기한까지 질질 끌면서 걱정만 하고 실제로 해내지 못한다는 겁니다. 내 분수 이상으로 잘해 보겠다는 욕망 때문이라는 걸 알지만, 뭐 변화 없이 매일 그렇지요. 여러분과 이렇게 집단상담을 같이 하는 지금 이 순간에는 그런 걱정 없이 마음이 편안합니다.

또한, 어느 정도 인사 교환을 한 다음에는 참여자들에게 종이에 다른 참여자의 이름을 쓰고 그 옆에 자기가 본 그 사람의 인상을 적게 할 수도 있다. 그런 다음 상담자는 "자기가 다른 참여자들에게 어떤 인상을 주고 있는지 알고 싶은가?"라고 묻는다. 찬성하는 참여자가 나서면, 그 사람에 대한 인상 기록을 다른 사람이 읽게 한다. 대개의 경우 자발적으로나 권유에 의해서 자신의 인상에 대해 듣게 되는데, 들은 소감을 자연스럽게 이야기하는 가운데 집단상담이 추구하는 '인간관계 속에서의 자기탐색'이 시작되는 것이다. 많은 사람이 자기가 남에게 어떻게 비치고 있다는 것을 집약적으로 들을 기회가 없으나 집단상담은 바로 이런 기회를 제공한다.

이렇게 카드나 종이에 다른 참여자의 인상을 적을 경우 다음과 같이 형용사만을 사용하여 간단히 쓸 수도 있다.

(민정) 호기심 많고, 부끄럼을 탄다. 예쁘다.

(창환) 무관심. 잘난 체하고, 똑똑하다.

(장호) 대머리. 피로해 보이고, 말이 적다.

(옥진) 명랑하다. 똑똑하다. 말이 많다.

'누가 무엇을 이야기할 것인가'의 결정   상담자는 집단상담의 과정을 정의해 주고 사적인 정보를 외부에 누설하지 않는다는 것 등의 이야기를 한다. 그런 다음에 참여자들에게 독서 카드(3×4인치의 백지)에 각자 '개선하고 싶은 행동(태도)'을 한두 개씩 적어 내도록 요청한다. 물론 기록하거나 적는 것을 부담스럽게 여기는 집단에서는 구두(말)로 진행할 수 있다. '개선하고 싶은 나의 행동'의 내용에 관해서는 상담자가 일반적인 의미를 말해 주고 참여자들의 연령 집단에서 흔히 볼 수 있는 실례 몇 가지를 먼저 이야기해 주는 것이 바람직하다. 그리고 다른 참여자들에게 공개하고 싶지 않은 것들은 굳이 쓰지 않아도 됨을 주지시킨다.

이렇게 쓴 카드를 상담자가 한데 모아 번호를 매긴 다음 참여자들에게 다른 사람의 카드 중 아무 카드나 하나씩 다시 나누어 갖게 한다. 상담자는 각자가 집어든 카드를 차례차례 읽는 동안 다른 참여자들에게 10점 척도를 그린 종이에다 집단상담에서 다루어 보고 싶은 정도(10에 가까울수록 다루고 싶고, 1에 가까울수록 다루고 싶지 않다는 식으로)를 표기하게 한다. 이렇게 표기된 것을 상담자가 집계하여 전체 집단 참여자들이 다루어 보고 싶어 하는 화제의 순위를 파악하여 당사자들의 동의 아래 집단원의 표기 순위별로 이야기를 시작하게 한다.

이 기법은 집단상담의 초기에 흔히 있는 긴장과 지나친 '탐색' 경향을 해소해 주고 이야기가 생산적으로 진행되도록 하는 방법으로서 매

우 유용하다. 앞에서와 같이 상담자가 먼저 시범적으로 설명하는 예는
다음과 같다.

 사례

 사람이 살아나가는 과정에서 겪는 문제는 수없이 많겠지만, 이제부터 내
가 이야기하는 목록 중 여러분에게 가장 많이 관련되는 것을 카드에 하나
적어 주십시오. 물론 내가 이야기하지 않은 것 중에서 자신이 경험한 것을
적어도 됩니다…….

 〈예시〉
 • 나는 계속 천해지는 것 같다.
 • 남이 나를 어떻게 보는가에 신경이 쓰인다.
 • 과거에 일어난 일에 죄의식을 느낀다.
 • 주위 친구들과 잘 어울리지 못한다.
 • 내가 바라는 ○○을 못하거나, 주의집중이 잘 안 된다.
 • 내 자신이 무가치한 존재로 느껴진다.
 • 나는 ○○한 습관을 고치고 싶다.
 • 졸업 후 진로문제 때문에 부모와 의견 차이가 있어 고민스럽다.

 구두(口頭) 편지   상담자는 참여자들에게 자기 인생에서 중요한 의
미를 갖는 사람—생존 여부에 관계없이—에게 집단에서 눈을 감고 구
두로 편지를 쓰도록 지시한다. 즉, 평소에 하지 못했던 후회, 원망, 감사
등을 말로 엮어서 이야기하게 하는 것으로 머리말과 마지막 인사말까
지 붙이게 한다. 참여자들이 각자 이런 구두 편지를 읽은 후에는 상담
자와 다른 참여자들이 들은 내용에 따라 반응을 주고받는다. 상담자도
경우에 따라서는 자신의 구두 편지를 읽어 줄 수 있는데, 그 내용은 가

능하면 현실적 여건을 수용하면서 솔직하고도 긍정적인 방향으로 하는 것이 바람직하다.

1인칭으로 하는 이 기법(구두로 편지 쓰기)은 참여자들 중에 고민스럽거나 좌절적인 대인관계가 걸려 있을 경우에 특히 유용하다. 대표적인 실례로 다음과 같이 시작할 수 있다.

 사례

> "친애하는 ××에게"
>
> 당신에게 이 편지를 쓰는 이유는 당신의 얼굴을 직접 대할 때에는 도저히 입을 뗄 수가 없어서 말하지 못한 내 마음을 전달하기 위해서입니다. 내 생각에 당신은 내가 한 이야기를 진정으로 듣지 않아 왔다는 느낌이 듭니다. 내가 정말 이야기하고 싶은 것은 …….

(2) 집단상담의 중반기

2인조나 3인조로 분임 토의   상담자는 참여자 중 두 명을 선정하여 집단 가운데서 얼굴을 맞대어 앉도록 한다. 그리고 "옥진 씨, 장호 씨에 관해서 관찰한 바를 말하고 장호 씨의 행동을 보다 발전적으로 변화시키는 데 도움이 될 만한 말을 해 주십시오. 그런 다음 서로 순서를 바꾸어 해 주십시오."라고 말해 준다. 이렇게 서로 상대방이 개선해야 한다고 생각되는 점과 그것에 관한 의견을 교환한 다음에는 "자, 이제는 조금 전에 서로 교환한 의견(반응)에 따라서 집단상담 과정에서 노력하여 달성할 수 있는 목표를 서로 합의하여 세워 보십시오."라고 지시한다. 물론, 상담자는 이들의 의견교환과 목표 설정의 과정에서 보다 구체적이고 효과적인 방향이 되도록 옆에서 도와준다.

이상의 과정은 다른 집단 참여자에게 일종의 시범절차로 보여 준 것

이다. 상담자는 나머지 모든 사람에게 약
30분간 이러한 방식대로 의견교환과 행
동목표를 제각기 세운 다음 다시 모이도
록 일러 준다. 다 모이게 되면 각자의 목
표를 모든 사람에게 발표하게 하고 논평
(반응)을 듣게 한다. 이렇게 함으로써 참
여자 개인은 자기의 상담목표에 대해 구
체적인 인식을 갖게 될 뿐만 아니라 적어
도 다른 한 사람을 도와주는 책임감을 느
끼게 되어 친숙도도 높아진다. 이 기법은

집단상담 중 소집단으로 나누어 토의한 후
다시 모여서 마무리를 할 수도 있다.

집단상담이 전체 횟수 중에 1/3 정도 진행되었을 단계에서 도입하는
것이 좋고, 집단의 분위기가 흐트러졌거나 생산성이 결여되었다고 판
단될 경우 다시 '열기'를 불러일으키기 위해 사용해도 좋다.

환상 펼치기　상담과정에서 초점이 되는 한 참여자에게 온갖 현실적
금기나 제한 조건을 무시하고 자기가 바라는 아무거나 말하도록 하는
것이다. 즉, 마술사처럼 세상을 마음대로 요리할 수 있는 입장에서 자
기의 욕구를 말하게 한다. 상담자는 '어떤 장소에서 누구와 무슨 역할
로 무엇을 어떻게 달성하는가?'에 대한 구체적인 내용이 되도록 도와주
어야 한다. 이렇게 환상 세계 속의 자기를 말하게 한 다음에는 다른 참
여자에게 반응과 의견을 교환하게 하고, 그 사람의 평소 생활과의 차이
(생각, 태도, 장래 계획 등의 면에서) 등에 관해서도 토의하게 한다. 이러한
토의과정을 통해 그 사람의 순수한 욕망에 관해서 알 수 있으며, 예컨
대 그가 얼마나 타인에 대한 배려가 없었는지 스스로 느끼게 해 줄 수
도 있다.

　이 기법은 앞서 설정한 상담의 목표를 촉진하는 데 유용할 수 있다.
환상 속의 욕망이라 해도 분석해 보면 흔히 노력에 의해 어느 정도는
달성할 수 있는 것이기 때문이다. 또한 이 기법은 말하는 사람의 마음

속 깊이 묻혀 있던 생각과 감정이 자연스럽게 노출되고, 당사자에게도 자기가 가장 바라는 목표를 보다 구체적으로 자각할 수 있게 해 준다.

역할연습 및 역할바꾸기   상담이 시작될 때, 참여자들의 이름이 적힌 카드를 둥근 그릇에 모아 넣어 두었다가 참여자들에게 자기 이름이 아닌 것을 하나 집어들도록 지시한다. 그리고 자신이 집어든 사람의 이름을 밝히지 않은 채 약 20분간 그 사람의 언행을 모방해 보이게 한 후 다른 참여자에게 그 역할이 누구의 것이었는지 알아맞추게 한다. 역할의 주인공이 밝혀진 다음에는 그 주인공과 다른 참여자의 의견이 교환된다. 이 방법은 자기가 다른 사람들에게 어떻게 보이는가를 알려 주는 좋은 방법이며, 상담자는 참여자가 남의 역할을 해 보일 때에 주인공의 특징적인 생각, 감정표현의 방식을 말이나 비언어적인 행동으로 부연할 것을 강조해 두어야 한다.

역할연습은 억제하고 있던 정서를 표현하게 하고 주변 사람들의 마음을 이해할 수 있도록 돕는다.

역할연습은 상담의 초점이 되는 한 참여자를 주인공으로 하고, 그 사람과 깊은 관계가 있는 다른 사람의 역할을 다른 참여자가 맡도록 하여 하고 싶은 언행을 실험적으로 교환하도록 할 수도 있다. 이 방법도 평소에는 이해가 안 되었던 주위 인물의 마음과 태도를 이해하고 스스로 통제했던 정서를 표출할 수 있게 하는 장점이 있다. 이 과정에서 주인공이 자기 아닌 다른 사람(상대방)의 역할을 하고 상담자나 다른 참여자가 주인공인 당사자의 역할을 하면 더욱 효과를 거둘 수 있다.

'자기패배적 행동'의 소득 말하기   상담과정에 초점이 되고 있는 한 참여자에게 먼저 자기가 고치고 싶으나 고치지 못하고 있는 행동이나 성격의 측면을 구체적으로 규정하여 말하도록 한다. 예컨대, 부끄럼을 탄다, 흥분을 잘한다, 소심하다, 게으르다, 남의 인정을 받으려 한다 등이 있겠다. 이렇게 한 후 그 참여자로 하여금 '내가 ~때문에(예: 부끄럼을 타기 때문에) 얻는 소득은 ~입니다.'의 식으로 문장을 완성하여 말하도록 한다. 말하는 참여자에게는 반드시 문장을 여러 가지로 완성하여 계속 말하도록 일러 두는 것이다.

이 방법은 참여자가 어느 정도 자기 이해의 경지에 진입했을 때 도입하는 것이다. 다시 말해서 결국 '~게 행동하여 내가 얻는 것이 무엇인가?'를 자각하도록 돕는 기법이다. 즉, 공개적으로 소리 높여 말하는 동안 자기의 문제행동이 왜 지속되는지에 대한 통찰력이 형성되도록 한다. '문제' 행동은 자기패배적이지만 무언가 그것을 유지하는 미처 자각하지 못했던 소득이라고 볼 수 있다. 이러한 소득이 무엇인가를 알게 되면, 그것이 결국 자기가 원하는 것이 아님을 구체적으로 깨닫게 되고 자기 이해와 발전의 폭이 그 만큼 넓어지는 것이다.

일방적 의사 전달   어떤 참여자가 오랫동안 이야기의 초점이 되어 왔으나 실질적인 진전이 없을 경우에 쓸 수 있는 방법이다. 상담자는 해당 참여자에게 일체 침묵을 지키게 하고 다른 모든 참여자가 돌아가면서 그 사람에 대한 각자의 의견을 말하도록 한다. 그런 다음에 그 사람으로 하여금 반응을 보이도록 한다. 따라서 이 기법은 남의 말을 고려하지 않거나 설명해 버리기만 함으로써 상호 간의 대화적 교류가 이루어지지 않고 있을 때 매우 효과적이다. 또한 너무 말을 하지 않고 반응이 없는 참여자에게 접근할 수 있는 기법이기도 하다.

상대방의 말을 반복한 다음에 반응하기   이전 상담시간에 서로 의사소통(또는 정서적 교류)이 되지 않은 두 참여자에게 얼굴을 맞대고 집단 가운데 앉도록 한다. 그리고 한쪽에서 상대에게 말한 다음 그 상대는 말한 사람에게 그 말을 반복해서 해 준다. 이때 처음 말한 사람의 취지가 충분히 표현되었다는 표시가 있을 때까지 반복하도록 하고, 그런 다음에 자신의 반응을 말하도록 한다.

이 방법은 의사 및 감정교류의 언어적 장벽을 깨는 데 목적이 있다. 즉, 단순히 '알아들었다'라고만 말해 버리거나 고개만 끄덕임으로써 서로의 소통이 완전하지 않은 관행을 변화시키는 데 효과가 있다. 상담자는 이전에 관찰한 자료를 근거로 하여 이들의 노력을 옆에서 지원한다.

상담자 조수　가령, 어느 내담자가 리더십의 기법을 익히고 싶다고 할 때에 상담자는 그 사람을 그날 모임에서 상담자의 조수로 임명한다. 이 사람에게는 자신의 관심사를 떠나서 동료 참여자들의 자기 이해와 상호 교류의 향상을 도와주도록 기회를 준다. 어느 정도 시간이 경과한 다음에는 반드시 이 조수의 행동에 대해서 다른 참여자들이 반응을 보여 주는 것이 중요하다. 즉, 긍정적인 것은 물론 비판적인 반응도 받아 보는 가운데, 조수 역할을 한 참여자는 자신감과 자기발전의 개선점을 동시에 느끼게 된다. 요컨대, 상담자 조수를 자원하거나 그 역할을 하도록 위촉된 참여자는 지도적 태도만을 터득하는 것이 아니라 자기통제의 능력 등을 함께 배우게 된다.

자발적 행동
매우 형식적이고 조심스러운 참여자로 하여금 자발성과 창조적 행동의 탐색 기회를 주기 위한 기법

자발적 행동과 자유연상　이것은 너무 형식적이고 조심스러운 참여자에게 자발성과 창조적 행동의 탐색 기회를 주기 위한 기법이다. 상담자는 이러한 참여자에게 집단 내에서 깊이 생각하지 말고 머리에 떠오르는 대로 행동하고 반응하도록 지시한다. 또한 한 참여자에게 의미 있거나 관계되는 어떤 단어를 말해 주고, 그 단어로 연상되는 다른 단어들을 연이어 크게 말하도록 한 후에 다른 참여자들과 소감을 나누면서 같이 검토할 수도 있다.

이 기법은 자기 문제가 무엇인가를 알고 어떤 목표로 노력해야 한다는 것을 인식하였지만, 과거의 습관적 행동이나 사고방식 때문에 잘 실천이 되지 않는 경우에 활용할 수 있다. 즉, 집단상담과 같이 이해적인 분위기에서 새로운 행동방식을 시도해 볼 수 있는 기회를 제공받은 셈

이고, 이런 경험의 참여자들은 불안 때문에 해 보지 못했던 행동을 정말 할 수 있음을 분명히 알게 된다. 흔히 이 방법을 통해 여러 가지 행동에 관한 이야기들만 오가는 분위기에서 실제로 행동이 포함된 활기찬 분위기로 바뀌기도 한다.

모험을 경험하기　집단상담 과정에서 남이 어떻게 반응해 올지 두렵다는 태도가 반복해서 보이는 참여자에게 적용하는 방법이다. 이런 참여자에게 집단 중에서 2, 3명의 동료를 선정해서 어떤 반응이 나올지 모르는 말을 생각해서 직접 말해 보게 하는 것이다. 긍정적이기도 하고 부정적이기도 한 이런 모험적인 발언의 예로, '나는 너한테 매력을 느낀다.', '너의 이야기는 지루해서 듣기 싫다.', '사실은 네가 못 견딜 정도로 보기 싫은 걸 억지로 참고 있다.' 등이 있다. 이런 발언들은 스스로 느끼기에 모험이 많이 곁들인 것일수록 성과가 크게 마련이다.

이 방법은 의사소통에서 모험을 경험한다는 것이 실제로 어떤 결과를 초래하는가를 확인하는 기회를 제공하고, 생각했던 것처럼 큰 피해(또는 상처)는 없다는 교훈을 얻게 된다. 이렇게 해 본 다음, 전체 집단참여자들과 그 과정을 분석해 보면서 어떤 감정이 어느 정도로 전달되었고, 어떻게 전달하는 것이 보다 효과적이라는 구체적인 관점이 발견되는 것이다.

'내 생애에 가장 중요한 세 사람' 말하기　상담자는 어떤 참여자의 자기 이해를 촉진시키기 위해 그 사람에게 가령 초등학교 시절에 '가장 중요했던 세 사람'이 누구였는지 말하도록 한다. 그리고 중학교, 고등학교, 또는 대학 시절, 앞으로 3년 동안 혹은 10년 후에 누가 '가장 중요한 세 사람'이 될지를 추측해서 말하도록 할 수도 있다.

이 기법은 생활 단계를 나누어 자기에게 중요한 의미를 갖는 대인관계의 성격과 내용을 발견하는 데에 도움이 된다. 좀 더 분석적으로 말한다면 의존성과 독립성의 형태를 발견할 수 있는 것이다. 상담자는 이러한 자기이해를 명료화하기 위해서 세 사람을 선택한 이유나 그들에게서 기억되는 추억 및 감정을 질문하는 것이다.

상담자 질문의 예   상담자는 집단상담의 과정에서 참여자들에게 끊임없이 참여의식을 갖게 하고 상호 간의 자극과 교류를 촉진시켜야 한다. 그리고 참여자들끼리 서로 강화해 주거나, 과거에는 생각지 못했던 반응을 주고받도록 분위기를 조정해 주는 것이 바람직하다. 이런 목적을 위해서 상담자가 참여자들에게 던질 수 있는 여러 가지 주요 질문으로 다음과 같은 예들이 있다.

- 이 모임에서 누가 당신의 이야기를 제일 잘 이해하는가?
- 누가 당신과 제일 비슷한가?
- 누가 당신과 차이점이 많은가?
- 누가 가장 바람직한 성과를 얻고 있는가?
- 누가 이 모임에서 제일 행복하다고 생각되는가?
- 누구와 가장 의논하고 싶은가?
- 누구를 더 이해하고 친해지고 싶은가?
- 무엇을 알고 싶어서 그 말을 하는가?
- 그 이야기는 요약하면 무슨 의미인가?
- 그 말을 하고 나서 기분이 어떤가?
- 누가 저 말에 반응을 보일 수 있는가?

(3) 집단상담의 종반기

'발전된 것과 더 개선되었으면 하는 것' 말해 주기   집단상담이 종결에 가까웠을 때에는 각 참여자들에게 카드에 다른 참여자의 이름을 적고, 그 사람에게서 가장 발전되었다고 생각되는 면(장점, 매력 등)과 더 개선되었으면 좋겠다고 생각되는 면(단점, 아쉬운 점 등)을 한두 가지씩 적게 한다. 가능하면 구체적으로 적게 한 다음, 모든 사람이 돌아가며 크게 읽게 하고 각자의 소감을 교환하게 한다.

이 기법은 집단상담의 중간과정에서도 사용할 수 있으나 대체로 마지막 단계에서 서로 어느 정도 변화를 했고 무엇을 더 노력해야 할 것인지 구체적인 개념을 갖도록 하는 데 효과가 있다. 그리고 상담자는 집단상담의 경험이 참여자들에게 어떤 의미가 있었는가를 요약해 주고, 집단상담의 경험을 실제 생활 장면에서 어떻게 실천을 할 것이며 어떤 한계가 있을 것인지 협의해 두는 것이 중요하다. 때로는 이렇게 실제 생활 장면에서의 시도적인 노력의 결과를 중심으로 2, 3회의 추가 모임에서 집중적으로 토의하도록 하는 것이 바람직하다.

가상적 재회의 모임을 갖기　집단상담의 마지막 시간에 상담자는 그 모임이 1년 후에 다시 회합한 것으로 생각해 보도록 제안한다.

> 우리가 작년 이맘 때에 기약한 대로 다시 이렇게 모이게 되어서 반갑습니다. 우리가 마지막 시간을 가진 지 꼭 13개월이 되었는데, 그동안 각자 어떻게 지냈는지 서로 할 이야기가 많을 것입니다. 난, 특히 우리가 집단상담에서 검토하고 이룩한 것들을 그동안 어떻게 실천했는지 궁금하군요.

물론, 이런 식으로 시작하면 참여자들은 이것이 가상적인 것임을 이해하게 된다. 참여자들이 자신들의 상황이 어떻게 경과되었는지 모두 과거형으로 말하는 동안, 상담자는 지금까지의 상담과정에서 이야기된 관심사와 목표했던 계획들이 어떻게 구체적으로 진전된 것으로 표현되는지에 주목한다. 즉, 그들의 가까운 동료관계나 인간관계에 어떤 변화가 있었는지, 학교 또는 사회 생활이 어떠한지, 그리고 현 상태에서 자기 자신을 어떻게 받아들이고 느끼는지 구체적으로 말하도록 유의한다.

이 기법은 집단상담의 마지막 모임을 '앞으로 어떻게 노력하여 목표를 실천하겠다는 것을 공개적으로 약속하는 기회'로 자연스럽게 만들어 준다. 상담자는 특히 이 가상적인 '재회의 연습'을 성실하게 하도록 함으로써 상담 집단의 종결이 긍정적인 분위기로 끝나도록 도와주어야 한다. 무슨 모임이건 종결은 아쉬운 것이고, 참여자들은 서로 헤어진다는 사실에 허전함을 느끼게 마련이다. 이 '가상적 재회의 경험'은 그러한 심리상태를 정리하고 비교적 긍정적으로 끝마치게 하는 기법이라고 할 수 있다.

4. 집단상담자의 역할과 기법

1) 상담자의 역할

집단상담에서는 개인상담과 달리 내담자의 변화가 상담자에 의해서가 아니라 주로 다른 내담자들과의 '상호작용'에 의해서 초래된다. 상담자의 역할은 마치 바둑을 두는 사람이 처음에 포석을 잘하고 나중에 끝내기를 잘하면 다른 것에는 비교적 덜 신경쓰고도 승부를 겨룰 수 있는 것에 비유될 수 있다. 즉, 집단상담에서의 상담자는 처음부터 내담자 개개인의 문제를 다루려 하지 않고 '바람직한 집단 풍토'가 조성되도록 하면, 그러한 풍토나 분위기가 집단상담의 목표 달성을 촉진시켜 준다고 말할 수 있다.

요컨대, 초기의 집단상담에서는 앞서 말한 바람직한 집단 기준이 형성되도록 상담자가 노력하는 것이 중요하다. 이를 위해서 상담자는 일종의 '수위 역할'을 통해 심리적 탈락자나 지각자 등을 막으면서 집단상담의 목표와 일치하는 집단 분위기를 형성하는 '산파 역할'을 하는 것이다. 다음에는 참여자들 간의 대화가 충분히 그리고 골고루 이뤄지도록 일종의 '교통순경 역할'을 하면서, 참여자–상담자, 참여자–참여자 간의 바람직한 상호작용이 일어나도록 집단 내 대화에 생산적으로 참여하는 '시범자 역할'을 한다.

2) 상담자의 기법

집단 내 의사소통과 감정교류의 시범자 역할을 하면서, 상담자는 적절한 수준의 분석적 해석 등을 기법으로 활용한다. 상담자가 할 수 있는 '해석'의 대상은 대체로 집단 내 대인관계와 전체 집단의 흐름의 두 가지로 나누어 생각할 수 있다. 대인관계 해석의 주 대상은 전치(예: 갑에 대한 분노를 을에 표출), 투사(예: 자기 자신의 속성을 타인에게서 발견한 양 반응하는 것), 병렬적 왜곡(예: 갑을 예전에 잘 알던 을인 것처럼 반응하는 것), 습관성 부적응적 언행 등이다. 요컨대, 대인관계 해석에서는 집단 내 의사소통의 초점이 되고 있는 내담자의 흥미, 정감, 참여 정도 등에 주목하고 대인관계에서의 느낌 및 비현실적 기대를 명료화한다. 전체 집단 해석의 목적은 집단 내 흐름(과정)의 장애를 제거하는 것이다. 여기서 말하는 장애는 주로 회피, '대화를 위한 대화'로 나타나는 불안, 자기 노출을 강요하는 '순서대로 말하기' 식이나 '더 솔직히 말하도록 할 수 없나?'는 식의 바람직하지 않은 집단 분위기다. 상담자의 주요 기법은 집단에 흐르고 있는 이러한 집단적 불안과 '반(反)상담적 분위기'를 지적·해석하며, 그렇지 않은 긍정적(생산적) 분위기와 흐름을 격려·강화하는 것이다.

3) 상담자의 해석 지침

• 해석은 단정적, 교리적으로 하지 말고, 시사적(示唆的), 가설적으로 하여 내담자의 의향을 묻는 형식을 취하는 것이 바람직하다(예: "당신이 아까부터 그 이야기만 하고 있는데 왜 그런지 궁금하군요", "~해서

그럴지도 모르겠지만, 다른 사람들은 어떻게 생각해요?").

- 일반적으로 좁은 대인관계 문제보다는 전체 집단의 문제를 우선적으로 다룬다.
- 내담자가 무엇을 원하는가(요구하는 관계), 무엇을 회피하는가(후퇴하는 관계), 무엇을 두려워하는가(두려워하는 관계)를 중점적으로 해석한다.
- 일반적으로 판단·주장보다는 느낌을, 과거나 미래보다는 '지금과 여기에', '사람들' 혹은 '우리' 보다는 '나와 너'를, 간접적인 것보다는 직접적인 것을, 일반적인 것보다는 구체적인 것을, 추측이나 가정보다는 스스로의 탐색(확인)을, 방어보다는 자기 개방 등을 권장하는 지적과 해석이 필요하다.

4) 문제 내담자의 처리

어느 집단상담이고 다루기 어렵고 집단과정에 방해가 될 수 있는 '문제 내담자'가 있게 마련이다. 여기에서는 가장 대표적인 몇몇 유형을 살펴본다.

화제 독점형   집단 내에서 끊임없이 이야기를 계속하는 사람인데, 화제 독점은 자신의 불안을 방어하는 수단인 경우가 많다. 표면상으로는 심문자, 해설자, 유도자 역할을 하는 것 같고, 또한 히스테리 성향의 참여자는 집단 내의 위기를 조성함으로써 주의집중을 받기도 한다. 화제 독점자는 지루한 감을 일으키고 집단의 흐름을 혼란시킨다.

도사형   스스로 옳다고 생각하는 도덕군자다. 옳고 그른 것에 집착하며 타인의 잘못을 들추어 내려고 한다. 외관상으로는 근엄하고 우월한 태도를 취하며, 타인들로부터의 인기 여부에는 관심이 없다. 이러한 참여자는 수치심과 분노심의 소지자이며, 자기의 수치와 분노에 대한 방어기제로 그와 같은 행동을 하는 경우가 많아 다른 내담자들은 처음에는 그런 행동을 인내하지만 차츰 분노하고 무시한다.

상담자 조수형　스스로 상담자나 의사와 같은 역할을 하는 사람이다. 자기의 우수성을 과시하려 들고 지도자 역할을 하려는 유형이다. 이런 참여자는 상담자와 다른 참여자들의 인정을 얻기 위해 이와 같은 행동을 하는 수가 많다. 처음에는 집단 내의 교류를 촉진하기도 하나 곧 다른 참여자들의 비난의 표적이 된다.

5) 문제 참여자의 처리기법

이러한 문제 참여자를 다루는 기본 원칙은, 문제행동이나 그런 참여자의 인격 자체를 거부하거나 일방적으로 침묵하지 않고 집단에게 어떤 영향을 주고 있는가를 발견하게 하는 것이다. 즉, 그러한 행동을 하도록 만드는 심리적 갈등을 이해, 공감해 주고, 타인의 반응을 통해 자기가 어떤 위치에 있는지 알아차리게 해 준다. 결과적으로 생산적인 집단과정에 참여하도록 재초대하는 형식으로 다루는 셈이다. 여기서 중요한 것은 다른 내담자들의 공통된 반응이며, 그러한 태도의 비효율성을 스스로 인식하도록 하는 것이다. 이렇게 하여도 그 언행을 바꾸지 않고 계속 문제행동을 한다면 따로 개인면담을 통해 해결하거나, 예외적이지만 집단에서 탈퇴하도록 권유할 수도 있다.

6) 상담자의 구체적인 개입반응의 예

여기서는 특히 대학생 집단상담을 중심으로 상담자가 취할 수 있는 구체적인 집단적 개입반응 20가지를 소개하기로 한다. 자세한 설명은 생략하고 다음에 이들을 간략하게 예시하기로 한다.

감정의 명료화 및 반영   "지금 이 모임에서 여러분 각자는 다루기 힘든 일이나 생각에 대해 말하기를 꺼려 하고 있는 것 같습니다. 가령, 장호가 자기 선생님과의 갈등을 이야기하면서 목소리가 떨리곤 했는데 아무도 반응이 없었습니다. 오히려 창환이는 다른 화제로 돌리고 말았습니다. 장호에게 반응을 보이지 않음으로써 여러분은 장호가 고민하는 내용에 대해 말하기를 두려워한다는 사실을 드러낸 것이며, 장호의 문제를 같이 해결하기를 꺼리는 셈입니다. 아마 장호가 더 자세히 이야기해 주는 것이 좋을지도 모르겠군요."

행동적 자료의 명료화 및 반영   "지금 여러분이 보이고 있는 행동은 각자 서로를 감싸고 돌아가는 셈입니다. 가령, 장호가 학교 수업이 지루해서 빼먹는다고 하였을 때 창환이는 지루한 감을 느끼지 않도록 하는 책임은 학교에 있는 것이 아니고 장호 자신에게 있는 것처럼 말하였고, 지환이는 지루한 분위기를 요리하는 기술을 가르쳐 주는 것처럼 들렸습니다. 옥진이만이 실력 없는 선생님들에 대해 솔직한 불평을 말했습니다. 장호, 네가 말하려는 기본 의미를 이해하지도 못하면서 너를 감싸기만 하려 드는 동료들의 이런 태도를 눈치챘습니까?"

인지적 자료의 명료화 및 반영   "지난 모임에서도 다소 그랬지만 오늘은 특히 다른 사람의 행동이나 감정을 서로 해설하고 설명하는 분위기가 되고 있습니다. 마치 여러분 각자가 청소년 문제의 권위자이거나 변호사의 입장에서 설명하기만 하고, 다른 사람이 신경을 쓰는 문제에 공감하거나 도와주려는 기색은 안 보이는 것 같습니다. 가령, 창환이는 ~라고 하였고, 대응이는 ~라고 하였는데, 장호는 창환이와 대응이의 이러한 설명들이 도움이 됐다고 생각합니까?"

초점 자료의 탐색 및 질문
- "장호, 지금까지 이야기한 일들에서 뜻대로 안 된다고 신경질을 부

려 결과적으로 얻은 소득이 무엇인지 생각해 봤습니까?"
- "옥진이, 지환이와 창환이도 비슷한 관심사(걱정거리)가 있다는 사실을 주목하였습니까?"
- "대응 씨, 아무도 당신을 이해해 주지 않는다고 했는데, 한 가지 구체적인 실례를 말해 주면 좋겠는데……."

직면적 태도의 촉진

- "장호, 지난 모임에서는 입사시험에 자신 있다고 하고선, 오늘은 자신이 없다면서 떨어지면 무엇을 어떻게 해야 할지 막연하다고 말하는군요." (전후 발언의 차이에 직면시킴)
- "창환, 대개 무슨 일이고 해낼 능력이 있는 것으로 말하면서도 웃어른 앞에 가면 말하기가 무척 힘들어한다니…… 말하는 내용과 실제 행동 사이에 거리가 있는 것 같은데……." (언행의 격차를 직면시킴)
- "옥진 양, 부모님이 무척 좋은 분들이라고 강조하면서도 그 분들이 당신을 대하는 태도에 관해서 말할 때에는 다소 흥분되어 있는 것처럼 보입니다." (발언 내용과 감정의 차이에 직면시킴)

중요한 자료의 요약 및 재정리　　"내 생각에는 장호가 꺼낸 화제에 대해 충분한 의견들이 나왔다고 보여집니다. 그래서 내가 대략 지금까지 논의된 것을 요약해 보면……, 결국 대부분의 동료들이 장호가 그냥 ××대학에 남아 있기를 설득하는 셈이 되었고, 약간의 압력을 느껴서인지 장호가 좀 초조해 보이는군요."

해석　　"옥진 양, 다른 참여자들의 발언과 반응에 위축되어 있군요. 내 생각에는 당신이 적극적인 반응을 받을 때마다 뒤로 물러나서는 다른 사람들이 자신보다 강하므로 양보해야 상처를 입지 않는다고 생각하고, 또 그런 태도는 다른 사람에게 책임이 있기 때문에 고칠 필요가 없다고 믿는 것 같습니다." (그렇게 위험을 피하면 대인관계가 향상될 기회

가 줄어들까봐 걱정된다는 의미)

반복적 표현

- (장호) "난 항상 맡은 일을 미루다가 마지막 날에 가서는 바짝 긴장 해서는 쩔쩔맵니다. 원고 쓰는 것도 그렇고, 강연 준비도 그래요. 그 리고 매일 이것저것 뒤져가며 힘들여 써 보아도 한 번도 만족스러 운 때가 없어요. 몇 년 전에 계약한 책의 원고도 조금 쓰다 말고 집 어 넣고는 걱정만 하고 지내고 있죠."
- (상담자) "당신은 무슨 일이고 긴장해서 흡족하게 해내려고 하다가 는 시간이 걸리고, 또 걱정만 하다가 마감 기일 전후에 불안해하고 일은 일대로 진전이 없는 상태군요."

상담 문제에 관계된 자료의 연결　"옥자 씨, 지난 몇 시간 동안 당신 의 어머니와 사이가 원만치 않다고 했습니다. 언니와도 가끔 말다툼을 한다고 했고 직장의 선배 여직원들에게 오해를 산다고도 했습니다. 내 생각에는 옥자 씨가 자기보다 나이가 많은 여성들이 자기에게 이래라 저래라 말하는 것을 무척 싫어하고 미워하는 것 같습니다."

관찰된 정보의 제공　"오늘은 지난 주보다 서로 이해하면서도 솔직 한 교류가 있군요. 전보다는 침묵하는 시간도 줄어들었고, 모두가 화제 의 초점이 되는 것에 덜 불안해하는 군요. 또 지난 주까지 별로 이야기 가 없던 영호와 영숙이가 적극적으로 참여하고 있군요……."

생산적 참여 행동의 촉진　"오늘이 여섯 번째 모임이고 앞으로 학기 말까지 또 여섯 차례 모임이 있게 되겠군요. 이제부터 지난 주 현춘이 와 수현이가 설정했던 행동목표가 어떻게 실천되어 가고 있는지 들어 본 다음에, 다른 사람들이 각자 이야기하고 싶은 것을 들어보도록 하지 요……."

생산적 노력의 확인 및 격려   "영숙 양, 당신은 아버지에 대한 마음속의 이야기를 하기가 무척 힘들고 자신 없어 보였습니다. 그런데 오늘 용기를 내어 시작한 셈입니다. 그러니까 영숙 양 자신이 아버지와의 관계를 개선하려는 노력을 하는 데 자신감과 능력을 보인 것이지요. 모임에서 그런 이야기를 하기란 여간 힘든 것이 아님을 우리는 잘 알고 있습니다. 일단 영숙 양의 고민을 이해하게 되니까 우리가 어떻게 도움이 될 수 있을지를 생각해 보게 되었습니다."

비생산적 흐름의 조정 및 개입   상담자의 개입 및 조정이 필요한 경우는 예를 들어 다음과 같다.

- 각자 다른 사람을 대변하는 경우
- 한 사람이 다른 한 사람의 대변인 역할을 할 경우
- 집단 밖의 사람, 상황, 사건에 대해서만 이야기되는 경우
- 발언 전후에 꼭 상담자나 다른 동료의 승인(동정, 추천, 인정)을 구하는 경우
- '저 사람의 감정을 건드리기 싫기 때문에 말을 안 하겠다.'고 말하는 경우
- 자기의 문제가 마치 딴 사람의 책임인 양 떠넘길 경우
- '난 항상 그래왔다.'는 식으로 넘겨 버릴 경우
- '시간이 흐르면 고쳐지겠죠.'라고 말하는 경우
- 전후 차이가 있는 말과 행동을 보일 경우
- 한 사람이 길게 횡설수설하여 다른 사람들이 지루해 할 경우

침묵의 자연스러운 처리   "집단상담에서는 가끔 침묵이 흐르게 마련입니다. 대개 여러분은 이와 같은 집단에서 자기에 관해 이야기하는 데 익숙하지 않고, 한참 생각해야만 무엇을 어떻게 이야기할지 감이 잡히게 됩니다. 또한 '이런 이야기를 지금해서 괜찮을지' 조심스럽고 남이 말을 꺼내 주기를 기다리기도 합니다. 그래서 실속 없는 이야기가 마냥

계속되기보다는 이런 침묵이 있는 것이 오히려 의미가 있지요. 침묵하는 자체가 불편하면 그에 대해 이야기해도 되니까요."

비언어적 행동에 대한 인식 및 설명   "장호, 좀 전에 옥진이가 이야기할 때 말은 하지 않았지만 무언가 반응을 보이는 것 같았는데……, 얼굴 표정이 달라졌고, 손가락을 만지작거렸는데, 아마 옥진이가 이야기한 내용이 무언가 초조하게 만들었는지도 모르겠군요."

간결하고 의미 있는 의사소통의 시범   집단상담에 가장 비효과적인 발언의 형태는 설교적인 웅장한 웅변, 우물거림, 과장, 복잡한 표현, 남을 깎아내리는 말, 지성적인 이야기, 설득조, 많은 예와 비유, 반복적인 설명, 말해 놓고 웃어넘기는 것, 암시만 하고 구체적인 내용을 밝히지 않는 것, 자기의 주장과 경험을 고집하는 것, 한 가지만 이야기하고 다른 것은 빼 버리는 것 등이다. 상담자는 스스로 이러한 비효과적 발언을 무심코 내뱉는 오류를 범하지 않도록 해야 함은 물론, '분명하고 간략하며 의미 있게' 말하는 시범을 보여 주어야 하는 것이다.

초점 문제에의 유도   "장호 군이 조금은 노망이 들기 시작한 선배 교수와의 관계를 이야기한 후 옥진 양이 곧 화제를 자기에게 돌려서 자신의 이야기를 꺼냈습니다. 내 생각에는 장호 군의 갈등에 관해 어느 정도 정리가 되고 어떤 행동목표가 세워질 때까지 좀 더 이야기를 들었으면 좋겠군요. 그런 다음에 당신의 이야기로 넘어갑시다."

집단의 응집력을 깨뜨리는 비생산적인 행동의 억제   "장호와 옥진이, 두 사람은 상대방의 말을 경청하거나 이해하기보다는 논쟁에서 서로 이기려고만 하므로 말다툼으로 줄달음질치고 있군요. 이제 두 사람은 가만히 있고, 다른 사람들이 장호와 옥진이에게 이야기해 주었으면 좋겠어요. 그리고 난 다음에 두 사람이 소득 없는 흥분을 억제하고 차근차근 서로의 의견이 어디서 엇갈렸고 어떻게 서로 이해될 수 있을지 생각해 주면 좋겠어요. 자, 창환이가 먼저 이 두 사람 사이에 무엇이 오고 갔는지 이야기해 볼까요?"

상담문제의 초점에 대한 탐색 및 설명　"지금까지 이야기로 보아 장호는 매력을 느끼는 상대에게 접근하기가 두렵고 어떻게 하면 효과적으로 대화를 이끌어 갈지 익숙치 않은 모양이군요. 우리 모임에서 영숙이, 수현이와 대화를 할 수 있었다는 사실에 어느 정도 만족하고 있다고 했어요. 그리고 특히 두 사람의 솔직한 반응에 안심하고 있어요. 자, 앞으로 전혀 모르는 세 여성과 이야기해 보는 노력을 하기로 약속할 수 있나요? 그럴 수 있다면 어느 장소에서 몇 시에 어떻게 대화를 할 수 있다고 생각합니까?"

바람직한 종결의 유도　"내가 지금 요약해 보았지만, 장호가 여러 사람 앞에서 이야기할 때마다 긴장하고 땀을 흘리는 습관을 어떻게 고쳐 나갈지 이 모임에서 구체적으로 연습해 보았습니다. 이러한 노력은 바깥에서도 계속해 나가는 것이 바람직합니다. 어때요, 오늘은 여기서 끝내는 것이? 더 덧붙일 말이나 아직 제안하지 않은 것이 있습니까?"

이상 집단상담자의 20개 행동 지침(개입반응 예들)은 상담자의 자기 개발을 위한 목표나 모형이 될 수 있다. 유능한 집단상담자는 항상 예민한 감각을 지니면서 보다 생산적이고 촉진적인 역할을 하기 위한 자기수련을 게을리하지 말아야 할 것이다.

5. 집단상담의 윤리문제

1) 구성원의 기본 권리

필자가 알았던 일부 집단 훈련(T-그룹, 인간관계 훈련 등) 지도자들 중에는 집단 참여 희망자들에게 집단의 성격에 관한 기본적인 사전 정보를 충분히 제공하지 않은 채, '~은 참여해 보면 알 것이고, ~에 대해서는 ~하므로 설명하기 곤란하다.'는 식의 안내가 아닌 막연한 응답에 그치는 경우가 있었다. 또한 집단의 진행과정에서 참여자들이 자기 의사에 따라 집단을 일시적으로 떠나거나 아예 이탈하려는 행동이 있을 때, 상담자의 일방적 권위를 앞세워 이를 봉쇄하게 되면 참여자들의 기본 권리를 존중하지 않게 되는 결과를 초래하고 만다. 다음에 집단 참여자들의 기본 권리와 이에 관련된 그 밖의 윤리 사항을 요약해 본다.

집단에 관한 충분한 사전 안내와 양해   집단에 참여하는 내담자들은 참여 여부를 결정하기 전에 자기가 어떤 집단에 관여하게 되는지 알 권리가 있다. 따라서 상담자는 집단 참여를 고려하는 내담자들에게 그들의 권리와 책임이 무엇인지 분명히 전달해 줄 책임이 있다. 가능하면 집단의 목적과 참여자의 역할 등에 관해 설명해 주고 함께 토론의 시간을 갖는 것이 필요하다. 이러한 조치는 집단 구성원이 보다 적극적이고 협조적으로 집단과정에 참여하도록 만들 것이며, 아울러 상담자에 대한 존경심과 집단에 대한 신뢰감을 증진시킬 것이다.

집단에 관한 사전 안내 책임에 관하여 미국 집단지도전문가협회는 다음과 같은 지침을 명시하고 있다(ASGW, 1980).

(1) 집단 지도자는 집단에서의 목표, 지도자의 자격 및 집단에서 사용될 절차에 관해서 미리 그리고 가능하면 유인물로 집단 구성원에게 충분히 알려 주어야 한다.

(2) 집단 지도자는 운영될 특정 집단 구조에서 정확히 어떤 서비스가 제공될 수 있고 제공될 수 없는지 가능한 한 실제적으로 설명해 주어야 한다.

상담 집단의 성격과 제공되는 혜택의 범위가 집단 참여자들에게 충분히 이해·양해되도록 하기 위해서는, 사실 집단 상담자가 해야 할 일이 너무 많은 것으로 여겨질 수도 있다. 그러나 할 일이 벅차고 시간에 쫓기더라도 집단 참여자들의 기본 권리를 존중하고 실천해야 하는 책임은 상담자의 몫이다. 그러므로 상담자는 집단상담을 시작하기 전에 준비할 수 있는 것들은 미리 준비해 두어야 하며, 그 밖의 것들은 집단에 참여하는 내담자들의 관심사와 수준에 따라 솔직하고 명확한 태도로 임한다는 원칙에 우선 충실히 하는 것이 바람직하다. 가령, 집단의 목적, 기본 절차, 참여자들의 수칙, 참여 비용, 집단 지도자의 자격(경력)과 연락처 등은 사전에 유인물로 준비해 둘 수 있는 것들이다. 그리고 지도자와 참여자들의 역할관계, 참여자들의 참여목적과 집단 구조의 관계, 집단 참여로 인한 부담 요소 등은 참여를 희망하는 내담자들의 조건과 제공되는 집단 상황에 따라 집단과정이 본 궤도에 진입하기 전에 구두로 설명·논의해 둘 수 있는 것들이다.

2) 집단과정 중의 참여자 권리

집단 지도자는 참여자들에게 그들의 권리뿐만 아니라 시간 엄수, 솔직한 의사소통, 개인적 정보를 누설하지 않는 것 등의 책임도 강조해 두어야 한다. 또한 집단과정에서 자기의 참여목적과 갈등이 있을 경우

참여자의 권리

참여자가 집단에 참여하고 이탈하는 것은 자발적이어야 하며, 개인 정보는 보호되어야 한다.

에 집단을 떠날 수 있고, 지도자나 타인들에게서 '발언하라'는 부당한 압력을 받지 않으며, 필요하다면 상담자와 긴급한 개인적 관심사에 관해 별도로 논의할 수 있다는 점 등을 알리는 것이 바람직하다.

원칙적으로 집단에의 참여와 집단으로부터의 이탈은 자발적이어야 한다. 이 점은 앞에서 인용한 외국 집단 지도자들을 위한 윤리 기준에도 명시되어 있다. 그러나 실제로는 간단하지 않은 여러 문제를 내포하고 있다.

첫째, 의뢰되었거나 '보내진' 내담자들로 구성되는 집단의 경우는 이 윤리 기준의 원칙 자체에 저촉되는 것으로 볼 수도 있다. 이런 경우는 특히 교육 기관에서 '문제아'를 지도하도록 의뢰받는 상담자나 소년원과 교도시설의 원생 및 죄수들을 집단 지도하는 심리학자가 특히 부딪히는 경험이다. 이때 상담자는 가능하면 내담자의 소속 기관에서 의뢰하는 사유가 적절한지를 검토하여 적어도 참여 인원의 부분적인 조정 등을 할 수 있어야 한다. 또한 타인에 의해 오게 되었다고 생각하는 내담자에게는 집단의 성격과 그들의 권리와 책임에 대해 자발적인 내담자 집단의 경우보다 더 친절하고 더 철저하게 안내 설명을 해 주는 것이 요구된다. 요컨대, 집단 지도자는 자기 집단에 참여하게 되는 내담자들이 어느 정도 자발적인 의사와 집단에 대한 이해를 갖고 왔는지에 주목하고, 참여 여부에 따르는 내담자 쪽의 기본적 선택권과 부수적인 윤리문제에 대해 면밀히 고려해야 할 것이다.

둘째, 내담자들이 집단과정에서 자신의 기대에 부응하지 않는다고 생각하거나 기타 이유로 계속 집단에 남아 있고 싶지 않을 때는 집단을 떠날 수도 있다는 내담자 쪽 기본 권리에 관한 것이다. 집단과정의 초기에 흔히 발생할 수 있는 이 문제 때문에 특히 경험이 없는 집단 상담자들은 곤란을 겪게 된다. 즉, 집단을 이탈하거나 포기하려는 내담자들의 태도는 집단과정의 분위기와 흐름을 깨거나 과제 수행을 위한 생산적인 집단작업에 지장을 초래하기 쉽기 때문이다. 이 문제를 예방하고 처리하기 위해서는 처음부터 내담자들에게 미리 정해진 일정 횟수의 마당(회기)까지는 출석해야 하고, 집단 체험에 대한 스스로의 책임과 의무가 있음을 분명히 밝혀 두어야 한다. 그리고 그런 후에도 집단에서 이탈 의사를 보이는 내담자들에게는 그 이유와 사정을 상담자와 여타 집단원들에게 알릴 필요가 있음을 주지시켜야 한다. 그러한 사유를 밝히게 되면 대개는 상담자와 일부 다른 집단 참여자들과의 개방적이고 이해적인 대화를 통해 집단에 대한 당초의 부정적인 견해나 느낌이 바뀌기도 하고, 적어도 '더 기다려 보자.'는 자세로 발전되기도 한다.

아무리 이런 과정을 거친다 해도 집단을 떠나고자 한다면 비록 그 결정이 비건설적인 것으로 판단되더라도 그렇게 하도록 허용하는 것이 집단상담의 윤리다.

개인 정보를 보호받을 권리　　개인 정보의 보호는 집단상담에 참여하는 내담자들이 가장 관심을 갖는 것이므로 집단상담의 윤리문제 중 가장 유의해야 할 사항이기도 하다.

상담자는 집단에 참여 의사를 밝힌 내담자들과의 사전 개별 면담에서 이 문제를 납득시켜야 하며, 집단과정에서도 필요에 따라 이에 대해 수시로 주지시킬 필요가 있다. 흔히 사전 면접이나 첫 마당에서 다른 '요망 사항'과 함께 개인 정보를 지킬 것을 당부하거나, 마지막 마당에서 한두 마디로 다시 언급하는 수준에 머무는 수가 많다. 그러나 이렇게 요식 절차와 주의사항의 하나로 일괄처리할 것이 아니라 비밀보장의 책임이 각자에게 있음을 처음과 최종 마당에서는 물론 중간 과정에서도 자주 강조할 필요가 있다. 이 내용은 내담자의 판단을 요하는 위험사항의 경우를 주로 언급하는 것으로 내담자의 개인 정보를 보호하는 데 가장 핵심적인 지침이 된다. 이 기본 지침을 좀 더 확대한다면 법에서 정하는 사항인 경우, 상담자가 법정에서 피고로서 진술하는 특별한 경우, 그리고 집단 참여자가 사전에 서면으로 공개를 승인해 준 개인 정보의 범위 안에서의 상황도 해당될 수 있다. 요컨대, 집단상담자는 비밀유지의 한계를 명시하고 외부에 공개해야만 하는 특수 상황에 관한 명세서나 상담자의 책임사항에 관한 각서 같은 것을 각 내담자들에게 사전에 나누어 주는 것이 유익하다.

여기서 유의해야 할 것은 교도소, 군대와 같은 특수 조직처럼 내담자의 개인적 태도의 변화 등을 상부에 보고해야 하거나, 어린이 집단처럼 스스로 분명히 이해하고 동의할 수 없는 미성숙 내담자들과 그들의 집단과정 중 행동 정보를 알고자 하는 부모들을 어떻게 대하여야 하는가의 문제다. 이런 특수한 상황에서 상담자는 내담자들이 소화할 수 있는 범위까지 이해와 동의를 구하되, 그들의 이익을 최대한 보장하는 선에서 관련 당국이나 보호자들에게 개인 정보를 전달하는 것이 원칙일 것이다. 이 원칙을 어떻게, 어느 정도로 실천하느냐는 사례의 특수성과 내담자의 수준 등에 따라 신축성을 발휘할 수밖에 없다. 따라서 앞으로는 법조계의 판례집처럼 '상담에서의 윤리문제 사례집'이 출간되는 날이 와야 할 것이다. 그때까지는 집단 상담자의 전문적 식견과 양심에 의해서 판단하되, 판단이 정 어려우면 선배 전문가와 자격 있는 동료들과 협의하는 것이 바람직할 것이다.

3) 내담자 이익을 위한 윤리문제

앞에서 언급한 3개의 주요 윤리문제 외에도, 집단과정에서 내담자들의 이익과 인격을 보호하는 데 관련된 몇 가지 윤리문제들이 있다. 이 중에서 첫 번째로 이야기 할 수 있는 것은, 집단 지도자는 '가능한 한 신체적 위협, 협박, 강제, 그리고 부당한 집단 압력에서 집단 참여자들의 권리를 보호해야 한다.'는 것이다. 집단원은 간혹 집단과정에서 보이는 모순되거나 이해가 잘 되지 않는 관점과 행동 때문에, 그리고 말하고 싶지 않은데도 발언하도록 집단분위기의 압력을 받는 상황에 부딪히게 된다. 이런 집단의 압력은 어떤 의미에서는 필요한 것이고 치료적인 자극이 될 수도 있겠지만, 당사자인 내담자가 불필요한 불안이나 과도한 자기방어에 빠지게 됨으로써 당초의 집단의 참여 목적에 어긋나게 되는 사태가 발생할 수 있다.

집단의 목적은 참여자들에게 스스로 해답과 생산적 행동 방향을 모색하도록 하는 데 있다. 따라서 집단 지도자로서는 집단 압력에 처한 내담자들이 어떻게 적절하게 반응해야 할지 가르쳐 주어야 하며, 또 부당한 집단 압력이 중단되도록 개입할 수 있어야 할 것이다.

두 번째로 집단 참여자들은 각자가 집단과정의 시간을 공정하게 나누어 가질 권리가 있다고 말할 수 있다. 바꾸어 말하면, 집단 지도자는 합리적으로 가능한 정도까지 각 내담자들이 집단의 자원을 고루 활용할 수 있는 기회를 보장해야 하며, 특정인이 발언 기회를 독점하지 않도록 해야 한다. 그기 위해서는 침묵을 지키거나 발언 기회를 포착하지 못하고 있는 내담자들에게 발언의 기회를 부여하는 한편, 장광설을 늘어 놓거나 너무 자주 발언하는 내담자들에게는 부드럽게 그러나 엄정하게 제지할 필요가 있다.

세 번째로 집단 참여자들이 포함되는 어떤 연구 보고서나 실험적 활동이 있을 경우에는 그에 관련된 정보를 알려 주되 참여 내담자들의 사전 동의를 받아야 한다. 집단상담에 관한 연구자는 굳이 연구의 절차 등을 자세히 알려 줄 필요까지는 없어도 대체적인 연구목적과 참여자들의 신분이 보고서에 노출되지 않음을 분명히 주지시킬 책임이 있다. 또한 연구 결과나 최종 보고서의 요지를 사후에 집단 참여자들에게 간단한 유인물이나 적어도 구두로 전달해 주는 것이 연구자의 윤리적인 책임을 다하는 것이다.

네 번째로 집단에 참여함으로써 경험하게 될지 모르는 심리적인 부담에 관해서 사전에 혹은 그런 부담 요소의 발생단계에서 해당 참여자들에게 경고해 주어야 한다. 집단과정은 개인적인 변화를 위한 강력한 촉매로 작용하기 때문에, 집단 참여자들이 경우에 따라서는 과거와 다른 행동을 함으로써 가족이나 직장 동료들의 저항을 받을 수 있다. 또한 집단과정에서의 직면적 자극 때문에 자신이 집중적 화살을 받게 되거나(이른바 '도마 위에 오름') 일시적으로 희생양이 되는 상황이 벌어질 수 있음을 집단 참여자들에게 알리고, 그런 심리적 부담이나 모험이 최소화되도록 노력할 필요가 있다.

마지막으로 집단 참여자들끼리 집단의 모임 밖에서 개별적인 만남이나 관계가 이루어질 경우, 이를 집단 모임에서 가능한 한 '보고' 하도록 권유할 필요가 있다. 집단과정에서 이런 토의가 없을 때에는 당사자들 간의 이른바 '숨은 안건들'이 전체 집단의 흐름을 정체시킬 우려가 있기 때문이다.

요컨대, 이상의 윤리적 문제들이나 집단 구성원이 겪게 될 심리적 부담 요소는 어떤 상담 집단에서나 일어날 수 있다. 그리고 이는 완전히 제거할 수는 없는 것이고, 최소화하는 노력과 책임이 집단 지도자에게 있다고 하겠다. 이 노력과 책임을 바람직하게 수행하기 위해서는 먼저 집단 참여자들과 상담자의 역할관계 및 책임을 명시하는 구두나 서면상의 '계약'을 하는 것이 필요하다. 또한 집단상담자는 자신의 교육 및 경험 수준에 맞는 정도와 범위 내에서 집단을 이끌어 가야 한다.

4) 집단 지도자의 행동 윤리

여기서는 집단 상담자의 개인적인 가치관과 집단 장면에서 활용하는 기법이 집단 목적의 달성에 저촉되지 말아야 할 것과 집단을 자기의 이익에 맞게 이용하는 등의 부당한 행동을 삼가도록 할 것 등에 대해 언급하겠다. 집단 지도자가 제대로 전문적 훈련과 수련을 받은 경우에는 비교적 이런 종류의 윤리문제가 생기지 않는다. 그러나 수많은 집단 프로그램이나 집단교육이 유행하고 있는 오늘날에는 집단 지도자들의 부적절한 행동이 사회적 관계에서 물의를 빚는 사례가 많아지는 추세다.

먼저, 상담자의 가치관을 집단에 전혀 투영하지 않을 수 없기 때문에, 특히 집단 참여자들의 가치관과 갈등이 발생할 경우에는 상담자 자신의 가치관을 공개하는 것이 필요하다. 물론 여기서 주의할 점은 상담자가 자기의 가치관을 '공개하는 것'과 집단에 은근히 '부과하는 것'은 분명히 다르다는 사실이다. 이와 관련된 논의로는 상담자의 '가치교육 지향적', '가치중립 지향적', 그리고 '가치활용 지향적' 입장이 있다. 상담 집단을 구성하고 있는 내담자들의 발달 연령, 사회적 성숙도, 상담자의 훈련 배경과 인생관 등에 따라 어느 한쪽의 입장을 취할 수 있을 것이다. 어느 입장이든 그 원칙은 어디까지나 집단 목적에 부합하고 집단 참여자들의 발달을 촉진하는 방향에서 상담자의 행동이 이루어져야 한다는 것이다.

집단 지도자는 사용되는 기법이 분명 집단과정을 촉진하고 참여자들의 이익에 부합하는가를 자각·확인해야 하고, 그 사용 결과에 대해 책임의식을 지녀야 한다. 이와 관련된 윤리적 행동 지침은 우선 상담자가 익숙하지 않거나 확신이 없는 기법을 집단에 부과하지 말 것, '게임'이나 '연습'과 같은 기법을 필요 이상으로 투입하여 집단 참여자들 간의 충분하고 자연적인 의사 및 감정 소통을 방해하지 말 것이다. 그리고 실제 생활 장면과 갈등적이거나 내담자들의 인지·정서 기능에 부담이 되는 기법을 도입하지 않는 것 등이다. 따라서 신체적인 접촉이나 강한 정서를 유발하는 기법을 활용할 때에는 특히 유의해야 하며, 충분한 경험을 쌓지 않은 지도자가 분위기가 무르익지 않은 단계에서 이런 기법을 사용하는 것은 금물이다. 집단기법을 활용할 때에는 기법이 집단에 적용되는 근거와 효용성에 관해 집단 지도자가 분명히 인식하고, 기법의 활용과 자신의 관련 수행 능력에 대해서 확신을 가지는 것이 무엇보다 중요하다.

끝으로 집단 지도자는 집단 참여자들과 부적절한 개인적 관계를 갖지 않아야 한다. 여기서 말하는 부적절한 관계란 정확히 정의하기는 힘들지만, 상담자 자신의 욕구와 개인적 이익을 도모하는 비상담적인 관계라고 말할 수 있다. 요컨대, 상담자 개인의 권위나 전문적 역할을 이용하여 내담자들과 개인적으로 사회적 접촉을 하는 것은 집단 참여자들의 복지를 증진하는 근본 취지에 어긋난다.

집단 지도자들에 대한 내담자(참여자)들의 신뢰와 의존성 때문에 미숙한 지도자의 경우 자칫하면 그들의 접촉 욕구의 함정에 빠질 수 있다. 경험이 많은 상담자라고 하더라도 스스로의 인간적인 한계가 있게 마련이므로 내담자들의 요구와 접근에 지나치게 허용적으로 반응하기 쉽다. 그렇게 되면, 객관적 판단 감각을 잃게 되고, 결국 내담자의 의존성을 충족시켜 주지 않는 데 대한 비난과 공격을 받게 되는 경우도 생긴다.

이 장을 마치며

■ 주요 개념

집단상담의 목표 · 집단상담의 구조적 특성 · 폐쇄-개방 집단 ·
집단상담 과정의 참여-과도-작업-종결단계 · 역할연습 ·
해석 대상으로서의 전치(轉置)-병렬적 왜곡-비생산적(부적응) 언행 ·
문제 내담자 유형 · 상담자 개입반응의 20가지 예 · 집단상담 윤리

■ 더 생각해 볼 문제

◇ 집단상담의 장단점은 무엇인가?

◇ 집단상담-집단지도-집단치료의 차이점은 무엇인가?

◇ 집단상담의 성과를 평가하는 방법은 무엇인가?

◇ 청소년 지도 프로그램과 부모 교육 프로그램의 모형을 알아보자.

부 록

상담심리 용어 해설

가족치료(family therapy) 가족 간의 의사소통 형태와 심리적 상호관계를 조정함으로써 가족 내 개인 또는 가족 전체의 문제를 치료하는 기법. 가족상담도 같은 뜻임

갈등(conflict) 둘 또는 그 이상의 상호 대항적인 충동, 동기, 욕구들이 동시에 존재하는 상태

감수성(sensitivity) ① 자극의 수용에 관계되는 능력. ② 자극의 강도 및 변화에 대한 개인의 반응성. ③ 타인의 감정에 민감하게 반응하도록 하는 특성

감수성 훈련(sensitivity training) 내담자 및 자신의 내면세계에 대한 감수성을 계발하기 위한 상담자 훈련 과정으로, 특히 산업심리 분야에서는 바람직한 대인관계 및 의사소통을 향상시키는 성인 교육의 일종으로 활용되고 있다. 훈련 기간 동안에는 참가자 자신들의 자유로운 정서표현이 가장 중요한 의미를 지니게 된다.

강박신경증(obsessive-compulsive neurosis) 비합리적, 상동적, 의식적인 행위를 수행하려는 집요하고도 흔히 원하지 않는 관념을 특징으로 하는 신경증

강박행동(compulsion) ① 의도하지 않으나 반복적으로 되풀이되는 비합리적 행동. ② 자기의 의지나 의식적 경향과 반대되는 행동

강화(reinforcement) ① 고전적 조건 형성에서 조건 자극에 뒤따라 무조건 자극을 제시하는 실험적 절차. ② 조작적 조건 형성에서 조건 반응에 유관하게 자극을 제시하는 결과. ③ 일반적으로 어떤 행동이 계속되도록 격려·지지할 때 '강화(또는 보강)한다'고 한다.

게슈탈트 치료(Gestalt therapy) '여기와 지금'에 초점을 둔 '전체로서의 유기체'를 다루는 치료방법. 유기체·환경 간의 통일에 대한 내담자의 자각이 문제가 되며, 상담자의 역할은 내담자로 하여금 성격 기능의 전체적 조직화를 회복하도록 돕는다.

고착(fixation) 정신분석에서 심리성적 발달의 초기단계를 원만하게 거치지 못했거나 애착 대상을 바꾸지 못함으로써 특정 발달단계와 대상에 얽매여 있는 상태

공감(empathy) 상대방의 경험, 감정, 사고, 신념 등을 상대방의 관점과 입장에서 듣고 이해하는 능력. 상담 장면에서는 치료의

효과를 높이기 위하여 상담자가 이렇게 이해한 바를 내담자에게 전달해야 한다. 공감의 소통은 판단과 설교가 없는 인간적 이해와 수용을 바탕으로 한다. 공감을 받는 내담자는 상담관계에서 자유롭게 자신을 드러내고 싶은 심정이 된다.

공격성(aggression) 분노나 적대감을 나타낼 때 사용되는 용어. ① 사물이나 사람에 대한 적대적 행동. ② 죽음의 본능 또는 이에 관련된 의식적 표상(Freud). ③ 타인을 지배하려는 의지의 표현(Adler). ④ 좌절에 대한 반응(frustration-aggression hypothesis). ⑤ 자신의 목적을 공격적으로 추구함. ⑥ 타인을 공격·가해·무시하거나 의식적으로 심한 벌을 주거나 가학적인 행동을 하려는 욕구(Murray) 등으로 설명된다.

공포반응(phobic reaction) 심한 긴장과 비합리적인 공포가 특징인 반응. 흔히 신경증적 반응의 하나로 분류된다.

공포증(phobia) 실제적인 위험이 없는 상황에서 비합리적으로 나타나는 심한 긴장과 불안

교육상담(educational counseling) 주로 학업상의 곤란, 진학문제, 학과 선택의 문제 등을 다루는 상담활동

귀환반응(feedback) 자기 자신의 행동 결과에 대한 자료를 제공해 주는 정보로 행동에 대한 보상이나 처벌도 귀환반응의 일종이다. 귀환반응은 반응자의 지각 내용에 따라서 바르거나 틀릴 수 있다.

꿈의 분석(dream analysis) 개인의 정서적 문제의 근원에 대한 정보를 얻기 위해 꿈의 내용을 분석하는 것. 정신분석가가 사용하는 방법으로 꿈 속에 내재된 무의식적 원망 및 동기의 속성이 명백해질 때까지 내담자에게 꿈의 내용에 대한 자유연상을 시키며, 또한 꿈의 상징 내용을 해석하기도 한다.

내담자중심 치료(client-centered therapy), 인간중심 치료(person-centered therapy) 1940년대에 로저스(Rogers)에 의해 시작된 것으로 상담자가 진솔성, 일치성, 긍정적 배려, 그리고 비판적이 아닌 깊은 공감적 이해를 보임으로써 개인의 성장 잠재력을 끌어 낼 수 있다는 것이 주된 가정이다. 즉, 인간은 자신의 심리적 부적응 상태의 원인을 자각하는 능력과 부적응 상태에서 벗어나서 심리적 적응의 상태로 향하는 능력이나 경향성을 가지고 있다고 본다.

내면화(internalization) 타인의 태도, 행위의 기준, 의견들을 자신의 가치체계 속에 병합하는 것. 프로이트(Freud)는 초자아나 성격의 도덕적인 면은 부모의 태도를 내면화하는 과정에서 형성된다고 믿었다.

내사(introjection) 부모의 초자아를 흡수하는 과정으로 자신의 특징이나 정신적 과정을 다른 대상에 투사하는 것과 반대되는 정신과정

놀이치료(play therapy) ① 어린이의 성격 연구와 행동문제의 치료를 위해 사용되는 기법으로 어린이가 놀이하는 가운데 자신의 갈등을 표현하도록 한다. ② 내면적인 부적

응을 일으키게 하는 감정과 정서를 표현할 수 있도록 놀이를 심리적 정화의 도구로 이용하는 것으로 어린이의 적응문제를 진단하는 기법으로 유용하게 사용할 수 있다.

다중성격(multiple personality) 한 사람의 성격 속에 비교적 독립적인 두 개 이상의 성격 측면들이 독자적으로 나타나는 상태

독서 요법(bibliotherapy) 상담 및 심리치료의 보조수단으로서 내담자의 자기 이해와 감정적 순화에 필요한 독서 자료를 읽도록 하는 방법

동일시(identification) ① 어린이가 적당한 성인을 본보기로 하여 행동하는 경향. ② 방어기제의 하나로서 자기를 어떤 다른 사람과 같게 생각하는 심리 현상

둔감화(desensitization) 이전에 심하게 불안을 경험한 상황에서 편안하게 느낄 수 있도록 만드는 심리치료의 방법으로 불안상황에 단계적으로 노출(상상)시킴으로써 정서적 반응을 약화시키는 것. 단계적 둔감화 참조

라포(rapport) ① 상담자와 내담자 간의 따뜻하고 신뢰로운 관계. ② 심리검사에 있어 검사자와 피검사자 간의 안락하고 따뜻한 분위기. 상담의 '촉진적 관계'의 예비적 단계라고 볼 수 있다.

리비도(libido) ① 행동을 유도하는 본능적인 추동 또는 에너지. ② 성본능. ③ 성적 욕망 또는 성적 쾌락

망상(delusion) 사실의 제시나 논리에 의해 수정될 수 없는 잘못된 사고. 계속적이고 체계적인 망상은 정신병적 상태와 편집반응의 특징이다. 망상은 왜곡된 지각인 착각이거나 대상 없이 지각하는 것이다.

명료화(clarification) 비지시적 상담에서 내담자가 방금 이야기한 것의 의미를 요약하고 더 분명하게 해 주는 상담자의 진술을 말한다. 이때 상담자는 내담자에 대해 비판적인 태도를 보여서는 안 된다.

모델링(modeling) 본뜨기라고도 하며, 내담자가 획득해야 할 바람직한 행동의 실제적·상징적 본보기를 제공함으로써 학습하도록 하는 방법

무감각(apathy) ① 감정이나 흥분을 유발하게 마련인 상태에서 감정 또는 정서를 일으키지 못하는 것. ② 매우 억압된 상태에서처럼 자신의 주위 환경에 무관심한 것

무의식(unconsciousness) 개인이 잊었거나 기억해 낼 수 없는 경험 및 생각. 정신분석에서는 꿈, 자유연상 등을 통해서 무의식의 내용을 추적·해석한다.

무조건적 긍정적 존중(unconditional positive regard) 내담자에 대한 배려·수용에 있어서 조건이 없다는 뜻이다. 즉, 내담자를 선택적으로 평가하지 않고, 탐색, 동의, 반대, 권위적 해석 등을 가능한 한 피한다. 이러한 상담자의 태도는 내담자를 진지하게 받아들이고, 내담자의 자기 이해나 긍정적인 변화를 위한 능력을 완전히 믿는 데서 나올 수 있다.

반동 형성(reaction formation) ① 동기가 완전히 위장되어 원래 의도와는 반대 형태로 표현되는 방어기제. ② 원래의 무의식적(또는 억압된) 특질에 반대되는 성격의 행동

반영(reflection) 비지시적 상담에서 내담자가 언급한 인지적·정서적 요점을 분명히 하기 위하여 내담자가 한 말을 상담자가 다시 진술하는 것

방어기제(defense mechanism) 자존심(또는 자아)을 위협하거나 불안을 증가시키는 동기가 의식되지 않도록 특정 행동을 회피하거나 다른 행동을 보이는 적응 양식. 주로 무의식적으로 나타나며 부인, 투사, 억압 그리고 합리화가 그 예다.

보상(compensation) 방어기제의 하나로 좌절된 동기를 충족시키기 위해 다른 행동으로 대체하는 것. 즉, 사회적·심리적 좌절이나 성격 부분의 결함을 메우기 위해 대체 행동에 참여하는 것

본능(instinct) ① 유기체가 어떤 방식으로 행동하도록 하는 타고난 생물학적인 힘. ② 학습받지 않은 새들의 집 짓는 행동에서 보이는 것처럼 종 특유의 유형화된 목표지향적 행동

부적응(maladjustment) ① 환경에 적절히 반응하지 못하고 문제해결적인 행동양식이 결여된 상태, ② 정신신경증, 정신병 등에서 매우 불안하거나 또는 특이하게 행동하는 것

분열성 성격(schizoid personality) 공격적 충동을 직접적인 방법으로 표현하는 데 어려움이 있고, 내향적이고 폐쇄적인 사고를 하며, 다른 사람과 괴리되어 있는 성격

불안(anxiety) ① 특정한 원인 없이 미래에 대한 막연한 두려움과 근심걱정이 있는 상태, ② 경미한 정도의 만성적 공포라고 볼 수 있으나 일반적인 공포보다 그 대상이 구체적이지 않다.

불안반응(anxiety reaction) 강한 불안 감정을 특징으로 하는 복잡한 반응 형태로, 심장의 두근거림, 숨막힘, 가슴이 답답함, 현기증 등의 신체적 증상을 동반한다.

불안위계(anxiety hierarchy) 단계적 둔감화를 위해 작성되는 것으로서 내담자에게 가장 불안을 많이 야기시키는 상황에서 가장 적게 일으키는 상황에 이르기까지의 목록

비지시적 치료(nondirective therapy) 내담자가 주도권을 가지고 자신을 표현할 수 있도록 하는 심리치료. 상담자는 최소한의 지시를 하며 따뜻하고 수용적인 분위기를 조성하여 내담자가 자신의 문제를 솔직하게 토의할 수 있도록 한다. 심문식의 질문이나 해석을 하지 않고 주로 내담자의 표현을 반영해 주고 명료화한다.

사례연구(case study) 한 사람의 개별적인 특성을 밝히기 위한 심리학적 연구방법으로 개인에 대한 복합적인 자료들이 장기간에 걸쳐 수집·분석된다. 개별 기술적(idiographic) 성격 연구에서뿐만 아니라 임상·상담심리학에서 실제적·진단적 목적을 위해서 흔히 사용하는 방법이다.

상담(counseling) 전문적인 방법을 통해 인지·정서·행동의 변화를 가져옴으로써

내담자의 문제해결과 성장을 도와주는 여러 가지 치료적 과정 및 활동

상호 억제(reciprocal inhibition) 행동 수정의 일종으로 제거될 반응(불안)과 양립할 수 없는 반응(이완)들을 함께 제시하는 고전적 조건 형성이다. 상호 방해 때문에 두 가지 연상 중 한 가지를 기억할 수 없다.

성격장애(personality disorder) 개인의 적응능력을 심하게 제한하는 행동이나 습관을 포함하는 경직된 성격 유형. 때때로 당사자는 자신의 행동을 부적응으로 보지 않는 경우도 있다.

성적 일탈(sexual deviation) 사물이나 정상적이 아닌 행동에서 성적인 흥분과 만족을 얻거나 특정 사회의 표준적인 성행동에서 현저하게 이탈된 성적 행동의 형태. 예를 들면, 동성애, 피학대 음란증, 강간, 주물숭배(fetishism) 등이다.

소망 성취(wish-fulfillment) ① 정신분석 이론에서 실제의 꿈(또는 현시적인 내용)은 성적, 공격적인 충동이나 원망이 위장된 것으로 추측한다. 따라서 꿈은 소망이나 충동의 상징적 충족이라고 본다. ② 긴장에서 해방되기 위한 정신적 투쟁. 소망 성취는 꿈, 실언, 신경증적 증상에서 가장 명백하게 나타난다고 프로이트는 해석한다.

소외(alienation) ① 고립된 느낌과 서먹서먹한 상태, ② 타인과의 따뜻한 우호적 관계의 결여, ③ 진정한 자아로부터의 분리

수동적-공격적 성격(passive-aggressive personality) 수동적인 공격성, 고집, 토라짐 또는 극단적 의존성의 형태로 적개심을 표현하는 성격

수용(acceptance) 긍정적 태도로 내담자의 가치와 행동에 대해서 중립적인 관심을 나타내는 것으로 내담자를 평가하지 않으려는 태도다. 그리고 내담자가 현재 그대로 느끼고 행동할 권리가 있음을 인정하는 것이다.

승화(sublimation) ① 원래의 욕구나 충동이 보다 사회적으로 수용될 수 있는 방향으로 변경되는 무의식적 과정. 정신분석에서는 예술적 작품활동을 승화의 표현으로 본다. ② 광의로는 사회적으로 용납될 수 없는 충동을 수용될 수 있는 형태로 바꾸는 것을 뜻한다.

신경쇠약(neurasthemia) 정신적 활동 수준의 전반적인 저하. 환경에 적응하기가 어려워지고 현실 수용이 불가능해진다.

신경증(neurosis) 주로 불안이나 갈등에 잘 대처하지 못하는 부적응적 상태. 부적응의 정도는 정신병보다는 경미하며, 심각한 성격의 혼란을 야기하지는 않는다.

실존치료(existential therapy) 심리치료의 한 형태로 상담자는 있는 그대로의 내담자를 받아들이며, 내담자로 하여금 인생에서의 의미와 가치를 찾도록 돕는다.

심리극(psychodrama) 모레노(Moreno)에 의해 발달된 치료기법으로 개인이 가장 갈등을 많이 겪는 타인과의 관계를 모의무대나 집단상담 장면에서 실연한다.

심리치료(psychotherapy) 정신질환이나 심리적 적응문제의 해결을 위해 전문적인 심리학적 기법을 적용시키는 요법. 정신치료라고도 부른다.

암시(suggestion) 사고나 태도에 있어서 무비판적으로 수용하도록 영향을 주는 것. 심리치료에서는 신경증 증상의 일시적 회복을 위해, 특히 히스테리 증상의 치료에 사용된다. 태도와 믿음을 바꾸거나 그대로 유지하기 위해서 광고 전문가가 활용하기도 한다.

애착(attachment) 특정 대상에 가까이 있으려 하고, 그런 대상과 함께 있을 때 더 안전하고 편안함을 느끼는 경향

양가감정(ambivalence) 어떤 사물이나 개인에 대하여 긍정적 감정과 부정적 감정을 동시에 가짐. ① 한 사람의 마음속에 사랑과 미움 등 서로 상반되는 감정이나 태도가 존재함. ② 두 가지 서로 상반되는 목표를 향해 동시에 충동되는 상태. ③ 양가감정이 있다면 타인에 대한 감정적 태도를 신속하게 바꾸는 경향이 나타난다.

억압(repression) 고통, 창피스러움, 불안을 일으키는 충동, 기억, 경험 등을 의식에서 강력하게 밀어 내는 것. 정신분석에 의하면 원초아로부터의 용납될 수 없는 충동은 현실의 원리에 따라 작용하려는 자아와 초자아의 욕구에 의해서 억압된다. 억압은 자제(suppression)나 억제(inhibition)와 구별되어야 하는데, 이것들은 자발적인 것인 반면 억압은 무의식적이며 비자발적이다.

억제(inhibition) 정신적 방해 또는 행동상의 망설임

역동심리학(dynamic psychology) 심층심리 또는 행동의 무의식적 원인이나 동기를 강조하는 심리학의 체계

역전이(countertransference) 내담자의 태도 및 외현적 행동에 대한 상담자(또는 치료자) 개인의 정서적 반응. 흔히, 상담·치료적인 과정에 방해가 되는 상담자의 심리현상으로 간주된다.

역조건 형성(counter-conditioning) 현재의 반응 성향과 양립할 수 없는 새로운 반응을 강화시킴으로써 현재의 반응을 소거시키는 방법. 즉, 이전에는 내담자에게 공포나 부적절한 반응을 일으키게 했던 장면에 그러한 반응보다 강한 바람직한 반응을 새로이 도입함으로써 현재의 부적절한 반응을 소거하는 것이다.

역할연기(role playing) 심리치료나 지도자 훈련에서 내담자로 하여금 자발적인 역할 행동을 하게 함으로써 대인관계에서의 바람직한 태도나 행동을 습득하도록 지도하는 방법

열등 복합(inferiority complex) ① 아들러(Adler)가 강조한 개념으로 우월성을 향한 투쟁에서 좌절을 겪음으로써 생겨난 중심적 태도, ② 무의미·무기력·미완감, ③ 삶을 영위하는 능력이 없다는 등의 불안정한 느낌

예후(prognosis) 질병이나 정신질환의 결과와 치료 전망에 대한 예언

완벽주의(perfectionism) 자신에 대하여 비상하게 높은 수준의 성취를 요구하고 모든 것을 철저하게 처리하고자 하거나 사소한 실수에 강박적으로 걱정하는 경향

오이디푸스 콤플렉스(Oedipus complex) 정신분석적 성격 이론에서 가정하는 무의식적 현상으로 어머니에 대한 남자 어린이의 억

압된 성적 욕망 및 심리적 유대감과 아버지에 대한 공격적·적대적 경향성을 가리킨다. 반대로 여자 어린이가 아버지에 대한 심리적 유대감을 가지면서 어머니에게는 적개심을 가지는 경우는 엘렉트라 콤플렉스(Electra complex)라고 한다.

욕구(need)　유기체의 건강과 복지를 위해 필요한 것들. 인간의 경우 신체적 욕구(음식, 물, 공기 등)와 심리적 욕구(자존심, 쾌락, 성장 등)의 두 가지가 있다.

원초아(id)　정신분석 이론의 성격 구조의 한 부분으로 본능과 추동들이 위치하는 곳이다. 이 정신세계는 쾌락의 원리에 의해 지배되고 충동의 즉각적인 만족을 꾀하며, 현실에 대해 고려하지 않는다.

원형(archetype)　옛날부터 전해 내려온 관념과 소인 등으로 구성된 종족적 무의식의 내용(Jung)

위기상담(crisis counseling)　삶의 주요 목표의 좌절과 위급한 역경을 극복하는 상담방법으로 위기상황에 대한 내담자의 대처능력을 돕는 상담. 위기의 성질에 상관없이 상담자는 내담자로 하여금 우선 자신감과 내적인 안정을 유지하도록 한다.

음악치료(music therapy)　내담자에게 음악을 듣게 하거나 적절한 연주 행동을 통하여 치료적 효과를 보게 하는 특수한 심리치료법. 그 효과는 내담자의 기분뿐만 아니라 신체적 기능에도 작용한다.

의미치료(logotherapy)　의지력에 의한 환경 극복과 인생에 대한 의미를 자각하도록 하는 접근으로 정신·자유·책임감을 강조한다. 프랭클(Frankl)이 자신의 유태인 수용소의 생활 경험을 토대로 발전시킨 치료법이다.

의식(consciousness)　개인이 어떤 순간에 자각하고 있는 생각

이상적 자기(ideal self)　개인이 가장 높은 가치를 두며, 가장 가지고 싶어 하는 자기 개념(Rogers)

이완요법(relaxation therapy)　정신적 긴장과 육체적 피곤을 감소시키기 위한 심리치료 기법. 주로 근육이완을 위한 신체치료법의 하나로 '근육이완훈련'이라고도 부른다.

인본주의 심리학(humanistic psychology)　인간의 잠재력과 독특성을 강조하는 심리학적 접근방법. 주관적 경험과 인간의 가치를 존중한다. 인간을 목적적인 존재로 보기 때문에 개인의 이념, 목적, 가치, 그리고 자유 의지가 인간 행동을 결정한다고 본다. 정신분석과 행동주의에 이어 심리학의 제3세력을 형성한다.

일치성(congruence)　① 자아의 일부가 되도록 경험을 의식적으로 통합하는 것. ② 상담자가 자신의 내부 경험을 알아차리고 상담관계에서 자신의 내면적 경험을 명백하게 할 수 있는 기본 능력. 상담자의 내면적 경험이 태도와 행동에 나타나려면 상담자의 말과 행동이 자신의 경험과 일치해야 하며, 내면적 감정의 변화에 민감해야 하고, 자신을 투명하게 드러낼 수 있으며, 있는 그대로의 자기자신이어야 한다(Rogers). '진솔성'이라고도 부른다.

자기(self) ① 자신의 고유한 성격에 대한 자각 또는 지각. ② 의식적인 존재로서의 개인. ③ 자신의 정체 계속성, 노력, 자기상 등에 대한 개인의 인식

자기개념(self-concept) 유아는 성장함에 따라 자신을 환경과 분리하여 소유할 줄 알게 된다. 이러한 인식과 기능이 발달함에 따라 환경적 경험에서 자기에 대한 인식이 생기게 되는데, 이것이 자기개념의 발달이다. 자기개념의 발달은 유기체가 자신의 경험을 어떻게 지각하느냐에 따라 많이 좌우된다.

자기애(narcissism) 자기 자신의 신체적 속성이나 행위에 부적절하게 과도한 가치를 부여하는 특성을 말한다. 정신분석에서는 자아가 타인이 아닌 자기 자신을 사랑의 대상으로 삼을 수 있으며, 이러한 자기애적인 사랑은 생의 전반을 통해 어느 정도 유지되는 것으로서 극단적인 경우에는 정신분열 증세로 발전하기도 한다.

자기분석(self-analysis) ① 자기 자신에 대한 정신분석의 실시. ② 일반적 의미로는 개인이 자신의 동기, 정서, 잠재력의 한계에 대해 이해하려는 시도

자기실현(self-actualization) ① 유기체가 자신을 유지하고 향상시키는 방향으로 자신의 능력을 발달시키려는 타고난 경향(Rogers). ② 인간의 욕구 계열에서 가장 고차원적인 것(Maslow)

자기주장훈련(assertive training) 일반적으로 직접적인 대인관계 장면에서 유발된 불안을 해소하는 데 사용된다. 상담자는 내담자의 공포와 불안이 근거 없다는 것과 공포가 그를 어떻게 무능력하게 만들었는지를 지적·설명해 주며, 자기 주장이 처음에는 어렵지만 점점 쉬워짐을 자각시켜 줌으로써 내담자가 억제된 의사와 감정을 표현하도록 훈련한다. 일단 자기 자신을 표현하기 시작하면 좀 더 어려운 상황에서도 주체적으로 행동할 수 있도록 한다.

자아(ego) 개인이 갖는 자기 자신에 대한 개념. 정신분석에서는 원초아에서 발전된 의식 기능으로 본다. 즉, 자기와 현실 사이를 구별하는 것을 학습하고 원초아의 욕구와 비판적이고 도덕적인 면을 추구하는 초자아 사이를 조정하는 역할을 한다.

자아기능(ego function) 자아가 현실에 대해 적응·조작하는 활동으로서 지각·사고·현실검증·판단능력 등이 포함된다.

자유연상(free association) ① 정신분석적 심리치료에서 사용하는 기법으로서 내담자가 마음에 떠오르는 것은 아무리 부적절하고 부끄러운 것이라도 모두 이야기하도록 한다. ② 피험자 반응의 속성에 제한을 가하지 않고 주어진 단어(또는 주제)에 대한 자유로운 생각을 표현하도록 한다.

자존감(sense of self-esteem) 자신을 받아들이고 적어도 어느 면에서는 자기가 가치 있는 사람이라고 느끼며, 자신을 존중할 수 있다는 느낌. 자아 긍정과 비슷한 의미다.

자폐증(autism) ① 개인적인 욕구나 환상에 의해서 지배되는 폐쇄적인 사고. ② 주로 비현실적 소망으로 세계를 지각하는 증상. ③ 자신의 사고와 공상에 극단적으로 지배

되는 증상

재활(rehabilitation)　신체적 · 정신적 · 사회적 무능력을 예방 · 제거 · 감소시키며, 자신의 생활목적과 사회적 요구에 부응하도록 신체적 · 정신적 능력을 회복 · 증진시키는 과정을 말한다.

저항(resistance)　① 상담관계에서 나타나는 내담자의 방어는 상담자에게는 저항이 된다. 즉, 저항은 무의식적인 자료가 인식되는 것을 피하려고 하는 내담자의 시도다. ② 과거에 있었던 중요한 사건을 기억하지 못한다든지 불안을 일으키는 주제에 대해 말하지 못하는 것. 자유연상 때 말이 막히는 것 등으로 저항을 알 수 있다.

적응(adjustment)　① 장애를 극복하고 욕구를 만족시키기 위한 유기체의 활동과정 및 변화. ② 신체적 · 사회적 환경과 조화 있는 관계를 수립하는 것. 이 정의는 기술이나 학습을 강조하지 않고 사회적 순응 및 동조의 의미를 강조한 것이다.

전의식(preconsciousness)　평상시에는 자각하지 못하지만 어떤 순간에 쉽게 자각될 수 있는 의식. 의식과 무의식의 중간 지대로 본다.

전이(transference)　① 내담자가 이전의 대인관계 중 중요했던 사람에게 가졌던 감정을 상담자에게 무의식적으로 표현하는 것으로 주로 부모와 아동 간의 정서적 관계를 재현하게 된다. ② 정신분석에서는 상담자가 전이의 대상이 되며, 전이 감정은 내담자로 하여금 중요한 타인에 대해서 가졌던 감정을 표현할 수 있도록 하기 때문에 분석

에 도움이 된다. ③ 일반적으로는 한 대상에서 다른 대상으로의 감정 전이를 뜻한다.

전이 신경증(transference neurosis)　내담자가 부모 대신 치료자에게 심리적 애착을 느끼는 것처럼 주로 대체적인 심리기제에 의해 본능적 욕구의 만족을 얻는 신경증

정서장애(affective disorder)　정서의 혼란을 가진 심리적 장애로서 조증, 우울증, 조울증 등이 해당된다.

정신병(psychosis)　사고과정의 와해, 정서혼란, 시간 · 장소 · 사람에 대한 방향감각의 상실, 때로는 망상과 환상의 특징을 지닌 심한 정신질환

정신분석(psychoanalysis)　프로이트(Freud)에 의해 발달된 심리치료의 한 방법이며, 성격의 구조와 발달에 대한 이론이기도 하다. 또한 무의식적인 동기와 갈등을 파헤쳐 인간 행동의 근원을 찾으려는 심리학의 역동적인 체계다. 치료로서의 정신분석은 억압을 제거하고 무의식적 동기를 의식화하는 전문적인 작업이며, 자유연상과 꿈의 분석, 전이현상을 활용한다.

정신분열증(schizophrenia)　성격 기능의 여러 국면 중 특히 정서와 행동 간에 조화를 잃거나 분리되어 있는 기능적 정신질환. 증상으로는 주로 자폐증, 환각, 망상이 나타난다.

정화(catharsis)　직접적 · 간접적인 표현을 통해 충동이나 고조된 정서 상태를 감소시키는 것. 보통 언어적 토로나 환상적인 표현을 사용한다.

조울증(manic-depressive psychosis)　정서

및 기분의 주기적 변화가 특징인 심한 정신질환. 조증상태에서는 과대흥분, 고조된 기분, 지나친 운동, 사고의 비약 등이 나타나고, 울증상태에서는 우울, 소극성, 둔감성, 사고의 부진, 불안, 슬픔, 자살 충동 등이 나타난다.

주지화(intellectualization)   정서적으로 위협이 되는 상황을 추상적이고 지적인 용어를 사용함으로써 초연하게 보이려는 시도. 방어기제의 하나다.

지시적 치료(directive therapy)   비지시적 치료방법과 반대되는 개념으로 상담자가 직접적이고 적극적으로 내담자의 문제해결에 참여하는 방법

지지치료(supportive therapy)   ① 내담자에게 충고나 용기를 주며 일련의 행동방향을 제시해 주고, 내담자가 한 일과 장차 하려고 하는 것에 대해 확신을 높여 주는 치료. ② 이 치료법은 내담자가 위기 상황에 처했을 때 특히 적당하며, 증세가 가볍거나 일시적인 장애를 치료하는 데도 효과적이다. ③ 통찰치료와 대비되는 치료

직면(confrontation)   내담자가 스스로 인식하고 있지 못하거나 인정하기를 거부하는 생각이나 감정에 주의를 집중시키는 상담기법

직업상담(vocational counseling)   생애의 설계, 진로의 결정 및 직업선정의 문제를 주로 다룬다. 내담자의 적성, 능력, 흥미, 포부, 자질과 함께 취업에 필요한 지식, 성공조건, 기회, 전망 등을 고려한다.

진솔성(genuineness)   내담자와의 관계에서 상담자의 경험이나 감정을 솔직하게 표현하는 것. 상담자가 방어를 줄이고 개방적인 태도를 보이는 것으로 일치성과 비슷한 의미로 쓰인다.

집단무의식(collective unconsciousness)   종족 경험을 통해 모든 인간에게 공통적으로 전해 내려오는 무의식의 일종(Jung)

집단상담(group counseling)   상담 또는 심리치료의 집단적 접근으로서 집단 속의 내담자들은 상담자의 인도 아래 개인문제를 토의한다. 타인의 문제가 어떻게 해결되었는지 관찰함으로써 정화 및 모방학습의 치료효과가 있다.

참만남 집단(encounter group)   다른 사람과의 관계나 자기 자신의 심리적 과정을 탐색·경험하는 훈련집단. 이와 비슷한 집단으로 실험실 방법집단(laboratory-method group), 훈련집단(T-group), 감수성 집단(sensitivity group) 등이 있다.

초자아(superego)   ① 부모 특히 아버지의 영향을 받은 도덕 기준과 억제행동 등이 합쳐져 발달하는 성격의 일부로 자아와 원초아의 활동을 감독하는 역할을 한다. ② 양심의 세계와 밀접히 관련되며, 어린 시절에 수립된 이상을 추구할 수 있도록 돕는다.

최면(hypnosis)   인위적으로 유도된 수면과 비슷한 상태로서 피암시성이 매우 높아지는 것이 특징이다.

추동(drive)   ① 유기체(인간)의 각성된 목표지향적 경향성. 추동은 결핍이나 고통을 일으키는 유해한 상태에서 발생하며, 추동과 관련된 행동은 이러한 상태에서 벗어나는

방향으로 움직인다. ② 행동이나 활동적인 투쟁에 대한 추진력을 뜻하는 용어로서 보통 동기나 욕구와 동의어로 쓰인다.

충동(impulse)   ① 원초아나 본능적 힘에 의해 움직이는 힘. ② 행동에의 갑작스런 움직임

치환(displacement)   ① 정서적 표적을 원래의 대상에서 대리적 대상으로 옮기는 것. ② 방어기제의 하나로서 직접 표현될 수 없는 동기를 더 받아들이기 쉬운 형태로 바꾸어 나타내는 것

쾌락의 원리(pleasure principle)   원초아는 고통을 회피하고 쾌락을 찾으려는 원리에 의해 지배된다는 가설. 쾌락의 원리는 성 본능 그리고 긴장을 감소시키려는 인간의 욕구에서 나오는 것으로 본다.

통찰(insight)   ① 문제해결적 학습상황에서 관계성의 이해를 바탕으로 한 갑작스런 해결. ② 내담자가 의식하지 못했거나 잘 모르던 동기, 관계, 느낌, 충동 등을 깨닫게 되는 것(정신분석). 내담자에게 자신의 문제를 통찰하게 함으로써 치료적 효과를 보는 것을 통찰치료(insight therapy)라 한다.

퇴행(regression)   ① 좌절에 직면했을 때 행동발달의 이전 형태나 더 원시적인 형태로 후퇴함. ② 이전의 발달단계 수준으로 되돌아가는 것

투사(projection)   자신의 속성을 다른 사람에게 전가시킴으로써 자신의 바람직하지 않은 속성을 자각하지 않으려는 방어기제

투사법(projective technique)   애매한 자극이나 자료에 대한 지각적, 상상적 반응을 통해 피검사자(내담자)의 욕구체계 및 성격기능을 탐색하는 검사. 가장 보편적으로 쓰이는 검사에는 로샤검사와 주제통각검사가 있다.

티-그룹(T-group)   훈련집단의 일종으로 실험적 집단 분위기에서의 상호작용적 관계를 통해 자기인식과 타인 행동에 대한 감수성을 증진시키는 집단훈련

편집증(paranoia)   고도로 체계화된 피해망상이나 과대망상을 가지나 성격적 와해는 적은 것이 특징인 정신병적 장애

편집증적 성격(paranoid personality)   지속적인 질투, 의심, 적대감, 과민성 등이 특징인 성격. 사고과정의 와해나 망상은 없다.

학교상담자(school counselor)   학교에서 교육 관계자들이나 학생들에게 상담을 해 주는 전문가

합리적-정서 치료(rational-emotive therapy)   엘리스(Ellis)가 1960년대에 발전시킨 치료 이론. 내담자의 비합리적 생활태도, 사고방식, 철학이 정서적 증상이나 문제기저에 깔려 있으므로 이 비합리적 사고를 합리적인 것으로 바꾸어 주면 합리적인 행동이 따른다는 것이다. 인간은 스스로를 통제할 수 있으며, 생각이 오히려 감정을 지배한다는 논리를 전제로 한다.

합리화(rationalization)   ① 실제의 이유 대신에 그럴 듯하거나 사회적으로 받아들일 수 있는 이유를 택함으로써 자신의 행위를 정

당화하는 방어기제. ② 현상에 대한 이유를 설명하거나 해석하는 절차

해리반응(dissociation reaction) 억압과 관계된 신경증적 반응으로 성격 및 기억의 부분들이 단절되어 각기 독립적으로 기능하는 것. 예를 들어, 건망증이나 다중성격이 있다.

해석(interpretation) 내담자가 자기 문제를 새로운 각도에서 이해하도록 그의 생활경험과 행동의 의미를 설명해 주는 것이다. 내담자가 부분적이거나 전체적으로 의식하지 못했던 것을 지적, 이해시키고, 무의식적인 동기 등을 의식화하는 것이 목표다.

행동화(acting-out) 심리치료나 정신분석 과정에서 내담자가 의식 수준에 접근된 '과거에 억압했던 충동'을 자기도 모르게 행동으로 나타내는 것. 흔히 아동기 행동양식의 상징으로 나타나며 상담자에 대한 전이감정도 한 예다.

행동수정(behavior modification) 고전적 · 조작적 조건 형성 등의 학습 원리를 이용하여 행동상의 문제를 변화시키려고 하는 심리치료의 한 형태. 단계적 둔감화, 환권보상치료, 자기주장훈련 등이 그 주요 방법이다.

현상학(phenomenology) ① 자세한 설명이나 요소주의적 분석 없이 인간 경험이나 행동 현상을 연구하는 것. ② 현상이나 사건을 경험되는 즉시 해석 없이 연구하는 것. ③ 선험적 주관이 즉각적인 경험이라는 철학적 이론

현실검증(reality testing) 외부 세계에 대한 객관적인 평가와 판단을 포함하는 자아의 기본적 기능

현실의 원리(reality principle) ① 개인의 적응 과정에서 성취 가능한 목표를 세우고 갈등 제거 및 욕구 충족을 위한 실용적 방법을 발견한다는 행동 원리. ② 주위 환경의 요구에 대한 자각과 사회적 요구에의 순응 필요성을 자각하는 자아의 기능이다.

혐오치료(aversive therapy) 제거되어야 할 행동을 혐오스러운 자극 상태와 연합시킴으로써 이 혐오자극에 대한 회피와 함께 바람직하지 못한 행동도 없어지게 하는 행동 수정적 방법

환각(hallucination) ① 잘못된 지각으로서 관념적인 현상을 실제의 것으로 받아들이는 것. ② 감각기관에 대한 자극 없이 감각적인 경험을 하는 것으로 정신분열증 같은 장애에서 나타난다.

환상(fantasy) 대상 및 사건에 대한 집합적 심상으로 백일몽이나 방심 상태의 상상이 그 예다. 흔히 좌절 때문에 생기지만 적당한 정도의 환상은 창조적 · 적응적 기능을 발휘하기도 한다.

더 읽어 볼 책들

▣ 상담 이론

1. 상담 이론 일반

김계현(1997). 상담심리학. 서울: 학지사.

김정희 역(2004). 현대 심리치료. R. Corsini 원저. 서울: 학지사.

김춘경 · 이수연 · 최웅용 · 홍종관 공역(2004). 상담 및 심리치료의 이해. S. Palmer 원저. 서울: 학지사.

조현춘 · 조현재 공역(2003). 심리상담과 치료의 이론과 실제. G. Core 원저. 서울: 시그마프레스.

2. 정신분석적 상담 이론

이근후 · 박영숙 공역(1987). 정신분석학. C. Brenner 원저. 서울: 하나의학사.

이근후 · 박영숙 공역(1987). 정신치료의 역동요법. P. Dewald 원저. 서울: 하나의학사.

이영희 · 고향자 · 김해란 · 김수형 공역(2005), 대상관계치료, S. Cashdan 원저. 서울: 학지사.

이창재(2004). 프로이트와의 대화. 서울: 학지사.

이형영 · 이귀행 공역(1996). 정신분석의 발달. C. Thompson 원저. 서울: 하나의학사.

3. 인간중심 상담 이론

한승호 · 한성열 공역(1998). 칼 로저스의 카운슬링의 이론과 실제. 서울: 학지사.

4. 인지행동 상담 이론

김영혜 역(2001). 인지역동적 접근. M. Horowitz 원저. 서울: 시그마프레스.

김영환 · 백용매 · 황상황 공역(2000). 성인행동치료 사례집. C. Last, & M. Hersen 원저. 서울: 학지사.

박경애(1997). 인지 · 정서 · 행동치료. 서울: 학지사.

안병환 역(2003). 행동수정. R. Miltenberger 원저. 서울: 시그마프레스.

이임순 · 이은영 · 임선아 공역(2003). 행동수정. M. Pear 원저. 서울: 학지사.

최영희 · 이정흠 공역(1999). 인지치료. J. Beck 원저. 서울: 하나의학사.

황걸·최영희 공역(2003). 집단인지치료: 실행 지침 및 자료. 서울: 하나의학사.

5. 기타 상담 이론

김광웅·유미숙 공역(2003). 101가지 놀이치료 기법. H. Kaduson, & C. Schaefer 원저. 서울: 중앙적성출판사.

김광웅·유미숙·유재령(2004). 놀이치료학. 서울: 학지사.

김수동·이우경(2004). 사이코드라마의 이론과 적용. 서울: 학지사.

김진숙(1996). 예술심리치료의 이론과 실제. 서울: 중앙적성출판사.

노안영 역(1996). 펄스의 게슈탈트적 자기치료. F. Perls 원저. 서울: 학지사.

송현종 역(2001). 단기상담. G. Sklare 원저. 서울: 학지사.

이영호·박세현·이혜경·정효경·황을지·허시영 공역(2002). 대인관계치료. Gerald L. Klerman, Myrna M. Weissman, Bruce J. Rounsaville, Eve S. Chevron 원저. 서울: 학지사. 2002.

최헌진(2003). 사이코드라마: 이론과 실제. 서울: 학지사.

▣ 가족 및 집단상담

강순화 외 10인(2004). 상담전문가 11인의 만남과 치유. 서울: 학지사.

김경민 외 11인(2002). 집단상담 사례연구. 서울:학지사.

김용태(2000). 가족치료 이론. 서울: 학지사.

김유숙(2000). 가족상담. 서울: 학지사.

김창대 역(2004). 상호작용중심의 집단상담. J. Earley 원저. 서울: 시그마프레스.

김춘경·정여주(2001). 상호작용 놀이를 통한 집단상담: 이론과 실제. 서울: 학지사.

이장호·김정희(1996). 집단상담의 원리와 실제. 서울: 법문사.

이정연 역(2004). 부부상담과 치료. M. Young, & L. Long 원저. 서울: 시그마프레스.

최혜림·장성숙 공역(2001). 최신 집단정신치료의 이론과 실제. 서울: 하나의학사.

한양대학교 학생생활연구소 편(1996). 집단상담프로그램. 한국가이던스.

▣ 문제유형 및 발달 연령별 상담

강위영·송영혜 공역(2004). 아동심리치료 치료계획서. A. Jongsma, M. Peterson, & W. Mclnnis 원저. 서울: 시그마프레스.

고병인(2003). 중독자 가정의 가족치료. 서울: 학지사.

김동일 외 6인(2002). 특수아동 상담. 서울: 학지사.

김봉환 역(2003). 진로상담의 실제. N. Gysbers, M. Heppner, & J. Hohnston 원저. 서울: 학지사.

김봉환(2000). 학교진로상담. 서울: 학지사.

김순혜(2004). 현대아동상담. 서울: 학지사.

박상규(2003). 마약류 중독자를 위한 자기사랑하기 프로그램. 서울: 학지사.

박애선 역(2004). 자신의 분노를 이기는 방법. M. McKay 원저. 서울: 시그마프레스.

성상경(2001). 알코올 약물중독 치료의 실제. 서울: 하나의학사.

안귀여루 · 이경희 · 이형초 · 한기연(2001). 문제유형별 심리치료 가이드. 서울: 학지사.

오동재 · 오강섭 공역(2001). 사회공포증의 이해와 극복하는 방법: 수줍음의 비밀. 서울: 하나의학사.

오영림 · 전성일(2002). 사회기술훈련: 왕따 청소년의 사회적응력 높이기. 서울: 하나의학사.

원호택 외 공역(1996). 우울증 인지치료. A. Beck 원저. 서울: 학지사.

이시형(1997). 대인공포증의 치료. 서울: 집현전.

이영식 역(2003). 약물중독의 인지행동치료. 서울: 하나의학사.

이원숙(2003). 성폭력과 상담. 서울: 학지사.

이은희(2003). 암으로부터 고통받는 사람들을 위한 심리상담. M. Burton, & M. Watson 원저. 서울: 학지사.

천성문 역(2001). 아동상담의 이론과 실제. C. Thomson, & L. Rudolph 원저. 서울: 시그마프레스.

▣ 상담의 실제

김계현 · 황매향 · 선혜연 · 김영빈(2004). 상담과 심리검사. 서울: 학지사.

노안영(2002). 101가지 주제로 알아보는 상담심리. 서울: 학지사.

박경 · 최순영(2002). 심리검사의 이론과 활용. 서울: 학지사.

박성희 · 이동렬(2003). 상담의 실제. 서울: 학지사.

박태수 · 고기홍(2003). 개인상담의 실제. 서울: 학지사.

이은경 · 이지연 공역(2004). 좋은 상담자되기. M. Corey, & G. Corey 원저. 서울: 시그마프레스.

이장호(1997). 상담면접의 기초. 서울: 중앙적성출판사.

이장호 · 금명자(1993). 상담연습교본. 서울: 법문사.

이장호 · 최윤미(1993). 상담사례연구집. 서울: 박영사.

제석봉 · 유계식 · 박은영 공역(1999). 유능한 상담자. G. Egan 원저. 서울: 학지사.

주은선 역(2001). 상담의 기술. C. Hill, & K. O' Brien 원저. 서울: 학지사.

홍경자(2001). 상담의 과정. 서울: 학지사.

부록 3
한국상담심리학회 상담심리사 윤리강령

여기에 소개되는 상담자 윤리강령은 한국심리학회 산하 한국상담심리학회에서 2003년 5월에 제정하여 현재 시행 중인 것이다. 한국상담심리학회는 1948년에 설립된 한국심리학회를 구성하는 유력한 분과학회의 하나로 대내외적으로 국내 전문 상담자와 상담심리학자들을 대표하는 국내 최고 및 최대의 전문 상담자 학술단체다. 이런 점에서 한국상담심리학회에서 제정한 상담자 윤리강령은 국내에서 전문 상담활동을 하는 모든 상담자들에게 상담활동의 윤리적 측면과 관련하여 하나의 중요한 전범(典範)을 제시한다고 볼 수 있다. 이 윤리강령은 전문과 더불어 상담자들의 전문가로서의 태도, 사회적 책임, 내담자의 권리와 존엄성에 대한 존중, 상담관계, 내담자 정보의 보호, 상담연구, 심리검사, 윤리문제의 해결절차 등 총 8개 장으로 구성되어 있다. 전문 상담활동이 고도의 윤리의식을 요구하는 전문직종인 것을 감안한다면, 앞으로 전문 상담자가 되기를 희망하는 독자들로서는 이 윤리강령을 충실히 숙지하고 준수할 필요가 있을 것이다.

3. 한국상담심리학회 상담심리사 윤리강령　**399**

전 문

　한국상담심리학회는 학회 회원들이 모든 인간의 존엄성과 가치를 존중하고 다양한 조력활동을 통해, 인간 개개인의 잠재력과 독창성을 신장하여 저마다 자기를 실현하는 건전한 삶을 살도록 돕는 데 헌신한다. 본 학회에서 인증한 상담심리사(1급, 2급)는 전문적 지식과 기술을 개발하고 전문가로서의 능력과 자질을 향상시키며, 상담심리사의 역할을 하는 데 있어서 내담자의 복지를 최우선 순위에 둔다. 상담심리사는 전문적인 상담활동을 통해 내담자의 개인적인 성장과 사회 공익에 기여하는 데 최선을 다하고 상담심리사로서 자신의 행동에 책임을 진다. 이를 위하여 본 학회에서 인증한 상담심리사는 다음과 같은 윤리강령을 숙지하고 준수할 것을 다짐한다.

1. 전문가로서의 태도

가. 전문적 능력

(1) 상담심리사는 자기 자신의 교육과 수련, 경험 등에 의해 준비된 범위 안에서 전문적인 서비스와 교육을 제공한다. 상담심리사는 자신의 능력의 한계를 인정하고 교육이나 훈련, 경험을 통해 자격이 주어진 상담활동만을 한다.

(2) 상담심리사는 자신이 가진 능력 이상의 것을 주장하거나 암시해서는 안 되며, 타인에 의해 능력이나 자격이 오도되었을 때에는 수정해야 할 의무가 있다.

(3) 상담심리사는 자신의 활동 분야에 있어서 최신의 과학적이고 전문적인 정보와 지식을 유지하기 위해 지속적인 교육과 연수의 필요성을 인식하고 참여한다.

(4) 상담심리사는 정기적으로 전문인으로서의 능력과 효율성에 대한 자기반성이나 평가가 있어야 하며, 필요한 경우 자신의 효율성을 증진시키기 위해 지도 · 감독을 받을 책무가 있다.

(5) 상담심리사는 윤리강령과 시행세칙을 준수할 책임이 있다.

(6) 상담기관에 상담심리사를 고용할 때는 전문적인 능력을 갖춘 이를 선발해야 한다.

나. 성실성

(1) 상담심리사는 자신의 신념체계, 가치, 제한점 등이 상담에 미칠 영향력을 자각하고, 내담자에게 상담의 목표, 기법, 한계점, 위험성, 상담의 이점, 자신의 강점과 제한점, 심리검사와 보고서의 목적과 용도, 상담료, 상담료 지불방법 등을 명확히 알린다.

(2) 상담심리사는 개인의 이익을 위해 상담 전문직의 가치와 권위를 훼손하는 행동을 해서는 안 된다.

(3) 상담심리사는 능력의 한계나 개인적인 문

제로 내담자를 적절하게 도와줄 수 없을 때에는 상담을 시작해서는 안 되며, 다른 상담심리사나 정신건강 전문가에게 의뢰하는 등 내담자를 도와줄 수 있는 방법을 강구한다.

(4) 상담심리사는 자신의 질병, 죽음, 이동 또는 내담자의 이동이나 재정적 한계 등과 같은 요인에 의해 상담이 중단될 경우, 이에 대한 적절한 조치를 취해야 한다.

(5) 상담을 종결하는 데 있어서 어떤 이유보다도 우선적으로 내담자의 관점과 요구에 대해 논의해야 하며, 내담자가 다른 전문가를 필요로 할 경우에는 적절한 과정을 거쳐서 의뢰한다.

(6) 상담심리사는 내담자나 학생, 연구 참여자, 동료들이 피해를 입지 않도록 적절한 조치를 취한다.

(7) 상담심리사는 자신의 기술이나 자료가 다른 사람들에 의해 오용될 가능성이 있거나, 개선의 여지가 없는 활동에 참여해서는 안 되며, 이런 일이 일어난 경우에는 이를 바로잡거나 최소화하는 조치를 취한다.

다. 상담심리사 교육과 연수

(1) 상담심리사 교육은 학술적인 연구와 지도·감독하의 실습을 통합하는 과정으로 설정되어야 하며, 교육 프로그램은 교육생들이 상담기술, 지식, 자기 이해를 넓힐 수 있는 방향으로 설정되어야 한다.

(2) 상담심리사 교육에 들어가기 전에 교육 프로그램의 내용, 기본적인 기술개발, 진로 전망에 대해 알려 준다.

(3) 교육 프로그램은 개인과 사회를 위하는 상담의 이상적 가치를 교육생들에게 고무해야 하며, 따라서 재정적 보상이나 손실보다는 직업애와 인간애에 더 가치를 두도록 한다.

(4) 교육생들에게 다양한 이론적 입장을 제시하여, 교육생들이 이 이론들의 비교를 통해서, 스스로 자신의 입장을 선택할 수 있도록 한다.

(5) 교육 프로그램은 학회의 최근 관련 지침과 보조를 맞추어 진행되어야 한다.

(6) 상담심리사 교육에서는 교육생들에 대한 지속적인 평가를 통해, 장래의 상담활동을 수행하는 데 장애가 될 수도 있는 교육생들의 한계를 알아내야 한다. 지도·교육하는 상담심리사는 교육생들이 상담자로서 성장할 수 있도록 도와주는 한편, 교육 프로그램을 통해서 바람직한 상담활동을 할 수 없는 사람을 가려낼 수 있어야 한다.

(7) 상담심리사는 상담심리사 교육과 훈련 프로그램을 전문적으로 실시하고, 윤리적인 역할 모델이 되어 교육생들이 윤리적 책임과 윤리강령을 잘 인식하도록 돕는다.

(8) 상담심리사는 상담 성과나 훈련 프로그램을 홍보하기 위해 내담자 또는 수련생과의 관계를 이용하지 않는다.

(9) 상담심리사가 교육목적으로 저술한 교재는 교육과 연수과정에 채택할 수 있다.

라. 자격증명서

(1) 본 학회에서 인증한 상담심리사는 자신의 자격을 일반 대중에게 알릴 수 있다.

(2) 상담심리사는 자격증에 명시된 것 이상으로 자신의 자격을 과장하지 않는다.

(3) 상담이나 혹은 정신건강 분야에 관련된 석사학위를 가지고 있으나 박사학위는 그 이외의 분야에서 취득한 상담심리사는 그들의 상담활동에서 '박사'라는 말을 사용하지 않으며, 그 상담활동이나 지위와 관련하여 박사학위를 가진 상담심리사인 것처럼 대중에게 알리지 않는다.

2. 사회적 책임

가. 사회와의 관계

(1) 상담심리사는 사회의 윤리와 도덕 기준을 존중하고, 사회공익과 자신이 종사하는 전문직의 바람직한 이익을 위해 최선을 다한다.

(2) 상담심리사는 경제적 이득이 없는 경우에도 자신의 전문적 활동에 헌신함으로써 사회에 공헌한다.

(3) 상담 비용을 책정할 때 상담심리사들은 내담자의 재정상태와 지역성을 고려하여야 한다. 책정된 상담료가 내담자에게 적절하지 않을 때에는 가능한 비용에 적합한 서비스를 받을 수 있는 방법을 찾아줌으로써 내담자를 돕는다.

(4) 상담 전문가가 되기 위해 수련하는 학회 회원에게는 상담료나 교육비 책정에 있어서 특별한 배려를 한다.

나. 고용기관과의 관계

(1) 상담심리사는 자신이 종사하는 기관의 목적과 방침에 공헌할 수 있는 활동을 할 책임이 있다. 만일, 자신의 전문적 활동이 기관의 목적과 모순되고, 직무수행에서 갈등이 해소되지 않을 때에는 기관과의 관계를 종결해야 한다.

(2) 상담심리사는 근무기관의 관리자 및 동료들과의 관계를 통해서 상담업무, 비밀보장, 공적 자료와 개인 자료의 구별, 기록된 정보의 보관과 처분, 업무량, 책임에 대한 상호 간의 동의가 이루어져야 한다. 이러한 동의는 구체적이어야 하며, 관련된 모든 사람이 알고 있어야 한다.

(3) 상담심리사는 그의 고용주에게 손해를 끼칠 수 있는 상황이나 기관의 효율성에 제한을 줄 수 있는 상황에 대해 미리 경고해 주어야 한다.

(4) 상담심리사의 인사 배치는 내담자의 권리와 복지를 보장하고 증진시킬 수 있도록 해야 한다.

(5) 상담심리사는 수련생에게 적절한 훈련과 지도·감독을 제공하고, 수련생이 이 과정

을 책임 있고 유능하게 수행할 수 있도록 도와야 하며, 만일 기관의 정책과 실제가 이런 의무의 수행을 막는다면, 가능한 범위에서 그 상황을 바로잡도록 노력한다.

다. 상담기관 운영자

(1) 상담기관 운영자는 다음 목록을 작성해 두어야 한다. 기관에 소속된 상담심리사의 증명서나 자격증은 그중 최고 수준의 것으로 하고, 자격증의 유형, 주소, 연락처, 직무시간, 상담의 유형과 종류, 그와 관련된 다른 정보 등이 정확하게 기록되어야 한다.

(2) 상담기관 운영자는 자신과 현재 종사하고 있는 직원의 발전에 책임이 있다.

(3) 상담기관 운영자는 직원들에게 기관의 목표와 상담 프로그램에 대해 알려 주어야 한다.

(4) 상담기관 운영자는 고용, 승진, 인사, 연수 및 지도 시에 나이, 문화, 장애, 성, 인종, 종교, 혹은 사회경제적 지위 등을 이유로 어떤 차별적인 행동을 해서는 안 된다.

(5) 상담기관 운영자는 직원이나 학생, 수련생, 동료 등을 교육, 감독하거나 평가 시에 착취하는 관계를 가져서는 안 된다.

(6) 상담심리사가 개업 상담자로서 상담을 홍보하고자 할 때는 일반인들에게 상담의 전문적 활동, 전문지식, 활용할 수 있는 상담기술 등을 정확하게 알려 주어야 한다.

(7) 기관에 재직 중인 상담심리사는 상담 개업활동에 적극적으로 종사하고 있지 않다면, 자신의 이름이 상업광고에 사용되도록 해서는 안 된다.

(8) 상담심리사는 다른 상담심리사나 정신건강 전문가와 협력체제를 맺을 수 있는데, 이럴 때 기관의 특수성을 분명히 인지하고 있어야 한다.

(9) 상담심리사는 자신의 개업활동에 대해 내담자에게 신뢰감을 주기 위해 학회나 연구단체의 회원임을 거론하는 것은 비윤리적이다.

(10) 내담자나 교육생을 모집하기 위해, 개인 상담소를 고용이나 기관 가입의 장소로 이용해서는 안 된다.

라. 다른 전문직과의 관계

(1) 상담심리사는 자신의 방식과 다른 전문적 상담접근을 존중해야 한다. 상담심리사는 함께 일하는 다른 전문적 집단의 전통과 실제를 알고 이해해야 한다.

(2) 공적인 자리에서 개인 의견을 말할 경우, 상담심리사는 그것이 자기 자신의 관점에서 나온 것이고, 모든 상담심리사의 견해를 대변하는 것이 아님을 분명히 해야 한다.

(3) 내담자가 다른 정신건강 전문가의 서비스를 받고 있음을 알게 되면, 내담자의 동의하에 상담 사실을 그 전문가에게 알리고, 긍정적이고 협력적인 치료관계를

맺도록 노력한다.

(4) 상담심리사는 다른 전문가로부터 의뢰비용을 받으면 안 된다.

마. 자 문

(1) 자문이란 개인, 집단, 사회단체가 전문적인 조력자의 도움이 필요하여 요청한 자발적인 관계를 말하는데, 상담심리사는 자문을 요청한 내담자나 기관의 문제 혹은 잠재된 문제를 규명하고 해결하는 데 도움을 준다.

(2) 상담심리사와 내담자는 문제 규명, 목표 변경, 상담 성과에 서로의 이해와 동의를 구해야 한다.

(3) 상담심리사는 자신이 자문에 참여하는 개인 또는 기관에게 도움을 주는 데 필요한, 충분한 자질과 능력을 갖추었는지를 합리적인 방법으로 명시해야 한다.

(4) 자문을 할 때 개인이나 기관의 가치관을 바꾸는 데 도움을 주고자 한다면 상담심리사 자신의 가치관, 지식, 기술, 한계성이나 욕구에 대한 깊은 자각이 있어야 하고, 자문의 초점은 문제를 가진 사람이 아니라 풀어·나가야 할 문제 자체에 두어야 한다.

(5) 자문관계는 내담자가 스스로 성장해 나가도록 격려하고 고양하는 것이어야 한다. 상담심리사는 이러한 역할을 일관성 있게 유지해야 하고, 내담자가 스스로 의사결정자가 되도록 도와주어야 한다.

(6) 상담활동에서 자문의 활용에 대해 홍보할 때는 학회의 윤리강령을 성실하게 준수해야 한다.

바. 홍 보

(1) 상담심리사는, 전문가로서의 자신의 자격과 상담활동에 대해 대중에게 홍보하거나 설명할 수 있으나, 그 내용은 정확해야 하고 오해를 일으킬 수 있거나 거짓된 내용이어서는 안 된다.

(2) 상담심리사는 상담 수주를 위해 강연, 출판물, 라디오, TV 혹은 다른 매체의 홍보에 대해 보수를 지급해서는 안 된다.

(3) 내담자의 추천을 통해서 새로운 내담자의 신뢰를 얻고자 할 때에는 상황이 특수한 상태이거나, 취약한 상태인 내담자에게는 추천을 의뢰해서는 안 된다.

(4) 상담심리사는 출판업자, 언론인, 스폰서 등이 상담의 실제나 전문적인 활동과 관련된 잘못된 진술을 하는 경우 이를 시정하고 방지하도록 노력한다.

(5) 상담심리사가 워크숍이나 훈련 프로그램을 홍보할 때는 소비자의 선택을 위해서 적절한 정보를 제공하고 정확하게 홍보해야 한다.

3. 인간권리와 존엄성에 대한 존중

가. 내담자 복지

(1) 상담심리사의 일차적 책임은 내담자의 복리를 증진하고 존엄성을 존중하는 것이다.

(2) 상담심리사는 내담자의 잠재력을 개발하여 건강한 삶을 영위하도록 도움을 주며, 어떤 방식으로도 해를 끼치지 않는다. 상담심리사는 내담자로 하여금 의존적인 상담관계를 형성하지 않도록 노력하여야 한다.

(3) 상담심리사는 상담관계에서 오는 친밀성과 책임감을 인식하고, 상담심리사의 개인적 욕구 충족을 위해서 내담자를 희생시켜서는 안 된다.

(4) 상담심리사는 내담자의 가족이 내담자의 삶에 중요하다는 것을 인식하고, 필요하다면 가족의 이해와 참여를 얻기 위해 노력한다.

(5) 상담심리사는 직업문제와 관련하여 내담자의 능력, 일반적인 기질, 흥미, 적성, 욕구, 환경 등을 고려하면서 내담자와 함께 노력하지만, 내담자의 일자리를 찾아주거나 근무처를 정해 줄 의무가 있는 것은 아니다.

나. 다양성 존중

(1) 상담심리사는 모든 인간의 기본적인 권리, 존엄성, 가치를 존중하며, 연령이나 성별, 인종, 종교, 성적인 선호, 장애 등을 이유로 내담자를 차별하지 않는다.

(2) 상담심리사는 내담자의 다양한 문화적 배경을 이해하려고 적극적으로 시도해야 하며, 상담심리사 자신의 고유한 문화적 정체성이 상담과정에 어떤 영향을 주는지를 인식해야 한다.

(3) 상담심리사는 자신의 고유한 가치, 태도, 신념, 행위를 인식하여 그것이 어떻게 다양한 사회에서 적용되는지를 깨닫고 있어야 하고, 내담자에게 자신의 가치를 강요하지 않는다.

다. 내담자의 권리

(1) 내담자는 비밀유지를 기대할 권리가 있고 자신의 사례기록에 대한 정보를 가질 권리가 있으며, 상담 계획에 참여할 권리, 어떤 서비스에 대해서는 거절할 권리, 그런 거절에 따른 결과에 대해 조언을 받을 권리 등이 있다.

(2) 상담심리사는 내담자에게 상담에 참여 여부를 선택할 자유와 어떤 전문가와 상담할 것인가를 결정할 자유를 주어야 한다. 내담자의 선택을 제한하는 제한점은 내담자에게 모두 설명해야 한다.

(3) 미성년자 혹은 자발적인 동의를 할 수 없

는 사람이 내담자일 경우, 상담심리사는 이런 내담자의 최상의 복지를 염두에 두고 행동한다.

4. 상담관계

가. 이중관계

(1) 상담심리사는 객관성과 전문적인 판단에 영향을 미칠 수 있는 이중 관계는 피해야 한다. 가까운 친구나 친인척 등을 내담자로 받아들이면 이중관계가 되어 전문적 상담의 성과를 기대할 수 없으므로 다른 전문가에게 의뢰하여 도움을 준다.

(2) 상담심리사는 상담할 때에 내담자와 상담 이외의 다른 관계가 있다면, 특히 자신이 내담자의 상사이거나 지도교수 혹은 평가를 해야 하는 입장에 놓인 경우라면 그 내담자를 다른 전문가에게 의뢰한다. 그러나 다른 대안이 불가능하고 내담자의 상황을 판단해 볼 때 상담관계 형성이 가능하다고 여겨지면 상담관계를 유지할 수도 있다.

(3) 상담심리사는 특별한 경우를 제외하고는 내담자와 상담실 밖에서 사적인 관계를 유지하지 않도록 한다.

(4) 상담심리사는 내담자와의 관계에서 상담료 이외의 어떠한 금전적 · 물질적 거래 관계도 맺어서는 안 된다.

나. 성적 관계

(1) 상담심리사는 내담자와 어떠한 종류이든 성적 관계는 피해야 한다.

(2) 상담심리사는 이전에 성적인 관계를 가졌던 사람을 내담자로 받아들이지 않는다.

(3) 상담심리사는 상담관계가 종결된 이후 최소 2년 내에는 내담자와 성적 관계를 맺지 않는다. 상담 종결 이후 2년이 지난 후에 내담자와 성적 관계를 맺게 되는 경우에도 상담심리사는 이 관계가 착취적인 특성이 없다는 것을 철저하게 검증해야 한다.

다. 여러 명의 내담자와의 관계

(1) 상담심리사가 서로 관계를 맺고 있는 둘 혹은 그 이상의 내담자들(예: 남편과 아내, 부모와 자녀)에게 상담을 제공할 것을 동의할 경우, 상담심리사는 누가 내담자이며 각 사람과 어떠한 관계를 맺게 될지 그 특성에 대해 명확히 하고 상담을 시작해야 한다.

(2) 만약, 그러한 관계가 상담심리사로 하여금 잠재적으로 상충되는 역할을 수행하도록 요구한다면, 상담심리사는 그 역할에 대해서 명확히 하거나, 조정하거나, 그 역할로부터 벗어나도록 한다.

5. 정보의 보호

가. 사생활과 비밀보호

(1) 상담심리사는 사생활과 비밀유지에 대한 내담자의 권리를 최대한 존중해야 할 의무가 있다.
(2) 내담자의 사생활 보호에 대한 권리는 내담자나 내담자가 위임한 법적 대리인에 의해 유예될 수 있다.
(3) 상담심리사는 내담자의 사생활 침해를 최소화하기 위해서 문서 및 구두상의 보고나 자문 등에서 실제 의사소통된 정보만을 포함시킨다.
(4) 상담심리사는 고용인, 지도감독자, 사무보조원, 그리고 자원봉사자들을 포함한 직원들에게도 내담자의 사생활과 비밀이 보호되도록 주지시켜야 한다.

나. 기록

(1) 법, 규제 혹은 제도적 절차에 따라 상담심리사는 내담자에게 전문적인 서비스를 제공하기 위해서 반드시 기록을 보존한다.
(2) 상담심리사는 녹음 및 기록에 관해 내담자의 동의를 구한다.
(3) 상담심리사는 면접기록, 심리검사 자료, 편지, 녹음·녹화 테잎, 기타 문서기록 등 상담과 관련된 기록들이 내담자를 위해 보존된다는 것을 인식하며, 상담기록

의 안전과 비밀보호에 책임진다.
(4) 상담기관이나 연구단체는 상담기록 및 보관에 관한 규정을 작성해야 하며, 그렇지 않을 경우 상담기록은 상담심리사가 속해 있는 기관이나 연구단체의 기록으로 간주한다. 상담심리사는 내담자가 기록에 대한 열람이나 복사를 요구할 경우, 그 기록이 내담자에게 잘못 이해될 가능성이 없고 내담자에게 해가 되지 않으면 응하는 것이 원칙이다. 단, 여러 명의 내담자를 상담하는 경우, 다른 내담자와 관련된 사적인 정보는 제외하고 열람하도록 한다.
(5) 상담심리사는 기록과 자료에 대한 비밀보호가 자신의 죽음, 능력상실, 자격박탈 등의 경우에도 보호될 수 있도록 미리 계획을 세운다.
(6) 상담심리사는 상담과 관련된 기록을 보관하고 처리하는 데 있어서 비밀을 보호해야 하며, 이를 타인에게 공개할 때에는 내담자의 직접적인 동의가 있을 때에만 가능하다.
(7) 상담심리사는 다음에 정한 바와 같이 비밀보호의 예외가 존재하는 경우를 제외하고는 내담자의 서면 동의 없이는 제3의 개인, 단체에게 상담기록을 밝히거나 전달하지 않는다.

다. 비밀보호의 한계

(1) 내담자의 생명이나 사회의 안전을 위협하는 경우가 발생한 경우에 한하여 내담

자의 동의 없이도 내담자에 대한 정보를 관련 전문인이나 사회에 알릴 수 있다. 이런 경우 상담 시작 전에 이러한 비밀보호의 한계를 알려 준다.

(2) 내담자가 감염성이 있는 치명적인 질병이 있다는 확실한 정보를 가졌을 때, 상담심리사는 그 질병에 위험한 수준으로 노출되어 있는 제3자(내담자와 관계 맺고 있는)에게 그러한 정보를 공개할 수 있다. 상담심리사는 제3자에게 이러한 정보를 공개하기 전에 내담자가 자신의 질병에 대해서 그 사람에게 알렸는지, 아니면 조만간에 알릴 의도가 있는지를 확인한다.

(3) 법적으로 정보의 공개가 요구될 때에는 비밀보호의 원칙에서 예외이지만, 법원이 내담자의 허락 없이 사적인 정보를 밝힐 것을 요구할 경우, 상담심리사는 내담자와의 관계를 해칠 수 있기 때문에 정보를 요구하지 말 것을 법원에 요청한다.

(4) 상황들이 사적인 정보의 공개를 요구할 때 오직 기본적인 정보만을 밝힌다. 더 많은 사항을 밝히기 위해서는 사적인 정보의 공개에 앞서 내담자에게 알린다.

(5) 만약, 내담자의 상담이 여러 전문가로 구성된 팀에 의한 지속적인 관찰을 포함하고 있다면, 팀의 존재와 구성을 내담자에게 알린다.

(6) 상담이 시작될 때와 상담과정 중 필요한 때에, 상담심리사는 내담자에게 비밀보호의 한계를 알리고 비밀보호가 불이행되는 상황에 대해 인식시킨다.

(7) 비밀보호의 예외 및 한계에 관한 타당성이 의심될 때에 상담심리사는 동료 전문가의 자문을 구한다.

라. 집단상담과 가족상담

(1) 집단상담에서 상담심리사는 비밀보호의 중요성을 설명하고, 집단에서의 비밀보호와 관련된 어려움들을 토론한다. 집단 구성원들에게 비밀보호가 완벽하게는 보장될 수 없음을 알린다.

(2) 가족상담에서 한 가족 구성원에 대한 정보는, 허락 없이는 다른 구성원에게 공개될 수 없다. 상담심리사는 각 가족 구성원의 사생활에 대한 권리를 보호한다.

(3) 자발적인 언행이 불가능하거나 미성년인 내담자를 상담할 때, 상담의 과정에서 필요하면, 부모나 보호자가 참여할 수 있음을 알린다. 그러나 상담심리사는 내담자의 이익을 위해 최선을 다한다.

마. 기타 목적을 위한 내담자 정보의 사용

(1) 교육이나 연구 또는 출판을 목적으로 상담관계로부터 얻어진 자료를 사용할 때에는 내담자의 동의를 구해야 하며, 각 개인의 익명성이 보장되도록 자료 변형 및 신상 정보의 삭제와 같은 적절한 조치를 취하여 내담자의 신상에 피해를 주지 않도록 한다.

(2) 다른 전문가의 자문을 구할 경우, 상담심리사는 사전에 내담자의 동의를 구해야

하며, 적절한 조치를 통해 내담자의 사생활과 비밀을 보호하도록 노력한다.

바. 전자정보의 비밀보호

(1) 컴퓨터를 사용하면 광범위하게 자료를 보관하고 조사·분석할 수 있지만, 정보를 관리하는 데 한계가 있다는 사실을 알아야 한다.

(2) 내담자의 기록이 전자정보 형태로 보존되어 제3자가 내담자의 동의 없이 접근할 수 있을 때, 상담심리사는 적절한 방법을 통해 내담자의 신상이 드러나지 않도록 조치를 취한다.

6. 상담 연구

가. 연구 계획

(1) 상담심리사는 윤리적 기준에 따라 과학적인 방법으로 연구를 계획하고 수행한다.

(2) 상담심리사는 연구가 잘못될 가능성을 최소화하도록 연구를 계획한다.

(3) 연구를 계획할 때, 상담심리사는 윤리강령에 따라 하자가 없도록 한다. 만약, 윤리적 쟁점이 명확하지 않다면, 상담심리사는 윤리위원회나 동료의 자문 등을 통해 쟁점을 해결한다.

(4) 상담심리사는 최선을 다해 연구 대상자의 권리와 복지를 보호하기 위한 적절한 조치를 취해야 한다.

(5) 상담심리사는 국가의 법과 기준 및 전문적 기준을 준수하는 태도로 연구를 수행한다.

나. 책 임

(1) 상담심리사는 연구가 진행되는 동안 연구 대상자의 복지에 대한 책임이 있으며, 연구 대상자를 심리적·신체적·사회적 불편이나 위험으로부터 보호해야 한다.

(2) 상담심리사는 자기 자신 혹은 자기 감독하에 수행된 연구의 윤리적 행위에 대해서 책임이 있다.

(3) 연구자와 연구 보조자는 훈련받고 준비된 과제만을 수행해야 한다.

(4) 연구를 수행하는 데 있어서, 필요에 따라 숙련된 연구자의 자문을 구한다.

다. 연구 대상자의 참여 및 동의

(1) 연구에의 참여는 자발적이어야 한다. 비자발적인 참여는 그것이 연구 대상자에게 전혀 해로운 영향을 끼치지 않거나 관찰연구가 필요한 경우에만 가능하다.

(2) 상담심리사는 연구 대상자를 구하기 위하여 부적절한 유인가를 제공하지 말아야 한다.

(3) 상담심리사는 연구 대상자가 이해할 수 있는 언어를 사용하여 연구의 목적, 절차 및 기대되는 효과를 설명한 후에 연구 동의를 받아야 한다.

(4) 상담심리사는 모든 형태의 촬영이나 녹음에 대해서 사전에 연구 대상자의 동의를 받아야 한다.

(5) 상담심리사는 정보를 숨기거나 사실과 다르게 알리는 것이 연구와 관찰에 필요한 경우를 제외하고는, 모든 연구 대상자에게 연구의 목적 및 특성에 대해 사실대로 알려야 한다. 연구의 특성상 사실과 다르게 보고한 경우에는 연구가 끝난 뒤 가능한 한 빨리 사실 그대로를 알려 주어야 한다.

(6) 상담심리사는 연구 대상자의 참여에 영향을 줄 수 있는 물리적 위험, 불편함, 불쾌한 정서적 경험 등에 관하여 반드시 사전에 알려 주어야 한다.

라. 연구 결과 및 보고

(1) 상담심리사는 연구 대상자의 요구가 있을 경우, 연구 대상자에게 연구의 결과나 결론 등을 제공한다.

(2) 상담심리사는 연구 결과를 출판할 경우에 자료를 위조하거나 결과를 왜곡해서는 안 된다.

(3) 출판된 자신의 자료에서 중대한 오류가 발견된 경우, 상담심리사는 그러한 오류에 대해 수정 · 철회 · 정정하여야 한다.

(4) 상담심리사는 타 연구의 결과나 자료의 일부 혹은 기본적인 내용에 대해서 아무리 자주 인용된다 할지라도 자신의 것으로 보고해서는 안 된다.

(5) 상담심리사는 자신이 수행한 연구 및 기여한 연구에 대해서만 책임과 공로를 갖는다. 연구에 많은 공헌을 한 자는 공동 연구자로 하거나, 공인을 해 주거나, 각주를 통해 밝히거나 혹은 다른 적절한 수단을 통하여 그 공헌에 맞게 인정해 주어야 한다.

(6) 전문적이고 과학적인 가치가 있는 것으로 판명된 연구 결과는 다른 상담심리사들과 상호 교환해야 하며, 연구 결과가 연구소의 프로그램, 상담활동, 기존 관심과 일치하지 않는다는 이유로 철회되어서는 안 된다.

(7) 상담심리사는 자신의 연구를 제3자가 반복하기를 원하고, 그만한 자격이 있으면, 연구 자료를 충분히 이용하도록 할 의무가 있다. 단, 연구 대상자의 정보를 보호해야 한다.

(8) 상담심리사는 이미 다른 논문이나 출판물에 전체 혹은 일부분이 수록된 원고를 전 출판사의 승인이나 인가 없이 이중으로 발표하지 않는다.

7. 심리검사

가. 기본 사항

(1) 교육 및 심리 평가의 주된 목적은 객관적이면서 해석이 용이한 평가도구를 제공하는 데 있다.

(2) 상담심리사는 교육 및 심리 평가방법을

활용하여, 내담자의 복리와 이익을 추구하여야 한다.

(3) 상담심리사는 평가 결과와 해석을 오용해서는 안 되고, 다른 사람들이 평가도구를 개발하고, 출판 또는 사용함에 있어서 정보를 오용하지 않도록 적절한 조치를 한다.

(4) 상담심리사는 검사 결과에 따른 상담심리사들의 해석 및 권유의 근거에 대한 내담자들의 알 권리를 존중한다.

(5) 상담심리사는 규정된 전문적 관계 안에서만 평가, 진단, 서비스 혹은 개입을 한다.

(6) 상담심리사의 평가, 추천, 보고, 그리고 심리적 진단이나 평가 진술은 적절한 증거 제공이 가능한 정보와 기술에 바탕을 둔다.

나. 검사를 사용하고 해석하는 능력

(1) 상담심리사는 자신의 능력의 한계를 알고, 훈련받은 검사와 평가만을 수행해야 한다. 또한 상담심리사는 지도·감독자로부터 적합한 심리검사 도구를 제대로 이용하는지의 여부를 평가받아야 한다.

(2) 컴퓨터를 이용한 검사를 활용하는 상담심리사는 원 평가도구에 대해 훈련받아야 한다.

(3) 수기로 하든지, 컴퓨터를 사용하든지, 상담심리사는 평가도구의 채점, 해석과 사용, 응용에 대한 책임이 있다.

(4) 상담심리사는 타당도와 신뢰도, 검사에

대한 연구 및 검사지의 개발과 사용에 관한 지침 등 교육심리적 측정에 대해 철저하게 이해하고 있어야 한다.

(5) 상담심리사는 평가도구나 방법에 대해 언급할 때, 정확한 정보를 제공하고 오해가 없도록 해야 한다. 지능지수나 점수 등이 근거 없는 의미를 내포하지 않도록 특별한 노력을 기울여야 한다.

(6) 상담심리사는 심리 평가를 무자격자에게 맡겨서는 안 된다.

다. 사전 동의

(1) 평가 전에 내담자의 동의를 미리 얻지 않았다면, 상담심리사는 그 평가의 특성과 목적, 그리고 결과의 구체적인 사용에 대해 내담자가 이해할 수 있는 말로 설명해야 한다. 채점이나 해석이 상담심리사나 보조원에 의해서 되든, 아니면 컴퓨터나 기타 외부 서비스 기관에 의해서 이루어지든, 상담심리사는 내담자에게 적절한 설명을 하도록 조치를 취해야 한다.

(2) 내담자의 복지, 이해 능력, 그리고 사전 동의에 따라 검사 결과의 수령인을 결정 짓는다. 상담심리사는 어떤 개인 혹은 집단검사 결과를 제공할 때 정확하고 적절한 해석을 함께 제공하여야 한다.

라. 유능한 전문가에게 정보 공개하기

(1) 상담심리사는 검사 결과나 해석을 포함

한 평가 결과를 오용해서는 안 되며, 다른 사람들의 오용을 막기 위한 적절한 조치를 취한다.

(2) 상담심리사는 특별한 경우를 제외하고는, 내담자나 내담자가 위임한 법적 대리인의 동의가 있을 경우에만 그 내담자의 신분이 드러날 만한 자료(예: 계약서, 상담이나 인터뷰 기록, 혹은 설문지)를 공개한다. 그와 같은 자료는 그 자료를 해석할 만한 능력이 있다고 상담심리사가 인정하는 전문가에게만 공개되어야 한다.

마. 검사의 선택

(1) 상담심리사는 심리검사를 선택할 때 타당도, 신뢰도, 검사의 적절성, 제한점 등을 신중히 고려한다.

(2) 상담심리사는 다문화 집단을 위한 검사를 선택할 때, 사회화된 행동과 인지양식을 고려하지 않은 부적절한 검사를 피할 수 있도록 주의한다.

바. 검사 시행의 조건

(1) 상담심리사는 표준화된 조건과 동일한 조건에서 검사를 시행한다. 검사가 표준화된 조건에서 시행되지 않거나 검사시간에 비정상적인 행동이 발생할 경우, 그러한 내용을 기록해야 하고, 그 검사 결과는 무효 처리하거나 타당성을 의심할 수 있다.

(2) 상담심리사는 컴퓨터나 다른 전자식 방법을 사용하였을 때, 시행 프로그램이 내담자에게 정확한 결과를 적절히 제공하도록 보장할 책임이 있다.

(3) 인사, 생활지도, 상담활동에 주로 활용되는 검사 결과가 유의미하기 위해서는 검사 내용에 대한 선수 지도나 내용을 언급하면 안 된다. 그러므로 검사지를 안전하게 보호하는 것도 상담심리사의 책임이다.

사. 검사 점수화와 해석, 진단

(1) 상담심리사는 검사 시행과 해석에 있어서 나이, 인종, 문화, 장애, 민족, 성, 종교, 성적 기호, 그리고 사회경제적 지위의 영향을 고려하고, 다른 관련 요인들과 통합·비교하여 검사 결과를 해석한다.

(2) 상담심리사는 기술적 자료가 불충분한 평가도구의 경우 그 결과를 해석할 때 신중해야 한다. 그러한 도구를 사용하는 특정한 목적을 내담자에게 명백히 알려 주어야 한다.

(3) 정신장애를 진단하기 위해서 상담심리사는 특별한 관심을 가져야한다. 내담자에 대한 치료 장소, 치료 유형, 또는 후속조치를 결정하기 위한 개인 면담 및 평가방법을 주의 깊게 선택하고 사용한다.

(4) 상담심리사는 내담자의 문제를 정의할 때, 내담자가 속한 문화의 영향을 받는다는 것을 인지한다. 내담자의 정신장애를

진단할 때 사회경제적 및 문화적 경험을 고려해야 한다.

아. 검사의 안전성

(1) 상담심리사는 공인된 검사 또는 일부를 발행자의 허가 없이 사용, 재발행, 수정하지 않는다.
(2) 상담심리사는 시대에 뒤진 자료나 검사 결과를 사용하지 않는다. 다른 사람이 쓸 모 없는 측정이나 검사자료를 사용하지 않도록 상담심리사는 도와준다.

8. 윤리문제 해결

가. 윤리위원회와 협력

(1) 상담심리사는 본 윤리강령 및 적용 가능한 타 윤리강령을 숙지해야 할 의무가 있다. 윤리적 기준에 대해 모르고 있거나, 잘못 이해하고 있다는 사실이 비윤리적 행위에 대한 근거가 되지는 못한다.
(2) 상담심리사는 윤리강령의 시행과정을 돕는다. 상담심리사는 윤리강령을 위반한 것으로 지목되는 사람들에 대해 윤리위원회의 조사, 요청, 소송 절차에 협력한다.

나. 위 반

(1) 상담심리사가 윤리적으로 행동하는지에 대한 의구심을 유발하는 근거가 있을

때, 윤리위원회는 적절한 조치를 취할 수 있다.
(2) 특정 상황이나 조치가 윤리강령에 위반되는지 불분명할 경우, 상담심리사는 윤리강령에 대해 지식이 있는 다른 상담심리사, 해당 권위자 및 윤리위원회의 자문을 구한다.
(3) 소속 기관 및 단체와 본 윤리강령 간에 갈등이 있을 경우, 상담심리사는 갈등의 본질을 명확히 하고, 소속 기관 및 단체에 윤리강령을 알려서 이를 준수하는 방향으로 해결책을 찾도록 한다.
(4) 다른 상담심리사의 윤리 위반에 대해 비공식적인 해결이 가장 적절한 개입으로 여겨질 경우에는 당사자에게 보고하여 해결하려는 시도를 한다.
(5) 명백한 윤리강령 위반이 비공식적인 방법으로 해결되지 않거나, 그 방법이 부적절하다면 윤리위원회에 위임한다.

부 칙

(1) 본 윤리강령은 2003년 5월 17일부터 시행한다.
(2) 본 윤리강령은 학회 명칭과 상담전문가 명칭을 변경함에 따라 해당되는 용어를 수정하여 2004년 4월 17일자부터 시행한다.

찾아보기

♣ 저자소개

▶이장호
- 서울대학교 심리학과 졸업
- 미국 텍사스대학교 대학원 박사(상담심리학)
- 서울대학교 심리학과 교수, 한국 심리학회장, 한국 카운슬러 협회장 등 역임
- 서울대학교 명예교수, 서울사이버대학교 석좌교수
- 상담심리 전문가

▶정남운
- 서울대학교 심리학과 졸업
- 서울대학교 대학원 심리학과 박사(상담심리학)
- 가톨릭대학교 심리학과 교수, 상담심리 전문가
- 한국상담심리학회 학회지 편집위원장

▶조성호
- 서울대학교 심리학과 졸업
- 서울대학교 대학원 심리학과 박사(상담심리학)
- 가톨릭대학교 심리학과 교수, 미국 University of Arkansas 교환 교수
- 상담심리 전문가
- 한국상담심리학회 상담심리사 자격관리위원장

상담심리학의 기초

2005년 8월 1일 1판 1쇄 발행
2022년 1월 20일 1판 33쇄 발행

지은이 • 이장호 · 정남운 · 조성호
펴낸이 • 김 진 환
펴낸곳 • ㈜ **학지사**

　　　　04031 서울특별시 마포구 양화로 15길 20 마인드월드빌딩 5층
대표전화 • 02) 330-5114　　팩스 • 02) 324-2345
등록번호 • 제313-2006-000265호

홈페이지 • http://www.hakjisa.co.kr
페이스북 • https://www.facebook.com/hakjisabook

ISBN 978-89-5891-168-5 93180

정가 18,000원

출판 · 교육 · 미디어기업 **학지사**

간호보건의학출판 **학지사메디컬** www.hakjisamd.co.kr
심리검사연구소 **인싸이트** www.inpsyt.co.kr
학술논문서비스 **뉴논문** www.newnonmun.com
원격교육연수원 **카운피아** www.counpia.com